Foto: © Éditions Plon, Paris

Robert Briatte, französischer Autor, schrieb eine Biographie über Joseph Delteil und ein Buch über Tanger, wo er lange Zeit lebte.

Von Paul Bowles erschienen als rororo-Taschenbücher: «Allal. Stories aus Marokko» (Nr. 5957) und «Himmel über der Wüste», Roman (Nr. 5789).

Robert Briatte

PAUL BOWLES

2117 Tanger Socco

Ein Leben

Deutsch von Juliane Kraus

ro
ro
ro

Rowohlt

Die Originalausgabe erschien 1989 unter dem Titel «Paul Bowles» bei Éditions Plon, Paris

Deutsche Erstausgabe
Veröffentlicht im Rowohlt Taschenbuch Verlag GmbH, Reinbek bei Hamburg, Mai 1991

Umschlaggestaltung Barbara Hanke
(Foto von Paul Bowles: Robert Briatte)
Gesetzt aus der Goudy Old Style und Optima (Linotronic 500)
Gesamtherstellung Clausen & Bosse, Leck
Printed in Germany
1480-ISBN 3 499 12911 6

Inhaltsverzeichnis

Die Taxis haben inzwischen eine andere Farbe, aber auf *Médi 1* hört man immer noch Rachidas Stimme. Zurück in Tanger. Zwei Jahre war ich nicht mehr hier. Ambre, die Pianistin aus dem Minzah, hat eine neue Frisur. Und es gibt frische Berberfeigen zur Zeit. Ausgezeichnet gegen den Durst. Gibraltar-TV beendet sein Programm wie immer mit Bekanntmachungen: Die *Gibraltar Diabetic Association* lädt ein zur monatlichen Mitgliederversammlung am 2. September, dem *Cancer Relief Fund Flag Day. Please give generously*. Eine dicke Schlagzeile auf der Titelseite des Matin du Sahara: «Heute 35. Tag der nationalen Aktion Moschee Hassan II», ein Spendenaufruf für den Bau der – nach Mekka – größten Moschee der Welt. Und Bouygues hat sich den Auftrag geschnappt.

Zwei Jahre... Rachid und Monsieur Bentahila habe ich schon getroffen. Sie steckten im Stau in der Rue du Belgique. Ein Wiedersehen mitten im Gewühl und Gestank. Nur ein paar Worte, die hin- und herflogen zwischen hupenden Autos, ein paar Gesten gegen die gellenden Pfiffe eines Polizisten, der sich an der Place de France, etwas weiter unten, die Lunge aus dem Hals blies. Vor einer halben Stunde bin ich angekommen. Ich habe nur die Koffer abgestellt und bin losgegangen. Die Nacht ist magisch hier. Man *muß* einfach rausgehen, wenn die Straße schwitzt unter den vielen Menschen, unter dem Geschrei. Morgen ist Achoura, der zehnte Tag von Moharram. Für die Kinder ein Freudentag mit Knallkörpern, kleinen Geschenken, Süßigkeiten. Die traditionellen Achoura-Hühnchen sind eine besondere Spezialität. Wie gut, daß Marokko so viele Hühner produziert. Die Luft ist schwer. Morgen früh wird der Ostwind den Dunst und den Lärm der Menge weggefegt haben. Zwei Holländerinnen, frisch von der Sonne verbrannt und mit den KLM-Aufklebern noch an der Strandtasche, lassen sich im Café de Paris nieder, umringt von drei heiteren, jungen *Tanjaouis*[1]. Für heute nacht: ein Zimmer mit Aussicht auf Liebe. Ich gehe zum Grand Socco[2], der unverändert aussieht wie eine randvolle Schüssel kurz vor dem Überschwappen. Staub und Elend, die schwerer sind als Luft, setzen sich hier ab, im Kern, am tiefsten Punkt der Stadt. Hier begegnet man der Herausforderung, die im Blick der Frauen von Tanger lauert.

Auf dem Rückweg erfahre ich in der Galerie Delacroix, daß Patricia Highsmith diese Woche in der Stadt war. Sie logierte bei Buffie Johnson, gerade unterhalb des Hauses von Paul Bowles. «Sie haben Patricia Highsmith *verpaßt!*» sagt jemand zu mir. Die Stadt hat sich nicht verändert. Ich bin zurückgekommen, um Paul Bowles zu treffen. Ich bin einzig und allein seinetwegen gekommen.

1 Bewohner von Tanger
2 der Große Marktplatz

2117 Tanger Socco

«Ich weiß, warum ich nicht mehr reise.
Weil es keine Schiffe mehr gibt...»

Ich hatte gerade seinen ersten Roman gelesen, *Himmel über der Wüste*[1], als man mir anbot, in Tanger zu arbeiten. Im Autorenverzeichnis des Gallimard-Verlages fand ich die biographische Notiz: «Berühmter Reisender. Ließ sich nach dem Krieg in Tanger nieder, wo er noch heute lebt. Komponist und Spezialist für die Musik der Berber. Schrieb Romane, Erzählungen und ethnographische Studien.» Etc.

Später wird er mir sagen: «Das klingt wie die Zusammenfassung eines Films aus dem Mund eines Hollywoodagenten – und hat kaum etwas zu tun mit dem Leben, das ich hier oder anderswo führen konnte.»

Ich nahm den Job an und zog mit meiner Familie nach Tanger: Eine Stadt, in der man – so heißt es – ganz gut das Ende der Welt abwarten könnte. Aber wenn man Tag für Tag hier lebt, ist sie eigentlich eine erschreckend normale Stadt, samt den dazugehörigen Schalterbeamten, Lebensmittelhändlern, Moscheen, Autos, Polizisten... Alle möglichen Städte hatten ihre drei oder vier durchreisenden Schriftsteller. Das Bestürzende an Tanger ist, daß alles, was man über diese Stadt sagen kann, *oberflächlich* bleibt. Sie bietet dem Beobachter nichts als ihre Oberfläche. Glücklicherweise gibt es Paul Bowles. Die anderen sind nur durchgereist. Er ist geblieben.

1 Originaltitel: *The Sheltering Sky* (Alle im folgenden erwähnten Titel sind samt bibliographischen Angaben im Anhang aufgeführt.)

Ich frage mich, ob man sich im marokkanischen Fremdenverkehrsamt am Boulevard Pasteur darüber klar ist, daß Paul Bowles all denen, die sich auf die Suche nach dem Imaginären gemacht haben, die Stadt Tanger nahegebracht hat. Er hat der Stadt zu einer *Existenz* verholfen, gemeinsam mit anderen – Mohamed Choukri oder Mohammed Mrabet –, die ihn dabei unterstützten. Er hat aus ihr, gegen alle Widrigkeiten und allein durch seine Anwesenheit, einen literarischen Ort gemacht. Paul Bowles betont immer, daß er auf seinen Reisen Landschaften gesucht habe, aber bewohnte Landschaften. Für mich wurde Tanger, durch ihn, eine *bewohnte* Landschaft.

Ich empfinde keine Nostalgie, wenn ich das heutige Tanger sehe. Ich habe nie die Leute verstanden, die sich nach einer Epoche sehnen, die sie nicht selbst erlebt haben. Das sind nichts als Moden. Eines Tages werde ich mich nach Tanger zurücksehnen, und ich werde dabei an das Tanger denken, das wir selbst erlebt haben, an die Stadt, in der ich Paul Bowles kennenlernte, als wir bei einem Glas Tee eines Abends zusammensaßen und uns weitab vom Lärm und Getriebe der Welt unterhielten.

Tanger.

Wir alle haben dort etwas gelassen, ein paar Jahre, ein paar Erinnerungen. Ich spreche nicht nur von denen, die dort waren. Für viele war es nur eine Stadt auf einer Kinoleinwand, Tanger, flüchtige Kulisse in einem zweitklassigen, besonders düsteren *film noir*. Es kann sich also auch um die Lust handeln, die man gehabt hätte, dorthin zu reisen – oder überhaupt nur zu reisen.

Wir alle haben dort etwas gelassen. Und ganz bestimmt, wie immer, die besten Jahre unseres Lebens. «Die besten Jahre», das klingt wie «schöne Wintertage»: lange vorbei. Man bedauert, daß alles viel zu kurz war. Und die, die lang genug dort gelebt haben, bedauern, daß sie die Jahre dort und nicht anderswo gelassen haben.

François, heute sechs Jahre alt, spricht noch manchmal von Tanger. Er erinnert sich an die Sonne, an die kalte Sonne über der Stadt, von Charf aus betrachtet. Er rennt unter dem großen Stern aus bunten Glühbirnen herum, der im Wind hin- und herschaukelt, oben auf der Anhöhe. François erinnert sich kaum noch an das Haus, an fast nichts, nur an die Sonne und an das Klirren der kaputten Glühbirnen.

«Von all dem, was früher den Charme von Tanger ausmachte, ist fast nichts mehr übrig», hatte Paul Bowles mir, dem Neuankömmling, gesagt. «Als ich hierher kam, Anfang der dreißiger Jahre, war es noch sehr gut. Aber es war bestimmt schon nicht mehr so gut wie in den zwanziger Jahren. Aber so ist es mit allem, nicht wahr? Alles verschwindet nach und nach. In Tanger nicht anders als anderswo, nur hier vielleicht ein bißchen langsamer...»

Seit Jahren hat er kein Telefon mehr, nicht freiwillig, aber er ist damit einverstanden. Es wäre ihm sogar lieber, er wäre mehr allein: Jeden Nachmittag ist seine Wohnung voller Leute, die mit dem Flugzeug über den Ozean kommen und ihn fragen, wie es war, als man noch mit dem Schiff reiste. Er empfindet es als einen Verlust. Er meint natürlich nicht den Zeitverlust damals. Etwas sehr Wertvolles geht heute verloren, etwas, das dem Fortschritt zwangsläufig, aber fast unbemerkt, zum Opfer fiel. Manche Leute fahren nach Laddakh und Monomotopa, und sie kommen zurück, und nichts hat sich für sie verändert. Paul Bowles ist anders. Dennoch hatte er niemals den Anspruch, irgend etwas zu verstehen.

Ohne Zweifel hilft uns Paul Bowles, unsere Zeit, das Ende eines Jahrhunderts, besser zu begreifen. Er hat ein Leben gelebt, das *so* niemand mehr leben wird. Das erklärt vielleicht die Faszination, die von ihm ausgeht, den «Kult», der um ihn getrieben wird.

«Sie fahren nach Tanger? Dann besuchen Sie doch Paul Bowles... Ja, ja, er lebt noch...» sagen die Leute in New

York. «Sie kommen, sie haben mir nichts zu sagen, und ich habe ihnen nichts zu sagen. Sie sind da, und dann gehen sie wieder. Es gibt nicht viel zu sehen in Tanger, verstehen Sie? Ich bin eine Art Monument, das sie nebenbei besichtigen. Ich weiß nicht, warum sie hierherkommen. Sie wissen es selbst nicht. Und dann fragen sie, warum ich hierhergekommen bin... Sie glauben auch, Tanger sei *gefährlich*. Aber es ist bestimmt tausendmal weniger gefährlich als New York heute...»

Einmal habe ich bis zu siebzehn Personen in seinem Wohnzimmer gezählt. Ich glaube, die Leute erwarten nicht, daß er in so bescheidenen Verhältnissen lebt. Das Wohnzimmer dürfte ungefähr zwölf Quadratmeter groß sein: neben den Puffs, den Kissen, drei oder vier Aschenbechern, zwei *Taï*for[1], einer Holzbank, mehreren hundert Büchern und ein paar Dutzend im Zimmer verstreut herumstehenden leeren Tassen bleibt nicht mehr viel Platz für seine schmale Gestalt.

Für jede noch so idiotische Frage hat er eine Antwort übrig. «Ich habe mir nicht ausgesucht, in Tanger zu leben. Es hat sich so ergeben, das ist alles.»

Gedrängt von einem Verleger, schrieb er 1970 seine Autobiographie: *Without stopping*[2]. Deshalb kam mir der Gedanke, meinem eigenen Buch über ihn – mit seiner Zustimmung – den Titel «Paul Bowles, 2117 Tanger Socco» zu geben. Eine Anschrift, eine Adresse, vermutlich die letzte einer langen Reihe. Ein Schlußstrich: Paul Bowles reist nicht mehr. «Flugzeuge sind wie Viehtransporter... Ich liebe es, mit viel Gepäck zu reisen. Einmal hatten wir, Jane und ich, dreißig Handkoffer und zwei Schrankkoffer. Und ich bin mir nicht einmal sicher, ob das unser Rekord war.» Reisen macht frei. Man nimmt sein Haus überall mit, wohin man geht. Und die Zeit, die man unterwegs ist, hat ebensoviel Bedeutung wie

1 niedrige marokkanische Tische
2 deutscher Titel: *Rastlos*

der Ort, an den man fährt. «Wenn man heutzutage noch mit dem Schiff reisen würde, wäre ich immer noch unterwegs. Aber fliegen ist für mich nicht reisen. Man bewegt sich nur so schnell wie möglich von einem Punkt zum andern. Wenn man losfährt, darf man noch nicht wissen, wie lange man fortbleiben wird. Das ist Reisen.»

Man wird keine Biographien wie diese hier mehr schreiben: Gibt es noch Menschen wie Paul Bowles? Reisen ist zu einer sehr banalen Sache geworden. Damals, als Paul Bowles die Vereinigten Staaten verließ und sich auf die Reise seines Lebens – sein Leben auf Reisen – begab, veröffentlichte Henri Michaux gerade *Ecuador*, berichtete Harry Martinson von seinen *Reisen ohne Ziel* und Claude Lévy-Strauss entdeckte seine *Traurigen Tropen*. Das Reisen würde es nicht mehr lange geben. Vergessen in ihren Verliesen die unvergeßlichen *Meharis*[1] von Ernest Psichari, im Ruhestand Kessels unerschrokkene Piloten, die die Reichweiten ihrer Maschinen immer wieder überboten. *Der kleine Prinz:* ein höchst poetisches Werk oder halluzinatorische Bastelei eines in der Wüste liegengebliebenen Piloten mit Sonnenstich? Sie hatte einen schlechten Start, die Poesie der Wüste, des grenzenlosen Ortes. Liegengeblieben: die Wüste hatte ihre Grenzen gefunden im Delirium der Technik. Glücklicherweise bleiben immer ein paar Sandkörner, die von Zeit zu Zeit das geölte Geratter der Maschinen heiser werden lassen. Der Zweite Weltkrieg hat die Entwicklung nur noch beschleunigt: Rommel, das Afrika-Korps, ganz zu schweigen von – etwas früher – Lawrence von Arabien, der gekommen war, um sich, ohne «chèche»[2], mit dem Motorrad zu Tode zu stürzen, ausgerechnet auf einer Straße, die als eine der sichersten der Welt gilt: der *route britannique*. Fügt man noch *Taxi nach Tobruk* hinzu, mit

1 Renndromedare
2 Kopfbedeckung afrikanischer Soldaten

Hardy Krüger in der Rolle des stahlblauen Blicks, der die im Kriegszustand befindliche Unendlichkeit ausforscht, dann erkennt man, daß die Poesie der Wüste den Kilometerfressern nicht wenig eingeräumt hat. Mystische Helden sind nirgends zu sehen. Und eine schreckliche Tatsache geht immer wieder durch die Presse: die Wüste frißt immer größere Teile Afrikas. Die Entkräftung, das Verschwinden werden zu brutalen Metaphern für ein Krebsgeschwür der Landschaft: die Wüste ist nicht mehr nur poetisch oder mythisch. Land des Vergessens, das nicht vergessen werden sollte. Wüste des Hungers. Und ihr Anwachsen, schauerlich, in unserem Bewußtsein. Es gibt keine unschuldige Wüste mehr.

Paul Bowles hat sie selbst nie unschuldig gekannt. Aber er hat noch die Jahre erlebt, in denen die Sahara als das letzte Refugium der Stille erscheinen konnte. Stille ist ein kostbares Gut für einen Musiker. Und was heute in irgendwelchen Fernsehreportagen – z. B. über «sportliche Abenteuer» im Tal des Todes – als ein abgedroschenes Klischee auftaucht, ist in seinen Büchern auf Anhieb offensichtlich: In der Wüste ist man immer nur man selbst. Ein verklemmter Amerikaner bleibt ein verklemmter Amerikaner, und eine lieblose Mutter bleibt eine lieblose Mutter. Man kann dagegen ankämpfen, wie man will: So ist es. Paul Bowles scheint sich nur mit der Hoffnung zu trösten, in der Wüste nicht so viele solcher Amerikaner und solcher Mütter zu finden als anderswo. Die Hoffnung täuscht: Diese Vertreter unserer Rasse machen alleingelassen in einer Million Hektar Sandfläche mehr Lärm, als verloren zwischen Hunderten anderer mißbrauchter Amerikaner und sadistischer Mütter, die sich am Freitagnachmittag bei Bloomingdale's drängeln. Diese Menschentypen sind es, die Paul Bowles in seinen Erzählungen und Romanen mit Vorliebe in aussichtslose Situationen geraten läßt. Paul Bowles und *Tintin*, zwei große Reisende, kommen übereinstimmend zu dem Schluß: Die Welt ist bevölkert von Millionen von Séraphin Lampions.

Fruher aber reiste Paul Bowles. Nationalität: amerikanisch. Er kannte wohl fast alle Linienschiffe, die zwischen New York und Tanger verkehrten, via Gibraltar oder Cadiz. Zuerst war er Musiker, und man sollte nicht vergessen, daß er über eine ziemlich lange Zeitspanne den *Beruf* eines Komponisten ausgeübt hat. In seinem Paß steht jedoch «Beruf: Schriftsteller» (writer). «Das hat mir einige Schwierigkeiten eingebracht. Polizisten und Grenzbeamte verwechseln Schriftsteller und Journalisten.» Seit dem Ende des Zweiten Weltkrieges komponiert er nicht mehr, die Literatur wurde zu seiner Hauptbeschäftigung. Vier Romane, mehr als sechzig Erzählungen und zahlreiche Artikel für unterschiedlichste Zeitschriften sind erschienen. Paul Bowles sammelt keine Hotelzimmer und keine Stempel in seinem Paß. Reisen ist für ihn eine Lebenshaltung, keine Beschäftigung. Seine Erfahrungen aus mehr oder weniger fernen Ländern verarbeitete er manchmal direkt zu Anekdoten, Erzählungen und Porträts, oft verwandelte er sie auch, gab ihnen die Farben seiner imaginären Welt. Jetzt hält er sich an Tanger oder sogar an seine doch ziemlich enge Wohnung. Denn erstaunliche oder auch einfach nur kuriose Begebenheiten suchen auch den Alltag heim, und diesem aufmerksamen Beobachter des Menschentheaters wird alles unweigerlich zu Literatur.

Ein ziemlich außergewöhnlicher Nachmittag. Nicht, daß es heißer gewesen wäre als an einem Tag Ende August üblich. Wir konnten ohne Probleme arbeiten, zumal ich Paul Bowles allein angetroffen hatte – zum erstenmal seit meiner Ankunft in Tanger. Selbst Mrabet war nicht da, dieser – zumindest Besuchern gegenüber – düstere, verschlossene *Rifain*[1], der bei Paul Bowles zeitweilig auch wohnt. Seine Anwesenheit hätte allerdings den Fortgang meiner Arbeit auch nicht behindert, da Mrabet mich, ich weiß nicht warum, immer geduldig tole-

1 Bewohner des Rif (Küstengebirgszug) und auch allgemeiner: der marokkanischen Küste.

riert hat. Diese bemerkenswerte Ruhe, die ein intensives, fast intimes Gespräch möglich machte, konnte nicht ungestört bleiben.

Zuerst erschien Mrabet, dem wenig später vier weitere Personen folgten: eine amerikanische Fotografin, die ich, dem Beispiel Paul Bowles folgend, aus Diskretion «Jerez» nennen will; ihr Freund, ein Musiker aus Jajouka; außerdem der Bruder des Freundes und dessen Frau. In Marokko, wie übrigens in vielen andern Ländern auch, bedeutet das Auftauchen von vielen potentiellen Zeugen, daß möglicherweise eine stürmische Auseinandersetzung ins Haus steht. Es handelte sich um eine Geldangelegenheit, in die Mrabet verwickelt war, der auch sofort aufbrausend reagierte. «Eine lange Geschichte», erklärte mir Paul, ließ es aber bei diesem einen Satz bewenden. Ich wollte nur eins: den Faden unseres Gesprächs so schnell wie möglich wieder aufnehmen. Ich freute mich deshalb, daß Paul die Sache ganz lakonisch nahm... «Ich will die Geschichte gar nicht wissen.»

«Hier sind wir wirklich in Marokko», bemerkte Paul, ließ seinen Blick im Zimmer kreisen und lachte. Mrabet zog sich mit dem bedrohlichen Quartett in den hintersten Raum der Dreizimmerwohnung zurück. Aber der hitzige Wortwechsel war trotz geschlossener Tür nicht zu überhören.

Wieder klingelte es an der Tür, etwas freundlicher diesmal. Es war Claude, Übersetzerin und Freundin von Paul, eine der wenigen Personen, denen er vertraut und mit denen er gern zusammenarbeitet. Claude wunderte sich über das Geschrei. Paul erklärte: «Nebenan findet eine Gerichtsverhandlung statt.» Sie blieb gelassen... «Ah, ist das die Fortsetzung der Geschichte in *Journal*[1], die Sie mir zum Lesen gegeben ha-

1 «Tagebuch», Ende 1980 in der Zeitschrift Antaeus erschienen, New York/Tanger/London, Nr. 61. *Journal tangérois* erschien, in erweiterter Fassung, 1989 in der Serie «Carnets» bei Plon, in der franz. Übersetzung von Brice Matthieussent. (Nicht ins Dt. übersetzt)

ben?» Ich lächelte, als ich begriff, daß die fünf, die sich zwischen Büchern und Kleidern am Fußende von Pauls Bett herumstritten, tatsächlich die Protagonisten des Textes waren, an dem er gerade arbeitete. Paul blieb eher ernst: «Das könnte vielleicht blutig ausgehen.» Daß er auf diese Idee gekommen war, ließ ihn dann doch lächeln. Die vier ziemlich unverschämten Eindringlinge schienen ihn jedenfalls nicht besonders zu stören. Paul Bowles ist Schriftsteller, und alles, was ihm widerfährt, ist Literatur. Das hat nichts mit Zynismus zu tun, sondern mit unendlicher Neugier und – im Grunde sehr marokkanischem – Fatalismus. Das Leben Paul Bowles' könnte auch eine weitere Erzählung von Paul Bowles sein.

Das Leben Paul Bowles' könnte auch ein ungewöhnlicher Film sein, ein Film mit eigenartigen Schnitten und einer ausgefallenen Tonspur: *La Petite Tonkinoise*, gesungen von Josephine Baker, abgespielt auf einem Trichtergrammophon in Fès, dazu das Getrommel und Geschrei der Straße. Frenetisch geschwenkte Phantasiefahnen und die langsame Prozession der Bruderschaften, ihre Anhänger in Trance, die sich entblößen und verstümmeln vor einer dichtgedrängten Menge: sich windende Körper überall. Zwei Bilder, die sich überlagern, die zu einer einzigen Erinnerung verschmelzen.

Die aktive Literatur, das Schreiben, als einzig noch mögliche Ethik, als letzte annehmbare Moral. Paul Bowles wiederholt beharrlich, daß nur das Werk zählt und nichts anderes. Aus seinem *Leben* ein Kunstwerk zu machen, erscheint ihm völlig unnütz. Dieses Leben in Worte zu fassen, etwas zu schreiben, das zu einer Verlängerung seines Werks würde, zu einem schwer erträglichen Auswuchs, das sei nicht seine Sache, betont er. Aber der andere Gedanke ist ihm ebenso unerträglich: daß die Legende sein Leben okkupieren und seine Texte vergiften könnte, und daß aus einer oft nicht als solcher erkennbaren Fiktion Lügen geschmiedet werden. Man kann also nichts anderes tun, meint er, als abzuwarten, bis es vorbeigeht, so oder so, vorbeigeht wie das Leben, diese notwendige Krankheit, verschwindet wie die so empfindliche, verletzliche und deshalb so lästige fleischliche Hülle. Die einzige Lösung ist, die Tür zu öffnen, oder besser: sie offen zu lassen. Das heißt: sich nicht erst bemühen um wirksamen Schutz, denn jede Anstrengung in dieser Richtung wäre sowieso vergebens. «Ich will nicht, daß man ein Buch über mich schreibt», hatte er bei einem der ersten Male, als wir uns trafen, gesagt. Als ich ihm antwortete, daß ich dabei wäre, genau das zu tun, erwiderte er: «Bei Ihnen ist das etwas anderes.» Ich glaubte nicht, daß ich das als Kompliment auffassen sollte, eher als eine Art Hinweis, mich in acht zu nehmen vor Vermutungen, vor abenteuerlichen, weil zu schönen Interpretationen. Die Bemerkung richtete sich auch – über meine Person hinaus – gegen jemanden, der damit prahlte, «offizieller Biograph von Paul Bowles» zu sein. Wobei das Wort *offiziell* bereits verriet, wie wenig dieser Mensch vom Charakter des Schriftstellers und Musikers begriffen hatte. Für mich war es jedenfalls eine Warnung.

«Alle meine Freunde sind tot, oder fast alle.» Es stimmt, daß soziale Bindungen ihm nie besonders wichtig waren, aber die Einsamkeit trägt er schon seit seiner Kindheit in sich. An manchen Tagen ist sie ohne Zweifel etwas schwieriger auszuhalten als an andern. In Tanger hat er nur einen einzigen «Freund»: Mohammed Mrabet. «Er sollte einer der Menschen sein, die mir am nächsten stehen. Seit 1965 lebt er mit mir zusammen. Dreiundzwanzig Jahre schon, aber er kommt nicht aus seinem Schneckenhaus. Er möchte für sich bleiben. Er sagt, daß er alles versteht, was im Kopf eines Amerikaners vorgeht, aber das ist natürlich unmöglich. Ich akzeptiere es. Man sollte nie erwarten, daß man die Haltung eines Marokkaners ändern kann. Ich glaube, ich verstehe das marokkanische Volk immer weniger. Ich weiß nicht, ob ich mich zurückziehe, oder sie sich von mir... (lacht). Sie sind so schwierig zu verstehen, so unlogisch, so widersprüchlich. Immerzu gibt es da einen Teil, der dem Teil, den man verstanden zu haben glaubt, entgegensteht. Ein europäisierter Teil und ein Teil, der marokkanisch bleibt. Das ist eigentlich nicht schlimm, aber es erschwert die Sache ziemlich. Man sollte nicht erwarten, irgendeinen Einfluß ausüben zu können. Das ist meine Art, sie zu respektieren: Ich wundere mich über gar nichts. Was immer ein Marokkaner tut, ich akzeptiere es. Nicht, weil es mir gefällt, sondern weil ich muß, das ist alles. Wenn ich woanders leben würde, würde ich nicht einmal die Idee dieses Staates tolerieren: eines Polizeistaates. Da ich hier lebe, nehme ich das Land, wie es ist. Aber es vergeht kein Tag, an dem ich nicht denke: ‹Gott sei Dank bin ich kein Marokkaner.› Ich fühle mich beschützt von meiner amerikanischen Nationalität.

Oft, wenn das Land große Probleme hatte, dachte ich daran, von hier zu verschwinden. Es wäre falsch zu glauben, daß mich die Außenwelt nicht berührt. Aber ich muß hierbleiben. Es ist mein Land, irgendwie. Es ist ein Faksimile des ganzen Planeten. Die Welt ist wie Marokko: nirgendwo gibt es Sicherheit.

In der Schweiz ginge es mir bestimmt besser. Aber dort ist es zu kalt und auch zu teuer für mich. Die materiellen und finanziellen Bedingungen hier haben meinen Entschluß, nichts zu tun, sicher beeinflußt. Habe ich mich zu sehr gehen lassen? Ja, vielleicht. Wenn man schreibt, was ich schreibe, verdient man nicht viel Geld. Verschiedene Umstände sind zusammengekommen, daß ich hier in Tanger lebe. Ich habe Jane noch nicht erwähnt, aber ihre Krankheit war letztlich ausschlaggebend. Sie war in Malaga in einer Klinik, und im franquistischen Spanien zu leben, kam überhaupt nicht in Frage. Das wäre schlimmer gewesen als alles andere.

Hoffentlich sterbe ich, bevor ich Marokko verlassen muß. Das wäre wie Sterben, bevor man Krebs bekommt. Das wäre gut.»

Jane war seine Frau, in seinen Augen vielleicht mehr noch: sein bester Freund. Sie starb 1973, sechsundfünfzigjährig, nach sechzehn Jahren Krankheit.

Auch Tennessee Williams war für Paul Bowles ein wichtiger Freund. Er spricht nie von ihm. Ich meine: nie wirklich.

In Tanger ist Paul Bowles von der Welt abgeschnitten, und er weiß es. Vor sich Europa, macht er Ferien, Ferien für immer. Dort, hinter ihm, riesig, ist Afrika. Und Paul Bowles ist zufrieden mit diesem unsicheren Standort. Er scheint geradezu erleichtert, daß es ihn an den Rand eines Kontinents verschlagen hat, wo – vielleicht – noch ein paar jungfräuliche Landstriche übriggeblieben sind. Paul Bowles, gerader Rücken, waagrechte Zigarette, darüber: sein ironischer Blick.

Ich erinnere mich an einen Nachmittag im April vor einigen Jahren. Nur widerwillig hatte er seinen Platz am warmen Kamin verlassen. Eine von Sukkulenten überwucherte Treppe führte auf das Dach. Unheimliche Katzen duckten sich in die graue Dunkelheit des Stahlbetons, und die weißen Marmorstufen bewahrten nur einen kleinen Rest Helligkeit. Paul Bowles mag keine Fototermine. Er machte einen Scherz, blickte aber woanders hin. Wir fotografierten auf der Dachterrasse des Gebäudes: ein wahrhaft erschreckendes *No man's land.* Die Brüstung ist so hoch, daß man nicht einmal ein kleines Stück Landschaft sehen kann. Nur die Spitze des Minaretts der Großen Moschee kann man erkennen. Einen Moment glaubte ich, er hätte denselben Mantel an, den er auch auf einem Foto von 1961 trug, aufgenommen von einem Freund am Strand von Merkala. War die Zeit stehengeblieben? Ich mußte mich täuschen. Es war nicht möglich.

Ich liebe diese illusionslose Einfachheit, diese enttäuschte Hellsichtigkeit, die – auf der andern Seite der Verzweiflung – zu jener ruhigen Heiterkeit führen, die in Paul Bowles' Augen leuchtet. Wir gingen wieder hinunter. Die Teestunde war bereits vorbei. Wir sprachen von Tennessee Williams, aber ich erinnere nicht mehr, was. Paul Bowles mag keine Sentimentalitäten. Wir gingen in die Küche, wo er ein paar Birnen in Permanganatlösung wusch. Dann schälte er sie langsam, während noch violette Tropfen an ihnen herunterperlten. Als ob er einen Riegel vorschob. Typhus, Hepathitis, Amöbenruhr – ich weiß nicht, was sonst noch. Er hat teuer bezahlt. Man muß sich schützen, überleben, das ist alles.

Er zeigte mir Fotos von Taghit. Er hat die Aufnahmen gemacht, als er zum erstenmal dort war, von der Hotelterrasse aus. Man entdeckt eine riesige Düne, rund wie der Bauch einer Frau. Diese Landschaft der Sahara sei die schönste, die er jemals gesehen hätte. Am Vorabend hatte es geregnet, was, denke ich, in dieser Gegend ausgesprochen ungewöhnlich ist, und diese Bilder sind ein Traum. Der Reinheit des Himmels entspricht die Reinheit des Sandes. Kein Schatten einer Bedrohung. Das Hotel gibt es nicht mehr.

Und vielleicht schreibe ich jetzt dieses Buch allein wegen dieser Fotos von der Großen Düne von Taghit.

Landung in Zaganokworld

«The perfect life», denkt Paul[1], als Daddypapa ihm aus seiner Jugend erzählt, von jenen großen Jahren während des Sezessionskrieges, als er das Land in allen Himmelsrichtungen durchquerte. Er prahlt damit, in jedem Staat der USA gewesen zu sein. «Tja», sagt er zu Paul, «es gab Jahre, in denen ich nicht zweimal in derselben Stadt übernachtete.» Ein traumhaftes Leben, wirklich. Von seinen Großeltern ist Daddypapa der einzige, der den kleinen Paul zu faszinieren

1 Die in diesem Buch aufgeführten Zitate sind zum größten Teil aus Paul Bowles' Autobiographie «Without stopping» (Putnam Ed., NY, 1972, und, leicht gekürzt, Ecco Press, NY, 1985), dt. Titel: *Rastlos*, sowie aus seinen Briefen und unseren gemeinsamen Gesprächen 1985–89. Die Gespräche, zum großen Teil aufgezeichnet, wurden auch verwendet für zwei Radiosendungen (France-Culture 1986): *Paul Bowles, de New York jusqu'au silence* (Programme Musical) und *Looking for Jane* (Nuits Magnetiques). Ebenfalls mitverwendet habe ich «An interview with Paul Bowles by Jeffrey Bailey» (The Art of Fiction, LXVII. *The Paris Review*, Flushing, New York, XXIII, Herbst 1981, S. 62–98) sowie den ausgezeichneten Aufsatz von Lawrence D. Stewart, *Paul Bowles, The Illumination of North Africa*, (Southern Illinois University Press, Carbondale an Edwardsville-Feffer & Simons, London/Amsterdam, 1974). Um die Chronologie der Ereignisse möglichst genau herauszufinden, war mir der Vergleich von *Without Stopping* und *A Little Original Sin* sehr hilfreich, der Jane-Bowles-Biographie von Millicent Dillon (Holt, Rinehart and Winston, NY, 1981). Unersetzliche und sehr geduldige Hilfe gewährte mir auch Paul Bowles selbst, der freundlicherweise alle Texte korrigierte.

vermag. Ein geheimnisvoller Mensch, der die meiste Zeit des Tages in der Stille seines Lesezimmers verbringt. Die Wände sind bis zur Decke vollgestellt mit Romanen, Atlanten und Reiseberichten. Aus Vitrinen und Schubladen holt er die erstaunlichsten Dinge hervor und zeigt dem Kind geduldig immer neue Bilder aus fernen Ländern. Er begrüßt seinen Enkel *en français*, und die Reise beginnt.

Daddypapa ist ohne Zweifel der erste, der Paul auf Französisch anredet. Er hat die Sprache selbst erst als Erwachsener gelernt, um Hugo, Balzac und Dumas im Original lesen zu können. Mit über siebzig fängt der unermüdliche Großvater sogar noch an, Spanisch zu studieren: Er will Cervantes besser genießen können, oder auch die Berichte über die ‹unbesiegbare› Spanische Armada.

Daddypapas Lesezimmer: Das ist für den kleinen Paul, der jetzt schon andauernd den Launen und Neurosen von Erwachsenen ausgeliefert ist, die erste Möglichkeit zur Flucht.

Alles fing denkbar schlecht an. Die Niederkunft war schwierig: Das Kind kam «verkehrtherum» auf die Welt, wie Rena Bowles es ihrem Sohn später erklären wird. Es wog achteinhalb Pfund. Der Kopf wollte nicht herauskommen. Man mußte die Zange einsetzen.

«Die Schwestern wollten mich meiner Mutter wegnehmen, als ich geboren war. Um mich zu taufen, wie es die Christen eben machen... Und meine Mutter hat sich fürchterlich dagegen gewehrt. Sie haben zu ihr gesagt: ‹Es steht nicht gut um ihn. Man muß ihn unbedingt taufen.› Da hat meine Mutter gedroht: ‹Wenn Sie dieses Kind hier aus meinen Armen wegnehmen, krieche ich auf allen Vieren hinterher, ich brülle und schreie! Ich will mein Kind hier bei mir, und ich will nicht, daß es getauft wird!› Schließlich sind die Nonnen weggegangen und haben gesagt: ‹Wie schrecklich! Was für eine Frau!›

Niemand hat mir je etwas Genaueres über Religion erzählt, als ich Kind war. Niemand hat versucht, mir irgendeinen Glauben einzutrichtern. Glücklicherweise, denn wenn sie es versucht hätten, wäre ich heute sicherlich gegen jede Religion. Sie haben mir nur gesagt: ‹Mach dich nicht lustig über den Glauben anderer, denn er ist gut für sie.› Damals dachte ich, es wäre normal, so etwas zu sagen. Heute denke ich, es war eine ziemlich außergewöhnliche Haltung.»

Abgesehen von ihrer Einstellung zur Religion unterscheidet sich die Familie Bowles wenig von anderen kleinbürgerlichen, puritanischen Familien Neuenglands. Claude Bowles, der lieber Geige studiert hätte, ist Zahnarzt auf Long Island. Er zieht seinen einzigen Sohn groß in einer Atmosphäre ständiger Konflikte. Rena Bowles' Gesundheit bleibt anfällig. Sie wird den Rest ihres Lebens unter den Folgen der Geburt leiden. Claude Bowles, dem jede Beschäftigung mit musischen und geistigen Dingen ausgetrieben worden ist, läßt keine Gelegenheit aus, dem Kind Schuldgefühle einzuimpfen: «Deine Mutter ist eine sehr kranke Frau, und das ist ganz allein deine Schuld. Vergiß das nicht, junger Mann.» Jeden Abend um sechs müssen alle Spielsachen weggeräumt sein. Nach sechs darf man lesen, unter der Bedingung, daß auch die Bücher anschließend an ihren Platz gestellt werden. Bei Tisch darf nicht zu viel gegessen werden, und es darf auch nicht «geschlungen» werden. Jeder Bissen muß, nach einer Anweisung Dr. Fletchers, vierzig Mal gekaut werden, ganz gleich, welche Konsistenz die Nahrungsmittel haben. Claude Bowles ist tyrannisch. Erbarmungslos und blind übt er seine Macht aus. Sehr bald schwört sich das Kind, den Vater zu zerstören, und sollte es das eigene Leben kosten. «Mein Vater war mein Feind. Großmutter Winnewisser, meine Großmutter mütterlicherseits, erzählte, daß er mich hatte umbringen wollen, als ich sechs Wochen alt gewesen war... Warum war er so zu mir? Vielleicht war er eifersüchtig. Ich weiß es bis heute nicht genau. Aber vielleicht wollte er meine Mutter für sich allein, vielleicht hätte er lieber kein Kind gehabt. Meine Mutter versuchte, mich vor ihm zu schützen, aber sie konnte nichts gegen ihn ausrichten. Er hat sie erdrückt. Und mit der Zeit hat sie sich seinem autoritären Verhalten angenähert, – um sich selbst zu retten, denke ich. Sie hatte eigentlich keine Wahl.» Sehr schnell begreift Paul, daß immer alles verboten ist, was er gern möchte, und daß man ihm all das aufzwingt, was er nicht will. Die ganze Familie Bowles denkt, daß Vergnügen schlecht sei und äußerst schädlich für die Charakterbildung. Paul soll ein guter Amerikaner werden, ein handgemachtes Prachtstück.

«Ich glaube, mein Vater wollte vor allem ein Opfer aus mir machen. Was ansonsten aus mir werden würde, war ihm wohl egal. Und vor allem *sein* Opfer sollte ich sein.»

Angesichts dieser väterlichen Haltung entwickelt das Kind eine Überlebensstrategie und wird zum Experten in der Kunst, seine Gefühle zu verstecken. Ein Verhalten – und die Parallele ist bemerkenswert –, das auch marokkanische Kinder häufig Erwachsenen gegenüber zeigen: *khabt* (Täuschung oder auch ganz einfach Lüge) ist für sie die einzige Möglichkeit, einer Bestrafung zu entgehen, also in jedem Fall von Vorteil. Marokkanische Wissenschaftler, die sich mit der kindlichen Sozialisation in ihrem Land beschäftigt haben, erinnern daran, daß diese Haltung seit Generationen in den Menschen verankert ist, wie ein ritueller Satz beweist, den der Vater, wenn das Kind in die *msid* (Koranschule) kommt, zum *fqih* (dem Erzieher) spricht: «Du tötest ihn, und ich begrabe ihn.»

Paul kann sich schlecht selbst belügen, denn er hat sehr früh die wichtige Rolle von Wörtern und ihrer Bedeutung erkannt. Aber er hat auch schnell gelernt, Begeisterung zu heucheln, Zustimmung zu simulieren, jede Freude und auch jede sonstige Gefühlsregung zu verstecken. Diese reichlich schizophrene Atmosphäre in der Familie verfehlt nicht ihre

Wirkung auf seine Persönlichkeit: Er ist nicht nur ein Einzelkind, sondern auch ein einsames Kind. Er lebt unter Erwachsenen und wird vor seinem siebten Lebensjahr kein anderes Kind treffen. Seine Einschulung, 1917, ist ein Alptraum, denn sie markiert den Beginn unendlicher Konflikte mit seinen ‹Kameraden›.

«Ich mochte die anderen Kinder nicht besonders. Das ist normal, wenn man bedenkt, daß ich bis dahin nie mit einem gespielt hatte. Das bedeutete also: Prügeleien, offene Feindseligkeiten. Während all der Jahre gab es nichts anderes. Oft habe ich ihnen weh getan, oft haben sie mir weh getan, aber der Krieg ging immer weiter.»

Neben seinen Eltern gibt es noch vier weitere Erwachsene, mit denen das Kind zu tun hat: seine Großeltern. Sie sind sehr unterschiedlich: auf der einen Seite die Großeltern Bowles, zwischen denen Schweigen herrscht; auf der anderen die Großeltern Winnewisser, die auf ihrer Farm in Massachusetts leben: Die *Happy Hollow Farm* ist ein Bild des Lebens selbst. Als ob das Kind sie tatsächlich nicht anders unterscheiden könnte, werden sie traditionsgemäß Daddypapa und Daddymama, Großmama und Großpapa genannt. Daddymama ist eine willensstarke Frau («a strongminded woman»): Sie sagt ein «Desaster» voraus, als sie sieht, wie frühreif Paul ist. «Werde nicht wie Daddymama», sagt seine Mutter. «Dein Vater ist genau wie sie. Und sie ist die mißtrauischste Frau, die ich kenne. Das vergiftet das Leben.»

Großpapa August Winnewisser ist ein gewaltsamer und launischer Mensch. Er belegt jede organisierte Vereinigung mit einem Bannfluch. Nur die Freimaurer entgehen seinen Verwünschungen. «Vielleicht nur, weil er selbst einer war», kommentiert Paul schalkhaft. August Winnewisser übernimmt die einzige religiöse Erziehung, die das Kind je genießen wird. «God: it *is* a lie.» Jedesmal, wenn der Großvater gegen die Religion zu wettern beginnt, versucht Großmama, auch wenn sie nicht unbedingt gläubiger ist, ihn zu beruhigen: «Warum schreist du so? Kannst du es nicht einfach *sagen?*»

So wie er mit Daddypapa das Träumen verbindet und die Möglichkeit, in einen Wald aus Büchern oder in ferne Länder zu fliehen, so verkörpert Großmama im Leben des Kindes die Welt des Gefühls, eine offene Welt, in der Kraft und Güte wohnen. «In ihrer Gegenwart schien die Welt erträglich.» Aber Großmama ist auch ein Opfer: Die Gewaltsamkeit ihres Mannes, sein schreckliches Benehmen machen sie krank. Sie leidet unter entsetzlichen Migräneanfällen. Die Lebensweise, die er ihr aufzwingt – harte Arbeit und so gut wie keine Beziehungen zur Außenwelt –, hat sie mürbe gemacht. Paul jedenfalls hat keine andere Wahl, als sich zu verstecken, als genau das zu tun und zu denken, was verboten ist, aber heimlich. Jeder Befehl ist ein Versuch, den anderen zu unterwerfen. Für seine Eltern «war das Verbot als solches oberstes Gut» (*Rastlos*, S. 20) Daher Pauls Strategie: so zu tun, als ob er einverstanden sei, und doch das Ganze im tiefsten Innern rundweg abzulehnen.

«Was ich geschrieben habe, ist wichtiger als mein Leben. Das Leben eines Schriftstellers ist völlig uninteressant. Was er liebt, was er tut, ist bedeutungslos. Was er schreibt, ist es nicht. Es gibt eigentlich nichts zu sagen über mein Leben. Vielleicht gibt es eine Beziehung zwischen Leben und Werk. Aber das ist nur eine Vermutung. Ich selbst wollte diese Beziehung herstellen, als ich in den ersten Kapiteln von *Rastlos* die wesentlichen Ereignisse meiner Kindheit beschrieb: Sicher machen sie es leichter, mein Werk zu verstehen. Aber in thematischer Hinsicht erhellen sie es wenig. Ich weiß, was es heißt, sich zu verstellen. Vielleicht verstellen sich meine Romanfiguren auch sehr gut. Ihre Psychologie ist niemals sehr offensichtlich, sie haben immer etwas im Hinterkopf. Was letztlich übrigbleibt, ist die Absurdität des Ganzen. Meine

Gefühle nicht zu zeigen ist ein Verhalten, das mich wahrscheinlich mein ganzes Leben lang begleiten wird, auch wenn ich mir jetzt, heute, nicht bewußt bin, daß ich es tue. Man muß so sein, wie die anderen es von einem erwarten. Ich habe mich nicht verändert seit meiner Zeit in Seneca Lake, und ich hätte es auch nicht gewollt. Man kann niemals offen sagen, was man empfindet – das ist die Spielregel. Aber daß man dieses ‹Gesellschaftsspiel› mitmachen muß, gefällt wahrscheinlich niemandem. Ich würde mich am liebsten überhaupt nicht äußern müssen. Ich hoffe, daß ich eines Tages vom Erdboden verschwinde, ohne je meine geheimsten Gedanken öffentlich ausgesprochen zu haben. Wenn man will, kann man sie aus meinen Texten und meiner Musik herauslesen.»

Seneca Lake. Den größten Teil seiner Sommerferien verbringt Paul auf einem Familienbesitz am Seneca See, in der Nähe von Watkins Glenn. Er schafft sich eine imaginäre Landschaft mit einer Eisenbahnlinie samt Fahrplan und Bahnhöfen. Er gibt jedem Platz einen Namen, indem er Papierschnitzel auf den Waldwegen verteilt. Auf einem der Papierchen, das der Vater findet, steht *Notninrivo.* Da es in einem trockenen Bachbett lag, übersetzt der Vater mit Kennermiene: *Nothing in the river*... Nein, widerspricht das Kind, das hat nichts damit zu tun. Tatsächlich ist das Wort der Name der Stadt O'Virninton, von hinten gelesen. Der Vater drängt und droht, aber Paul verrät sein Geheimnis nicht. Um ihn loszuwerden, erklärt er, das Wort *Notninrivo* habe überhaupt keine besondere Bedeutung. Für Paul ist es wichtig, das Land seiner Phantasie zu beschützen, diese verkehrte Welt, die er sich bei jeder Gelegenheit ausdenkt, um dem unerträglichen Druck auszuweichen, den die ‹normale› Welt der Erwachsenen auf ihn ausübt.

Sehr früh und anscheinend allein hat Paul lesen gelernt. Mit vier Jahren schreibt er seine erste Geschichte: die Protagonisten sind Tiere. Seine Mutter liest ihm, seit er zwei ist, jeden Abend eine halbe Sunde lang etwas vor. Man kann kaum von Gutenachtgeschichten sprechen, handelte es sich doch beispielsweise um die *Tanglewood Tales* von Hawthorne oder die *Phantastischen Geschichten* von Edgar Allen Poe. Kurz nach seiner Geburt war seine Mutter zu einer Hellseherin gegangen, die aber nicht viel sehen konnte außer «Bergen von Papier», die sich um Paul auftürmten. Er kommt zur Schule. Seine Lehrerin heißt Miss Crane. Auch sie ist auf Anhieb seine Feindin. Sie notiert im Klassenbuch: *Deficient in class singing*. Aber es gibt noch Schlimmeres. Sie wirft ihm vor, nur völlig unverständliches Zeug in seine Hefte zu schreiben. Aber er schreibt völlig richtig, nur alle Wörter von hinten nach vorn. Die unvermeidlich «ungenügenden» Noten, die Miss Crane ihm dafür gibt, kümmern Paul wenig: Er lebt in seiner eigenen Welt, einer Welt, die von der furchtbar frühreifen Erkenntnis erleuchtet ist, daß die Wirklichkeit sehr viele Fallen hat. Das Kind fängt an, «Papierberge» um sich herum aufzubauen. Sie werden ihm helfen, sich zurechtzufinden.

«Es war eine große Dummheit, daß ich die Autobiographie geschrieben habe. Schuld daran war nur das Geld. Ich hasse dieses Buch. Es wäre mir lieber, wenn es überhaupt nicht veröffentlicht worden wäre. Mir war sehr schnell klar, daß der Anfang noch das Beste daran ist. Danach wird es immer schlechter. Das Buch beginnt mit einer ersten bewußten Erinnerung. Die Geschichte mit den Nonnen, mit der Taufe, kümmert mich wenig. Was mich wirklich interessiert, ist der Tag, an dem ich mir zum erstenmal meiner selbst bewußt wurde.» Ganz offensichtlich ist es ihm sehr wichtig, daß *Rastlos* mit der Schilderung beginnt, wie es war, als sein Bewußtsein erwachte. Eine sehr genaue, vielleicht *zu* genaue Erinnerung, um nicht vielleicht doch eher ein Stück Literatur zu sein: ein Gespenst, das aus der Vergangenheit auftaucht und das zu neuem Leben erweckt wird gemäß den Regeln, mit denen das Gedächtnis seine Autobiographie inszeniert. Der Ausdruck Erwachen ist fast zu schwach, um die schizophrene Erfahrung zu bezeichnen, die er auf der ersten Seite beschreibt: der Körper erscheint ganz plötzlich, ja gewaltsam vom Geist getrennt, wird betrachtet wie ein lebloses oder fast lebloses Objekt. Der letzte Satz des zweiten Abschnitts will dem Erlebnis zwar eine positive Wendung geben, vermag aber nicht ganz die Beklemmung zu verbergen, die aus dieser gewaltigen Erfahrung erwächst:

«Ich kniete auf einem Stuhl, klammerte mich an die vergoldete oberste Sprosse der Rückenlehne und bestaunte die Gegenstände, die in den Regalen der Vitrine lagen. Links neben der Uhr stand ein alter Henkelkrug. Nachdem ich ihn eine Weile betrachtet hatte, sagte ich laut: ‹Becher›. Er hatte Ähnlichkeit mit dem silbernen Becher zu Hause, aus dem ich meine Milch trank. Wieder sagte ich ‹Becher›, und das Wort klang so seltsam, daß ich es vor mich hin sprach, wieder und wieder, bis ich merkte, daß mir seine Bedeutung entglitt. Das war verwunderlich, und zudem gab es mir irgendwie ein unbehagliches Gefühl. Wie konnte ‹Becher› nicht Becher bedeuten?

Im Zimmer war es sehr still. Ich war allein in diesem Teil des Hauses. Plötzlich schlug die goldene Uhr viermal. Als der letzte Schlag verhallte, spürte ich, daß etwas Entscheidendes geschah. Ich war vier Jahre alt, die Uhr hatte viermal geschlagen, und ‹Becher› bedeutete Becher. Ich war also ich, ich war da, und es war genau dieser Augenblick, kein anderer. Welch befriedigende neue Erfahrung, all dies mit Gewißheit sagen zu können.»

Eine Erfahrung ‹beunruhigender Fremdheit›: zunächst Fremdheit der Sprache, aber auch Fremdheit des Kindes in seiner familiären Umgebung. Man fühlt sich in eine von Paul Bowles' Geschichten hineinversetzt – der ersten, wenn man ihm glaubt –, eine Geschichte, die ein noch relativ gutes

Ende nimmt, oder die, wenn man so will, noch nicht beendet ist, Gott sei Dank. Alles geht von einem Wort aus: Becher. Das englische *mug* scheint mir allerdings noch eindringlicher: *mug*, rund und kurz, läßt sich wunderbar so lange wiederholen, bis das Kind spielerisch den Sinnverlust streift. Mit vier Jahren entdeckt Paul, daß die Wörter, wenn man ihnen zu nahe kommt, sich entziehen und einem einen Streich spielen. Auch in Orson Welles' *Citizen Kane* beginnt alles mit einem Wort: *Rosebud.* Und diese zarte Rosenknospe provoziert eine der packendsten Filmhandlungen überhaupt. Bei Welles ist die schwierige Suche nach dem geheimen Sinn des Wortes spannend, schafft *suspense* – zur Unterhaltung der Zuschauer. Paul Bowles' erste Kindheitserinnerung dagegen macht klar, daß wir, der Autor und seine Leser, uns einer Sache stellen müssen: der Sinn ist unwiederbringlich verloren. Dagegen kann man nichts machen. Irgendwo auf der Welt steht vielleicht noch ein alter Henkelkrug herum, der daran nicht ganz unschuldig ist. Aber sich auf die Suche nach der tieferen Bedeutung des Wortes *mug* zu machen, wäre vergebliche Mühe.

Auch wenn diese Grenzerfahrung vom Kind als neu und befriedigend bewertet wird, dann doch offensichtlich deshalb, um sie in Schranken zu halten, um nicht von ihr überwältigt zu werden. Denn der Schreck sitzt tief. Paul Bowles ist immer auf der Hut, heute noch – aber nicht ohne Humor. Ganz unbestritten liebt er es, sich zu ängstigen. Aber er weiß, daß man in jedem Fall den Verstand behalten, die Distanz wahren muß. Das gelingt den Figuren seiner Romane und Erzählungen selten – ein Fehler mit oft fatalen Folgen. Er weigert sich jedoch, ihr Schicksal zu bedauern. Sie sind ihm nicht besonders sympathisch, und meistens beschränkt er sich darauf, mitleidslos festzustellen, was ihnen zustößt. Er ist – und war es schon als Kind – zugleich Erfinder und objektiver Beobachter seiner Phantasieprodukte. Weil der Vater sehr viele Patienten hat; weil das Kind deshalb um das Haus herum und im Garten keinen Lärm machen darf; weil man ihm nie anders als mit Mißtrauen begegnet, wie einem unberechenbaren Tier; weil er das alles vergessen will, und um die Stille leichter auszuhalten, macht sich Paul zum Zuschauer seiner eigenen Existenz. Um dem Alltag zu entfliehen, baut er sich eine eigene Welt, ein Universum, das er gleichzeitig auch genau beobachtet. Dank seiner Erziehung war er nie das Kind, das er hätte sein sollen.

Um sich herauszuretten, ist es für den Jungen außerdem wichtig zu wissen, daß er nicht dazugehört, auch wenn das grausame Enttäuschungen mit sich bringt. Auch später wird er nie wirklich zu irgendeiner Gruppe gehören. So bezeichnet er sich, beispielsweise, als Amerikaner, nachdem er vierzig Jahre in Marokko gelebt hat. Mit vier oder fünf Jahren ist seine einzige Zuflucht das Erfinden von Geschichten. Später entkommt er dem Gefängnis «Amerika» durch seine Reisen. Aber schon als kleiner Junge schickt er seine Helden auf Entdeckungsfahrten in wahre oder erfundene Welten, die er, in Büchern oder aufgeschrieben in seinen Heften, in seinem Zimmer fest verschlossen aufbewahrt, so wie es sich gehört. Pauls freiwilliger Rückzug gefällt dem Vater ganz und gar nicht. Er verprügelt ihn, als er es bemerkt. Er hat ihn nur dieses eine Mal geschlagen: einmal zu viel. Meines Wissens ist es der *einzige physische* Kontakt zwischen Vater und Sohn: An keiner Stelle in *Rastlos* wird je ein Kuß, eine Zärtlichkeit oder eine liebevolle Geste erwähnt. Selbst sprachlich weist der Vater das Kind unüberbrückbar weit von sich. Er nennt es nie bei seinem Vornamen und pflegt seine Belehrungen mit dem zynischen und verächtlichen Zusatz zu beenden: «Verstanden, junger Mann?»

Seit Claude Bowles seine Hand gegen den Sohn erhoben hat, wird er abgrundtief gehaßt von diesem Kind, das doch nichts anderes will als ein noch so kleines Zeichen von Vertrauen. Zu Pauls großer Erleichterung werden die beschlagnahmten Hefte und Zeichnungen zumindest nicht vernichtet. Es gibt eine bei Kindern weitverbreitete Form der Problembewältigung: Manche malen ganze Bisonherden, die den Garten der Familie verwüsten, andere zeichnen Raumschiffe, die bis zum Rand mit Cornflakes, Karamelbonbons und Treibstoff gefüllt sind. George Perec hat ein Buch über diese kindliche Obsession, sich eine Welt nach eigenem Maß zu schaffen, herausgegeben: *W. ou le souvenir d'enfance*. Und was findet sich in Pauls Heften? Zeichnungen von Häusern. Viele Häuser, niemals perspektivisch, immer von vorn, mit einer Liste der baulichen Besonderheiten und der Namen der Wohnungsbesitzer. Außer diesem gigantischen Immobilienprogramm widmet sich das Kind noch der Herausgabe einer Zeitung, mit Korrespondentenberichten aus aller Welt. So geht der kleine Paul alias Xavier de Maistre in seinem Zimmer auf Weltreise, weil die Entfaltung seiner Phantasie nicht einmal draußen im Wald vor fremden, zerstörerischen Blicken sicher ist. Anstatt Papierchen zu verteilen, schleicht er sich in sein Zimmer und benennt aus dem Gedächtnis die Umgebung seines Elternhauses neu. «Dann erfand ich einen Planeten mit Landmassen und Meeren. Die Kontinente hießen Ferncawland, Lanton, Zaganokworld und Araplaina. Ich zeichnete Karten von jedem Kontinent und gab ihnen Gebirge, Flüsse, Städte und Eisenbahnlinien.» (*Rastlos*, S. 25) Genährt werden seine geographischen Phantasien noch durch einen Atlas, der so schwer ist, daß er ihn kaum tragen kann. «Heute sind wir am Cap Catoche an Land gegangen. Wo werden wir morgen sein...?» Bald braucht er für die neuen Orte und Räume auch Menschen, die dort wohnen. Mit neun Jahren schreibt er seine erste vollständige Geschichte: über das abenteuerliche Leben der Bluey Laber Dozlen, die mit Grippe, Lungenentzündung, noch ein paar anderen Krankheiten, mehreren Ehemännern, Opium und zahlreichen Bridgepartien spielend fertig wird. Etwas später beginnt er mit einem noch ehrgeizigeren Projekt: *Le Carré. An Opera in Nine Chapters*. Die Handlung ist einfach: Zwei Männer beschließen, die Frauen zu tauschen. Sie tun alles mögliche, um in den Augen der jeweiligen Ehefrau an Ansehen zu verlieren, bis diese die Scheidung einreicht. Nach dem Tausch erfahren die Frauen davon und versuchen verzweifelt, das Ganze rückgängig zu machen. Die Geschichte ist ein großer Erfolg bei Pauls Publikum, den Gästen seiner Eltern. Vor allem ist sie ein Lacherfolg. Als Paul bemerkt, daß man sich über ihn lustig macht, daß man sein lyrisches Drama niedlich findet, versteckt er *Le Carré* im hintersten Winkel seines Schrankes und behauptet, er habe es verloren.

Er hat das Stück als Oper bezeichnet, weil darin einige Melodien vorkommen. Seit dem Winter 1918 nimmt er nämlich Musikstunden bei Miss Chase. «Meine Mutter wollte unbedingt, daß ich Klavier spielen lerne. Also mußte ein Klavier gekauft werden. Ein Flügel. Meine Mutter plante immer großzügig. Es wurden sogar einige Möbel weggeräumt, um dafür Platz zu schaffen.» Dienstags Theorie, Notenkunde, Schulung des Gehörs, und freitags Übungsstücke und Technik. «Ich improvisierte gerne auf dem Flügel. Aber das war verboten. Ich mußte spielen, was mir aufgetragen wurde, Czerny, Fingerübungen, kleine Stücke von Edward Grieg und Robert Schumann. Nichts besonders Interessantes. Trotzdem habe ich jahrelang weitergemacht. Mit sieben oder acht habe ich angefangen, und bis zu meinem dreizehnten Lebensjahr habe ich regelmäßig geübt. Es hat mich interessiert, mit der Zeit... Offensichtlich habe ich Musik immer geliebt. Aber als Kind mochte ich meine eigene Musik lieber als die von anderen...»

Night song at Papua

«. . . Und so beschloß ich also, Komponist zu werden. Was ich am Ende ja auch geworden bin. Der Gedanke war mir schon mit fünfzehn oder sechzehn Jahren gekommen, richtig angefangen habe ich aber erst mit achtzehn. Ich hatte Aaron Copland kennengelernt, und er gab mir Unterricht. Das Gute war, daß ich zu ihm kommen mußte. Jeder Vorwand war mir recht, um das Haus verlassen zu können . . . Eine alte Freundin meiner Großmutter war mit einem New Yorker Maler verheiratet, der wiederum einen sehr radikalen Komponisten kannte: Henry Cowell[1]. Zu ihm war ich gegangen, um ihm meine Musik vorzuspielen. Und er hatte mir kurzerhand den Rat gegeben: ‹Gehen Sie zu Copland. Der wird Ihre Musik mehr schätzen als ich.› Also schrieb ich Copland einen Brief. Und dann spielte ich auch ihm meine kleinen Stücke vor. Er war viel freundlicher als Cowell. Denn meine Musik war ausgesprochen naiv, überhaupt nicht *sophisticated*, und ich hoffte, Copland würde mir beibringen, wie man so etwas wie Stil entwickelt. Nach und nach habe ich dann gelernt, wie ein Komponist zu denken, Musik also nicht vor allem als angenehm zu empfinden, sondern sie unter formalen und technischen Gesichtspunkten zu betrachten. Es ging darum, zu wissen, wie sie gemacht ist, und nicht, ob sie mir gefiel oder

1 Henry Cowell (1897–1965), bekannt vor allem, weil er als erster, seit 1912, «das Klavier mit den Unterarmen attackierte» (Gérard Condé).

nicht. Sie aus nächster Nähe zu betrachten, wie unter einem Mikroskop...»

Bevor Paul seinem «Maître de musique» begegnet, geschehen allerdings noch einige aufregende Dinge. Aus dem Kind wird ein Jugendlicher, allerdings kein unbedingt glücklicher. Die erste Schallplatte, die er kauft, heißt *At the Jazz Band Ball*, gespielt von der *Original Dixieland Jazz Band*. 1917 ist der Jazz noch kein selbstverständlicher Bestandteil amerikanischer Kultur. Claude Bowles jedenfalls sprach man besser nicht darauf an: «Wer hat dir erlaubt, so einen Schund zu kaufen?! Daß du mir ja nie wieder so einen Mist mit nach Hause bringst! Verstanden, junger Mann?» Die Mutter verteidigt Paul (oder *sich*) gegen die väterlichen Angriffe kaum. Aber sie ermöglicht ihrem Sohn – schwer zu sagen, ob bewußt oder unbewußt –, dem Zuhause zu entkommen und anderswo Dinge zu finden, die er sein Leben lang in kostbarer Erinnerung behalten wird. Sie ist es, die dem kaum Achtjährigen erlaubt, *ganz allein* alle zwei Wochen in die kieferorthopädische Praxis des Dr. Waugh zu fahren, Ecke 47. Straße und Fifth Avenue. «Deine Mutter muß nicht alle Tassen im Schrank haben», ist das einzige, was Tante Ulla, einer von Renas Schwestern, zu diesen Ausflügen einfällt. Auf dem Weg dorthin besucht er oft Tante Adelaïde, die Schwester des Vaters. «*Tante Adelaïde* war ein magisches Wort. Es bezeichnete nicht nur eine Person, sondern auch einen Ort.» Die arme Adelaïde wurde schon bald, im Winter 1918, von der spanischen Grippe dahingerafft. Aber den magischen Ort gab es noch: die Öffentliche Bibliothek auf der Fifth Avenue. Jetzt leitete ihre Kollegin Miss Annie Carroll Moore die Kinderbuchabteilung. Einmal im Monat ungefähr schenkt ihm Miss Moore ein Buch, meistens eins mit Widmung, z. B. eine Ausgabe der *Außergewöhnlichen Geschichten des Doktor Dolittle* von Hugh Lofting, vom Autor selbst illustriert, oder die Rootabaga *Stories*, signiert, von Carl Sandburg...

Das ist auch die Zeit, als er von seiner Mutter lernt, wie man seinen Geist ganz leer werden läßt. Diese Fähigkeit, völlig von seiner Umgebung absehen zu können, besitzt er noch heute. Er wendet sie an, bevor er zu schreiben beginnt.

Eine weitere Gelegenheit, dem trauten Heim zu entkommen, sind die Schwestern Hoagland, die am Seneca See ein Grundstück direkt neben dem der Großeltern besitzen und Paul manchmal übers Wochenende zu sich nach Brooklyn einladen. Tante Adelaïde ist die erste gewesen, die ihm gezeigt hat, daß nicht alle Erwachsenen so lebten und dachten wie seine Eltern: Sie wohnte in einem «japanischen» Appartement in Greenwich Village, voller fremdartiger Gegenstände und wunderbarer Düfte. Doch nach dem Tod der Tante vergehen nahezu drei Jahre, bis Paul endlich wieder Erwachsene findet, die ihm zuhören können, und die ihn wie einen eigenständigen Menschen behandeln. Die Atmosphäre im Haus der drei Hoagland-Schwestern ist ganz einfach unverkrampfter als zu Hause, wo immer der Zorn des Vaters droht. Im Sommer 1924 oder '25, als sie ihn zu einem Tagesausflug auf ihren Besitz in Lasata mitnehmen, lernt er eine Freundin von ihnen kennen: Mrs. Crouch, ein »Mischling». Das pechschwarze Haar und der Schnitt ihrer Augen verraten ihre indianische Herkunft. Zurück in Glenora fragt er nach der ungewöhnlichen Frau. Fasziniert stellt er fest, daß sie keinen guten Ruf hat: «eine Frau ohne Moral, eine gefährliche Abenteurerin». Sofort beschließt er, sich mit ihr anzufreunden. Einen ganzen Sommer lang hat er in Lasata ein treues, aufmerksames Publikum für die Lesungen seiner seltsamen Geschichten, die er gerade fertigstellt: *The Snake Woman Series*. Es geht jedesmal um einen ungewöhnlichen Todesfall, der aber auch eine natürliche Ursache haben könnte. Außerdem taucht – kurz und unerklärlich – in jeder Geschichte ein Frau namens Volga Merna auf, die niemals vom Geschehen überrascht ist, aber auch niemals wirklich verdächtig erscheint. Denn es gibt keinen unwiderlegbaren Zusammenhang zwischen ihrer Anwesenheit und dem vermutlichen Verbrechen. Die Entscheidung darüber bleibt dem Leser vorbehalten.

Er beschäftigt sich ausgesprochen gern mit dem Geheimnisvollen, dem Doppelsinn. *The Snake Woman Series* bezeugen es. Aber sie sind nicht die ersten Zeichen seiner Faszination für all das, was nicht, oder nicht ganz, erklärbar ist. So hatte er schon Jahre früher einen Geheimcode erfunden, der auf dem versetzten Gebrauch der Buchstaben basierte: Y wurde zu A, A zu E, Z zu B usw. *Hiuhsequja Vitv Nupfea* hieß zum Beispiel *Geography Test Monday*, mit der Unterschrift *Qeym*, oder auch *Paul*. Er war so geübt in diesem Spiel, daß er bald fast ebenso schnell codiert schrieb wie englisch. In seiner Klasse ging das Gerücht, daß er auch im Unterricht auf diese Art mitgeschrieben haben soll.

Seine Vorliebe für Geheimnisse läßt ihn sehr früh schon ahnen, welche unglaubliche Macht das Unbewußte besitzt. Er überwacht seine Träume, seitdem er, 1923, ein irritierendes Erlebnis hatte: Paul träumt, daß er einen Einbrecher überrascht. Doch der Bösewicht flieht nicht, im Gegenteil, er stürzt sich auf den Jungen und erwürgt ihn. Am nächsten Morgen wird entdeckt, daß genau so, wie das Kind es geträumt hat, die Fensterscheibe im Wohnzimmer eingeschlagen ist, daß tatsächlich ein Dieb in das Haus an der Terrace Avenue eingedrungen war.

Eine weitere, kaum angenehmere Erfahrung beruht eher auf Unkenntnis als auf seinem Geschmack am Mysteriösen: Seit kurzem erst auf der Highschool, entdeckt er fast zufällig im Biologieunterricht den Unterschied zwischen den Geschlechtern. «Ich glaubte, alle seien so wie ich. Die Frauen seien so wie ich, sie hießen eben nur Frauen, und die Männer seien so wie ich und hießen eben Männer. Dann, eines Tages, mußten wir Frösche sezieren, und man erklärte uns den Unterschied zwischen Männchen und Weibchen. Ich war schockiert. ‹Gibt es diesen Unterschied auch bei den

Menschen?› fragte ich die Lehrerin. Sie war auch schokkiert. Sie dachte, ich stellte die Frage, obwohl ich die Antwort wüßte. Sie hat einfach nur ja gesagt. Ich konnte ihr nicht glauben. Ich war dreizehn Jahre alt und hatte keine Ahnung von Sexualität. Ich zog es vor, lieber weiterhin zu denken, daß alle gleich wären. Etwas später habe ich dann begriffen, daß der Unterschied tatsächlich da ist, aber ich fand das schrecklich, daß die Menschen wie die Frösche sein sollten... Die Pubertät war jedenfalls eine schwierige Zeit. Ich blieb für mich, das war besser. Allein, ohne Freunde. Ich war es seit meiner Kindheit und blieb es, bis ich erwachsen war. Ich hatte Angst, immer noch Angst. Selbst heute gefällt mir der Gedanke nicht, daß es diesen Unterschied gibt. Im tiefsten Winkel meiner Seele denke ich, alle sollten gleich sein. Männlich, natürlich... (lächelt).»

An einem Frühlingsabend kauft er sich seinen «ersten Gide»: *The Vatican Swindle*[1]. Er ist hingerissen von dessen «Mutwilligkeit», und fasziniert von der Person des Lafcadio. Jetzt, im Alter, hat er den Roman noch einmal für sich entdeckt. «In diesem Buch hat er sich gehen lassen. Wenn ich daran denke, daß er es auch in anderen Büchern hätte machen können... Schade, wirklich. *Paludes*[2] habe ich auch gern gemocht. Zwei sehr frühe Bücher von ihm, vor allem *Paludes*, glaube ich. Danach ist Gide zum Priester geworden. Oder zu einem evangelischen Pfarrer, das ist noch schlimmer! (lacht).»

«Miss Jane Hoagland sprach häufig über das sogenannte ‹Leben der Bohème›, das, so behauptete sie, nur in Greenwich Village anzutreffen war. Sie kannte einige Maler und Poeten, die dort lebten, und manchmal nahm sie mich mit zu

1 André Gide, *Les Caves du Vatican*. Dt. Titel: *Die Verliese des Vatikan*.

2 André Gide, *Paludes*. Dt. Titel: *Paludes*.

einem ‹Studio›. Ich fand es abstoßend, daß Menschen, die mit Kunst zu tun hatten, sich von gewöhnlichen Bürgern abheben wollten.

Meine Überzeugung war, daß der Künstler, als Feind der Gesellschaft, so unsichtbar wie möglich bleiben sollte, sich jedenfalls nicht von der Masse unterscheiden durfte. Irgendwo in meinem Hinterkopf spukte die Vorstellung, daß Kunst und Verbrechen untrennbar miteinander verbunden seien; je bedeutender die Kunst, um so größer die Strafe.» (*Rastlos*, S. 70). Seine frühreife Vorstellung vom ‹grauen› Künstler hat seine Lebensweise nachhaltig beeinflußt. Man muß den Abwesenden spielen. Unsichtbar sein. In der Landschaft verschwinden.

In Tanger ist seine Wohnung dauernd belagert. Letztes Jahr – es war im August, in der größten Nachmittagshitze – vertraute Mrabet mir an: «Dieses Jahr sind es noch mehr, die Paul besuchen kommen. Seit vier Monaten geht das jetzt so, ununterbrochen. Paul ist beunruhigt. Er sagt, er wüßte nicht, ob er es schafft.»

Tennessee hatte sich mit den Jahren sehr verändert: er trank. Paul und er sprachen nicht mehr über die Arbeit. Sie plauderten. Tennessee starb ganz langsam, im Lauf der Zeit. Im Kopf kaputtgegangen, wie so viele seiner Figuren. Und dann ist er tatsächlich gestorben, auch er fern der Welt, aber ganz nah der Verzweiflung.

Nicht, weil man eine typisch *amerikanische* Autobiographie schreibt, also eine, die mit dem *Who's Who* um die besten Namen rivalisiert, oder mit einem Telefonbuch, das nur die schlimmsten enthält («und dann habe ich mindestens fünfzig bis sechzig gestrichen; der Verleger wollte nicht mehr...»), und auch nicht, weil man als Weltreisender berühmt geworden ist: nicht deshalb ist man nicht allein.

«Ich bin sehr selten einsam, auch wenn man hier weit weg

von allem ist. Aber intellektuell bin ich abgeschnitten. Das hatte sicher Auswirkungen auf mein Gehirn. Das könnte deprimierend sein, aber ich habe mich daran gewöhnt.

Das Schreiben ist das einzige intellektuelle Kommunikationsmittel, das ich noch habe. Aber welchen Kontakt hat ein Schriftsteller letztlich mit seinem Publikum? Für einen Musiker ist es tatsächlich anders: Ich hatte Kontakt mit meinen Zuhörern, und das ist gut. Aber das steht auf einem anderen Blatt.

Auf intellektueller Ebene war ich immer isoliert. Ich habe immer in Ländern gelebt, in denen meine Bücher nicht erschienen. Aber ich kann mir auch nicht vorstellen, wie ich als Schriftsteller in einer Künstlerszene leben könnte. In New York wäre ich nicht geblieben, nehme ich an. Ich hätte bestimmt die Flucht ergriffen, um in diesem Mikrokosmos nicht zu ersticken. Mit amerikanischen Schriftstellern habe ich nie viel Kontakt gehabt. Für mich gab es die anderen amerikanischen Schriftsteller nicht. Das ist schrecklich egoistisch, was ich da sage, aber ich wollte lieber keine Konkurrenz haben. Ich halte mich nicht für besser als andere: Ich wollte bloß einfach nicht daran denken, daß es noch andere gab. Wenn ich jemals daran gedacht hätte, daß es einen Markt gibt, hätte ich zu viel in Frage stellen müssen. Ich wußte einfach, daß es besser war, allein zu arbeiten und weit weg zu sein, wenn die Kritiken erscheinen... Ja, ich lese Kritiken, aber ich bin nie dort, wo sie erscheinen. Oft denke ich, daß sie mich nicht verstanden haben, und daß sie immer noch das alte Lied anstimmen... Es ist eher tröstlich, sehr weit weg zu sein.

In intellektueller Einsamkeit zu arbeiten, bedeutete immer auch, daß ich sehr stark an *meine* Literatur glaubte, nicht nur an die Literatur im allgemeinen. Mein Schreiben ist wichtiger als mein Leben. Das sagt eigentlich alles.»

Folglich steckt sein Leben in dem, was er geschrieben hat. Er sagt, er könne sich wiedererkennen im folgenden Satz aus

Gides *Tagebuch*: «Immer, wenn ich eine bestimmte Gestalt annehme, habe ich das Gefühl, daß ich ärmer werde. Es macht mir nichts aus, keine scharf umrissene Existenz zu haben, solange die Gestalten, die ich erschaffe, die ich aus mir heraushole, eine haben.» [1] Immer diese Lust, sich in der Umgebung aufzulösen. In seinem ersten veröffentlichten Text – im Mai 1926, in der Schülerzeitung *The Oracle* in Jamaica/Long Island – ist der Einfluß, den sein Leben auf die Anfänge seines Werks ausübt, allerdings ganz offensichtlich. Und es hat nichts mit Naivität zu tun, wenn er in *Waterfall* einen Vater beschreibt, der an den Ort zurückkehrt, wo sich sein Sohn das Leben genommen hat: Er hatte sich von einem hohen Felsen in das Becken unter einem Wasserfall gestürzt. Der Vater ist offensichtlich wütend, denn er versteht nicht, warum sein Sohn so etwas tun konnte. Aber als er sich über den Abgrund beugt, spürt er eine magische Kraft, die ihn unwiderstehlich hinunterzieht. «Er war seinem Sohn fast nicht mehr böse.» Denn er versteht nun, welche Macht es war, die seinen Sohn töten konnte. Dann merkt er, wie er selbst abgleitet und hinunterstürzt, «dem vollständigen Vergessen und dem Frieden entgegen».

Wenn man unter *Fiction* Literatur versteht, die völlig frei erfunden ist, dann stimmt es natürlich, daß *Waterfall* keine *Fiction* ist. Erstens spielt die Geschichte in Glenora, was kein Zufall sein dürfte. Und zweitens fällt auf, daß Paul Bowles als ‹ersten veröffentlichten Text› *A White Goat's Shadow* nennt, einen Prosatext in *écriture automatique*, der im Dezember 1930 nur in einer Zeitschrift in Princeton erschienen ist... Hat er *Waterfall* einfach vergessen, oder hat er die Geschichte verdrängt? Als er sie schreibt, stürzt sie ihn jedenfalls in Verwirrung: «Ich hatte den Eindruck, ein Verbrechen zu begehen.»

1 Zitiert in *Rastlos*, S. 53: «Il me semble toujours m'appauvrir en me dessinant. J'accepte volontiers de n'avoir pas d'existence bien définie si les êtres que je crée et extrais de moi en ont une.»

Einige Jahre später wirft er ein Fleischmesser in Richtung seines Vaters, wobei ihm im selben Moment entsetzlich bewußt wird, wieviel Haß er aufgestaut hat und zu welcher Gewalt er selbst fähig ist. Allein der Gedanke, daß er so die Kontrolle über sich verlieren konnte, macht ihm furchtbare Angst. Einen kühlen Kopf zu bewahren, scheint ihm das Mindeste, was man sich abverlangen muß, will man nicht im lächerlich Menschlichen und in gemeiner Banalität versinken. *Waterfall* ist ganz offensichtlich die literarische Umsetzung eines Tötungswunsches, den er schon seit Jahren in sich trägt. Dieser Mord an seinem Vater ist wohl durchdacht und kann, auch wenn er nur auf dem Papier geschieht, nicht verglichen werden mit dem spontanen, heftigen Angriff. Ein Stift ist oft präziser als ein Messer, auch wenn es noch so scharf sein sollte. Und ich bin überzeugt, daß Paul Bowles, schon mit fünfzehn, seine spitze Feder sicherer führte als seine Hand beim ‹Exekutieren› eines Sonntagsbratens. *Waterfall* setzt um, was sich das Kind geschworen hatte: «Ich werde ihn zerstören, und sollte es mein eigenes Leben kosten...» Die Bewältigung dieses hoffnungslos klassischen ödipalen Konflikts ist fast zu schön, um wahr zu sein. Und doch ist es die Veröffentlichung von *Waterfall*, mit der Paul Bowles *anfängt*.

Er läßt seiner Phantasie freien Lauf. Paris ist das Mekka der Epoche, und die Surrealisten sind ihre Priester. Paul stürzt sich auf die *écriture automatique*. Die Bilder überstürzen sich. Für *The Oracle* übersetzt er *La Maison du Berger* von Alfred de Vigny; ebenfalls dort veröffentlicht er *Night Song at Papua* oder *Sérénade au Cap*:

> ...die Schaumberge sind unbeweglich
> Eine undurchdringliche Schattenform
> geräuschlos in rasch hereinbrechender Nacht
> umklammert die heiße Erde
> Alles gegen ihr Gesicht.»

Die Anziehungskraft des Wassers auch hier, und ein *gothic touch* für diese «Gedichte», die er heute ablehnt. Die Anführungszeichen stammen von ihm: Später weigert er sich, diese «langen, oft völlig lächerlichen surrealistischen Anstrengungen», die in Paris in der Zeitschrift *transition* veröffentlicht werden, Gedichte zu nennen. Er liest den *Zauberberg* von Thomas Mann, der ihn völlig begeistert. Aber noch stärker beeindruckt ihn *The Counterfeiters*[1] von Gide. Von den Abenteuern dieser *Falschmünzer* schreibt er 1927 für die Novembernummer von *The Oracle* eine dithyrambische Zusammenfassung. Er ist sechzehn, genauso alt wie Bernard, der flüchtende Held, der durch die Straßen von Paris irrt. Im Januar 1928 macht er seinen Schulabschluß. In der *Senior Number* von *The Oracle* steht zum Spott unter seinem Photo: «This strange disease of modern life». Etwas später erliegt der Vizepräsident der Alliance Française de Flushing, der sich außerdem ‹Privatsekretär am Hof der englischen Königsfamilie› nennen darf, ‹einer – von Erfolg gekrönten – Versuchung, den Atlantik schwimmend zu überqueren›, und so wird dieser begabte *poetry editor*, der ‹in seiner Freizeit als Schwimmlehrer der königlichen Familie› fungiert, folgendermaßen in seiner eigenen Zeitschrift exekutiert: «Paul Bowles: He Is A day dreamer; He Thinks He Is A poet; He'd Like To Be A futuristic artist; Always Seen With A dazed expression; Hobby Literature.» Ein Tagträumer, mit ewig erstauntem (oder drastischer ausgedrückt: dämlichem) Gesichtsausdruck. Dieses knappe, von Pennälern erstellte Porträt entbehrt nicht einer gewissen Wahrheit: Paul sieht sich als Dichter und verhält sich entsprechend.

Dann, im September, geht er auf die Universität von Virginia. Das Leben ist angenehm in Charlottesville. Er entdeckt Prokofjew, Duke Ellington, den Blues und die Gregorianischen Gesänge. Und dazu noch das Studium. Er ist frei. Er

1 André Gide, *Les Faux-Monnayeurs*. Dt. Titel: *Die Falschmünzer*.

kann sich so ernähren, wie er will, trinken, soviel er will, spazierengehen, wann er will. Er nimmt zehn Kilo zu, lebt mit Gleichaltrigen zusammen, und ab und zu schnüffelt er ein bißchen Äther. «Ein einziges Mal war ich mit meinem Vater einer Meinung – ohne es ihm deshalb zu sagen, natürlich: Die Universität, das war eher eine Art ‹Country Club›.» Am Ende des ersten Semesters zieht er selbst einen Schlußstrich unter dieses traumhafte Leben. Eines Tages kehrt er in sein Zimmer zurück und schließt sich ein. Es ist noch früh am Abend, während der Dämmerung. «Ich hatte keine Ahnung, was passieren würde, aber ich wußte im selben Moment, als ich eintrat, daß ich etwas Unwiderrufliches tun würde.» Es kommt ihm vor, als habe in seinem Innern ein anderes «Ich» das Kommando übernommen. Er wirft sich aufs Bett, wo er bewegungslos liegen bleibt. Das Herz schlägt ihm bis zum Hals. Er durchwühlt seine Hosentaschen und findet ein 25 Cents Stück. Er wirft die Münze um sein Leben. Zahl ist der Selbstmord mit Allonal, «ohne eine Erklärung zurückzulassen», Kopf: er reist ab nach Europa.

Es ist Kopf.

Die Konsequenzen dieses Glücksfalls sind bedeutend. Ich, für meinen Teil, kann morgen an dieser Biographie weiterschreiben. Und für ihn war der Bogen, den die Vierteldollarmünze hinauf zur Decke seiner Studentenbude nahm, bevor sie auf seine zitternde Hand zurückfiel, der Anfang von vier Jahrzehnten auf Reisen. Vielleicht, weil an jenem Abend die Sonne ihre Herrschaft noch nicht ganz an die Nacht abgetreten hatte.

An einem Märzmorgen im Jahre 1929 steigt er an Bord der *Rijndam*; ein altes Schiff der Holland-America-Line, das seine letzte Transatlantikreise antritt. Das Wetter paßt zum Anlaß: ein Sturm droht. Aber seine Eltern haben nichts erfahren und können folglich auch nicht kommen und ihn zurückhalten, was er bis zum letzten Moment noch glaubt. Mrs. Crouch hat ihm geholfen, einen Paß zu besorgen. Er nimmt zwei Bücher mit in seine Kabine: Das *Journal des Faux-Monnayeurs* [1], kurz vor der Abreise gekauft, und *Hammer und Sichel*, eine Apologie der Sowjetunion: ein ganz besonders langweiliges Werk, das ihm Mrs. Crouch geschenkt hatte, die ohne Zweifel zu seiner politischen Bildung beitragen wollte. Zur selben Zeit wird in Europa ein anderer Reisender geboren – unter der Feder des jungen Zeichners Georges Rémi, alias *Hergé*. Noch heißt Totor nicht Tintin: er ist Reporter bei der «Petit Vingtième», und seine ersten Abenteuer erwarten ihn im *Land der Sowjets*.

Paul kommt nach Paris mit vierundzwanzig Dollar in der Tasche sowie drei Briefen, die ihn bei hilfsbereiten Damen einführen sollen. Miss Lynch, die knochenkrank ist und in der Rue de la Paix arbeitet, verschafft ihm einen Job als Telefonist beim *Paris Herald*, Rue du Louvre. «Damals war das Telefonsystem in Paris noch nicht perfekt. Es war sehr schwierig zu telefonieren, nichts funktionierte richtig, und alle Leute fanden das normal. Die Arbeit war sehr ermüdend, weil man perfekt Französisch sprechen mußte...»

Er verkehrt, besonders zu Essenszeiten, im Hause Daniloff. General Daniloff, ein nicht gerade redseliger Weißrusse, hat gerade eine zweibändige Biographie des Marschall Foches veröffentlicht. Die gesprächigere Mme Daniloff empfängt Paul Bowles sehr liebenswürdig, auch wenn sie ein Geschenk, das er ihr eines Abends überreicht, nicht recht zu würdigen weiß: *Hammer und Sichel* ist zweifelsohne ein anfechtbares Werk. Die Tochter von Mrs. Crouch, seit kurzem verheiratet, schickt ihm von London eine beträchtliche Summe. Zum erstenmal in seinem Leben ist er endlich wirklich frei. Er verläßt seinen Posten beim *Paris Herald* und reist

1 Die Arbeitsnotizen zum Roman *Die Falschmünzer*

in die Schweiz, dann nach Nizza. An der Côte d'Azur sieht er seine ersten Palmen. Ohne einen Pfennig kehrt er nach Paris zurück. Mary Crouch ist gerade auf der Durchreise. «Sie hat mir noch mal Geld gegeben: sie hat ihre Handtasche umgestülpt, und die Scheine fielen heraus. Sie war mit einem extrem reichen Engländer verheiratet. Sie kostete es ein Lächeln, aber mir hat es das Leben gerettet.»

Mme Daniloff kannte Sergei Prokofjew. «Sie sagte zu ihm: ‹Dieser junge Mann hat bestimmt Talent. Sie müssen sich um ihn kümmern.› Er willigte ein, daß wir uns an einem Sonntag um drei Uhr nachmittags treffen könnten. Aber an jenem Sonntag um drei bin ich am Gare de L'Est in einen Zug gestiegen, ins Elsaß, dann nach Deutschland. Ich bin zu Fuß durch den Schwarzwald gelaufen. Das war sehr gut, vielleicht sogar besser als Prokofjew! Ich sehe ein, daß es vielleicht etwas seltsam war... Später, als ich wieder in New York war, hat er mir geschrieben. Über die amerikanischen Komponisten sagte er: ‹Trauen Sie diesen Leuten nicht. Die Zukunft der Musik liegt woanders.›» Was war wohl der tiefere Grund, daß Paul Bowles nicht zur Verabredung erschien? «Bestimmt hatte ich Angst... Ich weiß nie ganz genau, warum ich etwas mache: Es bietet sich eben gerade an. Die Frage habe ich mir eigentlich nie gestellt. Ich war eben verrückt, das sieht man leicht... (lacht).»

An einem heißen Sonntagnachmittag, in Creil, setzt er seinen Fuß in ein Beet voller Brennesseln und macht seine ersten sexuellen Erfahrungen auf einem Ameisenhaufen. Hermina ist Ungarin und verkündet: «Ich bin die Blüte und du der Stengel.» Gelegenheitspoesie, so heiß wie das Liebeslager, im wahrsten Sinn des Wortes. Am Abend, als er nach Paris zurückkehrt, hat er als Zugabe auch noch einen glühenden Sonnenbrand.

Etwas später freundet er sich im Verlauf eines Abendessens mit Kay Cowen an, einer jungen Amerikanerin. Sie macht ihn mit Tristan Tzara bekannt. «Er hatte in seiner Wohnung eine phantastische Sammlung afrikanischer Kunst. Und einen herrlichen Siamkater.» Kay erzählt ihm viel von der faszinierenden Stadt, in der sie gerade ihre Ferien verbracht hat: Marrakesch.

Am selben Tag, als man Mr. und Mrs. Bowles davon unterrichtet, daß ihr Sohn die Universität verlassen hat, kommt ein an Paul gerichtetes Telegramm in Charlottesville an. Es ist von seinem Freund Bruce Morrissette: «CAN COME COLON SEE YOU SATURDAY.» Der Text *scheint* nur geheimnisvoll. In der englischsprachigen Typographie wird ‹colon› als Ausdruck für ‹Doppelpunkt› eingesetzt. Für die beiden Freunde ist es ein Erkennungszeichen, so etwas wie eine Unterschrift. Mrs. Bowles alarmiert die amerikanische Botschaft der Stadt Colon in Panama, die ihren Sohn allerdings vergeblich sucht. Er ist es selbst, der wenig später Lebenszeichen von sich gibt. «Im Sommer kam ein Freund meines Vaters.[1] Er wollte mir Kleider kaufen. Er glaubte, ich bräuchte welche. Ich wollte aber keine Kleider. Ich wollte Geld, um reisen zu können. Ich hatte Lust, Italien kennenzulernen. Er sagte: ‹Also gut, fahren wir hin. Aber das Geld verwahre ich.› Wir fuhren zuerst nach St. Moritz, wo er jedes

1 Hubert, ein von Daddypapa und Daddymama nicht offiziell adoptierter, aber als Kind angenommener ‹Stiefbruder› von Claude Bowles, der mehrere Jahre in der Familie gelebt hatte, bevor er sich in seinem Beruf durchsetzte. Er wurde einer der ersten Couturiers Amerikas. «Es war unvermeidlich, daß er nach Paris kam (...). Ich hatte ihn seit zehn Jahren nicht gesehen, erinnerte mich jedoch an ihn, als ich ihn im Hôtel Daunou erblickte. (...) So zog ich ins Hôtel Daunou (über Harry's Bar) und erhielt meine nächste sexuelle Initiation, ebenso gefühllos und lächerlich wie die erste.» (*Rastlos*, S. 99/100) [Anm. d. Übers.]

Jahr hinfuhr und wo es mir sehr gut gefiel, und dann nach Italien. Später habe ich ihn noch nach Deauville begleitet. Eines Abends im Kasino verlor er 4000 Dollar. Ich war schokkiert. Das war für mich ein Vermögen. Daraufhin hat er mir gesagt, was er mit dem Geld machen wollte, das mein Vater ihm mitgegeben hatte: Er kaufte mir ein Ticket nach New York. In Le Havre ging ich dann an Bord der *Paris* und fuhr zurück.» Das war fünf Monate nach seiner Abreise.

Die Auseinandersetzung zu Hause bleibt aus. Er hat sogar das Gefühl, daß seine Eltern ihn mit einem gewissen Respekt behandeln, etwas noch nie vorher Dagewesenes. In Paris hat er witzigerweise keinen Menschen getroffen, der ihn wirklich weitergebracht hätte. Einen der wichtigsten Musiker der Epoche hat er versetzt. Und er ist nicht einmal in der Rue Fabert Nr. 40 vorbeigegangen, um sich bei den Redakteuren von *transition* vorzustellen. Das wichtigste war gewesen, WEGZUGEHEN. Seine Erfahrung mit der ‹voyage automatique› (dem ‹automatischen Reisen›) hält er in einem Manuskript fest, das unvollendet bleiben wird. Es heißt: *Without Stopping*. Zweifellos ist es angebracht, den Titel zu *Without Stopping To Think* zu verlängern: dieses ‹romaneske› Unterfangen – vermutlich unter dem Einfluß von Joyce, dessen *Finnigans Wake* er gerade sehr schätzt – erweist sich als ein längerer Versuch zur *écriture automatique* – zu hauptsächlich therapeutischen Zwecken, wie er behauptet. Er hat sich noch nicht entschieden, ob er Dichter oder Komponist werden will. Man schickt ihn zu Henry Cowell, der ihm rät, doch lieber zu Copland zu gehen: «Lieber Aaron», schreibt Cowell, «hiermit stelle ich Dir Paul Bowles vor. Seine Musik ist sehr französisch, aber sie könnte Dich interessieren. Bis bald. Henry.» Aaron Copland liest es und bricht in schallendes Gelächter aus. Paul Bowles wird trotzdem Komponist.

Gespräche in Paris und kurze Begegnungen in Berlin

Paris war eine wunderbare Stadt, sehr viel schöner als New York. Oft ging ich nachts zu Fuß von der Place Denfert-Rochereau zum Montmartre. Das war einer meiner Lieblingsspaziergänge. Es waren wenige Leute unterwegs, die Stadt war sehr geheimnisvoll. Jede Nacht wurden die Straßen gewaschen, und alles glänzte, war überzogen von Geheimnis. Natürlich, wenn ich in Paris aufgewachsen wäre, hätte ich die Stadt bestimmt nicht so wunderbar empfunden, aber für mich war sie neu. Ich liebte auch die heruntergekommenen Viertel der Vorstadt, wie Pantin, da war es zum Teil wirklich sehr düster, aber das machte Paris nur geheimnisvoller. 1929, auch noch später, gab es keine Touristen, nur einzelne Reisende. Keine fünfunddreißig auf einmal, keine Busladungen voll. Jetzt ist Reisen nicht mehr möglich, außer vielleicht in Nord-Birma, da, wo sie keinen Tourismus erlauben...»

Paul Bowles hat ein Land kennengelernt, das es nicht mehr gibt: das Vorkriegsfrankreich, als das Pariser Seine-Ufer noch nicht aussah wie eine schlechte Kopie von Manhattan. Er hat die Côte d'Azur vor dem Beton erlebt, hat unwiederbringliche Stunden auf der Terrasse du Dôme genossen und die Omelettes bei La Mère Poulard. Er kennt noch den alten Charme von Deauville, heute Treffpunkt der *Cafe Society*. In Dives-sur-Mer erzählt ihm der Besitzer der Herberge «Guillaume le Conquérant» von Proust, stolz, daß sein Établissement erwähnt wird in *A la recherche du temps perdu*. Aber Paul hat die *Suche nach der verlorenen Zeit* nicht gelesen und interessiert sich eher für den Papagei des Hauses.

Zurück in Amerika, trifft sich Paul im September 1930 mit Aaron Copland in Yaddo, einem riesigen Besitz in der Nähe von Saratoga Springs, der Künstlern offensteht, die dort arbeiten wollen. Copland meint, sein Schüler solle in der Klasse von Nadia Boulanger, in Paris, Komposition studieren. Nach einem ganzen Jahr in den USA hat Paul auch große Lust, wieder wegzugehen. Aber vor dem Herbst '31 kann er nicht bei Mlle Boulanger anfangen. Aber daran soll es nicht liegen: er wird Copland im Frühjahr '31 nach Berlin begleiten. Sie verabreden sich in Paris. Paul kommt, neugierig wie er ist, schon drei Wochen vor seinem vereinbarten Treffen mit Copland in der französischen Hauptstadt an. Am ersten April stellt er sich bei Miss Gertrude Stein vor.

«Ich hatte einen Briefwechsel mit ihr seit meiner Rückkehr in die USA. Bruce Morisette, der damals die Zeitschrift der Richmond University, *The Messenger*, herausgab, hatte mir vorgeschlagen, eine Spezialnummer über Auswanderer zu machen. Ich schrieb sofort an ein Dutzend Autoren, die ich liebte, um sie für einen Beitrag zu erwärmen. Gertrude Stein hatte mir einen Text geschickt: *Play I*. Und so fingen wir an, uns zu schreiben. Ich ging auch direkt, als ich in Paris angekommen war, zu ihr in die Rue de Fleurus Nr. 27. Eine Hausangestellte öffnete und sagte mir, Mademoiselle Stein sei beschäftigt und könne mich nicht empfangen. Ich hörte Stimmen im ersten Stock. Ich insistierte, sagte, ich wolle sie doch nur einen ganz kleinen Moment sprechen. Dann kamen die Stimmen die Treppe herunter, Gertrude Stein erschien und fragte, wer da sei. Und ich sagte: ‹Ich bin Paul Bowles, der, der Ihnen aus Amerika geschrieben hat.› Sie antwortete: ‹Mein Gott! Sie sind das? Ich dachte, als ich Ihre Briefe las,

Sie wären mindestens über siebzig.› Und Alice Toklas, die natürlich auch da war, fügte hinzu: ‹Nein, fünfundneunzig, mindestens... Und dazu *exzentrisch*!› – ‹Ja, exzentrisch bin ich›, sagte ich, ‹aber so alt bin ich nicht.›

Und so lud sie mich für den nächsten Abend zum Essen ein, mit einem sehr guten Freund von ihr, Bernard Faÿ. Sie war sehr freundlich, und während des Abendessens sagte sie: ‹Die Zeit ist reif, um Freddy zu lancieren.› Sie liebte es, sowas in den Raum zu stellen. Dann redeten alle drei – Toklas, Faÿ und sie – eine Weile durcheinander, wem man mich alles vorstellen müßte. Schließlich wandten sie sich einem anderen Thema zu, und es wurde nie wieder darüber gesprochen. Ich war kein Maler, mich mußte man nicht lancieren. ‹Die Zeit ist reif, um Freddy zu lancieren.› Für sie war ich nicht Paul, ich war Freddy. ‹Paul ist ein Vorname für einen *romantischen* Mann... Und Sie sind nicht romantisch!›

Sie dachte, ich wäre ein Wilder. Ein handgearbeiteter Wilder, *manufactured*. Sie hatte noch keine anderen Amerikaner in meinem Alter gesehen. Sie fand, ich sei sehr anders als die jungen Amerikaner, die sie zehn oder fünfzehn Jahre früher gekannt hatte... Aber das war schließlich normal: Das Leben hatte sich eben verändert, seit sie aus Amerika weggegangen war.

Ihr Äußeres wirkte sehr bestimmt. Im ersten Moment erinnerte sie mich an meine Großmutter. Sie war massiv, monolithisch. Wie eine große Skulptur. Sehr liebenswürdig, sehr intelligent. Und sie hatte eine wunderbare Stimme. Ich hatte großen Respekt vor ihr. Sie war eine Person, die wußte, was sie sagte. In ihrem Haus lernte ich viele Leute kennen, vor allem Maler.

Und sehr wenige Amerikaner: Sie hatte es sich mit all ihren Freunden verdorben, oder mit fast allen. Sie hatte Briefkarten drucken lassen: ‹Mademoiselle Stein verzichtet fürderhin auf Ihre Gesellschaft›, oder so ähnlich. Die schickte sie dann ungefähr hundert Leuten. Aber es gab wohl niemanden, der mit ihr keine Probleme gehabt hätte. Auch mit Ezra Pound hat sie sich überworfen: ‹Ich will nicht, daß er nochmal hierher kommt, weil er alles kaputt macht. Er setzt sich auf einen Stuhl, der bricht zusammen. Er nimmt die Zuckerdose in die Hand und läßt sie fallen!› Und die Toklas fügte noch hinzu: ‹Die Teekanne auch!›... Es war nur ein Vorwand. Sie wollte ihn einfach nicht mehr treffen, wollte Abstand von ihm nehmen. Sie fand sowieso, daß sie viel zu viele Leute kannte.»

Paul wiederum findet, daß er nicht genug kennt und stürzt sich ins gesellschaftliche Leben. Er will, bis Copland ankommt, so viele Leute wie möglich kennenlernen, um ihn mit einer Liste von Persönlichkeiten zu beeindrucken, mit denen er die Ehre hatte, sich zu unterhalten. Virgil Thomson, Ezra Pound, Richard Thoma, Samuel Putnam, Jean Cocteau. Seiner Sammlung fügt er sogar, *in extremis*, den Namen André Gide hinzu: Auf einer Vernissage war es ihm gelungen, mit dem ‹Meister› ein paar Worte zu wechseln. Im Mai kommt Aaron Copland in Paris an, und sie fahren zusammen nach Berlin. Dort nimmt sich Paul ein kleines Zimmer mit Balkon in der Güntzelstraße, nur tausend Meter südlich vom Kurfürstendamm und der Kaiserallee. Copland wohnt weiter draußen, im Norden der Stadt, in einer Wohnung, die dem amerikanischen Dichter Alfred Kreymborg gehört. Dorthin fährt Paul jeden Tag, um sich unterrichten zu lassen. «Ich studierte, komponierte und machte mich wieder aus dem Staub.» Er begegnet vielen Berühmtheiten, wenn auch meistens nur ein einziges Mal: so dem Bildhauer Naum Gabo und Walter Gropius... Er lernt auch Edouard Roditi kennen, und frühstückt jeden Tag im Café des Westens, gegenüber der Kaisergedächtniskirche, gemeinsam mit Copland natürlich, aber auch mit Christopher Isherwood, Jean Ross und Stephen Spender. Isherwood lebt mit Jean Ross zusammen in der Nollendorfstraße: Später wird er Jean Ross, die Hauptfigur in seiner Erzählung *Goodbey to Berlin* [1], umtaufen und ihr den Namen Sally Bowles geben.

Ja, er macht sich oft aus dem Staub – wie Copland, für den die Arbeit absolute Priorität besitzt, nicht ohne Bitternis feststellt. Am 20. Mai fährt Paul nach München, um dort Strawinsky *Oedipus Rex* zu hören, dann weiter nach Salzburg und zurück über Ommen in Holland: ein kleiner ‹Umweg›, um Krishnamurti zu sehen. In Hannover macht er zur Verschönerung des Merz-Baus mit Kurt Schwitters Abfalleimer. Er bittet auch den Begründer der Merz-Kunst, ihm einige Fragmente seiner syllabischen Gedichte zu erklären. Schwitters läßt sich nicht lange bitten und liefert ihm gern einen Auszug aus der *Ursonate* [2]. Paul notiert sich alles gewissenhaft, Rhythmus und Umlaute inbegriffen. Die Notizen verwendet er wenig später für das Thema des Rondos seiner *Sonate für Oboe und Klarinette*:

Lanke tr gl
pe pe pe pe pe
ooka ooka ooka ooka
lanke tr gl
pii pii pii pii pii
züüka züüka züüka züüka

Zurück in Berlin, kommt ihm die Stadt immer düsterer vor. Es sind nicht mal die sich langsam aber sicher ausbreitenden Hakenkreuze, die ihn stören. Sie scheinen sowieso überhaupt niemanden zu stören. «Ja, da gibt es so einen Verrückten,

1 Isherwood, *Goodbye to Berlin*. Dt. Titel: *Leb wohl Berlin*. Der Roman wurde von Bob Fosse 1972 verfilmt unter dem Titel «Cabaret», mit Liza Minnelli in der Rolle der Sally Bowles.
2 Kurt Schwitters bereitete gerade die Veröffentlichung der dritten und letzten Version dieses Scherzos der *Ursonate* für die Zeitschrift *transition* vor (1932). Die beiden ersten Versionen finden sich in *Merz 6* (1923) und *Documents internationaux de l'Esprit nouveau* (1927).

einen Österreicher», erzählt man ihm, «der sich für Knaben interessiert. Er will sie militärisch ausbilden, was weiß ich... Keiner nimmt ihn ernst... Wie heißt er doch gleich? Adolf... Schickelgruber!» Was kümmert's Berlin, was morgen wird! Paul begegnet natürlich glühenden Anhängern der aufkommenden Ideologie, aber sie beunruhigen ihn nicht über die Maßen: «Hätte ich diese Leute nur ein Jahr später gesehen, hätte ich sie als Nazis erkannt. Aber 1931 waren sie in meinen Augen nichts als ein paar Deutsche, die in die Irrenanstalt gehörten.»

Nein, was ihn abstößt – so sehr, daß ihm Berlin bald unerträglich wird –, ist das entsetzliche Elend, das sich auftut, sobald man sich vom Stadtzentrum entfernt. «Der Unterschied zwischen dem Westen und dem Osten der Stadt war so enorm, als hätte die berühmte Mauer schon gestanden. Zwar konnte man problemlos von Unter den Linden zum Alexanderplatz spazieren, aber dort begriff man dann sehr schnell, wenn man die krasse Armut sah, daß bald etwas Katastrophales passieren mußte. Drüben am Kurfürstendamm amüsierte man sich, dort ging es zu wie im Tollhaus, aber wenn man mit der Ringbahn fuhr, entdeckte man, daß es rund um Berlin nur Armut gab, nichts als Armut. Wie in einem Film von Fritz Lang. Man hatte wirklich das Gefühl, die ganze Stadt wäre von Fritz Lang inszeniert.» Fritz Lang stellt ja tatsächlich im selben Jahr, 1931, dem deutschen Publikum seinen Film M – *Eine Stadt sucht einen Mörder* vor. Noch sechzig Jahre später sollten die Folgen dessen, was diese soziale Giftküche hochkochte, sichtbar sein. 1931 war es Peter Lorre, der den drohenden Schrecken spielte.

Anfang Juli hält Paul es nicht mehr aus und fährt zurück nach Frankreich. Den 14. Juli verbringt er in Paris. Copland ist nach Oxford abgereist, und sie wollen sich Ende August in Bilignin, bei Gertrude Stein, wiedertreffen. Als Paul dort ankommt, wird er am Culozer Bahnhof von Miss Stein, Alice

Toklas und dem weißen Kaninchen Basket abgeholt. Miss Stein betrachtet ihren jungen Gast offenbar als eine Art bizarre Erscheinung und behandelt ihn auch so. Sie sind in jeder Hinsicht anderer Meinung: was das Essen angeht, die Kleidung (‹Warum haben Sie bloß so viele Kleider? Das reicht ja für sechs junge Männer...›), die Hygiene (Paul will den Waschzuber mit kaltem Wasser, den man ihm jeden Morgen hinstellt, nicht benutzen), auch die Poesie. Bald ist es ratsam, das Thema Lyrik gar nicht erst anzuschneiden. «Sie mochte meine Gedichte nicht. Sie hatte ein paar davon in Zeitschriften gelesen und mir gesagt: ‹Sie sind kein Dichter.› Ich dachte, sie hat recht. Denn hatte sie nicht in allem, was sie sagte, recht?[1] Aber es war nicht allein ihre Schuld, daß ich das Gedichteschreiben aufgab. Sie hatte nur ausgesprochen, was mir selbst schon durch den Kopf gegangen war. Eines Tages verkündete sie: ‹Sie sind kein Dichter! Nehmen Sie Bravig Imbs... Kennen Sie seine Gedichte?› – ‹Ja, ich kenne sie, sie gefallen mir gut.› Mehr wagte ich nicht zu sagen... ‹Nun gut, Bravig Imbs. Er ist ein sehr schlechter Dichter. Er ist schlecht, aber er ist ein Dichter! Sie sind kein Dichter, überhaupt keiner!› Und ich: ‹Aah...› Was sollte ich darauf sagen, außer vielleicht ‹Aah...› (lacht). Und ein anderes Mal forderte sie mich auf, bestimmte Gedichte zu korrigieren. Das fand ich unnütz, ja idiotisch, denn sie waren ja schon in Zeitschriften veröffentlicht worden, und damals träumte ich nicht einmal davon, daß sie eines Tages möglicherweise als Buch erscheinen könnten. Ein paar Tage später kam sie nochmal darauf zurück, und ich erklärte ihr, warum ich nicht die Absicht hatte, an den Gedichten etwas zu verändern. ‹Da sehen Sie: Sie sind kein wahrer Dichter! Ein Dichter wäre sofort in sein Zimmer gegangen und hätte Tag und Nacht damit zuge-

1 Paul Bowles scheint hier die Frage des kalten Wassers und anderer alltäglicher Dinge auszunehmen.

bracht, seine Gedichte zu überarbeiten!› Das ist zweifellos wahr – für einen wahren Dichter. Aber für mich galt es eben nicht.»

Als Aaron Copland, dem Gertrude Stein vom ersten Moment an vertraut hatte, aus England ankam, horcht sie ihn unverfroren über die musikalischen Fähigkeiten seines Schülers aus. Copland gibt zu, daß der Arbeitseifer seines Schützlings größer sein könnte. «Das habe ich mir gedacht», sagt sie, «er hat seine Verbrecherlaufbahn einfach zu früh begonnen» (*Rastlos*, S. 135). Der «Wüstling» und halbfertige Künstler erscheint *in extremis* in der *Autobiographie von Alice B. Toklas* – auf der vorletzten Seite, genau genommen. Der Besuch Coplands in Bilignin ist die letzte Anekdote des Buches, der junge Paul Bowles die letzte Person, die Gertrude Stein porträtiert. Kurz darauf folgt das berühmte Schlußbekenntnis, in dem sie gesteht, daß sie selbst die Autobiographie ihrer Freundin verfaßt hat, «so wie Defoe Robinson Crusoes Autobiographie schrieb».

«Paul Frederick Bowles ist ein junger Mann, den Gertrude Stein durch seine sehr liebenswürdigen Briefe kennenlernte, die er ihr aus Amerika schickte. Sie sagte über ihn, im Sommer sei er angenehm und einsichtig, im Winter keins von beidem. In jenem Sommer kam er uns besuchen, gemeinsam mit Aaron Copland, und Gertrude Stein fand ihn sehr nett. Bowles gab einen Ausspruch Coplands zum Besten, der sie sehr amüsierte: Eines Tages im Winter, als Bowles wie gewöhnlich gar nicht reizend und ganz uneinsichtig gewesen war, hatte Copland zu ihm gesagt: ‹Wenn Sie jetzt, da Sie zwanzig sind, nicht arbeiten, wird Sie mit dreißig keiner lieben.›»[1]

1 Gertrude Stein, *Autobiographie von Alice B. Toklas*, 1933–1934, in deutscher Übersetzung bei Origo, Zürich 1955 (S. 295).

Die beiden Musiker suchen einen Ferienort, eine Sommerfrische, und fragen Miss Stein und Miss Toklas um Rat. Paul Bowles schlägt Villefranche vor, wo Cocteau und andere Berühmtheiten den Sommer verbringen. «Oh, nein!» sagt Gertrude Stein. «Der Ort ist infiziert! Da kann *jeder* hin, und *alle Welt* ist dort. Das ist nichts für Sie.» Coplands Vorschlag heißt Saint Jean de Luz. Die beiden Damen widersprechen unisono: «Da ist *kein Mensch*! Und das Klima ist scheußlich, viel zu feucht. Das Mittelmeer ist besser für Sie.» Paul stellt drei Bedingungen: Es muß heiß sein, es muß am Meer sein, und der Platz muß schön sein. Schließlich regt Alice Toklas an: «Warum fährt Fred nicht nach Tanger?» Und Gertrude Stein bekräftigt: «Ja, fahren Sie nach Tanger, eine herrliche Stadt. Und Freddy wird sie mögen, weil jeden Tag die Sonne scheint, zumindest im Sommer.» Sie war das erste Mal, sehr kurz, im Jahr 1901 dort gewesen (in ihrem Roman *Q.E.D. – Quod Erat Demonstrandum* spielt sie darauf an), dann mit Alice Toklas 1912 und ein drittes Mal direkt nach dem Krieg. Die Entscheidung ist schnell gefällt: Aaron und Paul werden nach Tanger reisen. «Ich wußte nicht einmal, wo ich Tanger auf der Karte suchen sollte», erinnert sich Paul Bowles. «Tanger, Algier – für mich war das alles das gleiche. Sie hatten uns geraten, im Hotel Villa de France abzusteigen, das ihnen gut gefallen hatte.»

Ferien in Tanger

Und so kamen wir nach Tanger. Es war perfekt. Gertrude Stein dachte, ich würde die Stadt lieben, und sie hatte recht. Ich habe diese Stadt sehr geliebt. Ich liebe sie immer noch. Wenn auch weniger. Wenn man alt wird, liebt man alles ein bißchen weniger. Aber auch Tanger ist nicht mehr das, was es 1931 war.»

Von diesem Moment an springt das Bild von Zeit zu Zeit. Als ob ein zerstreuter Vorführer die eine oder andere Filmrolle verwechselt hätte. Manchmal bewegen sich die Schauspieler plötzlich schneller, dann gibt es Bilder, die sich wiederholen, und überraschende, offensichtlich willkürliche Schnitte. Die Zwischentitel scheinen manchmal verlorengegangen oder vertauscht. «Vergangenheit, das ist wie ein lustiger Film.» Allein im Jahr 1931 wechselt Bowles mindestens ein Dutzend Mal seine Anschrift. Er fährt von New York nach Paris, läßt sich in Berlin nieder, bummelt durch Niedersachsen, Bayern, Österreich und Holland, kehrt nach Paris zurück, reist ab nach Ain, schifft sich ein nach Marokko, besichtigt Oran, setzt über nach Tanger, wo er im Hotel ‹Minzah› logiert (das ‹Villa de France› war ausgebucht; das ‹Minzah›, unter Schweizer Leitung, hatte gerade erst eröffnet: der Service war erstklassig, das Essen märchenhaft). Er zieht um auf den Alten Berg, bleibt eine Weile in Fès, besucht Marrakesch, wird ausgewiesen aus Ouarzazate, ist wieder in Tanger, fährt ab nach Paris via Spanien und beendet das Jahr in London. Er besteigt dreimal ein Schiff (über den Atlantik, das Mittelmeer, den Ärmelkanal), unzählige Male Zug und Bus, Privatautos und Kutschen. Er geht zu Fuß. Einmal, nicht zu vergessen, läßt er ein Klavier – nein, keinen Flügel – auf dem Rücken eines marokkanischen Esels transportieren.

Von Zeit zu Zeit, wenn der Moment günstig ist, komponiert er auch oder findet sich damit ab, daß die Umstände ihn daran hindern. Aaron Copland beklagt sich, daß er in Marokko nicht richtig arbeiten kann, und verläßt das Land bald wieder. Einer der Gründe waren die Trommeln, die man auf dem Alten Berg von überall und nirgends hört. Dafür erlebt Paul eine der wichtigsten Offenbarungen seines Lebens: «Wie jeder Romantiker hatte ich stets vage vermutet, daß ich eines Tages an einen magischen Ort kommen würde, der mir durch die Offenbarung seiner Geheimnisse Weisheit und Ekstase schenken würde, vielleicht sogar den Tod.» (*Rastlos*, S. 137)

Hier, in Tanger, beginnt Pauls große Liebesgeschichte mit den magischen Orten. «Ohne es je auszusprechen, gründete sich mein Gefühl, in der Welt zu sein, zumindest teilweise auf die unerklärliche Überzeugung, daß bestimmte Gegenden der Erde über mehr Magie verfügten als andere. Hätte mich jemand gefragt, was ich unter ‹Magie› verstünde, hätte ich es wahrscheinlich als eine geheime Verbindung zwischen der natürlichen Welt und dem menschlichen Bewußtsein definiert, eine verborgene, doch direkte Linie, die das Denken umgeht. (Das entscheidende Wort hier ist ‹direkt›, in diesem Fall gleichbedeutend mit ‹viszeral›.)» (*Rastlos*, S. 137)

Ich denke, die Worte ‹Weisheit›, ‹Gefühl› und ‹unerklärliche Überzeugung› zeigen gut, welcher Art die Offenbarung ist. Mit seiner Ankunft in Afrika findet Paul Bowles auf einen Schlag Antwort auf tausend Fragen, sogar auf noch nicht formulierte. Afrika ist für ihn die Lösung! Er nimmt sich selbst als Versuchsobjekt, probt die totale Hingabe und beobachtet noch seine kleinsten Reaktionen. Später sind es seine Figuren, die er allen möglichen Situationen aussetzt: mit wissenschaftlich genauem Blick beobachtet er, wie sie reagieren und wie sie untergehen.

Besonders Tanger ist für ihn die Stadt der Offenbarung, der magische Ort. Andere Plätze werden ihn auch berühren, aber vielleicht nicht so stark, nicht bis zu dem Punkt, an dem das Bedürfnis entsteht, sich für immer dort niederzulassen.

In Tanger trifft er gleich zu Anfang Kristians Tonny, einen niederländischen, surrealistischen Maler und Schützling von Gertrude Stein.

«Sie wußte, daß Tanger ein Dorf war, und daß wir uns früher oder später begegnen würden. Als ich dann zurück in Paris war, stellte ich fest, daß sie mich tatsächlich nach Tanger geschickt hatte, damit ich ohne mein Wissen Kristians Tonny ausspionierte. Sie wollte erfahren, ob er produktiv war, und auch, in welchem Zustand das Haus war, das sie für ihn in Marshar gemietet hatte.»

Nach Tonnys Aussagen hatte Paul Bowles eine erstaunliche Angewohnheit: er kleidete sich jedes Mal, wenn er – aus welchem Grund auch immer – durch die Medina ging, ganz in weiß. Nach diesem Bad in der Menge vergnügte er sich damit, auf seiner Kleidung die Spuren zu untersuchen, die er während seines Spaziergangs abbekommen hatte. War er besorgt um seine Eleganz, die doch von vornherein zum Scheitern verurteilt war, oder war es der Wunsch, mit Haut und Haar in eine fremde Zivilisation einzutauchen? Die Unterwerfung unter einen Naturzustand, wie er sie in Marokko findet, hat für Paul, der so sehr unter seinem autoritären Vater gelitten hat, etwas Begeisterndes. Zweifellos könnte man befremdet sein, daß in den ersten Bildern, mit denen er seine Entdeckung Nordafrikas schildert, so wenig von der Armut der Bevölkerung die Rede ist. Aber Armut in der Sonne ist anders als das Elend, das man von der Berliner Ringbahn aus sieht. Der Hunger kneift zwar ebenso in den Bäuchen, aber in Marokko ist der Fatalismus größer. Die Armut wird ertragen, wenn nicht gar akzeptiert von einer großen Mehrheit der Bevölkerung, die – wenn auch mehr schlecht als recht – eben *überlebt*.

Pauls erste Begegnung mit der Sonne Afrikas, in Oran, ist «schön und schrecklich» zugleich. Trotz Hitze und Staub: Ich weiß, daß in Pauls Lungen heute noch ein Rest der himmelblauen Luft ist, die er mit zwanzig geatmet hat, kaum daß er dieses Land betreten hatte. Jede Inspiration kommt für ihn aus den seltsamen Geräuschen, den fremden Gerüchen hier. Die trockene Luft, der Wind, das Licht schenken dem jungen Mann ein neues Leben. Er ist in einem beglückenden, köstlichen Zustand der Erregung. Er hat den Eindruck, hier, auf diesem morgendlichen Kontinent, die Essenzen der Ewigkeit zu atmen. Ihm scheint, das Blau des Himmels versöhnt die Menschen, die unter seiner Grenzenlosigkeit wandern, mit dem glühenden Abgrund der Sonne. Oran vermittelt dem jungen Reisenden auf Anhieb eine Idee von der zuckenden Schönheit des Maghreb. Ein Stadtviertel, auf das er in einem Buch gestoßen ist, macht ihn besonders neugierig: Eckmühl-Noiseux. Er schleppt Copland in den Vorort, von dem er nichts weiß als den Namen. Vierundzwanzig Stunden, ihr Aufenthalt in Oran geht zu Ende, und Pauls Erregung hat sich noch nicht gelegt. Jener erste, flüchtige Blick auf das afrikanische Leben hinterläßt einen bleibenden Eindruck: Paul Bowles' erster Roman, *Himmel über der Wüste*, beginnt und endet in dieser Stadt.

Aber sei es in Oran, oder anschließend in Tetuan, oder in Tanger, wo er am 8. August von Bord geht: der Eindruck von Unwirklichkeit – als ob er sich einen Film ansähe – hört keinen Moment auf. Paul ist überzeugt, daß er niemals müde werden wird, die Marokkaner zu beobachten: «Jeder schien eine Rolle in einem gigantischen Drama zu spielen (... mit) einstudierten Grimassen, die Verzweiflung, Ungläubigkeit,

Entsetzen und eine ganze Palette von subtileren Gemütszuständen ausdrückten.» (*Rastlos*, S. 139) Vierundzwanzig Stunden am Tag *Höhepunkt*. «A continuous performance», ruft er gutgelaunt aus. Eher eine Anstalt für Geisteskranke, denkt Aaron Copland. Ein Gedanke, der zwanzig Jahre später von einer der Figuren in *So mag er fallen* ausgesprochen wird: «Es ist natürlich ein Narrenhaus, ein völliges Narrenhaus. Ich hoffe nur zu Gott, daß es auch eines bleibt.»[1]

Für Paul, der der Erinnerung an ein strenges und liebloses Elternhaus, und auch dem tatsächlichen Einfluß seiner kleinbürgerlich-puritanischen Familie entfliehen will, für ihn bedeutet Tanger, paradoxerweise, die Freiheit. Jeder Tag, den er auf dieser Seite des Ozeans, außerhalb des Gefängnisses ‹Amerika› verbringt, ist ein gewonnener Tag. Außerdem ist Marokko für den jungen Musiker, der gerade sein erstes größeres Werk beendet – die *Sonate für Oboe und Klarinette* –, eine Schatzkiste wunderbarer Klänge und Geräusche: die Rufe des Muezzins zum Gebet, die Trommeln, das vielsprachige Stimmengewirr in den Cafés... Copland ist weniger beeindruckt, er fühlt sich an das jüdische Viertel seiner Kindheit in Brooklyn erinnert. Er begleitet seinen Schüler noch bis nach Fès und reist dann ab nach Berlin. Glücklicherweise kommt ein anderer Freund an, Harry Dunham, der Paul damals, als er die USA verlassen wollte, Geld geliehen hatte. Gemeinsam unternehmen sie eine eher touristische Reise in den Süden des Landes, besichtigen Marrakesch und werden, wegen unerlaubten Eindringens in eine verbotene Zone, aus Ouarzazate ausgewiesen. Als Paul nach Paris zurückkehrt, wird er begleitet vom sechzehnjährigen Marokkaner Abdelkader, den Dunham zu seinem Diener machen wollte, sobald er wieder in Paris wäre.

«Harry mußte nach Deutschland fahren. Also hat er mir

1 *Let it come down*, Dt. Titel: *So mag er fallen*, S. 22.

Abdelkader anvertraut. Ich glaube nicht, daß es eine sehr gute Idee war, aus ihm einen Kammerdiener machen zu wollen. Abdelkader war ein völlig primitives Wesen, ein richtiger Wilder. Mit ihm durch Spanien und Frankreich zu reisen, war eine sehr interessante Erfahrung. In Madrid zum Beispiel, als wir den Prado besuchten, blieb er sehr lange vor den Bildern von Goya stehen: er wartete darauf, daß sie sich bewegten. Nach einer Weile verlor er die Geduld, und wir gingen weiter. Genauso stand er dann vor den Bildern von Bosch, aber plötzlich wollte er sofort das Museum verlassen. Wir müßten, so sagte er, ganz schnell möglichst weit weg, denn er hätte gesehen, wie die Bilder anfingen, sich zu bewegen... In Paris sind wir dann an einem Sonntag in die Rue de Fleurus gegangen, es war ‹open house›... Als Abdelkader Gertrude Stein gesehen hatte – und sie vor allem lachen gehört hatte –, rief er laut: ‹Aber das ist doch ein Mann!› Sie hat die Bemerkung einfach überhört, und etwas später hat sie ihn mit Fragen zu Kristians Tonny überhäuft. ‹Ist das Haus sauber?› – ‹Oh, nein, Madame, nicht sehr. Es ist ekelhaft.› – ‹Hat er genug zu essen?›. usw. usf. Und auf jede Antwort brach sie in schallendes Gelächter aus. Was ihr allerdings nicht gefiel, war, daß Tonny noch mit seiner amerikanischen Freundin zusammen war. Sie meinte, er arbeitete dann wohl nicht sehr viel. Sie war davon überzeugt, daß die Frauen die jungen Männer verderben.»

Dezember. Mit fast vier Monaten Verspätung stellt sich Paul bei Nadia Boulanger vor, um wie vereinbart bei ihr Komposition zu studieren. Sicherlich, sie bedauert es, aber es sei doch schon ein bißchen spät, um ihn noch in die Klasse aufzunehmen.

Ende Januar 1932 macht er sich wieder auf den Weg nach Marokko. In Fès sieht er zum erstenmal die Straßenprozession einer Bruderschaft. Magie von Tausenden von Körpern, die heulen, psalmodieren, im Rhythmus der Darboukas stampfen, Staub aufwirbeln. Unzählige Körper, gefangen in rasenden Zuckungen. Frauen, die auf dem Höhepunkt der sakralen Trance im Kreis wirbeln. Körper, die endlich zusammenbrechen, sich aber sofort wieder erheben und nichts mehr davon zu wissen scheinen. Die Prozession braucht achtundvierzig Stunden für ihren Weg zwischen Bab Mahrouk und Bab Chorfa: eine Strecke von kaum eineinhalb Kilometern.

Bei seinem zweiten Aufenthalt in Marokko lernt Paul dieses Land, das geradezu obsessiv seine Gedanken beherrscht, sehr viel besser kennen. Er zahlt ihm auch seinen ersten Tribut: Auf einer Reise nach Agadir infiziert er sich mit Typhus. Die Krankheit, vom Typ A, bricht Ende Mai aus, auf der Rückreise nach Paris. 1932 gibt es noch keine spezifische Behandlungsmethode, man wartet ab, bis das Fieber sinkt und der Patient aus seiner Betäubung erwacht. Als der Winter anbricht, ist er noch in Monte Carlo. Doch als der Mistral zu wehen beginnt, nimmt er in Marseille ein Schiff nach Algerien. Auf der Überfahrt erzählt ihm jemand von Ghardaïa. Er hat sofort Lust, Ghardaïa zu sehen. Er trödelt nicht lange in Algier, der weißen Stadt, herum und macht sich auf in den Süden, sucht den Ort mit dem neuen Namen, der ihm in den leuchtendsten Farben geschildert wurde. Und dort, im Herzen des M'Zab, in dieser Oase im Norden der algerischen Sahara, mietet er ein kleines Haus. Aber im Dezember ist es kalt in der Wüstenstadt. Er entkommt wie durch ein Wunder dem Erstickungstod, nachdem er einen *Mijmah*, eine dort typische Art Gasofen, auf unverantwortliche Weise benutzt hatte: Was für ein Nachtlager im Freien gedacht ist, ist nicht unbedingt auch für abgeschlossene Räume geeignet. Er zieht sich nach Laghouat zurück und verbringt den Januar 1933 im Hotel Transatlantique. Glücklich darüber, dem Tod von der Schippe gesprungen zu sein, liest er Proust, und in der restlichen Zeit komponiert er auf dem Harmonium der Kirche der *Pères Blancs* eine mehr oder weniger profane Kantate: *Par le détroit* (Durch die Meerenge)[1] entstand nach einem Traum. Offensichtlich war es ein Traum über Tanger, denn die Meerenge ist die von Gibraltar. «Vielleicht wäre der Titel *Dream Cantata* passender gewesen, da ich mehrere Teile des Stücks im Traum ziemlich genau komponiert und sie dann direkt nach dem Erwachen aufgeschrieben habe.» Seit seiner Kindheit besitzt er die erstaunliche Fähigkeit, in einen unterbrochenen Traum zurückzukehren, wenn er will, und Punkt für Punkt das Geträumte zu verarbeiten. Und seitdem er es zum erstenmal gesehen hat, ist der Zielhafen seiner geträumten Reisen sehr oft Tanger. Allerdings sollten fast vierzehn Jahre nach seiner Abreise 1933 vergehen, bis er dorthin zurückkehrt. Und tatsächlich ist es ein Traum, der ihn im Sommer 1947 dazu veranlaßt.

Tanger ist der Inbegriff einer *dream-city*. Bilder, wie sie jeder aus Traumabenteuern kennt. Tunnelartige Gassen, lang und düster, von denen verschlossene Türen abgehen, die nur C. G. Jungs Schlüssel öffnen können. Einsame Terrassen, die auf Giorgio de Chiricos Auge warten. Falsche Perspektiven in einer wahren, der Traumarbeit angemessenen Welt: Gänge, Mauern, Wälle, Türme, Ruinen, Felswände (*Rastlos*, S. 141). Traumhafte Stadt, ohne Radios, ohne Autos, bezaubernd und ungefährlich. Auf der Terrasse des Café de Paris kann man die Zikaden hören, die im Garten des französischen Konsulats singen. Heute gibt es keine Zikaden mehr in Tanger. Es gibt nur diese großen Fliegen noch, dick und leise, die ohne Ende im Zimmer kreisen, ohne jemals einen Weg nach draußen zu suchen. Ein Freund von Paul hat sie beobachtet: John Hopkins' erster Roman heißt *Tangier Buzzless Flies*[2].

1 *Par le détroit*, profane Kantate
2 John Hopkins, *Tangier Buzzless Flies*

Anthropomorpher Führer durch die Gassen von Fès

Sous-Titres en Chleuh

Au volcan du matin
La prière et la palmeraie se déroulent vers l'est.
La terre a voulu se montrer nue:
Mais on lui a arraché la peau.
Cris d'aiguilles roses dans le gouffre.
Musique de troglodytes aux falaises.

«En raison des actes de violence commis en dehors de murs...»
La piste et la poussière s'entrelacent
Dans le puits de midi.
Le soleil ne blanchira pas ces os rouges.
«... qu'on a peur des Français?!»

Untertitel auf Chleuh

Im Vulkan des Morgens
Entfalten sich das Gebet und der Palmenhain nach Osten
Die Erde wollte sich nackt zeigen
Aber man hat ihr die Haut abgerissen.
Schreie von rosenfarbenen Nadeln im Schlund.
Höhlenmenschenmusik in den Felswänden.

«Bezüglich der Gewalthandlungen außerhalb der Mauern . . . »
Die Piste und der Staub verschwimmen
Unter dem mittäglichen Feuer.
Die Sonne wird diese roten Knochen nicht bleichen.
«. . . sie haben Angst vor den Franzosen?!»

«Das einzige, was ich unter meinem Namen veröffentlicht habe und was mich mittlerweile ärgert, sind diese ‹Gedichte› (Anführungszeichen von P. B.), die ich in großer Zahl auf gut Glück in kleinen Zeitschriften ausgestreut habe. Das war Ende der zwanziger und Anfang der dreißiger Jahre. Ich dachte, mit der Zeit würde die Wahrscheinlichkeit, daß sich jemand an diese literarischen Fehltritte erinnert, immer geringer . . . bis sie ganz vergessen wären . . . »[1] Paul Bowles verzeiht sich seine Jugendsünden nicht. Er wirft sich vor, der Versuchung des bequemen Wegs erlegen zu sein: «Was Breton über die *écriture automatique* gesagt hatte, gefiel mir so gut, weil man sich nicht anzustrengen brauchte.» Er distanziert sich von diesen Texten auch deshalb, weil sie in seinen Augen noch auf einer völlig unbewußten Ebene des Schreibens liegen. Vielleicht ist es der Einfluß der Musik, der allmählich immer besseren Beherrschung des musikalischen Handwerkszeugs wie der kompositorischen Techniken, daß sich seine Vorstellungen von Literatur langsam verändern. Eine Geschichte ist ebenso eine Konstruktion wie eine Partitur. Seine frühen Gedichte scheinen ihm heute viel zu improvisiert. Aber Töne vergehen, Schrift bleibt bestehen. Von dem Moment an, als man sagen kann, daß er ein wirklicher Komponist geworden ist, wird jedenfalls sein Leben – und auch seine Arbeit – kontrollierter.

1 *Without Stopping*, S. 367, erste Ausgabe von 1972. Die zweite, 1985 in New York erschienen, wurde von Paul Bowles selbst um insgesamt etwa drei Seiten gekürzt.

Paul Bowles verabscheut diese Gedichte nicht nur, weil er sie schlecht findet, sondern auch, weil er selbst ein anderer geworden ist. Das, was ihn eines Tages überleben wird, soll sein Bestes sein, soll das repräsentieren, was er geworden ist. Etwas vollständig Un-Zufälliges. Er ist zutiefst überzeugt, daß die Vorstellung, freie Wahl zu haben, nichts als eine Illusion ist – «wir tun, was das Schicksal uns zu tun befiehlt». Trotzdem findet er es wichtig, das Beste daraus zu machen, «seinen Part zu spielen». Diese Gedichte, meint er, gehören noch in die Kindheit seines Schreibens. Als Kind denkt man, daß das Leben anders sei, daß die Welt nicht so schlecht sei, auch wenn man sie schon so erlebt hat. Erwachsen werden heißt zu lernen, daß man noch Schlimmeres entdecken wird, und daß man in einer Welt lebt, in der – seit dem Sündenfall – Unschuld und Poesie für immer verloren sind.

Gertrude Steins Ansicht über Paul Bowles als Dichter – eine kategorische, wie man sich erinnern wird – hat ihre Wirkung auf ihn nicht verfehlt. Das ist unbestreitbar. Dazu kommt aber, daß er für seine Spontaneität nun eine neue Ausdrucksmöglichkeit gefunden hat: seine Art zu reisen. Liebend gern gibt er dem Zufall eine Chance und nimmt das erstbeste, nächste Schiff, das auslaufen soll, oder – wie einmal – das erste Kamel, das verfügbar ist. Was nicht immer gut geht, wie man noch sehen wird... Seine Entdeckung einer sehr konkreten Welt scheint jedenfalls seine poetischen Vorstellungen zu ruinieren oder zumindest: seine Lust zu dichten. *Sous-titres en Chleuh* und *Ed Djouf*[1] sind in dieser Hinsicht Ausnahmen, eigenartige Zwitterwesen, dokumen-

1 *Sous-titres en Chleuh* und *Ed Djouf* (zitiert am Ende des Kapitels) sind zwei Gedichte, die Paul Bowles Ende Oktober 1934 in Ksar-es-Souk, als er von einer Reise nach Tafilalet zurückkam, auf Französisch schrieb. 1935 zum erstenmal in einer Zeitschrift veröffentlicht, sind die Gedichte in der Sammlung *Next to nothing. Collected Poems 1926–1977* enthalten. (Black Sparrow Press, Santa Barbara 1981)

tarischer Surrealismus. Nicht mehr nur in Gedanken durchstreift er unablässig poetische und elementare Landschaften (Meer, Wüste, windumspielte Hügel, brennende Tropen), sondern auch in Wirklichkeit.

«Das eigentliche Fortbewegungsmittel in der Sahara ist natürlich das Kamel, besonders, wenn man gut zu Fuß ist, denn nach zwei Stunden Geschaukel auf dem Rücken eines Kamels wird man froh sein, absteigen und die nächsten vier Stunden zu Fuß gehen zu dürfen. Wahrscheinlich wird man von Tag zu Tag länger nebenher gehen.»[1]

Im Jahre 1933 «ritt ich auf einem Kamel über den Östlichen Großen Erg nach Tunesien. Ich hatte zwei Kamele und einen schwer beschäftigten Treiber dabei, dessen Aufgabe darin bestand, den ganzen Tag zwischen den Tieren hin- und herzulaufen und sie mit Schlägen auf die Hinterbeine auf einem einigermaßen geraden Kurs zu halten. Das war nicht so einfach, wie es klingt; obgleich unser Weg im allgemeinen nach Osten führte, hatte eins der Tiere das unerklärliche Verlangen, nach Süden zu ziehen, während das andere von dem gleichermaßen rätselhaften Trieb beseelt war, sich in nördliche Richtung zu bewegen. Der arme Mann schrie die ganze Zeit ‹Hut! Aïda› und versuchte, gleichzeitig in beide Richtungen zu laufen. (...) Schließlich überquerten wir die Grenze und trabten gemächlich nach Tunesien hinein, wo wir sofort festgenommen wurden. Den Kameltreiber schickten sie mit seinen Tieren nach Algerien zurück, wo sie hingehörten, und ich begab mich auf eine mühevolle Reise quer durch Tunesien, wo die französischen Behörden offenbar eine konzertierte Aktion gestartet hatten, um mir den Aufenthalt im Land so unangenehm wie möglich zu gestalten.»[2] Man

1 *Eintauchen in Einsamkeit*, in: *Der Weg nach Tassemsit* (Originaltitel: *Their Heads are Green and Their Hands are Blue*), S. 151.
2 *Africa Minor*, in: *Der Weg nach Tassemsit*, S. 47.

hält ihn für einen Deutschen und verhaftet ihn an jeder Ecke. Sein amerikanischer Paß hilft ihm oft wenig. Seine *Mèharée* (sein Kamelritt) bleibt eine einmalige Erfahrung, genauso wie seine Erkundung tunesischer Gefängnisse: er wird keinen Fuß mehr in das Land setzen: «So packte ich meine Sachen und fuhr mit dem Zug zurück nach Tanger.»

Schon ein Jahr später ist er wieder zurück in der Stadt seiner Träume. Das Grau in Grau und der Lärm New Yorks hatten seine Sehnsucht nach dem Licht und der Luft Nordafrikas wachgehalten. Im August bricht er auf in den Süden Marokkos, gemeinsam mit einem Freund, der unbedingt die Wüstenhitze mitten im Sommer erleben will. Jedem das Seine... Für Paul ist es ein ausgezeichneter Vorwand zu reisen. Wie es scheint, gibt es nichts mehr, was den Dreiundzwanzigjährigen noch erstaunt. Oder eher noch: er hat es sich – wie eine Gewohnheit – zu eigen gemacht, sich in einer ständig neuen Umgebung voller Reize zu bewegen. Unvorhergesehenes und Unverständliches begegnen ihm auf Schritt und Tritt. So schreibt er: «Wir fuhren weiter nach Marrakesch. Auf dem Djemaa el Fna beobachteten wir, wie aus einem verkrüppelten Mann eine Ziege wurde.» (*Rastlos*, S. 191) Eine wirkliche Verwandlung, auch wenn die ‹Erklärung› im nächsten Satz geliefert wird – der Mann stakst, springt und meckert wie eine Ziege und bewegt auch Kopf und Augen so, daß man tatsächlich das Tier vor sich zu sehen meint. «Als er anfing, sich im Staub zu wälzen, schlenderten wir weiter.» Marokko ist für den Dreiundzwanzigjährigen das Land, wo man sich nicht einmal über erstaunlichste Phänomene zu wundern braucht. Der Djemaa el Fna, der Platz der Wunder, dürfte sich inzwischen unmerklich zu einer Touristenfalle gemausert haben. Aber für den, der Augen hat zu sehen, besitzt er gegen sechs Uhr abends immer noch seine magische Aura. Marrakesch wird, ins Rot der Dämmerung getaucht, zur Hauptstadt des Bizarren. 1934 treffen die Marrakchis auf dem Djemaa el Fna noch Leute aus dem Hinterland, die gekommen sind, um am eigenen Körper zu beweisen, daß nichts unmöglich ist. Die Schlangen sind echt, Besessene sieht man alle Tage, nicht zu vergessen die Wunderheiler, die die Vorbeigehenden ansprechen...

Noch eine andere Stadt fasziniert Paul Bowles bis zur Beklemmung: «Fès war 1934 noch voller Ungeheuer.» John Widdicombe, sein Reisegefährte, bringt ihm aus Meknès einen Bildband mit: *Variations sur le corps humain* (Variationen des menschlichen Körpers). Paul Bowles erfindet einen Untertitel: *Anthropomorpher Führer durch die Gassen von Fès.* Es ist tatsächlich erstaunlich, wie viele Monstren und Wahnsinnige damals noch auf den Straßen zu sehen waren: unbehandelte Lepröse, Syphilitiker im letzten Stadium, alte Diebe mit blutigen Armstümpfen, die von der Unbarmherzigkeit der Gesetze des Koran künden. Meistens jedoch sind es Naturgesetze, die die Menschen dazu verurteilten, von Geburt an mißgestaltet zu sein. Laune des Schicksals oder der Genetik... In den amerikanischen Kinos lief zu der Zeit gerade *Freaks* von Ted Browning. Ich weiß nicht, ob Paul Bowles die Gelegenheit hatte, den Film zu sehen, war er doch seit 1932 nur noch für kurze Zwischenstops in New York. In den pulsierenden Adern der alten Merenidenhauptstadt jedoch hat er – entsetzlich, aber auch ergreifend – die ‹Kuriositätenschau› des menschlichen Zirkus täglich vor Augen. Nicht nur in Farbe, sondern hautnah und echt sieht er Bilder und Gestalten, die später in seinen Erzählungen wiederauftauchen: So ähnelt Lazrag aus *By The Water*[1] den lebenden menschlichen Klumpen, die sich am Fuß der Stadtmauer von Fès el-Bali in Verrenkungen winden, oder die zwischen der Menge herumkriechen, die sich durch Bab Boulejoud drängt.

1 *By The Water* (1945), dt. Titel: *Am Wasser*, in: *Die Stunden nach Mittag – Marokkanische Erzählungen.*

Obwohl ihn Fès sehr stark beeindruckt hat, ist es nicht diese Stadt, die er zum Schauplatz seines ersten fiktionalen Textes macht: Seine seiner Meinung nach erste richtige Erzählung spielt in Tanger, auf dem Alten Berg, einem Viertel, das er schon bei seinem allerersten Aufenthalt entdeckt hatte. Es ist *Tea On The Mountain*[1], geschrieben 1939 und veröffentlicht erst 1950. Von der langwierigen und mühsamen Läuterung der Kindheit, über das Gedichteschreiben – auch das ist jetzt passé – zum Erzählen... Ein großer Teil seines Werks hat Nordafrika zum Hintergrund, auch wenn er in den dreizehn nun folgenden Jahren hauptsächlich, um nicht zu sagen: ausschließlich, nach Mittelamerika reist. Nicht der geringste Grund dafür ist der Krieg, der in Europa ausbricht. So ist es also die *Erinnerung* an Nordafrika, auf der seine Erzählungen beruhen. Und noch etwas tritt – außer einem Krieg, einem Ozean und Theatermusik (wie man bald sehen wird) – zwischen ihn und Tanger: eine neue Episode, ein neues Gesicht. Es tritt jemand auf – und nicht nur als ‹guest star› –, mit dem Paul seine Hauptrolle teilen wird.

Ed Djouf

On y arrive
En neuf étapes, sept jours chacune.
On s'y fait aimer à coups de pied.
On s'y fait tuer à coups de soleil.
Poudre d'or, mélodie de cendres
Confiez-moi une journée de silence.
Je leur ai vendu dans trente-huit mille scorpions.
Au dessin animé de l'horizon
Crêtes en folie rompue, reprise.

1 *Tea on the Mountain*, dt. Titel: *Tee auf dem Berg*, in: *Die Stunden nach Mittag*.

Ici ça sent l'essence, le progrès, l'agonie.
En neuf ètapes, huit jours chacune,
On arrive au silence.

Ankunft
nach neun Etappen, jede sieben Tage.
Fußtritte als Liebe.
Hitzschläge als Tod.
Goldstaub, Aschenmelodie,
schenkt mir einen Tag Stille.
Ich habe ihre in den dreißigtausend Skorpionen verkauft.
An der belebten Linie des Horizonts
Zacken in gebrochenem Wahnsinn, Wiederholung.
Hier stinkt Benzin, Fortschritt, Agonie.
Nach neun Etappen, jede sieben Tage
Ankunft, Stille.

Verfolgungsszenen in Mittelamerika und ein Wiedersehen in New York

Ich fuhr nach Cadiz und nahm dort das erste Schiff, das nach Südamerika auslief.» Aber das Glück ist ihm nicht hold. Die *Juan Elcano*, die Paul Bowles am 1. November 1934 besteigt, hat ihn schon einmal, im Jahr zuvor, nach Puerto Rico gebracht. Das Essen ist diesmal noch schlechter. Und er fährt mit bis zum Endhafen der Reise, nach Puerto Colombia. Drei Wochen, das heißt: fast die gesamte Reise, verbringt er auf der Krankenstation des Schiffes. Die Ernährung ist dort etwas gesünder, wenn auch sehr eintönig: Reis, Eier, Aprikosenmarmelade. Die Offiziere und die Besatzung versuchen, die Ehre des Schiffes zu retten, und besuchen den Kranken oft, um mit ihm zu plaudern. So hat er zumindest etwas Abwechslung und verbessert auch noch seine Spanischkenntnisse. Als das Schiff in Kolumbien ankommt, ist Paul Bowles so gut wie gesund. Aber in Santa Marta wird er wieder krank: Amöbenruhr. Die Bayer-Chemiewerke haben zwar gerade ein wirksames Medikament dagegen entwickelt, Yatren, aber es ist nur schwer aufzutreiben. Nach einigen Tagen Behandlung jedoch bessert sich sein Zustand. Diese zweite Reise nach Mittel- bzw. Südamerika ist sein erster wirklicher Abstecher in die Tropen. Ein kurzer Abstecher – schon im Januar 1935 nimmt er in Puerto Colombia ein Schiff nach San Pedro, Kalifornien – und eine eher flüchtige Erfahrung, hat er doch die meiste Zeit auf dem Krankenlager verbracht. Paul Bowles wird wohl in den zwei Monaten hauptsächlich die tiefen und oft stürmischen Himmel der Tropen entdeckt und der Musik des Regens gelauscht haben, der in plötzlichen und heftigen Güssen auf die üppige Vegetation niederstürzt. Keine Postkarten-Erinnerungen, dafür klangliche Eindrücke, die später in Kompositionen wiederauftauchen. In den nächsten zehn Jahren entstehen *Huapango* und *Huapango (el Sol)*, *El Bejuco, Orosí, La Cuelga, Iquitos* und andere hispano-amerikanisch beeinflußte Stücke. Die kurzen Kompositionen, die unter dem Namen *Sechs lateinamerikanische Stücke* zusammengefaßt sind, gehören heute zu den wenigen Werken Paul Bowles', die noch auf Schallplatte erhältlich sind. Ein junger amerikanischer Pianist, Bennett Lerner, hat sie 1983 auf der ersten von zwei Platten eingespielt, die er den Werken zeitgenössischer amerikanischer Komponisten widmete[1]. Mit den meisten von ihnen war Paul Bowles bekannt oder gut befreundet: Aaron Copland, Marc Blitzstein, Phillip Ramey, Virgil Thomson, Leonard Bernstein, Samuel Barber, Roy Harris.

Auf die Bitte von Bennett Lerner schreibt Paul Bowles einen Kommentar zu den *Sechs lateinamerikanischen Stücken*: «Ich habe noch nie über meine Musik geschrieben. Warum, weiß ich nicht. Vielleicht hat mich nur noch nie jemand darum gebeten... *Huapango* ist ursprünglich ein indianischer Tanz aus den mexikanischen Provinzen Tamaulipas und Vera Cruz. Er wird auf einem Bretterboden getanzt und vom rhythmischen Stampfen der Tänzer begleitet. (...) *El Bejuco* ist der Name eines kleinen Dorfes, das 1940 noch völlig abgeschieden war. Es liegt an einer Lagune nördlich von Acapulco, und sein Name – *bejuco* heißt Ranke – kommt bestimmt von den vielen Schlingpflanzen, die in dieser Gegend wachsen. *Tierra Mojada* heißt einfach *nasse Erde* und bezeichnet keinen konkreten geographischen, sondern jeden, irgendeinen Ort, wo

1 *American Piano Music*: außer *Six Latin-American Pieces* noch *Six Preludes For Piano* (Volume 1) und die Kompositionen *Dance, Cross Country* und *Sonatine for Piano* (Volume 2).

der Boden feucht ist.[1] In *Orosí* entwickelt sich eine einfache Melodie zu einem Tanz, kehrt zu ihrer Melodieform zurück und endet da. Orosí ist ein Dorf in einem Tal in Costa Rica. Als ich in Guanacaste lebte, bauten die Rinderhirten der Farm eine Marimba aus Bambusstäben und umflochtenen Flaschen. Darauf trommelten sie dann ganze Nachmittage lang ohne Unterbrechung einen 3/8 Rhythmus, der die Begleitung einer geheimen Melodie zu sein schien. Der *Tanz* in der Komposition *Orosí* entstand aus der Erinnerung an diese eindringliche Begleitung und ich stellte mir vor, daß das Stück auf einer solchen Marimba gespielt würde...»

Diese Zeilen sind schon fast der ganze Kommentar. Es gibt sehr wenige Schriften von Paul Bowles über Musik im allgemeinen und seine Musik im besonderen. An keiner Stelle findet sich ein Hinweis auf ein ‹abstraktes› Verständnis von Musik: Die *Sechs lateinamerikanischen Stücke* wollen mit Klängen Bilder schaffen. Die Musik von Paul Bowles begleitet Landschaften, die rhythmische Abfolge von Bergketten, wunderbare Wälder; sie läßt sich teiben durch ein Geflecht von Gäßchen in einem verschlafenen Dorf... Jedes Stück, und sei es noch so kurz (das längste dauert kaum zehn Minuten), umschließt eine kleine Welt. El Bejuco, Orosí sind Dörfer, wie Sayula (nördlich von Ciudad Guzmán in der Provinz Jalisco), das einer Komposition seinen Namen gab, die nicht im Zyklus enthalten ist. Besonders *El Bejuco* ist eine ‹Klangfotografie› par excellence, ein bewegter musikalischer Ausflug in die wilde Vegetation des Dschungels. *Orosí* hat eine besondere, unvergeßliche Melodie, die schönste von allen sechs Stücken. Sehnsucht (die Brasilianer würden sagen ‹Saudade›...) in jeder Note. Erinnerungen wie ein Abgrund, wie das Nichts. Wenn Paul Bowles *Tierra Mojada* «an jedem, an irgendeinem Ort, wo der Boden feucht ist» ansie-

1 Der ursprüngliche Titel von *Tierra Mojada* hieß *Iquitos*.

delt, ist das keine witzig gemeinte Bemerkung, sondern drückt im Gegenteil das Bestreben aus, seine Musik im Konkreten, in der Wirklichkeit wurzeln zu lassen. Die versammelten Bilder, mit ihren Farben, ihren Klängen, werden zu einer Geschichte zusammenfließen, Figuren werden auftreten in der Dschungel- oder Himmelskulisse, und auf Noten werden Wörter folgen. Eine Hand wird einen Abdruck hinterlassen auf dem Boden, der so naß ist wie ein Schwamm. Das quälende Sirren der Moskitos wird sich anhören wie der Atem der Natur auf einer leicht abgenutzten Schallplatte.

Nach zwei Monaten in Kalifornien unternimmt Paul Bowles wieder eine Reise: an Bord der legendären Greyhound-Busse quer durch die USA. Es ist März 1935. Henry Miller schreibt seinen *Klimatisierten Alptraum*. Paul, der von dieser Reise nichts als ein leichtes, mehr oder weniger folgenloses Gefühl der Abneigung, im besten Fall der Indifferenz erwartet hatte, ist angenehm überrascht. Die Fahrt wird zur Entdeckungsreise. In Chicago angekommen, sagt er: «... ein schönes Land, eigentlich.» Nach einem Zwischenaufenthalt in Baltimore kommt er dann nach New York, wo er fast zwei Jahre bleiben wird. Er trifft Copland wieder und mit ihm eine ganze Gruppe von Freunden und Komponisten: John Latouche, den er zwei Jahre zuvor über Bruce Morrissette kennengelernt hat, Virgil Thomson, Marc Blitzstein, nicht zu vergessen Harry Dunham, auch Joseph Losey und John Hammond. Er ist auch häufig bei Muriel Drapers Tee-Gesellschaften.

Der erstaunlichste seiner Freunde ist Latouche, «ein ruheloser Mensch, der einfach in den Tag hineinlebte; er aß, was immer er fand, und schlief mehr oder weniger dort, wo er gerade war, wenn er müde wurde. Ich, der ich nach selbstauferlegten, starren Regeln lebte, hielt mit meiner Kritik an seinem unorthodoxen Verhalten nicht hinter dem Berg, doch schien er zu verstehen, daß meine Mißbilligung hauptsächlich dem Neid entsprang.» (*Rastlos*, S. 212) Latouche ist wirklich ein Poet, in jeder Hinsicht, in seiner Lebensweise wie auch in seinem künstlerischen Schaffen. In allem läßt er sich von seiner Inspiration leiten. Er benutzt zwar eine Krawatte als Gürtel, das stimmt, aber immerhin verdient er seinen Lebensunterhalt mit Schreiben. Seine Gedichte werden mit dem James Branch Cabell Preis für Lyrik ausgezeichnet, und er schreibt Songtexte für Duke Ellington und Vernon Duke. Er kennt sehr viele Leute im Künstlermilieu von Manhattan. Es sind dieselben Kreise, in denen sich auch Paul Bowles bis März 1938 – sogar sehr aktiv – bewegt: er arbeitet mit Orson Welles, Lincoln Kirstein, Vernon Duke für den Broadway. 1937 schreibt er eine Filmmusik für *Amerika's Desinherited* von David Hacker, produziert von der Southern Tenant Farmers Union, einer landwirtschaftlichen Genossenschaft trotzkistischer Prägung. Im Jahr davor schreibt er, als Mitglied im ‹Komitee für ein Republikanisches Spanien›, die Bühnenmusik zu dem Stück *Who Fights This Battle?*, das von Joseph Losey inszeniert wird. Zeitgleich zu seiner erfolgreichen Verbindung mit der Welt des Theaters und der Shows engagiert er sich noch auf einer etwas radikaleren Bühne. Die Zuschauer von *Hors Eats Hat (Un chapeau de paille d'Italie*[1]) hätten sich gewiß gewundert, hätten sie gewußt, daß der junge Komponist dieser so erfolgreichen und brillanten Produktion mit der amerikanischen KP sympathisierte, ja, seine Mitgliedschaft in einer kommunistischen Partei reinster und härtester, also stalinistischer Linie schon beantragt hatte. Schwierig zu sagen, bis zu welchem Grad Paul Bowles überzeugt war. Er weiß es heute selbst nicht mehr genau. Die damaligen Umstände, die weltweite Aktualität spielten jedenfalls eine Rolle. Paul Bowles kannte die Länder Europas, in denen die Faschisten an die Macht kamen... Und sich einer Partei anzuschließen, deren erklärtes Ziel es war, die Gesell-

1 Posse von Labiche, in der Übersetzung Edwin Denbys am Broadway, auch verfilmt von Cavalcanti.

schaft zu zerstören, konnte ihm durchaus gefallen, denn es war eine Haltung, die zu seiner eigenen künstlerischen Überzeugung paßte: sich zu engagieren, um – gemeinsam mit anderen, aber unsichtbar – das System, das auch ihn hervorgebracht hat, von innen heraus zu zerstören. Daß er als Künstler in derselben Gesellschaft, die er denunziert, zu Wohlstand kommen kann, ist ihm wichtig: sich auf ihre Kosten zu ernähren ist ein kleiner subversiver Schritt. Daß die Genossen Lehrer an der *Workers School*, genaue Kenner der marxistischen Doktrin, den Begriff ‹kapitalistisch› mit ‹Gesellschaft› in einen ursächlichen Zusammenhang bringen, stört ihn wenig... Paul Bowles Begeisterung für den Stalinismus hält nicht lange an. Er verschweigt nicht, daß einer der Gründe für seine linksradikalen Sympathien, und nicht der unwichtigste, das prompte Mißfallen seines Vaters war, das er damit erntete. Im Sommer 1937 kommt Max Eastman nach Glenora, um Claude Bowles zu besuchen, der dort mit seiner Frau wie gewöhnlich die Ferien verbringt. Eastman ist ein in den radikalen Kreisen New Yorks ziemlich bekannter Trotzkist und eher eine gesellschaftliche ‹Beziehung› als ein wirklicher Freund der Familie: der Sommerbesuch in Glenora ist eine Tradition, an die Eastman anknüpft, nachdem sie zwanzig Jahre brachgelegen hat. Da auch Paul zu der Zeit dort ist, läßt sich ein Meinungsaustausch über die Zukunft der bolschewistischen Revolution nicht vermeiden. Bald wendet sich die Diskussion dem Fall Kautsky, Kamenev und Sinowjew zu. Paul, der nichts anderes als Parteiverlautbarungen darüber gelesen hat, kann nur immer starrköpfig wiederholen, was die Partei gegen die drei vorbringt. Der Vater hört zu und mustert Paul mit halb amüsierter, halb geringschätziger Miene: «Nun hör dir das an, Max! Man könnte meinen, er sei in einer Arbeitervorstadt aufgewachsen.» Eastman muß lachen. «Ganz im Gegenteil, Claude! Ich würde meinen, daß er als Sohn eines Zahnarztes in Long Island aufgewachsen ist.» (*Rastlos*, S. 19)

Im Grunde erfährt man aus *Rastlos* nur in Andeutungen, wie Claude Bowles auf die Aktivitäten seines einzigen Sohnes reagierte: nur so viel, daß dieser steuerpflichtige Zahnarzt der Meinung war, daß jede finanzielle Hilfe, die irgendein kulturelles Gremium einem Künstler gewährte, besser «für nützliche Dinge» ausgegeben worden wäre. Daß sein Sohn der fragliche Künstler sein könnte, änderte daran gar nichts... Der Weg von Füllungen und Kronen zu Ballettmusik und Orchesterwerken ist weit für einen Mann mit abgetöteten Wurzeln, für einen Vater, der seinem Kind auf die linke Hand zu schlagen pflegte, damit es Rechtshänder würde, «wie jeder normale Mensch». Daß dieser Sohn sich dann für Lyrik interessiert, mit Komponieren Geld verdient und ansonsten sein Leben mit Herumreisen verbringt, *kann* diesem Mann, für den es grundsätzlich nur schwarz oder weiß gibt, nicht behagen. Als dann noch eine äußerst lebensdurstige und phantasievolle Frau in Pauls Leben tritt, werden die familiären Spannungen nicht geringer. Ihr Name ist Jane Auer.

Jane ist dreizehn, als ihr Vater, fünfundvierzigjährig, in New York stirbt. Die Ursache, die auf Sidney Auers Totenschein angegeben wird: arterieller Überdruck. Seit jenem Tag im Juli 1930 lebt Jane allein mit ihrer Mutter: «Das Schlimmste, was mir passieren konnte», gesteht sie Paul später. Nach einem Sturz vom Pferd reist sie in die Schweizer Alpen nach Leysin, nicht weit von Montreux, um dort in einem Sanatorium ihr von Tuberkulose befallenes rechtes Knie zu kurieren. Auf dem Rückweg nach Amerika, 1934, liest sie an Deck der *Chamlain* die *Reise ans Ende der Nacht*. Da nähert sich ein Mann, den sie nicht kennt, ihrem Liegestuhl und spricht sie an: «Ich sehe, Sie lesen Céline...» Sie antwortet: «Ja, und ich halte ihn für einen der größten Schriftsteller unserer Zeit.»

«Céline, das bin ich», sagt er. Von da an verbringen sie die Zeit bis zum Ende der Überfahrt mit langen Gesprächen, und als das Schiff in New York anlegt, verkündet Jane ihrer Mutter: «Ich bin Schriftstellerin, und ich will schreiben.» Claire Auer erträumt für ihre Tochter nichts als eine gute Erziehung, guten Umgang und eine Heirat mit einem jungen Mann aus guten Kreisen und in guten Verhältnissen. Jane hatte ein französisches Kindermädchen, so daß sie sehr gut die Sprache Voltaires – und Célines – spricht und schreibt. Sie ist lesbisch und hat eine Vorliebe für arme Schlucker, Bars und die Nächte in Greenwich Village. Ihre Homosexualität ist ein ständiger Grund zu Auseinandersetzungen mit ihrer Mutter, die nichts anderes mehr im Kopf hat, als sie zu verheiraten. Zurück von ihrer ‹Flucht› nach Europa, macht sich Jane in einem Brief an einen Freund über die Mutter lustig: «Dann sagte sie zu mir, was für ein wunderbares Mädchen ich sei (...), daß ich ein ganz normales Mädchen sei – und daß dieser lesbische Kram bloß eine jugendliche Phase sei (Jugend geht in unserer Familie von sieben bis dreiunddreißig)...» [1]

In den Bars begegnet Jane oft Leuten, denen sie helfen will, aus ihrer *Underdog*-Existenz wieder rauszukommen. Ihre erste Liebe ist Cecil, ein Säufer, der durch Greenwich Village streift und in Torwegen schläft. Währenddessen hofft Claire weiterhin, daß ihre Tochter doch noch eines Tages einen heiratsfähigen Herrn nach Hause bringt. Doch der einzige junge Mann, den Jane ihr jemals vorstellt, ist John Latouche. Jane sagt jedem, der es hören will: «Ich bin Schriftstellerin.» Schreiben sieht man sie nie. Und doch macht sie sich, auf Französisch, an einen Roman und schließt ihn auch ab: *Le Phaéton hypocrite*. Sie organisiert Soirées im Appartement ih-

1 Jane Bowles, *Eine richtige kleine Sünde. Prosa etc.*, S. 194 (Es gibt auch eine Biographie über Jane Bowles, geschrieben von ihrer amerikanischen Herausgeberin Millicent Dillon, *A Little Original Sin. The Life and Work of Jane Bowles*. Diese Biographie ist bislang noch nicht auf deutsch erschienen.)

rer Mutter im Hotel Meurice oder bei Spivy, dem in der 52. Straße ein Club gehört. Latouche führt sie in die *Café Society* ein und nimmt sie mit in den ‹Salon› des Kunsthändlers Kirk Askew und seiner Frau Constance. Dort lernt sie Maurice Grosser kennen (der sie sofort porträtiert), Charles Demuth, E. E. Cummings, Virgil Thomson und viele andere... Zwei Wochen, bevor sie Paul begegnet, schreibt sie ihrer besten Freundin aus Kindertagen, Miriam Levy: «Heiraten liegt mir wirklich fern... Ich bin hier oft mit einer ganzen Bande von wirklich verrückten Leuten zusammen, Künstlern und Pseudokünstlern. Es ist wirklich gut, sehr witzig, aber auch sehr ‹nightclubby›. Wie immer, kümmern sich hauptsächlich Musiker um mich – ich, die ich jede Musik außer Swing verabscheue.»[1]

«Unsere erste Begegnung? Ich erinnere mich sehr gut. Es war in New York, in einer Februarnacht 1937.» Schweigen. Paul Bowles lächelt leicht, den Blick hinweg über das wuchernde Grün auf dem Balkon auf einen unbestimmten, fernen Punkt in der hereinbrechenden Dunkelheit gerichtet. Dann fährt er fort: «Ein sehr guter Freund von mir, John Latouche, hatte mir von einem Mädchen erzählt, das großartig, wunderbar sein sollte. Er wollte unbedingt, daß ich sie kennenlerne. Eines Tages sagte er mir: ‹Heute abend trifft sie sich mit Erika Mann[2], und dann fahren wir alle zusammen nach Harlem und rauchen Marihuana. Willst du mitkommen?› Ich sagte ja, sofort. Wir trafen uns alle in der 59. Straße, vor dem Plaza, und nahmen ein Taxi nach Harlem. Wir betraten ein Haus, in dem ausschließlich Schwarze wohnten. Dort führte man uns in ein schwach erleuchtetes Zimmer. Ich hatte noch nie auf diese Weise geraucht: man bezahlte jeden Joint extra,

1 *Eine richtige kleine Sünde*, S. 198

2 Die älteste Tochter von Thomas Mann. Latouche übersetzte ihre antifaschistische Revue *Die Pfeffermühle*, die an der New School of Social Research aufgeführt werden sollte.

und jeder blieb in seinem Winkel sitzen. Aber Jane war da... Ich glaube, eigentlich war sie nicht besonders erfreut, mich kennenzulernen. Ich spürte jedenfalls ihre Feindseligkeit, aber erst später erfuhr ich, daß ich damit recht hatte. Mir war es egal, wenn ich ehrlich bin: Wir waren gekommen, um Marihuana zu rauchen, das war alles. Wir sprachen nicht weiter miteinander, und dann war der Abend zu Ende. Sie war zwanzig, und ich, klar, war uralt... Ich war sechsundzwanzig! (lacht) Über mich sagte Jane ein paar Tage später zu jemandem: ‹Er ist mein Feind.›» Sie findet Paul absolut grauenvoll... Doch nur wenige Tage nach dieser ersten Kontaktaufnahme treffen sie sich, eher zufällig, ein zweites Mal: «An einem Sonntagnachmittag, Anfang März, besuchte ich E. E. Cummings, der am Patchin Place in Greenwich Village wohnte. Ich hatte Kristians Tonny und seine Frau Marie-Claire mitgebracht. Die beiden waren erst seit kurzem in Amerika, weder sie noch er sprachen gut Englisch, und Jane, die auch unter den Gästen war, unterhielt sich mit ihnen auf Französisch. Wir waren nur auf ein Glas oder zwei vorbeigekommen, und Tonny wollte unbedingt nach Mexiko fahren, er machte schon Reisevorbereitungen, und ich sagte: ‹Ich begleite euch. Laßt uns zu dritt fahren.› Als Jane das hörte, meinte sie: ‹Ich komme auch mit. Dann sind wir vier!› Dann ging sie ins andere Zimmer, rief ihre Mutter im Hotel Meurice an und teilte ihr mit: ‹Übrigens, Mamá, ich fahre nach Mexiko.› Ihre Mutter antwortete darauf: ‹Das ist sehr schön, daß du nach Mexiko fährst, ABER mit wem?› – ‹Mit einem holländischen Ehepaar und einem Amerikaner.› – ‹Ich WILL mit diesem Amerikaner reden›, rief ihre Mutter aus, mit etwas unterkühlter Stimme. Jane kam also zurück und sagte, daß ihre Mutter mich unbedingt sprechen wollte. ‹Ich finde, wenn meine Tochter mit Ihnen verreist, sollte ich ein paar Worte mit Ihnen wechseln, oder besser noch, Sie SEHEN.› Und dann haben wir uns verabredet!» (lacht)

Etwa zwei Wochen später sitzen sie zu viert in einem Greyhound Richtung Mexiko, via New Orleans, Houston, Laredo, Monterrey. In den letzten Tagen vor der Abreise hat Paul noch fünfzehntausend antitrotzkistische Anstecker drucken lassen. Er will sie in Mexiko, wohin Trotzki geflüchtet ist, verteilen. Claire Auer bittet darum, nachdem sie Paul gesehen hat, auch die Tonnys kennenzulernen. Man trifft sich zum Abendessen im Hotel Meurice. Kristians Tonny mag Jane nicht besonders: «Er nannte sie ‹le bec Auer› (der Auerschnabel). Wissen Sie, das war eine Art Gaslaterne, die es damals in Frankreich gab (lacht). Sie fand diesen Spitznamen nicht besonders komisch. Er war überhaupt auf der ganzen Reise nicht sehr nett zu ihr, muß ich sagen. Zum Schluß hat er sie als ‹dreckige Kleinbürgerin› beschimpft. Im Hotel Meurice hatte sie eine Dienerin, eine Schwarze, die den ganzen Tag hinter ihr herräumte. Und wenn Jane ein Kleidungsstück auszog, ließ sie es fallen, und die Frau hob es auf. Tonny fand das abscheulich, und Jane fand es natürlich ganz normal.»

Die Reise in den Süden ist für Jane eine Fahrt in die Hölle. Kaum haben sie die Grenze überquert, wird sie krank. Vom Durchfall geschwächt, sitzt sie ganz hinten im Bus auf dem Fußboden, um die schwindelnden Abgründe nicht zu sehen. «Sie hat ziemlich gelitten, weil die Panamericana[1] noch nicht fertig war. Zudem hatte Jane in der Schweiz gelernt, daß Gebirge gefährlich sind. Sie hatte solche Angst im Bus, daß sie sich nicht eine Sekunde auf einen Sitz setzte...» Ihre Panik ist nicht ganz grundlos: Sie sind vom Greyhound auf, sagen wir mal, robustere Fahrzeuge umgestiegen. Oft ist der Fahrer betrunken, oder er redet mit einem Freund und schaut nur ab und zu auf die Fahrbahn. Zwischen indianischen Bäuerinnen, die mit Körben und Bündeln, Hühnern und Kindern unterwegs sind, sitzt Jane und hört voller Entsetzen auf das

1 Die *Panamericana* (Pan-American-Highway), begonnen 1936, führt von Alaska (Fairbanks) nach Feuerland (ca. 30000 km).

Gebell der streunenden Hunde, die sich auf das Fahrzeug stürzen, sobald es durch eine Ortschaft fährt. Die bissige Meute hört auch nicht auf zu kläffen, wenn der Bus steht, und so denkt sie gar nicht daran, während der Rast auszusteigen, um frische Luft zu schnappen. Sie erreicht Mexiko-Stadt in einem erbarmungswürdigen Zustand. Kaum hat sie einen Fuß auf die Erde gesetzt, erklärt sie: «Ich verdufte ins Ritz.» Paul versucht vergeblich, sie davon abzubringen, aber Kristians Tonny bestärkt sie noch in ihrer Absicht: «Verschwinde, dreckige *bourgeoise*», schreit er ihr nach. «Hau doch ab, du geldgestopfte Gans!» Doch es ist mitten in der Nacht, und das Ritz hat kein Zimmer mehr frei. Jane mietet sich im Hotel Guardiola ein, wo Paul und die Tonnys sie drei Tage später finden. Sie ist immer noch ziemlich krank und liegt im Bett. Sie verabreden sich mit ihr für den übernächsten Tag. «Als wir dann hinkamen, sagte man uns: ‹Sie haben sie gerade verpaßt. Sie hat ein Flugzeug nach San Antonio, USA, genommen.› Und so haben wir uns nicht mal mehr gesehen.»

Auch wenn er sich ein bißchen schuldig fühlt, so ist Paul im Grunde seines Herzens doch erleichtert, auf seiner Entdeckungsreise durch Mexiko nicht in Begleitung eines verwöhnten Kindes zu sein... Und doch war der erste Teil der Reise sehr angenehm verlaufen: Es war im Bus nach New Orleans – wie sie ihm später erzählt –, wo sie anfing, sich in ihn zu verlieben. Jane war es nicht leichtgefallen, ohne Vorwarnung wieder abzureisen. Es war ohne Zweifel eine Entscheidung und nicht bloß der Stimmungsumschwung eines reichen Töchterchens. Es war ihre Art, ihm zu zeigen, wie sehr sie enttäuscht war. Oder sie mußte Abstand nehmen, um sich und ihre Gefühle nicht zu verraten. Was so gut zum Bild der leicht übergeschnappten Jane zu passen scheint, ist eigentlich eher ein Zeichen, ein Appell.

Anstatt nach San Antonio fliegt sie jedoch nach Tuscon, Arizona, wo sie ein paar Tage Karneval miterlebt, bevor sie nach New York weiterreist. Und kein Mensch erfährt je, was sie in Tuscon erlebt hat. 1960 erzählt sie einer Freundin nur, daß sie eine Art Monstrum, halb Frau, halb Mann, getroffen, mit ihm oder ihr eine Weile unter den Lichterketten des Festes geflirtet und das undurchsichtige Wesen anschließend in ein Restaurant zum Essen eingeladen hätte. Ob die Geschichte wahr ist, weiß man nicht.

Zur selben Zeit spielt Paul die Rolle des Gringo-Agitators im Oaxaca-Staat. Er nimmt aktiv an der Ersten-Mai-Demonstration teil und kauft roten Stoff für Transparente, so viel er in den Geschäften von Tehuantepec finden kann: ‹POR UNA SOCIEDAD SIN CLASES› (für eine klassenlose Gesellschaft) und ‹SALUDAMOS A LOS MARTIRES DE CHICAGO› (wir grüßen die Märtyrer von Chicago – was auf blutig niedergeschlagene Krawalle in den neunziger Jahren des letzten Jahrhunderts verwies[1], von denen Paul aber selbst noch nie etwas gehört hatte). Diesen Slogans fügt *Don Pablito*, wie Paul im Handumdrehen heißt, noch hinzu: ‹EL COMUNISMO ES LA RELIGION DEL SIGLO VEINTE› (der Kommunismus ist die Religion des zwanzigsten Jahrhunderts) und vor allem das unvermeidliche ‹MUERA TROTZKI› (Trotzki soll sterben). Seine gleichlautenden Anstecker verteilt er großzügig überall, wo er hinkommt. Nach dem Defilee taucht jedoch eine Abordnung von Bauern vor dem Hotel La Perla auf, in dem die drei Gringos abgestiegen sind. Sie halten sie für Delegierte aus der Hauptstadt, die hoffentlich gekommen sind, um eine von der Partei finanzierte Schule zu bauen. Jemand stellt Paul die Frage «Was ist Kommunismus?» Was seinem Agitationseifer einen beträchtlichen Schlag versetzt. Offensichtlich kann er nämlich den Bauern, die das von ihm wissen wollen, keine befriedigende Antwort geben. Sie wollen etwas anderes als Bücher, die er ihnen mitgebracht hat, *EL ABC del Comu-*

1 Die Haymarket-Unruhen

nismo u. ä., denn sie können nicht lesen. Ihr Wortführer ist sogar der einzige, der einigermaßen gut Spanisch spricht; die anderen müssen warten, bis er ihnen das Gesagte ins Zapotekische übersetzt.

In den darauffolgenden Tagen stellen unsere drei Revolutionäre, die deshalb nicht weniger Touristen sind, fest, «daß die Grenze zu Guatemala nicht mehr als anderthalb Tagesreisen mit dem Zug von Tehuantepec entfernt ist». So leitet Paul Bowles in seiner Autobiographie das Kapitel über die folgende ‹Exkursion› ein. Der Satz verrät viel über seine Reiselust. Eineinhalb Tage im Zug sind 1937 eine beträchtliche Distanz für jemanden, der sich in einem fremden Land und auf einer improvisierten Karte nach Lust und Laune seine Streifzüge ausdenkt. Drei Wochen sollen genügen, um «einen kurzen Blick auf die kleine, hübsche Republik zu werfen». Dann wollen sie zurück nach Mexiko. Zunächst aber bleiben sie drei Tage in dem kleinen Grenzort Tapachula hängen, weil man ihnen die Erlaubnis zur Einreise verweigert. Sie sollen Bürgschaften von sechs Geschäftsmännern aus Tapachula beibringen, bevor sie den Rio Suchiate überqueren dürfen. Es war nicht möglich, die Unterschriften auf ein und demselben Dokument zu sammeln. Getrennt und mit der – wie sich zeigt: entscheidenden – Hilfe eines hohen mexikanischen Gewerkschafters belagern sie die verschiedenen guatemaltekischen Grenzpolizeiposten. Paul ist so leichtsinnig (?), auf dem Einreiseformular nach ‹Religion› *ninguna* (keine) einzutragen. In Guatemala war Ende der dreißiger Jahre und noch lange danach der Atheismus eine ebenso suspekte Weltanschauung wie der Kommunismus. Zurück in Mexiko beschließen Marie-Claire und Kristians Tonny, so lange im Land zu bleiben, wie ihre finanziellen Mittel es erlauben. Paul ist natürlich sofort einverstanden. Der Malinche Palace, nördlich der Hauptstadt, ist traumhaft schön, eine prunkvolle Residenz voller Charme und Atmosphäre. Dort wollen die drei den Sommer über bleiben. Aber nach einem Monat ruft leider Lincoln Kirstein den Musiker per Telegramm nach New York zurück. Der Produzent will, daß Paul in einer Rekordzeit die Ballettmusik orchestriert, die er zwei Jahre zuvor auf Kirsteins Auftrag hin geschrieben hatte. Die Produktion soll im August anlaufen. Schweren Herzens, aber doch erfreut darüber, daß ein so wichtiges musikalisches Projekt kurz vor dem Abschluß steht, verläßt Paul Mexiko. Die Premiere der symphonischen Version von *Yankee Clipper* findet in Philadelphia statt, unter der Leitung von Alexander Smallens. Im Zug nach Pennsylvania wird Paul von Rena Bowles begleitet. Auch Jane ist da, John Latouche und Marion Chase, die Freundin von Harry Dunham, der seinerseits nach Spanien abgereist ist, um den Bürgerkrieg zu filmen.

Als Paul noch an der Orchestrierung arbeitete, klingelte eines Tages das Telefon und riß ihn aus seiner Konzentration. Verärgert über die Störung bellte er unwirsch in die Leitung, daß er überhaupt keine Zeit habe. Dann erst bemerkte er, daß die schüchterne Stimme am anderen Ende Jane Auer gehörte. Sie lud ihn ein, übers Wochenende in ein Haus in Deal Beach, New Jersey, zu kommen, das ihre Mutter für den Sommer gemietet hatte... Seit diesem berühmten Wochenende amüsieren sich die beiden mit dem Gedanken, irgendwann plötzlich zu heiraten, um ihre Freunde zu überraschen und, noch besser, um ihre jeweiligen Familien zu erschrecken. Jane würde mit der Heirat über ein bestimmtes Vermögen verfügen, das ihr erlauben würde, eine Zeitlang ohne Probleme zu reisen. Sie lachen viel und oft, wenn sie sich über ein mögliches Ziel ihrer Hochzeitsreise streiten. Dennoch sind weder die Flitterwochen noch die Hochzeit selbst überhaupt ein Problem. «Wie schrecklich, sich für ein ganzes Leben zu verbinden!» Darin sind sie sich völlig einig.

«Die entzückende kleine Ehefrau aus Mexiko»

Wir haben am 21. Februar 1938 geheiratet, einen Tag vor ihrem einundzwanzigsten Geburtstag. Nur Janes Mutter und meine Eltern waren da... Anschließend sind wir nach Panama gereist. Danach haben wir uns Costa Rica und Guatemala angesehen, und von dort aus fuhren wir nach Frankreich, nach Paris. Frankreich, das war für uns beide sehr wichtig.

Jane und ich sprachen immer französisch, niemals englisch. Damals konnte ich es allerdings viel besser als heute... Vor fünfzig Jahren... Sie war es gewöhnt, französisch zu sprechen und zu denken. Im Jahr 1935 oder '36 hat sie sogar ihren ersten Roman auf Französisch geschrieben: *Le Phaéton hypocrite*. Er ist leider verlorengegangen. Es gibt kein einziges Exemplar mehr. Aber das war Absicht. Sie hat das auch mit *Einfache Freuden*[1] versucht. Sie wollte immer alles zerstören, was sie gemacht hat. Warum? Ich weiß es nicht. Ein psychologisches Rätsel. Manchmal dachte sie für ein paar Stunden, sie sei die beste Schriftstellerin der Welt. Und dann: ‹Alles, was ich gemacht habe, ist nichts als Scheiße!›»

Wieder eine dieser Fragen, die ich tagelang mit mir herumgetragen habe, versteckt in der Tiefe meines Notizheftes, hingekritzelt, weil ich den richtigen Moment, den richtigen

1 *Einfache Freuden* (engl. Titel: *Plain Pleasures*, 1966) in: *Einfache Freuden*. Erzählungen.

Ton noch nicht gefunden hatte. Unmöglich, an diesem hellen Sommernachmittag die Dämmerung abzuwarten. Ich habe alle Zeitangaben nachgefragt, das Bild hat sich allmählich, Zeile um Zeile, präzisiert. Fertig. Auch die Absätze sind markiert. Es bleibt nur eine Handvoll heiliger Fragen übrig, die man unmöglich stellen kann. Aber im Schweigen, das sich ausbreitet, drängen sie sich auf. Paul fängt an, mit seiner Zigarettenspitze zu spielen. Ich riskiere, mich plötzlich in der absurden Lage all der Leute zu befinden, die jeden Tag hierherkommen und wieder abziehen mit ihrem Kassettenrekorder in der Hand, wie mit einem Spielzeug. Um so schlimmer. Außer uns beiden ist niemand im Raum. Mrabet ist weggegangen, um Tee zu machen. Ich schreibe die Frage, während ich sie stelle: «Haben Sie schon einmal geliebt?»

«Nein, nie. Nicht, weil ich nicht an die Liebe glaube, aber ich habe nie wirklich etwas dabei empfunden. Ich leugne nicht, daß die Sexualität manche Leute glücklich machen kann. Aber in meinem Werk kommt sie tatsächlich kaum vor. In den Kritiken wird das oft angesprochen. Als Visconti mich beauftragte, die Dialoge für *Senso* zu schreiben, mußte Tennessee Williams die Liebesszenen neu schreiben. Visconti fand sie viel zu kalt! (lacht) ... Ich habe schon immer gefunden, daß das alles nichts in Büchern zu suchen hat. In einem literarischen Werk sollte Sexualität nicht auftauchen. Sie ist kein wichtiger Teil im Leben eines Wesens, sie ist etwas, das man begraben muß. Unglücklicherweise ist sie notwendig, um die Spezies zu erneuern. Ich bin allerdings gegen das Kinderkriegen, gegen die Reproduktion. Ich vermute, das klingt alles etwas exzentrisch. Ich habe meine Haltung zu diesem Problem analysiert: Ich will einfach nichts damit zu tun haben, das ist alles. Ein Kind in die Welt zu setzen, ist eine Verantwortung, die ich nicht übernehmen wollte, das war mir schon sehr früh klar. Sicherlich hat meine neuenglische Erziehung viel damit zu tun. Aber ich lehne

Sexualität deshalb so sehr ab, weil sie Teil der Reproduktion ist. Das ist alles grauenvoll, von Anfang bis Ende.

Gefühle lehne ich nicht ab. Ich mag keine Sentimentalität, aber das ist etwas anderes. Ich hatte sehr gute Freunde, ich bin nicht verrückt... Und außerdem, man kann Gefühle überhaupt nicht vermeiden, selbst wenn man es will. Es gibt jedenfalls nichts Schwierigeres, als Liebe zu definieren. (...)

Wir amüsierten uns köstlich. Das ist doch ein guter Grund, um zu heiraten, oder? Das heißt, wir lebten nicht sehr lange wirklich zusammen. Und unser gemeinsames sexuelles Leben dauerte zwei Jahre. Jane fühlte sich, ganz offen, eher zu Frauen hingezogen, und ich zu Männern, aber im Geheimen. Ich hätte mich zu sehr geschämt. Zwischen Jane und mir gab es deshalb keine Unstimmigkeiten, wir amüsierten uns immer sehr gut miteinander. Ich glaube, sogar schon vor der Mexikoreise wußten wir es beide. Wir waren uns intellektuell sehr verbunden: das ist die beste Gemeinsamkeit, die höchstmögliche Form der Vereinigung.

Vor mir verbarg Jane ihre Homosexualität nicht, vor fast allen andern schon. Tanger war in dieser Hinsicht natürlich sehr weit weg von Amerika und seinem Puritanismus. In New York gab es zwar auch sehr viel Freiheit, denn in einer so großen Stadt kennt dich niemand. Aber hier kennt dich jeder, und es verurteilt dich trotzdem niemand.»

Es dauert nicht lange, bis Jane und Paul bemerken, daß sie nicht dauerhaft zusammen leben können. «Es gab nichts Schriftliches zwischen uns, wir haben alles mündlich abgemacht», erzählt er. Tatsache ist jedoch, daß Jane diesen impliziten Vertrag auf ihre Weise auslegt. Die Frage, an der sich die Geister scheiden, ist oft die des Alkohols. Ohne die totale Enthaltsamkeit zu predigen, ist Paul für ein gewisses Maßhalten. Desgleichen ist er der Ansicht, daß das soziale Leben nicht die Arbeitszeit auffressen darf. Jane hingegen trinkt Unmengen, und es macht ihr überhaupt nichts, jeden Abend auszugehen. Eines Tages macht sie Paul klar, daß sie Angst hat, wenn sie zu lange mit ihm allein ist, besonders, wenn sie fern von New York sind. «Schließlich hat sie gesagt, daß meine ‹Lebensanschauung› sie dermaßen deprimiere, daß ihr in meiner Nähe alles vollkommen hoffnungslos erscheine.» (*Rastlos*, S. 248) Es gibt relativ wenig Fotos, auf denen Jane und Paul zusammen zu sehen sind: Das mag kein ausreichendes Indiz sein, aber man muß doch feststellen, daß sie sich zu jener Zeit selten mehr als ein paar Tage an einem Ort gemeinsam aufhalten... Sie erfinden ein Spiel: Wenn sie beginnt, ihn in einem bestimmten Moment des Gesprächs unerträglich zu finden, gibt sie ihm das mit dem Satz zu verstehen: «Geh zurück in deinen Käfig.» Man kann sich das Erstaunen der anderen vorstellen angesichts dieser Art, so mit dem Ehemann umzugehen. Denn offenbar folgt Paul der Anweisung, und der Reiz des Spiels ist um so größer, je feiner die Umgebung ist, in der sie sich befinden. Je mondäner die Abendveranstaltung, je mehr Gäste anwesend und je wichtiger die Etikette, um so interessanter der erzielte Effekt. Paul spielt tatsächlich die Rolle eines menschlichen Papageis. Sie nennt ihn übrigens oft liebevoll «Bupple», im Andenken an einen ihrer Papageien, «Budupple», den sie besonders gern hatten...

«Geh zurück in deinen Käfig.» Das Motiv des Eingeschlossenseins, ganz allgemein das der geistigen Entfremdung, findet sich im Werk Jane Bowles' ebenso wie in dem von Paul. (In *Himmel über der Wüste* und *So mag er fallen* wird der Bezug zum ‹Käfig› fast wortwörtlich hergestellt.) Ganz offensichtlich besteht zwischen Jane und Paul eine uneingeschränkte Freiheit des Wortes. Der Umgang miteinander ist in dieser Hinsicht ganz ungezwungen, und das soll auch so bleiben. Wie schrecklich ein Sprachverbot ist, kennen sie aus ihren jeweiligen Familien: Beide litten darunter, ihre Gedanken immer verstecken zu müssen. Beide wissen, was es heißt, erniedrigt zu werden, vor allem dadurch, niemals gehört, geschweige denn verstanden zu werden, in welcher Situation auch immer. So spielen sie nun, als Komplizen, mit Worten um das einzige Vertrauen, das zwischen zwei Menschen möglich ist. Sätze, Wortspiele, Spott und Anspielungen – hier findet man die Basis für ihr wunderbares Einverständnis. Etwas rauher allerdings ist der Spitzname «Gloompot»: so nennt sie ihn an Tagen, an denen er ihr «so traurig wie ein Nachttopf» vorkommt. Aber auch Jane hat ihre schlechten Tage, denn alles, was sie macht, ist schwierig. Auch wenn sie wiederholt: «Ich bin Schriftstellerin, und ich will schreiben», so sind doch die Zweifel, die sie befallen, ebenso groß wie ihre Entschlossenheit und ihr Eifer. Der Satz hatte Paul jedenfalls beeindruckt, ihn, der sich selbst in der Ecke der angewandten Musik versauern sah. Aber was denkt sie selbst von ihrem Werk? Sie vernichtet, was sie schreibt, oder will zumindest nichts mehr davon hören – ob veröffentlicht oder nicht – und hat dabei immer auf den Lippen: «Ich bin Schriftstellerin.» Ja, auch Jane hat verdammt schlechte Tage. Der Anfang war für beide nicht leicht...

«Es war mir egal, wie sie war, weil sie mir gefiel. Wenn sie einen schlechten Tag hatte, dann akzeptierte ich das. Im allgemeinen war sie eher guter Laune, bis sie dann krank wurde, natürlich. Sie war wirklich unglaublich, Sie können sich das nicht vorstellen!... (lacht) Im jeweiligen Moment kam es mir gar nicht seltsam oder verrückt vor, denn ich kannte sie ja. Sie war ‹fanatisch›. Es gab bestimmte Sachen, über die konnte man mit ihr nicht einmal mehr reden. Hunde, zum Beispiel. Vor Hunden hatte sie sehr große Angst, und auch vor Bergen, Haifischen und Feuer. Das versteht jeder, das ist normal, aber andererseits hat sie in Mittelamerika mehrere Erdbeben miterlebt und sich überhaupt nicht gefürchtet. Sie fand es eher aufregend. Alle Leute – man kann es sich lebhaft vorstellen – schreien ‹Ah! Santa Maria! Ayayayayay!› Und Jane sagt ganz ruhig: ‹Das ist ja witzig!›

Einmal, in Mexiko, hatten wir ein Bauernhaus gemietet. Es lag sehr hoch, auf viertausend Metern Höhe, und eines Tages, wir saßen gerade beim Frühstück, kamen die beiden Gärtner herein und brachten, eingeklemmt zwischen zwei Stöcken, eine Klapperschlange. Nerven haben die Leute, naja... Ich schrie sofort: ‹Raus! Raus!› Da ließen sie sie fallen. Die Schlange machte... Tssssssss!!! Und Janie hatte einen dicken Kater. Der fand das lustig. Er ging auf die Schlange zu. Niemand rührte sich von der Stelle. Außer Jane. Sie stand auf und ging bis auf einen halben Meter zu dem Untier hin, das jeden Moment beißen konnte. Sie nahm den Kater auf den Arm und rettete ihn. Ich habe sie gefragt: ‹Wo hast du nur den Mut hergenommen?› Und sie: ‹Aber der arme Kater! Die Schlange hätte ihn umgebracht!› – Ich habe nie so ganz genau verstanden, wie ihr Kopf funktionierte.»

In Paris beginnt Jane, trotz des sehr bewegten Lebens, das sie führt, mit dem Roman *Two Serious Ladies*. Es ist Juni, und sie verbringt die Tage auf Caféterrassen, die Nächte in den Bars. Dennoch findet sie Zeit zu schreiben. Und sie stellt Paul ein paar Freunde vor, die sie in der Stadt hat, darunter Denham Fouts und Brion Gysin. An Fouts scheint sich Paul nur einer Sache wegen zu erinnern: Er veranstaltet, im Sommer 1938, ein tibetanisches Bogenschießen mit äthergetränkten Pfeilen, die, ganz nach tibetischer Art, brennend abgeschossen werden. Da die Pfeile aus einem Hotelfenster auf die Champs-Elysées hinuntergeschossen werden, gibt es etwas Ärger mit der Pariser Polizeipräfektur. In dieser frühen Abendstunde sind nicht wenig Leute auf der Straße. Die Übungen, deren ästhetischen Wert ich nicht bezweifle, hätten leicht zu einer Pressemeldung unter ‹Vermischtes› führen können, wenn die ziellosen Schüsse jemanden getroffen hätten. Aber sie blieben ohne unangenehme Folgen.

Brion Gysin und Paul werden Freunde. Bis zum Tod von Brion, 1968, treffen sie sich regelmäßig, wohnen oft sogar im selben Haus, reisen gemeinsam durch ganz Marokko und haben bis zuletzt einen regen Briefwechsel... Einmal treffen sie sich in der Salle Pleyel, bei der Premiere des *Dumbarton Oaks Concerto*, von Strawinsky selbst dirigiert. «Wenn ich mich richtig erinnere, war das Publikum ziemlich distinguiert. Unglücklicherweise saßen neben mir zwei sehr elegante Damen. Die eine, direkt neben mir, war über und über mit Schmuck behangen, mit dem sie gedankenverloren herumklimperte... Schon das erste Stück war das *Concerto*. Strawinsky stand vorne und war bereit anzufangen. Die beiden Damen hörten nicht auf, miteinander zu reden. Nicht sehr laut, aber doch laut genug, daß es sehr störte. Und dazu noch dauernd diese Geräusche der Klunker... Ich konnte es nicht mehr aushalten. Obwohl ich wußte, daß meine Aussprache sehr schlecht war, wandte ich mich an die eine und sagte: ‹Seien Sie doch still!› Sie blickte ihre Freundin an und schimpfte: ‹Was ist denn das für eine Art zu reden!› Aber wenigstens machte sie keinen Lärm mehr, so daß ich in Ruhe das Konzert hören konnte. In der Pause traf ich Brion im Rauchersalon – wir hatten keine Plätze nebeneinander mehr bekommen. Er sagte: ‹Ich wußte ja gar nicht, daß du die Chanel kennst...› – ‹Wieso, ich kenne sie nicht. Ich weiß nicht einmal, wie sie aussieht.› – ‹Das verstehe ich nicht. Ich habe doch gesehen, wie du mit ihr geredet hast!› Eine schreckliche Geschichte, nicht wahr?» Es ist sicher müßig zu sagen, daß Paul Bowles Gabrielle Chanel nie wiedergesehen hat. «Wirklich, ich dachte nicht, daß eine Dame wie die Chanel in der Premiere eines Strawinsky-Konzertes reden würde. Ich finde das nicht besonders zivilisiert. Die Musik interessierte sie überhaupt nicht, es war ihr nur wichtig, da zu sein. Weil alle Welt da war. (lacht)»

Während Paul in Konzertsälen mit eleganten, aber nicht sehr ernsthaften Damen zusammentrifft, führt Jane ein Leben, das ihrem Ehemann zunehmend mißfällt. Wann auch immer er ins Hotel zurückkehrt: sie ist noch nicht da. Vor drei Uhr nachts kommt sie fast nie. Nach einem ungewohnt heftigen Streit, und nachdem er ihr, vergeblich, vorgeschlagen hat, nach Nordafrika oder Südfrankreich mitzukommen, beschließt er, allein wegzufahren.

Das Thema Trennung ist häufig in Janes oder Pauls Werk zu finden, in *Two Serious Ladies* und – in oft sehr tragischer Weise – in mehreren von Pauls Romanen und Erzählungen: die Trennung eines Paares, auch eine zeitweilige, ist immer eine Probe; nie übersteht sie jemand ungeschoren. Für Paul ist diese erste Trennung, nach nur vier Monaten Ehe, schmerzlich. Kaum in Saint-Tropez angekommen, ist er so unglücklich und verzweifelt, daß er Jane per Telegramm bittet, zu ihm zu kommen. Sie treffen sich in Cannes. Das Wiedersehen provoziert eine stürmische, ja gewaltsame Auseinandersetzung, die zumindest einen Verdienst hat: sie klärt die Lage. «Wir mieteten ein kleines Haus oben in Eze-Village, direkt über dem Grand Corniche. Es war sehr schön. Dort lernte Jane kochen, einfach, indem sie der Bauersfrau dabei zusah... Bald konnte sie wunderbar Cordon Bleu zubereiten. Und ihr Canard à L'Orange wurde berühmt. Aber so wie mit dem Schreiben war es auch mit dem Kochen: Es war schwierig. Es mußte immer eine Flasche Scotch in der Küche stehen. Während sie arbeitete, trank sie. Und wenn es Zeit wurde zu essen, konnte sie nichts runterbringen und verschwand. Und wir, das heißt die Gäste und ich, wir aßen. Sie nicht... In Eze erhielt ich ein Telegramm von Orson Welles, der wollte, daß ich die Musik zu einem neuen Stück von ihm schrieb, was ich schon vorher zweimal gemacht hatte. So fuhren wir also zurück nach New York, wo er uns dann mitteilte, daß er das Stück doch nicht inszenieren könnte. Ich hatte die Partitur geschrieben, aber das Stück war gestorben. Also waren wir wieder ohne Geld. Glücklicherweise war Roosevelt gerade Präsident: er sorgte für Leute wie uns. Wir hatten die staatliche Unterstützung zwar beantragt, aber es war schwierig, sie bewilligt zu bekommen. Man mußte vorher gearbeitet haben, das heißt, man mußte beweisen, daß man Teil des Proletariats war... Das konnte ich nicht. Also bin ich Mitglied der Kommunistischen Partei geworden. Und die Partei konnte alles arrangieren. Wir mieteten ein kleines Haus auf dem Land, in Staten Island. Damals war Staten Island noch richtig ländlich. Wir hatten viele Gäste, immer kam irgendjemand vorbei... Ich komponierte die Musik zu einem anderen Stück, *My Heart's In The Highlands*, von William Saroyan. Allmählich wurde unsere finanzielle Lage etwas besser. Und langsam aber sicher wurde das Komponieren mein Beruf: Ich schrieb ungefähr dreißig Partituren für den Broadway. So lebten wir ganz gut. Auch als ich nicht mehr Mitglied der KP war... Ich bin nämlich wieder ausgetreten, sehr schnell übrigens (lacht). Jane schrieb weiter an *Two Serious Ladies*. Manchmal las sie Freunden Auszüge daraus vor. Und alles lachte natürlich!... Das Buch wurde gerade in der Woche fertig, als das mit Pearl Harbour geschah. Wir waren zu der Zeit in Cuernavaca, in Mexiko... Ich sagte ihr, daß ich das Buch sehr gut fände, aber daß sie schrecklich viele Rechtschreibfehler machen würde... (lacht).»

«Sie litt. Sie schrieb etwas und warf es weg. Sie sagte: ‹Nie, nie, nie werde ich es schaffen.› Sie litt wirklich. Sie hatte starke Kopfschmerzen. Sie schloß sich ein, und am Ende, nach sechs Stunden, hatte sie nur einen einzigen Satz geschrieben. Nach der Veröffentlichung von *Two Serious Ladies* hörte sie nicht auf zu sagen: ‹Ich bin keine Schriftstellerin. Damit habe ich nichts zu schaffen. Das interessiert mich überhaupt nicht. Ich wollte sowieso nichts veröffentlichen. Es ist alles deine Schuld.› Denn die meisten Kritiken waren negativ. Sie selbst betrachtete ihre Literatur als komisch, bis zu dem Moment, als sie sich darin verstrickte und die Sache tragisch zu werden begann. Aber am Anfang erschien ihr alles amüsant, selbst die Tragödie. Sie lachte über alles. Sie war wie die alten Filme von Charles Chaplin: pathetisch, aber sehr komisch. Darin lag ihre Stärke... Für mich zumindest steckt in allem, was sie geschrieben hat, diese Mischung. Lachen und Weinen. Aber ich habe den Eindruck, daß die meisten Leute das, was Jane schrieb, nicht verstehen. Zumindest ist es schwierig, es so zu verstehen, wie sie es verstand. Ich glaube, sie übersehen den Humor, die Mischung aus Komödie und Tragödie in jedem Satz. ‹Entre más trágico, más divertido.› Jane fand, man müßte sich über alles im Leben lustig machen. Sie machte sich sogar über das Leben selbst lustig. Und wenn eine Sache auch todtraurig war, war sie doch auch in jedem Fall zum Lachen. Wenn etwas von vornherein komisch war, war es schon weniger amüsant. Sie liebte es einfach, aus etwas Traurigem eine Komödie zu machen.»

Aus dem Anfang von *Two Serious Ladies* streicht Jane eine lange Passage heraus, die Paul später – ohne ihr Wissen – an die New Yorker Zeitschrift *Cross Section* schickt, die sie 1944 unter dem Namen *A Guatemalan Idyll*[1] abdruckt. Jane legt wirklich keinen großen Wert darauf, veröffentlicht zu werden. «Ich habe gar nicht erst gefragt, was sie davon hält, weil ich wußte, daß sie nein sagen würde. Ich war es, der sie dazu drängte, ihre Texte zu verschicken. Sonst wäre nie irgend etwas von ihr erschienen.» Sie hat das Gefühl, daß schon der leiseste Versuch, ihre Geschichten über einen kleinen Freundeskreis hinaus bekannt zu machen, über ihre Kräfte ginge. Sich mit einem Text herumschlagen, gut. Aber zufrieden sein, wenn das Ergebnis dieser Anstrengungen, die ihre ganze Kraft kosten, vor ihr liegt – lächerlich! Es ist schon hart genug zu schreiben... Denn sie will alles sehen, alles begreifen, bevor sie es in Worte faßt. Bevor sie eine Brücke be-

1 *Guatemaltekisches Idyll*, in: *Einfache Freuden*.

schreibt – wie 1948 in der Erzählung *Camp Cataract*[1] –, muß sie genau wissen, wie eine Brücke konstruiert ist. Alles muß Hand und Fuß haben in einer Geschichte. Sie läßt nicht locker: der Gegenstand der Beschreibung soll *objektiv* in den Augen des Lesers existieren können. Völlig unwichtig, daß die Handlung, die sich daraus ergibt, nicht oder doch sehr wenig wahrscheinlich klingt. Jane Bowles' Literatur hat den Anschein großer Leichtigkeit. Weil sie das Schreiben sehr ernst nimmt.

In jedem Leben gibt es etwas Spielerisches. In Janes Leben überlagert das Spiel ständig die Realität. Als sie Anfang des Jahres 1941 zur Premiere des Stückes *Liberty Jones*, für das Paul die Musik schrieb, aus Mexiko zurückkommt, wird sie als seine «entzückende kleine Ehefrau aus Mexiko» vorgestellt. Sofort nimmt sie die Rolle an und tut nichts, um das Publikum von Philadelphia, das sich auf der Premierenparty unter die Künstler gemischt hat, aufzuklären. Im Gegenteil: sie spricht Englisch mit Acapulco-Akzent und gibt sich auch sonst exotisch genug, um am nächsten Tag als die charmante Mexikanerin in aller Munde zu sein, die der Komponist Paul Bowles, gerade *en vogue* am Broadway, von einer seiner zahlreichen Reisen ins Land der *Mariachis* mitgebracht hat... Kein Wunder, daß eine so widersprüchliche, unberechenbare Persönlichkeit auf Kritik stößt. Man kann sicher nicht behaupten, daß das Leben mit Jane einfach ist, aber Paul hat Geduld: «Sie konnte sagen: ‹Ich verdufte ins Ritz›, aber gleichzeitig konnte sie auch den Wunsch haben, das andere Extrem zu erleben. Luxus bedeutete ihr überhaupt nichts, er war bloß selbstverständlich. Sie war es eben gewohnt, so zu leben, aber wenn sie keinen Luxus haben konnte, störte es sie auch nicht. Als wir geheiratet hatten, ließ sie weiterhin einfach alles liegen und fallen. Das Haus war vollkommen unbe-

1 *Camp Cataract*, in: *Einfache Freuden*.

wohnbar. Ich sagte ihr: ‹Du hast keine Ada, keine Dienerin mehr. Du hast niemanden mehr!› Und sie antwortete: ‹Aber ich habe dich.› – ‹Ja, das stimmt, aber ich bin nicht dein Dienstmädchen!› Daraufhin sagte sie: ‹Also, wenn du meine Sachen nicht mehr sehen kannst, kannst du sie ja aufheben. Ich erlaube es dir!› Und lachte. Also war ich es, der aufräumte. Man kann mit einem bestimmten Maß an Chaos leben, aber was zu viel ist, ist zu viel, nicht wahr? Und sie produzierte auf Schritt und Tritt Chaos. Sie war zwei Minuten im Zimmer, und alles lag auf der Erde.»

Viele fanden sie ‹amüsant›, ‹verrückt› oder auch ‹temperamentvoll›. Aber man akzeptierte sie nicht immer so, wie sie war. Viele Leute fanden sie auch ‹unerträglich›, und natürlich wußte Jane genau, wie sie diejenigen ärgern konnte, von denen sie annahm, daß sie sie nicht mochten. Ich glaube, es gab Menschen, die sie so haßten, wie sie sie hätten lieben können. Und wie viele mögen sich gefragt haben, was zwei so verschiedene Menschen wie Jane und Paul wohl aneinander interessierte?! Genau die Unterschiede eben. Er ist bedächtig, diskret und wahrt auf eine sehr reflektierte, fast kalte Art Distanz. Sie ist offenherzig, ganz intuitiv und kennt keine andere Abneigung als die gegen Mittelmäßigkeit. Sie spielt alles «allegro». *Ma sempre troppo.* Das Leben ist für Jane ein Schauspiel mit Dauervorstellung. Als sie das erste Mal nach Tanger kommt, 1948 erst, reagiert sie ähnlich wie Aaron Copland, der die Stadt siebzehn Jahre vorher mit Paul Bowles erkundet hatte: «Genau wie in Brooklyn», hatte er gesagt, weil es ihn an das jüdische Viertel seiner Kindheit erinnerte. Nun, Jane sagt, daß sie den Eindruck hätte, schon «viele Leben lang» in Tanger gewesen zu sein. Paul fragt sie, warum. «Sie sagte mir: ‹Das Leben hier ist so jüdisch. Ich finde, die Marokkaner sind wie die Juden, ganz genauso. In einer marokkanischen Familie geht es ähnlich zu wie in einer jüdischen. Jeder lästert über den anderen. Sie haben Hunderte von Schimpfwörtern füreinander. Aber sie lieben sich sehr und sind immer zusammen. Die Familie ist ein großer Knoten, den man nicht entwirren kann. Aber die ganze Zeit ein Gezeter und Geschrei: So geht das nicht, du bist ein Idiot, ihr seid alle Idioten!...› Und das fand sie wunderbar. Denn sie war Jüdin, aber ihre Familie war antisemitisch. Was ihr fehlte, war das Ghettogefühl. Sie brauchte das, glaube ich... Während des Krieges zog sie den Haß ihrer jüdischen Freunde auf sich – und wie! –, weil sie nicht verstanden, wie Jane so desinteressiert sein konnte an dem, was in Deutschland geschah. Sie fanden sie unmenschlich... Aber für sie gab es das gar nicht. Es war zu weit weg. Sie machte sich immer über die Juden lustig. Immer. Sie fand die Juden sehr komisch, aber nur, wie sie betonte, von außen betrachtet. Einmal sagte sie zu mir: ‹Ein Antisemit ist jemand, der glaubt, daß die Juden so schrecklich sind, wie sie wirklich sind.› Das ist eine Definition ganz im Stil von Jane! (lacht) Sie dachte, der Krieg sei weit weg, aber von Zeit zu Zeit war sie überzeugt, daß die Deutschen New York aus der Luft angreifen würden. Dann stieg sie auf das Dach des Gebäudes, wo sie wartete, daß eine Bombe auf sie fiele. ‹Ja, ja, das ist mein Schicksal›, wiederholte sie. ‹Sei nicht kindisch. Komm runter! Was tust du da?!› – ‹Laß mich, ich weiß schon, was ich tue.› Sie schaute in den Himmel: ‹Wenn doch nur die Deutschen kämen, um mich zu töten.›»

«Eines Tages verließen wir das Haus, um zu Fuß in die Stadt zu gehen. An der nächsten Ecke angekommen, sagte sie: ‹Ah! Ich habe etwas vergessen!› Sie öffnete ihre Handtasche, holte eine 25-Peseten-Münze heraus und sagte: ‹Sei so lieb und lauf zurück ins Haus und gib Berred das für sein Frühstück.› Berred[1] war unsere Siamkatze. Ich ging zurück und gab das Geld dem Dienstmädchen: ‹Für die Katze›, erklärte

1 ‹Teekanne› auf Arabisch.

ich... (lacht) Jane merkte gar nicht, daß sie etwas Merkwürdiges gesagt hatte. Für sie gab ich die fünfundzwanzig Peseten tatsächlich Berred, der sich davon sein Fressen kaufte... Das ist vollkommen typisch für Jane. Sie war sehr intelligent, aber diese Intelligenz war eher intuitiv als ‹zivilisiert›.»

Ich für meinen Teil glaube, daß sie vor allem Humor besaß. Viel Humor. Ich will den etwas sorgenvolleren Geistern zugestehen, daß sie, wie man so sagt, einen ‹kleinen Knall› hatte. Und ab und zu dürfte es schwierig gewesen sein, es mit ihr auszuhalten. Aber das ändert nichts daran, daß sie trotz allem Humor hatte. Eines Abends im Frühjahr 1939, sie wohnten auf einer kleinen Farm im grünen Staten Island, rief sie die Polizei: Vom Haus des Pastors, nebenan, war ein Jaulen zu hören, wie von einem schwer Verwundeten. Etwas später am Abend erklärte man ihnen, woher die unerträglichen Schreie gekommen waren: Der Pastor hatte seine Tochter, die sich aus dem Staub machen wollte, auf der Türschwelle ‹erwischt› – muß man schon sagen, denn er hatte sie auf ihrem Fluchtversuch in der Tür eingeklemmt und ihr praktisch den Arm abgequetscht. Die Geschichte endete damit, daß die Polizei dem radikal tugendhaften Gottesmann nur den Rat gab, zukünftig etwas vorsichtiger mit zufallenden Türen umzugehen. Für Paul war das Geschehen damit aufgeklärt und vorbei – wenn man einmal davon absieht, daß er Pastor Dowe zum unfreiwilligen Helden einer 1948 geschriebenen Erzählung[1] machte. Für Jane jedoch begann an diesem Abend einer jener Alpträume, mit denen sie ihr Leben zu würzen pflegte. Sie glaubte, der Mann werde sich an ihr rächen, denn schließlich war sie es gewesen, die die Polizei gerufen hatte: Durch ihre Schuld hatte er vor den Leuten seinen Respekt eingebüßt, was für einen Mann des Glaubens

1 *Pastor Dowe at Tacaté*, dt. Titel: *Pastor Dowe in Tacaté*, in: *Eisfelder. Erzählungen.*

– das versteht jeder – äußerst prekär ist. Etwas später zog sie dort weg, aber die Idee, sich beim Pastor zu entschuldigen, war immer noch in ihrem Kopf. Sie dachte, daß sie ihn öffentlich in einem Brief um Verzeihung bitten könnte. Paul fand in dem kleinen Hotelzimmer, das sie damals bewohnte – eine Mansarde, deren schiefe Wände mit kitschig glänzender Tapete beklebt waren – einen ganzen Stapel von Entschuldigungsbriefen. Sie hatte keinen davon abgeschickt. Der erste fing so an: «Lieber Pastor Dowe, ich bin untröstlich, Ihnen so viel Ärger bereitet zu haben...» Der letzte, der zuoberst auf dem Stapel lag und einer ganzen Reihe unterschiedlichster, allesamt unfruchtbarer Versuche die Krone aufsetzte, begnügte sich mit der Formulierung: «Lieber Pastor Dowe, ich hasse die Tapete hier im Zimmer.»

«Ihr war nie etwas egal. Oder sehr wenig. Vielleicht nur die Kritiken, die über sie erschienen. Die waren ihr wirklich völlig egal. Aber sonst... Alles war wichtig, vor allem das, was mit zwischenmenschlichen Beziehungen zu tun hatte. Sie war bekannt für ihre Großzügigkeit. Sie war immer bereit, allen möglichen Leuten zu helfen. Sie hatte viel Sympathie übrig für diejenigen, die einen Rat brauchten oder sie um Hilfe – welcher Art auch immer – baten. Aber sie mußte an die jeweilige Person glauben können. Denn sie witterte sehr schnell, wenn jemand log oder sich verstellte. Sehr schnell, viel schneller als ich. Mich interessierte es eigentlich nicht. Ich fand sie oft sentimental. Aber sie war es nicht, überhaupt nicht. Sie hatte Gefühl...

Sie hatte Erfolg, im Gegensatz zu den Figuren ihrer Geschichten. Ich glaube doch, daß sie Erfolg hatte. Sonst hätte sie ja keiner gemocht, und niemand hätte gemocht, was sie schrieb. Und genau deshalb, weil sie es sich so sehr wünschte, stellte sie die Kommunikation zwischen sich und dem Leser her. Mir gelingt das nicht. Man fand, sie wollte sich interessant machen oder originell erscheinen: das ist völlig falsch.

Sie versuchte mehr oder weniger das Gegenteil, nämlich einfach menschlich zu sein, das ist alles. Das war schwierig genug für sie.»

Ende 1986 war ich nach Tanger gekommen, um eine Radiosendung über Jane Bowles zu machen. Zuerst dachte ich daran, mehrere Personen zu befragen, die sie gut gekannt hatten. Aber am Ende habe ich mich allein an die Stimme von Paul Bowles gehalten. Wir hatten mit dem Interview gewartet, bis es tiefe Nacht und Mrabet aus dem Haus gegangen war, der nicht wollte, daß Paul sich anstrengte: Vor zehn Tagen erst hatte er in Rabat eine schwere Operation hinter sich gebracht. Um sein rechtes, von Gangräne bedrohtes Bein zu retten, hatten die Ärzte eine Sympathektomie durchgeführt: eine Operation nicht direkt am Bein, sondern seitlich am Abdomen, um einen großen Nerv, den Sympathikus zu durchtrennen.« Meinen Sie, ich werde jetzt unsympathisch?» scherzte er und kräuselte die Lippen zu einem leicht schmerzverzerrten Lächeln. Zigaretten, auch Kif natürlich, waren ihm verboten, sogar Schokolade und Tee, wenn ich mich recht erinnere. Ich kam gerade aus Amsterdam. Nun ja, die Reise war seit langem geplant, außerdem hatte er in seinem letzten Schreiben nichts über seinen Zustand verraten. Ich glaube, er war glücklich, eine Sendung über Jane zu machen. Wir hatten auch schon andere Sendungen – über seine Musik – zusammen gemacht. Nun nahmen wir also das Material für *Looking for Jane*[1] in seinem kleinen, schwach beleuchteten Zimmer auf. Er meinte, so tilge er einen kleinen Teil dessen, was er ihr alles schulde. Ich kenne Janes Stimme nicht. Ohne Zweifel hat sie in der Sendung gefehlt... Jedes

1 *Looking for Jane*, so der Titel der Sendung, in Anlehnung an eine unveröffentlichte Erzählung von Jane Bowles, *Looking for Lane*. Die Sendung wurde vom Sender *France-Culture* in der Reihe *Nuits Magnétiques* im Dezember 1986 ausgestrahlt.

Lachen zerriß sein Gesicht zu einer schmerzhaften Grimasse, aber er wollte auf keinen Fall, daß deshalb die Erinnerungen an seine «entzückende kleine Ehefrau aus Mexiko» weniger fröhlich wirkten. Wir hörten uns *Nightwaltz* an, ein Walzer für zwei Pianos, den er nach jenem schönen Sommer 1949 komponiert hatte, in dem Jane sehr glücklich war. Und heute nacht, wenn ich an sein schwaches Lächeln denke, damals, in der fast völligen Dunkelheit, wenn ich mich an die Gesten erinnere, die seinen geschwächten Zustand verrieten, und an seine Hoffnung, wenigstens während des Schlafs ein paar Stunden Ruhe zu finden vor seinen Schmerzen, dann würde ich ihm gern ein Geschenk machen, ihm, der liebend gern das Mikro vor sich vergaß, um in seinen Worten die Vergangenheit wiederaufleben zu lassen: ich möchte Janes Lachen vorstellbar machen, ein schallendes Lachen, das die Zeit sprengt.

Musik am Broadway

Im Juli 1936, als Franco nach Andalusien marschierte, schrieb ich zum erstenmal eine Bühnenmusik, und zwar für *Who Fights This Battle?* von Joseph Losey. Er hatte mich gebeten, ihm die Partitur möglichst schnell zu liefern. Das Stück wurde ein paar Mal aufgeführt, und Text, Musik etc. wurden nach Madrid geschickt, um die loyale Regierung zu unterstützen. Das war das einzige Mal, daß ich mit Joe zusammengearbeitet habe. Schade, denn wir verstanden uns gut, auch wenn wir uns nie sehr nahe gekommen sind. In der Zeit, als ich in New York lebte, haben wir uns oft gesehen. Danach, als er in Paris war, haben wir uns ab und zu geschrieben. Und eines Tages bat er mich noch einmal, für ihn zu arbeiten. Er drehte einen Film über Spanien, nach einer Romanvorlage von Jorge Semprún, *Le Long Voyage*[1]. Und weil ich damals, 1936, eine pseudospanische Musik für ihn gemacht hatte, sollte ich auch für diese Produktion eine Partitur schreiben. Leider wurde nichts daraus, weil ich aus Marokko nicht weg konnte.

Noch vor dem Solidaritätsstück für die spanische Republik hatte ich für den Maler Eugène Berman eine Ballettmusik angefangen, ein Projekt, das nie realisiert wurde. Er wollte

1 Der spanische Schriftsteller und derzeitige spanische Kulturminister (seit 1988) schrieb *Le Long Voyage* (u. a.) auf französisch... Der Film hieß in Frankreich *Les Routes du Sud* (1976) und in Deutschland *Straßen nach Süden*.

das Bühnenbild machen und hatte mir in groben Zügen die Handlung aufgeschrieben. Weiter ging die Sache nicht... Die Arbeit mit Joe Losey war nicht so, wie man sich eine große Broadway-Produktion vorstellt. Es war ein militantes Stück, und außerdem waren alle Mitwirkenden für ihre linken Ansichten bekannt. Es gab natürlich im Bereich der Kunst damals unglaublich viele Linke, das ist klar. Ich war 1936 noch nicht Mitglied der KP, war also auch noch nicht wieder ausgetreten. Eigentlich bin ich ja auch vor allem deshalb wieder ausgetreten, weil es doch nicht so amüsant war, wie ich dachte... (lacht).»

Im August, kurz nach *Who Fights This Battle?*, trifft Paul Orson Welles. Sie machen insgesamt drei Stücke zusammen, fast drei. Zuerst *Horse Eats Hat* (*Un chapeau de paille d'Italie* von Labiche), mit Joseph Cotton in der Hauptrolle. Dann *Doctor Faustus* von Christopher Marlowe. Das dritte wurde nie realisiert, zumindest nicht in seiner ursprünglich geplanten Form. «Es wurde inszeniert, aber ohne den Filmteil, der den theatralischen ergänzen sollte. Die Musik für die acht Film-Intermezzi war von mir.» Das Stück hieß *Too Much Johnson*. Als klar wird, daß das Stück ohne Musik aufgeführt wird, überarbeitet Paul die Partitur für eine Konzertfassung: *Music For A Farce*. «Man bezahlte mich nicht für meine Arbeit. Und ich war auch noch extra deswegen von der Côte d'Azur zurückgekehrt.» Eine üble Farce, tatsächlich. Für Jane und Paul, die jetzt völlig abgebrannt sind, bricht eine schwierige Zeit an. Es war schon davon die Rede, wie Franklin Delano Roosevelt und die Genossen von der CPUSA ihnen aus der Klemme halfen.

Nicht minder wichtig ist, daß Paul von nun an Partituren für den Broadway produziert. Immerhin fast ein Jahrzehnt lang verdient er sich damit, mal besser und mal schlechter, seine Brötchen. Am 26. Januar 1936 findet im Midtown Center in New York das erste Konzert statt, auf dem ganz allein seine Kompositionen gespielt werden. Aber schon wenig später ist er gezwungen, sich, wie man so schön sagt, exklusiv der

Bühnenmusik zu widmen. Fortan lebt er im Rhythmus der Aufträge, die er die Ehre hat anzunehmen – wenn er nicht gerade auf Reisen ist. Denn das Fernweh läßt ihm keine Ruhe. Genau betrachtet, verbringt er über Jahre die Hälfte seiner Zeit in Mexiko, die andere auf den Hin- und Rückfahrten, um ‹zwischendurch› am Broadway zu arbeiten. Es wäre allerdings nicht richtig zu behaupten, er hätte dort nur des Geldes wegen gearbeitet. Denn immerhin komponiert er für Lilian Hellman, William Saroyan, Tennessee Williams, Arthur Koestler und arbeitet mit Regisseuren wie Elia Kazan, George Abbott, Jose Ferrer zusammen... Für den Komponisten Paul Bowles ist es eine intensive, sehr aktive Zeit. Er bekommt auch Aufträge ohne Vorgaben, in denen er seinem persönlichen Ausdruck freien Lauf lassen kann. Sie sollen hier nicht unerwähnt bleiben: *Pastorela*, eine Ballettmusik, zu der Balanchine 1947 eine Choreographie entwirft; *Denmark Vesey*, eine Oper zu einem Libretto von Charles Henri Ford; zahlreiche Songs; dann Filmmusiken für junge Avantgarde-Regisseure; die Musik zu einem Dokumentarfilm darüber, wie Belgisch Kongo sich im Jahr 1944 am Krieg beteiligt; nicht zu vergessen sein *Konzert für zwei Klaviere, Bläser und Schlagzeug* oder ein Stück für Piano solo für Leonard Bernstein, anläßlich dessen fünfundzwanzigsten Geburtstags... Ebenfalls aus dieser Epoche stammen, man erinnere sich, die *Sechs lateinamerikanischen Stücke* und andere Partituren, die oft unter den verrücktesten Umständen entstanden sind und auf die noch genauer eingegangen werden soll.

Too Much Johnson, das Orson Welles inszenierte, ist eine Farce von William Gillette, einem amerikanischen Schriftsteller des 19. Jahrhunderts, der vor allem bekannt wurde durch *Charley's Aunt* (Charlys Tante). Welles hatte kleine filmische Zwischenspiele gedreht, die die Theaterszenen verbinden sollten. «Sie waren im Stil der ersten Hollywoodproduktionen von 1910, im Stil von Méliès. Orson hat das

Stück dann zwar produziert, aber außerhalb von New York und ohne die Filmsequenzen. Ich habe es gesehen, es war sehr witzig, aber ich glaube, es wäre noch besser geworden, wenn er seine erste Idee beibehalten hätte. Ich habe mit einem *Moviola*[1] am Klavier gearbeitet, um die Teilstücke zu schreiben, die ganz genau zwei Minuten und zweiunddreißig Sekunden dauern durften und keine Sekunde länger.» Ohne die Bilder erscheint diese Musik heute, als passe sie zu jeder beliebigen Farce. Sie stellt das aufgeregte oder auch kitschig-romantische Getue der Personen heraus, die in einer Farce auftauchen: immer pathetisch, übertrieben, lächerlich... Die Tempoangaben der acht Stücke kennzeichnen die Stimmung des Ganzen: *Allegro risoluto, Presto (Tempo di Tarantella), Allegretto (Tempo di Quickstep), Allegro, Lento (Tempo di Valse), Allegro (Tempo di Marcia), Presto, Allegretto (Molto staccato)*. Die Instrumentierung erinnert an die Orchester der Komödienhäuser, die Paul in volkstümlichen – um nicht zu sagen armen – Vierteln, wie der Bowery, besucht hatte: Trompete mit Budenzaubercharme, saure Klarinette, martialisches Klavier. Und die gewöhnlichen Percussionsinstrumente ergänzt Paul, unter anderem, mit Milchflaschen und einer elektrischen Türklingel.

«Orson war bei der Arbeit nicht schwierig, bloß tyrannisch! (lacht) Er beherrschte das ganze Theater, alles und jeden. Er hatte die Stimme von zehn Männern! Er machte das Bühnenbild, führte Regie, und Schauspieler war er auch noch. Ob du etwas gegessen hattest oder nicht, das war egal, die Arbeit war wichtiger... So etwas kümmerte ihn gar nicht. ‹Aber ich habe Hunger. Kann ich mir nicht gegenüber ein Sandwich kaufen gehen?› Dann brüllte er, daß es nur so hallte: ‹Bleiben Sie im Theater!› Und jeder gehorchte. Ich muß sagen, daß die hervorragenden Resultate seinem Arbeitsstil recht gaben.

1 *Moviola*: Professionelles Filmvorführgerät für Tonfilme.

Denn es gab einen Mann, der alles machte: das war Orson. Die Beleuchtung, zum Beispiel, war ihm sehr wichtig. Und er wußte immer ganz genau, wie er es haben wollte, in jedem Moment. Er schrie: ‹Die Sieben etwas weniger. Und jetzt die Dreizehn ein bißchen hochfahren... Na los! Worauf wartet ihr?!› Alles mußte immer sofort geschehen... Aber letztlich funktionierte es. Was das Inszenieren selbst anbelangt, hat er mich tief beeindruckt. Er setzte sich auf so brutale Art und Weise durch, daß man beeindruckt sein *mußte*. Allerdings habe ich mich nie seiner Diktatur unterworfen wie die anderen. Denn er verstand nichts von Musik. Manchmal sagte er zu mir: ‹Ja, das ist sehr schön. Aber könnten die Musiker das jetzt nicht in Moll spielen statt in Dur?› Wirklich, er hatte keine Ahnung. Er verlangte die unmöglichsten Dinge, aber das brachte mich bloß zum Lachen! ... Orson war wirklich ein Phänomen: Richtig nah kam man ihm nie, was ich auch nicht unbedingt wollte. Es war nicht schwer für mich, mit ihm zusammenzuarbeiten. Aber eins ist sicher: Er glaubte nur an einen, an Orson Welles!»

Während des Krieges fehlten in New York zwar bestimmte Lebensmittel, die vorzugsweise den Soldaten geschickt wurden, aber zu den Broadway-Shows kamen immer noch massenhaft Zuschauer. Der Niedergang kam erst später, ein paar Jahre nach dem Krieg. «Ich reiste nicht nach Marokko, solange die Feindseligkeiten anhielten. Ich hätte allerdings sowieso wenig Zeit dazu gehabt. Ich arbeitete ununterbrochen, machte ein Stück nach dem anderen. Einmal fuhr ich nach Mexiko, da schickte man mir ein Telegramm, ich solle zurückkommen... Ich habe für sehr erfolgreiche Produktionen gearbeitet, wie *Cyrano de Bergerac*, mit Jose Ferrer als Regisseur und Hauptdarsteller, das eineinhalb Jahre lang lief, aber auch für andere... Das Stück von Koestler[1] zum Beispiel war

1 *Twilight Bar*, 1946 produziert und inszeniert von George Abbott.

ein Flop. Und eine Produktion über das Leben von Nijinsky war ein richtiges Fiasko. Das Stück hieß *The Dancer*, und die Partitur zu schreiben war nicht leicht gewesen: Es wurden zwei unterschiedliche Musikarten benötigt. Eine, die die Handlung begleitete, und eine Konzertmusik für die Szenen, die die künstlerische Entwicklung eines verrückten Tänzers, eben Nijinskys, zeigten. Anton Dolin, ein hervorragender Tänzer, spielte die Hauptrolle. Mit einer solchen Arbeit zu Ende zu kommen, ist immer schwierig, und letztlich ist das Ganze ja auch gescheitert. Aber es gibt so viele Stücke, die scheitern. Wenn man am Anfang gut bezahlt wird, ist es, zumindest finanziell, nicht so wichtig, ob die Sache Erfolg hat oder nicht...»

Während all dieser Jahre, sogar bis heute, ist Geld für Paul eine Sache, die ihn ständig beschäftigt. Nicht, weil er es anhäufen wollte: Er wollte nur so viel wie möglich verdienen, um sich und Jane eine Existenz zu sichern. Er hatte einen Beruf: Komponist.

Was ihm vor allem daran gefiel, war, daß er nicht zwingend an New York gebunden war. Er konnte in Länder reisen, wo man mit einem Minimum an Geld sorgenfrei, oft sogar fast luxuriös leben konnte. Paul Bowles hat Luxus, gutes Essen oder Erste-Klasse-Kabinen nie verachtet. In der Beschreibung des El Minzah in Tanger, wo er 1931 auf seiner ersten Reise absteigt, fällt auf, daß er sofort den Preis erwähnt, der ausgesprochen moderat ist für ein palastartiges Hotel mit exzellentem Service und sehr guter Küche: «Drei Dollar pro Tag, Vollpension!» Das Leben, das Jane und Paul führen, sieht zwar anders aus als das, was man (à la Fitzgerald) sich vorstellen könnte, wenn man an ein mondänes Künstlerehepaar aus Übersee denkt. Aber sie haben immer gut (über ihre Verhältnisse) gelebt...

Im Januar 1941 erhält Paul von der Guggenheim Stiftung ein Stipendium für eine Oper. Er macht sich auf die Suche nach einer Handlung und entschließt sich für ein surrealistisches Stück von Federico García Lorca, *Así Que Pasen Cinco Años*. Während Jane *Two Serious Ladies* schreibt, beginnt er, daran zu arbeiten. Später wird er das Werk, es heißt *The Wind Remains*, nicht mehr Oper, sondern «Zarzuela» nennen, da «der Text ein Auszug aus einem surrealistischen Theaterstück war. Das Ganze hatte keine Bedeutung und kein Ziel...» (*Rastlos*, S. 277). Die Proben beginnen im Lauf des Winters 1942/43. Zur selben Zeit erweitert er seine Aktivitäten als Musikhandwerker um die eines Musikjournalisten beim *New York Herald Tribune*. Am 20. November 1942 erscheint sein erster Artikel über ein Konzert spanischer Musik, das in der Cosmopolitan gegeben wurde: *La Leyenda del Beso* von Soutullo y Vert, dirigiert von Pedro San Juan. Durch diese Beschäftigung wird der ‹alte Reisende› etwas seßhafter, was allerdings äußerst relativ zu verstehen ist: So gibt ihm sein Chefredakteur 1945 einen Monat länger Urlaub. Er will einen Freund nach Havanna begleiten...

Tagsüber schreibt er Artikel oder komponiert, hört sich die neuesten Schallplatten an oder besucht musikalische Matineen. Die Abende gehören normalerweise ganz den Konzertbesuchen. Die einzige Freizeitbeschäftigung, die er sich in diesen arbeitsamen Monaten verordnet, sind seine Fahrradspritztouren durch Manhattan: Er schwingt sich nachts auf sein Rad, wenn er aus der Zeitung kommt, und fährt in aller Ruhe planlos durch die leeren Straßen[1].

Sobald unser Musiker das Guggenheim Stipendium Anfang 1941 in der Tasche hat, macht er sich direkt auf nach Mexiko. In der Nähe von Taxco mietet er eine Hütte an einem Felsabhang, eine Stunde zu Pferd von jeder Zivilisation ent-

1 «Man muß hinzufügen, daß die Straßen – es war Krieg – völlig unbeleuchtet waren. Außerdem ließ ich mein Fahrrad im Hotel, wo ich wohnte. Nach den Konzerten lieferte ich meinen Artikel bei der Zeitung ab, und dann ging ich ins Hotel, um mein Fahrrad zu holen.»

fernt. Eine vollkommen einsame Umgebung, wie er sie zum Arbeiten liebt. Dort komponiert er die Musik zu einem Stück von Richard Hepburn, dem Bruder der Schauspielerin Katherine Hepburn: *Love Like Wildfire*, und arbeitet auch an *The Wind Remains*. Zunächst hatte er William Saroyan gebeten, ein Libretto zu schreiben. Was der ihm schickte, war aber viel zu lang und eher für eine Kantate oder ein Oratorium geeignet. In einem Brief erklärt Saroyan: «Ich weiß nicht, was das ist, eine Oper: Ich war noch nie in der Oper.» Deshalb wählt Paul ein paar Tage später als Libretto den dritten Akt des Lorca-Stückes. Am 30. März 1943 ist Premiere: im Museum Of Modern Art. Für die Aufführung läßt Oliver Smith im MOMA ein kleines Theater inmitten gemalter Bäume bauen. Die Schauspieler agieren zwischen den Bäumen und auf der kleinen Guckkastenbühne. Leonard Bernstein dirigiert das Orchester, Schuyler Watts führt Schauspielregie, und Merce Cunningham besorgt die Choreographie und spielt sogar eine der Rollen. Der Abend ist sehr erfolgreich, und Mrs. Yvonne de Casa Fuerte, die im Rahmen der *Sérénade*-Konzertreihe das Geld für die Produktion gesammelt hatte, wäre auch ohne Zweifel sehr zufrieden gewesen, wenn nicht ein Mitglied der Künstlergruppe das Gerücht ausgestreut hätte, jemand wolle während der Premierenparty eine dicke Ananas auf ein Bild werfen, das den Saal von Mr. und Mrs. Askew schmückte. Was sie noch mehr schockierte, war, daß das anvisierte Kunstwerk ein von Tchelitchev signiertes Porträt der Gastgeberin selbst war.

«Die Aufführung war wirklich fabelhaft.» Der Regisseur Schyler Watts hatte tatsächlich jedes kleinste Detail bedacht, wenn man von dem Ananaswurf absieht, einem bösen individuellen Angriff sowohl auf die Kunst als auch auf deren Hüterin an jenem Abend... «Aber es gab nur die Premiere. Trotzdem die Inszenierung gut war, wurde die Zarzuela nicht wieder aufgeführt. Später hat M. G. M. Auszüge daraus eingespielt, die dann auf Schallplatte[1] erschienen sind. Aber das ist lange her ... Sehr lange.» An seiner Stimme merke ich, wie sehr ihn die Erinnerung berührt. Es ist doch bitter für ihn, daß seine Kompositionen nur noch selten gespielt werden. Normalerweise wird in Interviews dieser – doch auch wichtige – Aspekt seiner Kreativität nicht angesprochen. Oft erscheint die Musik nichts als ein anekdotischer Schlenker seines Schicksals; als eine Kunst, der er sich als Dilettant zugewendet hätte; als Arbeit, die er amateurhaft und mehr oder weniger folgenlos ausgeübt hätte. Vom Wort ‹Broadwaymusiker› bleibt nur das schillernde ‹Broadway› in Erinnerung. Man sagt, Paul Bowles sei kein ‹ernster› Musiker: aber sein Schaffen wird zu leicht reduziert auf ‹begleitende Bühnenmusik›, ‹Hintergrundmusik› oder ‹incidental music›. *The Wind Remains* ist ein Werk, an das er geglaubt hat. Er wollte eine «Abstraktion» des Lorca-Textes schaffen. Es ging ihm vor allem darum, die Atmosphäre einer spanischen Zarzuela, der miteinander verknüpften Lieder und Tänze einzufangen, und weniger um die letztlich unbedeutende Geschichte: Harlekin ist verliebt. Ohne Erfolg macht er seiner Auserwählten den Hof. Eines schönen Tages scheint die Angebetete seinen Avancen nachzugeben. Aber Harlekin freut sich zu früh, denn plötzlich zieht sich die Schöne zurück, wird wieder kalt wie Stein. Die Spannung löst sich nicht auf: am Ende weiß man nicht, ob die Liebe triumphieren wird oder nicht. Einer der Kritiker sprach von einer ‹vorwiegend erotischen Atmosphäre›. Das stimmt, denn das ganze Werk dreht sich um die Themen Verführung und Verlangen, die aber – was die Fär-

1 Auf Initiative von Peggy Glanville-Hicks und Carlos Surinach wurde *The Wind Remains* Ende Februar 1957 aufgenommen mit Dorothy Renzi (Sopran), Loren Driscoll (Tenor) und dem MGM Chamber Orchestra unter der Leitung von Carlos Surinach. Ref.: M.G.M. E 3549, New York, 1958. (*Music For A Farce* befindet sich ebenfalls auf dieser Schallplatte.)

bung der Musik betrifft – nicht wild und leidenschaftlich, sondern leicht und humorvoll behandelt werden. Völlig anders als in García Lorcas *Bodas de Sangre (Bluthochzeit)* beispielsweise. Die von Harlekin so ersehnte Vereinigung bleibt für immer als Fragezeichen in der Luft hängen. Die Überraschung des Abends konnte sehr wohl dieses ungelöste Ende sein.

«Es interessierte mich natürlich immer, für das Ballett oder den Film zu arbeiten. Es machte einfach Spaß, diese Musik zu komponieren. Eine der beeindruckendsten Produktionen damals war ein Ballett, das ich 1944 mit Salvador Dalí gemacht habe. Der Marqués de Cuevas hatte Mrs. Rockefeller geheiratet und verfügte über Millionen von Dollars. Er kaufte ein sehr hübsches Theater am Columbus Circle, das er in Altgold und scharlachrotem Samt – barock, im Stil des 18. Jahrhunderts – renovieren ließ. Er stellte eine Ballett-Truppe auf und begann, ein Programm vorzubereiten. Seine Idee war, ein Gedicht von Paul Verlaine auf die Bühne zu bringen, *Colloque sentimental*:

> *Dans le vieux parc solitaire et glacé,*
> *Deux formes ont tout à l'heure passé...*

Der Marqués de Cuevas wünschte sich eine sehr romantische Musik, und für die Dekoration und die Kostüme wollte er Dalí engagieren. Der fand die Idee ganz wunderbar. Er war zwar nicht in New York, aber er schickte eine kleine Skizze nach der anderen. Ich schrieb die Partitur, die mir selber sehr gut gefiel. Alles lief ausgezeichnet, mit den Orchesterproben war ich sehr zufrieden... Und ich erinnere mich, wie Dalí am Abend der Generalprobe direkt neben mir stand – mit Gala, seiner Frau –, das Theater war so gut wie leer, und sich mir zuwandte und sagte: ‹Sie hätten gesterrrn abend hierrr sein sollen. *Mierda*, war das schön! Ich habe geweint!› (lacht)

Unglaublich! Aber er war wirklich lustig, das muß ich sagen... Aber denken Sie nicht, daß man mit Salvador Dalí *zusammen*-arbeiten konnte. Er arbeitete allein und fügte nur alles, was er sich ausgedacht hatte, der Komposition hinzu. Es war ihm völlig egal, ob man die Musik hörte oder nicht. An der Premiere machte das Publikum den ganzen Abend über irgendwelche Geräusche. Es miaute, heulte oder klatschte in die Hände... Ein wahnsinniger Lärm! Von der Musik hörte man natürlich überhaupt nichts mehr... Die anderen Aufführungen sollen nicht mehr so verlaufen sein, aber ich hatte keine Lust, mir das Spektakel noch einmal anzusehen. Dalí war natürlich begeistert, daß das Ballett sofort ein Skandal und damit ein Erfolg war.

Aus den Kulissen kamen mehrere Fahrradfahrer und fuhren kreuz und quer über die Bühne. Sie hatten lange Bärte, einen Meter lang oder noch länger, die im Fahrtwind flatterten. Sehr *Dalí*, diese Bärte... Falsche, wirklich extrem lange Bärte aus Seide... Die Tänzer wußten nie, wann ein Fahrrad sie mehr oder weniger umfahren würde, und diese Unsicherheit machte die Choreographie schwierig. Aber um es den Tänzern noch schwerer zu machen, hatte sich Dalí eine ziemlich große, mechanische Schildkröte ausgedacht, die an Huysmans erinnern sollte: anstatt Edelsteinen hatte sie jedoch kleine blinkende Glühbirnen auf dem Panzer. Sie wanderte automatisch auf der Bühne hin und her und kurvte zwischen den Tänzern herum, aber alles völlig unvorhersehbar. Es sah aus, als ob sie die Tänzer angriffe. Und diese Schildkröte blieb die ganze Zeit auf der Bühne!... Die Tänzer, auch die Tänzerinnen, hatten Achselhaare, die bis zum Boden reichten, wie Frauenzöpfe, und das war wirklich häßlich... Ich glaube, es war das Ganze, alles zusammen, was den Skandal auslöste. Aber das Werk wurde nicht abgesetzt, und später gehörte es zum Repertoire des Ballet de Monte Carlo... Dalí habe ich anschließend ziemlich oft gesehen. Wenn man nicht mit ihm zusammen arbeitete, konnte man ganz gut mit ihm reden. Und er erfand Geschichten!... Eines Abends waren wir bei sehr mondänen Leuten eingeladen, Dalí, Gala, Jane und ich. Das Zimmer war dunkel, auf dem Tisch brannte nur eine einzige große Kerze, und der Oberkellner brachte eine riesige Schüssel Salat, die von dieser einzigen Lichtquelle beleuchtet wurde. Die grünen Blätter sahen aus wie ein Gebirge. Dalí betrachtete sie ausgiebig und fing – mit seinem starken katalanischen Akzent – an zu erzählen, daß der Salat ihn an die Alpen erinnere: ‹In den Alpen gibt es Schnee. Eines Abends verließ ein kleines Mädchen das Haus, um in ein anderes Dorf zu gehen. Ein Schneesturm kam auf und bald war sie ganz vom Weg abgekommen. Sie war dem Tode nahe... Doch da kam ein prachtvoller Bernhardiner mit einem kleinen Fäßchen Cognac um den Hals, das er zweifellos gleich öffnen und so das Mädchen retten würde. Der Hund beschnupperte die Kleine und... fraß sie auf!› Und ganz laut schrie er: ‹Er hat sie verschlungen!› Damit war die Geschichte zu Ende. Und die Art, wie er sie erzählte – ganz *Dalí*!»

Im selben Jahr, 1944, bittet ihn Tennessee Williams, für *The Glass Menagerie*[1] die Musik zu schreiben, das Stück, das seinen Autor weltberühmt machen sollte. Da Paul für welche Arbeit auch immer mittlerweile eine Vorauszahlung verlangt – was zweifellos auf seine Enttäuschung mit *Too Much Johnson* zurückgeht –, bleiben ihm nach Erhalt des Geldes nur drei kurze Tage Zeit, um die Musik zu komponieren und zu orchestrieren.

Anfang des Jahres 1945, oder in den letzten Tagen '44, trifft Paul Bowles Sartre, der gerade eine Lesereise durch die USA macht. Bei dem von Oliver Smith in Washington arrangierten Treffen, einem gemeinsamen Frühstück, verspricht Sartre ihm – exklusiv für die USA – die Übersetzungsrechte von *Huit Clos*. Ein guter *Deal*: Noch heute bekommt Paul Bowles von Zeit zu Zeit einen Scheck für seine Übersetzung,

1 Dt. Titel: *Die Glasmenagerie*

Titel *No Exit.* Wie es scheint, hat Paul Bowles nur an einer Stelle etwas verändert: er taufte ‹Garcin› um in ‹Cradeau›. «Ich mußte ihm einen neuen Namen geben, weil sie alle immer ‹Garcin› wie ‹garçon› [1] aussprachen, was dauernd zu Verwechslungen führte.» Als John Huston in New York *No Exit* inszeniert, muß Paul Bowles Annabella – der Hauptdarstellerin aus *Hôtel du Nord*, die damals mit Tyrone Power verheiratet war – Unterricht in französischer *prononciation* geben. Die Rolle des Cradeau spielt Claude Dauphin – der offenbar im Amerikanischen keine Ausspracheprobleme hat –, und Ruth Ford übernimmt die zweite weibliche Rolle. Was das Stück betrifft, geht alles ganz genau nach Hustons Vorstellungen, und Paul muß verärgert, aber völlig machtlos mitansehen, wie aus diesem Thesenstück ein metaphysisch-psychoanalytisches Melodram gemacht wird. Daß Huston das Ganze auch noch in zwei Akte aufteilt, ist nur der Schlußpunkt einer ganzen Reihe ideologischer Widersinnigkeiten, die der Schöpfer des *Malteserfalken* in diesem Stück produziert. Als Paul ein paar Jahre später in Saint Germain des Prés Sartre wiedersieht, vermeidet er ein Gespräch, weil er sich für die übermäßige ‹Amerikanisierung› von Sartres Werk durch Hustons Inszenierung schämt. Der Philosoph hatte ohne Zweifel von der ideologischen Veruntreuung erfahren, und letztlich stand Pauls Name für immer im Programmheft. «Schon 1944 hatte ich Sartre ein paar Mal getroffen – also vor dem Desaster, glücklicherweise. Er wollte die Niederungen New Yorks sehen, also habe ich sie ihm gezeigt. Er war wirklich glücklich über diesen Besuch. Und eines Tages hat er mir lang von Jean Genet erzählt. Er zitterte, als er von ihm sprach, so sehr war er schon allein in die *Idee* Jean Genet verliebt. ‹Er ist sehr intelligent, und er ist ein Krimineller, wissen Sie!› – ‹Ah, ja ...› – ‹... und absolut homosexuell!› Vielleicht dachte er, ich hätte

1 Die vier Personen des Stücks (dt. Titel: *Geschlossene Gesellschaft*): Inés, Estelle, Garcin, der Kellner (franz.: le garçon).

noch nie einen Homosexuellen gesehen! (lacht) Ich habe Genet in Tanger nie getroffen, obwohl er oft hier war. Ich wollte ihm auch lieber nicht begegnen. Choukri[1] hat mir oft genug erzählt, daß Genet Amerikaner nicht leiden konnte, schon gar nicht, wenn sie weiß waren!»

Im Jahre 1946, am 11. Februar ganz genau, erscheint Pauls letzter Artikel im New York Herald Tribune. Er will sich von nun an ganz seiner eigenen Arbeit widmen. Den Sommer verbringt er in Southampton, wo er das *Konzert für zwei Klaviere, Bläser und Schlagzeug* komponiert, ein Auftrag der beiden Pianisten Arthur Gold und Robert Fizdale[2]. Aber seit einiger Zeit schon hat er wieder angefangen zu schreiben. Er hat, neben Übersetzungen aus dem Spanischen und Französischen, sogar eine Erzählung veröffentlicht, *Der Skorpion*[3], und zwar in der von Charles Henri Ford geleiteten Zeitschrift *The View*. Er legt letzte Hand an *Unter dem Himmel*[4], außerdem versucht er, *Eine ferne Episode*[5] in einer Zeitschrift unterzubringen. In Frankreich ist Gertrude Stein gestorben. Ende Dezember 1946 reist Paul ab nach Jamaika.

1 Mohamed Choukri schrieb ein Buch über Jean Genet, das Paul Bowles aus dem Arabischen übersetzte: *Jean Genet in Tangier*, Ecco Press, New York, 1974.
2 Arthur Gold und Robert Fizdale wurden in Frankreich vor allem bekannt durch ihre Biographie von Misia Sert: *Misia*, Gallimard, collection ‹Folio›.
3 *The Skorpion*, dt. in: *Allal. Stories aus Marokko.*
4 *Under the Sky*, dt. in: *Eisfelder. Erzählungen.*
5 *A Distant Episode*, dt. in: *Allal.*

Rückkehr nach Tanger und neue Episoden in der Ferne

Am Anfang war ich Komponist. Das machte mir sehr viel Spaß. Aber mit der Zeit hatte ich das Gefühl, daß es bestimmte Stimmungen gab, die ich nicht in Musik umsetzen konnte. Ich wußte nicht, *was* ich sagen wollte, aber ich wollte mit Worten malen, ja malen. Und wirklich: es gelang mir nicht, oder nur zum Teil, Gefühle in Musik umzusetzen. Vielleicht, weil ich nicht genügend Technik hatte. Meine Musik war fröhlich, lustig. Ich war es auch. Nun, es ist immer schwierig, musikalisch Angst auszudrücken, aber mir war es unmöglich. Was mir jedoch gelang, war, die düstere Abseite meiner selbst, wenn schon nicht in Musik, dann doch in Worte zu fassen. Denn es stimmt, ich kenne die Angst. Für mich ist sie der wesentliche Grund, die Welt zu erkennen. Für andere ist es die Freude: Die Freude kenne ich nicht. Ich kenne sie schon, aber nicht, wenn es darum geht, etwas auszudrücken.»

Zitiert von Mathieu Lindon
am 15. April 1987 in *Libération*

Wenn man Paul Bowles danach fragt, wer ihn musikalisch beeinflußt habe, nennt er ein paar Namen, ohne dabei besonders überzeugt zu klingen. Da ist zuvorderst Satie, dann Poulenc, und zum Schluß nennt er mit schallendem Lachen:

«Mozart, und die *mariachis*[1]!» Das ist nicht nur ein Witz: Paul Bowles war immer offen für alle Arten von Musik. Vor allem läßt er auch die Orte, die er bereist, auf sich wirken. Wenn das nicht geht – wie für die Filmmusik zu *Congo*[2] –, versucht er, an musikalische und lautliche Dokumente des entsprechenden Landes zu kommen, also Bänder, Schallplatten aller Art. Cauvin, der zum Drehen in den Kongo gefahren ist, schickt ihm von dort Platten, die er genauestens studiert. Für diese Partitur läßt er sich von Motiven der traditionellen Musik dieser Region Afrikas anregen.

«Aber im allgemeinen ist meine Musik sehr amerikanisch. Ganz einfach, weil ich Amerikaner bin. Prokofjew schrieb mir nach unserem Treffen, das nicht stattfand[3]: ‹Trauen Sie diesen Leuten nicht. Die Zukunft der Musik liegt woanders!› – er meinte damit Copland und andere amerikanische Musiker. Nun, ich weiß nicht, wo die Zukunft der Musik liegt, ich habe es nie gewußt. Sicher würde ich vieles heute ganz anders machen, aber inzwischen sind vierzig oder fünfzig Jahre vergangen, und ich denke nicht im Traum daran, alte Partituren zu korrigieren. Jetzt bin ich fünfundsiebzig[4], und damals war ich dreißig oder zweiunddreißig... Es gibt stilistische Irrtümer, die mir nicht mehr unterlaufen würden, das ist klar. Dasselbe gilt für die Bücher... Aber was steht, das steht.»

In den Nachkriegsjahren entfernt er sich mehr und mehr von der Musik. Nicht völlig: seine Entscheidung für die Literatur ist keine *gegen* die Musik. Eine ganze Zeit lang kann er beides, schreiben und komponieren. Aber im Frühjahr 1947 hat er es

1 Mexikanische Musikgruppen bzw. Musiker, die *mariachi*, eine ursprünglich aus Jalisco stammende Volksweise, spielen.
2 *Congo*, von John Latouche und André Cauvin (1944).
3 Siehe Kapitel III, S. 47.
4 Das Interview ist aus dem Jahr 1986.

plötzlich satt, Partituren auf Bestellung und oft nur des Geldes wegen zu produzieren. Bühnenmusik, so scheint ihm, spielt ja doch meistens nur eine kleine Nebenrolle ... Er hat mir seine Schallplatten – rare, vom vielen Hören abgenutzte Einzelstücke – freundlicherweise und auch ein bißchen schweren Herzens anvertraut. Nun, wenn die Töne verstummen, bleibt ein Hauch von Bedauern in der Luft, von Nostalgie, von Entäußerung. Das liegt nicht an den häßlichen Kratzern auf den Scheiben ... Auch wenn er sie nicht mehr anhören kann[1], bewahrt Paul sie auf. Er weiß, daß sie mittlerweile eine Rarität, ein nicht nur für ihn kostbarer Schatz sind. Nostalgie, Sehnsucht. Ich meine nicht die nach einem Menschen, einer Zeit oder einem Ort ... Eher, Sehnsucht als ‹Zustand›: der einzige Zustand, in dem der Schriftsteller und Musiker ‹zu Hause› ist, er, der nur noch hierin seine ‹kulturelle Nationalität›, im weitesten Sinn, definiert. Eine Nationalität, die ihn beschützt und die jenen schmerzhaften Wunsch nach Rückkehr ausschließt, den ‹Sehnsucht›, ‹Heimweh› oder ‹Nostalgie› normalerweise meinen.

Tanger damals, das ist für ihn die Zeit des Umbruchs. «Irgendwann schrieb ich mehr Wörter als Noten. Wenn ich komponiere, erhellt das mein Gehirn, und es ist gut, keine Wörter zur Verfügung zu haben. Nun ja, als ich dann keine Noten mehr schrieb, waren die Wörter auch eine gute Therapie.» Tanger ist auch die Stadt des – zunächst noch unbewußten – Bruchs zwischen Paul Bowles und dem *Establishment*, zwischen seinen inneren Landschaften und der urbanen Landschaft Amerikas. Im Lauf der Jahre werden ihm diese inneren Landschaften bewußter, er anerkennt sie als die seinen, als notwendig für ihn und für sein Schaffen. Der Zwanzigjährige, der 1931 in Tanger von Bord ging, ahnte nicht, daß er, später, die Jahre seiner eigentlichen ‹Bildung›

1 Paul Bowles hat schon seit einigen Jahren keinen Plattenspieler mehr.

hier verbringen würde. (Was ihn betrifft, könnte man, in Anlehnung an den Begriff *Bildungsroman*, von *Bildungslandschaft* sprechen.) Paul Bowles hat sich zwar allein, mit Hilfe seiner ersten Reisen, zu dem gemacht, der er ist: gegen seine Eltern, gegen seine kulturelle Umgebung auf der Schule oder dem College. Jeder in Europa oder Nordafrika verbrachte Tag war ein gewonnener Tag: dem Leben, das er hätte führen sollen, abgetrotzt. Aber in seiner Feindseligkeit gegen die ‹eigene› Kultur wußte er am Anfang natürlich noch nicht, wie bestimmend, ja erdrückend eben diese Kultur schon auf seine Persönlichkeit gewirkt hatte. Doch da stößt er auf Tanger, die *Bildungslandschaft*, Tanger, die offene Stadt, wohin die *Dropouts* jeder Generation seit fünfzig oder sechzig Jahren schon aus dem ‹klimatisierten Alptraum› flüchten, um ganz einfach – nach einem Wort von Nerval – «ihre Träume wahr zu machen»... Tanger: die Stadt aller Brüche.

Am 10. August 1945 liest er die Schlagzeilen: HIROSHIMA, NAGASAKI. Er befindet sich auf dem Rückweg von einer Reise nach Mittelamerika. Er schreibt an einer Erzählung, die er *A Distant Episode*[1] nennt. Von der sogenannten *zivilisierten* Welt fühlt er sich tatsächlich mehr und mehr abgestoßen, distanziert. Im Mai 1947, als er gerade einen Vertrag über einen Roman abschließen konnte (er hatte alle bis dahin entstandenen Erzählungen angeboten, aber selten wird von einem unbekannten Schriftsteller ein Sammelband veröffentlicht, wenn noch kein Roman vorliegt), träumt er eines Nachts von Tanger, der *Dream City*. Die dadurch geweckten Erinnerungen lassen ihn nicht mehr los, und er beschließt, den Sommer in der weißen Stadt zu verbringen. Er läßt sich, wie so oft, von einem Zeichen aus seinem Unbewußten leiten. Im Geist desjenigen, für den das Universum nicht von einer transzendenten Macht regiert wird, spielt das Unbewußte

1 *Eine ferne Episode*, in: *Allal*

nicht zu Unrecht die Rolle einer Schicksalsmacht, an die er sich in wichtigen Entscheidungen halten kann. Gewiß, als Paul Bowles das Schiff besteigt, weiß er natürlich nicht, daß er nur noch gelegentlich – und jedesmal so kurz wie möglich – in sein Land zurückkehren wird. Aber dennoch fühlt er sich in diesem Moment merkwürdig erleichtert – wie jeder, der sich im entscheidenden Moment seinem Schicksal anvertraut.

«Ja, nach und nach habe ich das Komponieren aufgegeben. Aus vielen Gründen. Der Hauptgrund war, daß es nicht leicht war, in Tanger Musik zu schreiben: Man braucht ein Klavier, und das war mit der Zeit immer schwieriger zu organisieren. Und mittlerweile ist es ganz unmöglich geworden. Häuser, in denen ein Klavier steht, gibt es nicht mehr zu mieten... Ich kann ohne Klavier nicht gut arbeiten. Das ist eine Frage der Gewohnheit. Ich weiß, daß manche Komponisten kein Klavier brauchen. Virgil Thomson, zum Beispiel, hat alle seine Stücke auf dem Bett liegend geschrieben: Er macht keine harmonischen Experimente, alles wie Mozart. Für mich wiederum ist alles eine Frage des Experimentierens: ich brauche ein Übungsfeld, auf dem ich die Harmonien herausfinden, sie hören kann. Ich kann sie mir nicht nur ausdenken oder vorstellen. Ich kann es schon, wenn es sich um Einfaches handelt, etwa wie die einfachsten Stücke von Mozart, aber so komponiere ich nicht. Virgil schrieb auf dem Bett, und ich brauche unbedingt ein Klavier. Ich habe keins, aber ich habe jetzt eine kleine elektrische Orgel in meinem Zimmer. Trotzdem komponiere ich nicht... Die Lust dazu habe ich eigentlich nie verloren, aber: so ist es.» Bedauert er es nicht, als Musiker? «Bedauern ist Unsinn. Das ist, als ob man bedauert, fünfundsiebzig statt fünfunddreißig zu sein. Das lohnt sich nicht, das führt zu nichts. Nein, ich lebe in Tanger, ich habe kein Klavier, ich werde auch nie mehr eins haben, und ich akzeptiere es. Ich bedaure nichts.» Man sollte noch anmerken, daß nicht nur die aus Tanger verschwundenen Klaviere Schuld sind: «Ja, natürlich. Ab dem Zeitpunkt, da ich hier war, habe ich überhaupt nur noch Bühnenmusik geschrieben, nur noch Auftragsmusik. Davor hatte ich zumindest *auch* noch meine eigene gemacht. Nun, die Musik war mein Broterwerb. Das änderte sich, als mein erster Roman erschienen war. Mit meinen Büchern konnte ich mehr verdienen als mit der Musik.»

Mit der Zeit nehmen die Wörter dann tatsächlich mehr Raum ein als die Noten. Diese Entwicklung vollzieht sich parallel zu bestimmten Ereignissen: Pearl Harbour, die Bomben auf Hiroshima und Nagasaki, die Monate danach. Der erste Anstoß kam schon Ende Dezember 1941, als Jane ihm das Manuskript von *Two Serious Ladies* zu lesen gibt. Im Lauf des Jahres 1945 macht er sich ernsthaft daran, Erzählungen zu schreiben. «Ich hatte einige ethnographische Werke mit Texten aus dem Arapesh oder Tarahumara in wörtlicher Übersetzung gelesen. Nach und nach keimte in mir der Wunsch, meine eigenen Mythen zu erfinden, vom Blickwinkel eines primitiven Bewußtseins aus. Die einzige Möglichkeit, die mir einfiel, einen solchen Zustand herbeizuführen, war die alte surrealistische Methode, auf jede bewußte Kontrolle zu verzichten und die Worte so hinzuschreiben, wie sie einem in die Feder kommen. Zuerst entstanden aus diesem Experiment Tierlegenden und dann Geschichten von Tieren, die als ‹im Prinzip menschliche Wesen› auftraten. An einem regnerischen Sonntagvormittag wachte ich spät auf, stellte eine Thermoskanne mit Kaffee neben mein Bett und begann eine neue Erzählung. Niemand störte mich, und ich schrieb, bis sie fertig war. Dann las ich sie noch einmal durch, nannte sie *The Scorpion* und entschied, daß ich sie vorzeigen konnte» (*Rastlos*, S. 290/291). Ende 1944 geschrieben, wird *The Scorpion* im Dezember 1945 in *The View* veröffentlicht.

Immer nahe dem Traum und dem Schlaf, entstehen Paul

Bowles' Geschichten im Bett. Es hat mich immer gewundert, daß diese oft so düsteren oder zumindest beunruhigenden Texte an einem so sicheren Ort erdacht und zu Papier gebracht worden sind. Denn im Bett zu schreiben, ist nicht nur ein gutes Mittel, schlechtbeheizte Hotelzimmer besser zu ertragen, oder sich nicht über unbequeme Stühle und wacklige Tische in irgendwelchen Pensionen zu ärgern: Ob ganz gut oder eher miserabel – mit zu weicher Matratze oder knisterndem Kopfkissen –, das Bett ist ein unabänderlicher, neutraler und ‹obligatorischer› Bestandteil dieser Durchgangsorte, in denen Paul Bowles einen guten Teil seines Lebens verbracht hat. Alles Unvorhergesehene oder Nebensächliche im Ritual des Schreibens strikt auf ein Minimum reduziert, die Knie als einzige Schreibunterlage, das Bett, ein Stift, ein oder zwei Hefte im Format 15,5 × 10,5: das ist Paul Bowles' Arbeitsplatz, das Atelier, wo tausendundeine Nachtgeschichte über Reisen und Verlorengehen entstanden sind. Am nächsten Tag tippt er das Handgeschriebene in die Maschine, um es seinem Verleger zu schicken. Die Hefte warf er übrigens weg, bis jemand ihm eines Tages Geld dafür bot... Noch heute macht er es sich, um zu arbeiten, unter Laken und Decken bequem und findet so, unter dem Licht einer einzigen verstellbaren Lampe, die Konzentration, die er braucht, um nicht aufzustehen und all die anderen wichtigen Dinge zu tun...

Der Skorpion ist eine seltsame Geschichte mit einem Thema, das ihn lange verfolgt hat: das Besessensein eines Menschen durch Naturkräfte während des Schlafes, dieser Periode der Verlassenheit und der Verfügbarkeit; seine Vereinigung mit diesen dunklen Mächten; die, wenn man so will, Rückkehr in das natürliche, primitive Königreich – in einem Zustand freiwilliger, freudiger Unterwerfung. Das Feld, auf dem sich Paul Bowles hier bewegt, ist der Onirismus, ein Onirismus vor dem Hintergrund kruder Realität. Man ist nie weit weg vom Surrealismus des *andalusischen Hundes*, aber man verläßt auch nie ganz und gar die Dimension der alltäglichen, fast dokumentarischen Beschreibung: Eine alte Frau wohnt in einer Höhle, die ihre Söhne in eine Felswand gehauen haben. Sie kommen sie niemals besuchen, und die Alte scheint sich mit der Einsamkeit und dem nahen Tod abgefunden zu haben. Der Alptraum dieser armen und verlassenen Frau, das ist ihr Leben. Zu bestimmten Zeiten ist die Höhle voller Skorpione, die sie zertritt, wie man Spinnen beim Hausputz zerquetscht. Eines Tages kommt einer der Söhne, um die Mutter in die Stadt zu holen. Sie möchte schlafen, bevor sie sich auf den Weg macht, und versinkt sogleich in einem Traum, in dem sich Gegenwart, Erinnerung und das Leben, das sie in nächster Zukunft führen soll, verquicken. Für den Leser ist es fast unmöglich, Reales und Irreales zu trennen, die zunächst einen Gegensatz bilden, um sich am Ende in der sowohl gewaltsamen als auch friedlichen Vision zu versöhnen, die den Traum der Greisin beschließt.

«Die alte Frau schaute sich flüchtig nach irgendeinem Gegenstand um, mit dem sie ihn von der Wand fegen konnte. Als sich im Zimmer nichts fand, nahm sie die Hand. Doch ihre Bewegungen waren zu langsam; der Skorpion verbiß sich mit seinen Zangen in ihrem Finger und klammerte sich so fest, daß sie ihn nicht abschütteln konnte. Plötzlich merkte sie, daß er sie gar nicht stechen wollte. Ein großes Glücksgefühl durchströmte die alte Frau. Sie hob die Hand zum Mund, um ihn zu küssen. Draußen verstummten die Glocken. Ein unermeßlicher Friede breitete sich aus, als der Skorpion langsam in ihren Mund hereinkroch. Sie spürte, wie der harte Panzer und die kleinen festen Beine über ihre Lippen und die Zunge glitten. Langsam schob er sich die Kehle herunter und gehörte nun ganz ihr.»

Zweifellos hat Paul Bowles während eines *moussem* [1] beobachten können, wie die Berber Skorpione oder zerbrochenes Glas verschlucken. In seinen Gedichten wird der Skorpion oft beschworen, und so ist sein beunruhigendes Auftauchen in dieser Erzählung auch nicht verwunderlich.

Für uns: Haifische, Konserven, stehendes Wasser,
acht Krankheiten kommen in der Nacht
während der Skorpion an der Zimmerdecke hängt.
Für uns: Stacheldraht, offene Münder, getrocknetes Blut...
(...)

(Szene III, 1938) [2]

Die Gedichte verraten Paul Bowles' quälende Vorstellungen von einem Universum der Gewalt, in dem die Absurdität regiert und keine Versöhnung möglich ist. Die Welt ist immer beherrscht von dem Schweigen der Niederlage, dem Gewicht der Schuld, dem Bild der unausweichlichen Zerstörung.

1 *Moussem*: eine Pilgerfahrt, die die Berber regelmäßig zu den Gräbern ihrer Heiligen unternehmen.

2 Ira Cohen bittet Paul Bowles 1967 in Tanger um ein Gedicht, um es in seiner Zeitschrift in New York zu veröffentlichen: «Ich gab ihm ein paar Gedichte, die ich 1940 in Mexiko geschrieben hatte, als die deutsche Armee in die Sowjetunion einfiel. Wenig später schickte er mir eine Ausgabe von *The New Society*, in der er alles, was ich ihm gegeben hatte, veröffentlicht hatte. Die Zeitschrift geriet bis nach Los Angeles und dort in die Hände eines Mannes namens John Martin, der dort die Geschicke eines Verlages lenkte: Black Sparrow Press. Er regte an, noch ein paar Gedichte aus derselben Zeit hinzuzufügen und einen kleinen Band herauszugeben, mit einer limitierten Auflage von 300 Exemplaren. Ich war damit einverstanden. Die acht Gedichte, die darin aufgenommen werden sollten (*tatsächlich waren es neun, Anm. d. franz. Übers.*), schienen eine sinnvolle Einheit zu bilden: ich nannte sie *Szenen*, weil klar war, daß einige von ihnen das erste Mal Themen anrissen, die sich später zu wichtigen, ja obsessiven Motiven entwickelten, die ich in breiterer Form behandelte, als ich anfing, Erzählungen und Romane zu schreiben.»

Nicht die Wahrheit dieser Vorstellung ist unbedingt wichtig, sondern das Bewußtsein, das sich darin zeigt. «Es stimmt, ich kenne die Angst. Für mich ist sie der wesentliche Grund, die Welt zu erkennen.»[1]

Wir haben die Schuld des Räubers, aber nicht seine Beute,
den Schauder des Lügners, ohne je gelogen zu haben.
Die kranke Heuschrecke kratzt ihr verwundetes Lied,
ihr Oberkörper ist nur zum Teil zerstört.
Kopf hoch! verboten. Das ist schlecht. (...)

(*Szene VI*, 1940)

Der Mensch ist von vornherein verdammt auf Grund von Fehlern, die er nicht begangen hat: Es ist nicht nur die Erbsünde, die ihn verfolgt, sondern auch der lächerliche Wahn, den Grund für seine Bestrafung erkennen zu wollen. Was bleibt, ist, den Schrecken der Welt zu ertragen und abzuwarten, daß sich das Leben zu seinem Ende hin entwickle, falls möglich ohne größere Zusammenstöße und ohne unnötiges Leiden... Am Ende von *Szene VI* steht allerdings ein Satz, der den vorausgehenden tiefschürfenden Versen eine Nase dreht:

Dein Kopf ist eingeschlagen, Darling, paß auf.

Wir haben Yorricks Schädel geerbt, ohne ihn selbst gekannt zu haben, und nun wissen wir nicht, was wir mit dieser metaphysischen Gabe machen sollen. Es steckt der Wurm drin, und die Welt ist verdorben bis auf die Knochen. Das ist eine Tatsache, gegen die man nichts ausrichten kann. Nur bitteres Unbeteiligtsein kann uns vor der Verzweiflung retten. Im letzten Vers der *Szene VI* nimmt Paul Bowles Abschied vom Anspruch der Poesie und Literatur, um jeden Preis ‹etwas zu bedeuten›, oder sich – andernfalls – zum Denkmalschützer unverständlicher ästhetischer Werte zu erheben in einer Welt, in

1 Zitat siehe Anfang des XX. Kapitels.

der Schönheit längst nicht mehr existiert. Paul Bowles wird weder zum einen noch zum anderen Lager gezählt werden können: nicht zum ethischen und auch nicht zum ästhetischen. Der Mensch des zwanzigsten Jahrhunderts ist darauf reduziert, Zuschauer seiner eigenen Konflikte zu sein. Nur noch die Angst ist wichtig, denn sie ist es, die uns vielleicht am Leben erhalten kann. Yorricks Schädel wird eine gute Buchstütze abgeben, gut genug für das Regal, auf dem die Bücher stehen, die sowieso niemand mehr liest. 1940, als Paul Bowles diese Gedichte schreibt, liegt der Gedanke nahe, daß die Welt ihrem Untergang entgegeneilt. Auch Henry Miller hält die Katastrophe für unausweichlich und schreibt *Der Koloß von Maroussi*. Daß uns noch einmal ein Aufschub eingeräumt wurde, ist unbestreitbar. Es bleibt die tägliche Angst.

«Die Angst kommt ohne Zweifel aus meiner Kindheit. Ich hatte Angst vor der Nacht, vor der Dunkelheit: nicht, daß ich darin verborgene Monster vermutet hätte, ich fürchtete mich vor der Schwärze selbst. Dennoch wollte ich auch nicht, wie manche andere Kinder, daß Licht angemacht wird. Ich dachte nicht, daß irgendetwas unter meinem Bett versteckt wäre, ich hatte eher Angst, daß etwas aus mir selbst herauskommen würde, Monster, oder daß ich selbst ein Monster sei, oder meine Mutter, die mitten in der Nacht in mein Zimmer kam. Es ist schwierig zu ergründen.

Wenn man die Angst auf seine fiktiven Gestalten übertragen kann, hat das einen therapeutischen Effekt. Sie wird ausgelagert, man erfindet jemanden, der Angst hat, und man bestraft ihn dafür... Es ist nicht die Angst vor äußeren Dingen, vor Krieg beispielsweise. Es ist eine existentielle Angst, die einfach da ist, die Teil des Bewußtseins ist. Übrigens hat man Grund, Angst zu haben, finde ich. Man weiß nie, was einem im Leben zustößt, nicht, wenn man einschläft, und nicht, wenn man morgens aufsteht. Alles ist unvorhersehbar, es gibt keinerlei Sicherheit. Vielleicht ist diese Angst ein Zeichen für Egoismus, aber ob man will oder nicht, man denkt eben an sich selbst. Das ist ziemlich ungesund, das ist klar.»

Zitiert von Mathieu Lindon
am 15. April 1987 in *Libération*

In seiner ersten Erzählung, *Tea On The Mountain*[1] (1939), stellt Paul Bowles diese Angst, die später viele seiner Figuren peinigen wird, weniger in den Vordergrund. Es gibt ein anderes Thema: den Hunger nach Kommunikation und, als Folge davon, ihre Unmöglichkeit. Die Heldin von *Tee auf dem Berg* liebt es, sich zum Spaß ‹Angst einzujagen›. (Ich meine in dieser jungen Frau, die in Tanger einen Roman schreibt, eine mythische Projektion Janes zu erkennen, die sich zunächst kategorisch geweigert hatte, mit Paul nach Marokko zu kommen.) Sie bricht ein sexuelles Verbot, indem sie eine Einladung zum Picknick annimmt, die der junge Mjid an sie herangetragen hat. Am Ende bleibt jeder der beiden ‹allein auf seiner Insel›. Die junge Frau hat eine Unvorsichtigkeit begangen, die weiter keine körperlichen Folgen für sie hat, um es mal so auszudrücken. Was Paul Bowles in diesem ersten Text aufzeigt, ist, wie unüberwindlich der Graben zwischen zwei Kulturen sein kann. Und dieser Graben wartet nur darauf, vertieft zu werden: eines Tages wird das Mißverständnis zwischen «Rechtgläubigen» und Ungläubigen zum bewaffneten Konflikt. Unvermeidlich. Denn Unverständnis charakterisiert geradezu alle menschlichen Beziehungen, sei es auf der Ebene von Individuen oder von Gemeinschaften. Dagegen hilft keine Angst. Mut oder Ahnungslosigkeit allerdings auch nicht. Die Unvorsichtigkeit, die der Universitätsprofessor in *Eine ferne Episode* begeht, kommt ihn teuer zu stehen. Nicht sofort, aber auch die eingeräumte Frist ist kaum zu ertragen.

1 *Tee auf dem Berg*, in: *Die Stunden nach Mittag. Marokkanische Erzählungen.*

Die Geschichte geht so: Der eifrige Linguist wird von einigen Männern aus dem Stamm der Reguibat gefangengenommen, als er sich arglos auf die Suche nach einem Futteral aus Kameleuter macht. Die Reguibat haben keinen guten Ruf: «Kommt ein Reguiba, kehrt ein rechtschaffener Mann den Rücken», sagt das Sprichwort. Der ursprüngliche Anlaß für das unbesonnene, nächtliche Abenteuer des Professors – er will seine Sammlung dieser speziellen Futterale vervollständigen – scheint immens weit von den grauenhaften, tödlichen Konsequenzen, die sich daraus ergeben, entfernt, und der Fehler – ein Irrtum, letztlich – so absurd klein im Verhältnis zur darauffolgenden ‹Strafe›! ... Das ist es, was den Hohn dieser Geschichte ausmacht. Eine *ferne* Episode, sehr weit hergeholt – die Sitten der Reguibat zeigen es. Und man hätte gern, daß sie fern und fremd bleibt, denn der Professor wird weder Aïn Tadouirt noch sein Zimmer im Grand Hôtel Saharien jemals wiedersehen. Aber das Werk von Paul Bowles ist immer auch eine Falle für die Leser. Unwillkürlich denkt man, ein solches Opfer zu werden wie der Professor, das könnte mir nicht passieren. So etwas könnte uns niemals zustoßen, nicht wahr? Und doch... wäre unser Schicksal unter ähnlichen Umständen wirklich so verschieden von dem des Universitätsprofessors, dieses Touristen, der eigentlich keiner mehr ist, denn er kennt die Sahara doch schon ganz gut...? (Daß man seinen Namen nicht erfährt, erhöht nur die Möglichkeit, sich mit ihm zu identifizieren.) Ist der Professor zu vertrauensvoll oder zu neugierig? Wie auch immer: die maßlose Brutalität, mit der der Mann behandelt wird, ist als ‹Therapie› doch äußerst zweifelhaft. Zuerst wird er von Wüstenhunden grausam gebissen, was ihn schon allein von seiner Neugier oder von seiner Vorliebe für Kameleuterfutterale hätte heilen können. Dann schneiden sie ihm die Zunge ab (wahrlich eine böse Sache für einen Linguisten), werfen ihn wie einen Sack über einen Kamelrükken, richten ihn ab wie ein Tier im Zirkus. Die Details und die weiteren Grausamkeiten will ich hier nicht ausbreiten.

«Er versuchte zu sagen: ‹Ihr habt mein ganzes Geld, jetzt hört endlich auf, mich zu treten!› Aber seine mißhandelten Gesichtsmuskeln gehorchten ihm nicht. Er fühlte, wie sich die Lippen bewegten, und das war alles. Dann versetzte ihm jemand einen schweren Schlag auf den Kopf, und er dachte: ‹Jetzt verliere ich wenigstens das Bewußtsein – dem Himmel sei Dank.›»

(*Eine ferne Episode*, in: *Allal*, S. 23)

Das Bewußtsein verlieren, das ist das wichtigste. Denn das Leiden wohnt vor allem im Bewußtsein. Sobald man dem Professor die Zunge herausgeschnitten, ihm die letzte Erinnerung an menschliche Würde genommen, ihn zu einer Jahrmarktsattraktion abgerichtet hat, ‹verliert er sein Bewußtsein› für sehr lange Zeit. Das rettet ihm das Leben, ganz bestimmt, und er scheint sich dann auch in seiner Situation eingerichtet zu haben. Doch eines Tages ‹kommt er zu sich›. Jetzt, nicht weit von einer möglichen Rettung entfernt, flieht er. Er läuft in die Wüste und damit in sein endgültiges Verderben.

Wie in *Eine ferne Episode* sind es auch in anderen Erzählungen von Paul Bowles die Protagonisten selbst, die sich ihr Unglück zimmern. Sie stürzen sich ins Unbekannte und verirren sich darin. Und selbst wenn sie am Endpunkt der völlig ausweglosen Situation angekommen sind, können sie nicht zugeben, daß sie alles verloren haben – oder fast alles, denn noch haben sie ja ihr Leben. Erstaunlicherweise ist auch sonst niemand da, den ihr sang- und klangloses Verschwinden besonders zu beunruhigen scheint. Als der Professor in Aïn Tadouirt ankommt, fragt er nach einem Freund oder zumindest Bekannten, der früher im Dorf gelebt hat, Hassan Ramani[1], und man erfährt nur, daß er tot ist, nichts weiter. So fällt der einzige schützende Kontakt, den der Linguist im Dorf ge-

1 Paul Bowles hatte 1933 gerade einen Algerier namens Hassan Ramani kennengelernt.

knüpft hatte, weg. Von nun an ist er ganz allein und damit für seine potentiellen Feinde eine leichte Beute.

> «Draußen auf der Straße war nicht mehr viel los. Die Buden waren jetzt alle geschlossen, und das einzige Licht kam vom Mond. Ab und zu kam ein Fußgänger vorbei, der dem *qaouaji*[1] einen knappen Gruß zugrunzte.
>
> ‹Jeder scheint dich zu kennen›, sagte der Professor, um das Schweigen zu brechen.
>
> ‹Ja.›
>
> ‹Ich wünschte, mich würde auch jeder kennen›, sagte der Professor, ehe ihm auffiel, wie kindisch eine solche Bemerkung klingen mußte.
>
> ‹Dich kennt niemand›, antwortete der *qaouaji* schroff.»
>
> (*Eine ferne Episode*, in: *Allal*, S. 17)

Auch im Menschen Paul Bowles kann man einen Willen zur Diskretion erkennen. Jede heftige Bewegung erscheint deplaziert und deshalb verwerflich. Daher – und nicht nur vom Alter, denke ich – rührt zweifellos seine scheinbar gleichgültige Haltung.

Ein anderes durchgängiges Motiv in seinem Werk ist das des Fremden, oft ein Amerikaner, der mitten in einer Gemeinschaft landet, in der er *als solcher* ein störendes Element darstellt. Er löst um sich herum Neugier aus, eine Unruhe, eine Irritation der etablierten Ordnung. Für diese Aufwieglung muß er bezahlen. Er hat sich, Leib und Seele, unfreiwillig und unbewußt verpfändet: er wird beurteilt werden nach den Maßstäben des ‹Marktes›, auf dem er sich ausgestellt hat. Oft muß er dafür büßen. Er wird zum Opfer, weil er in ein anderes, ihm fremdes Wertesystem eingedrungen ist. Jede unpassende (das heißt ‹von anderswo herkommende›) Bewegung wird unterdrückt, immer.

1 *Qaouaji*: ein Mann, der im Café den Tee oder den Kaffee zubereitet.

Zwei weitere, zu selben Zeit entstandene Erzählungen sind ebenfalls ‹distant episodes›: *Call at Corazon*[1] und *The Circular Valley*[2] spielen in Mittelamerika. In beiden Texten wird der menschliche Körper (oder ein Teil davon) als ein allegorisches Zeichen verwendet. Ein Paar auf Hochzeitsreise verbringt seine Tage streitend auf einem Flußschiff in Kolumbien: *Zwischenhalt in Corazón* führt uns das erste dieser infernalischen Paare vor, auf die sich Paul Bowles mit vollendeter Menschenfeindlichkeit im Lauf seines Werkes spezialisieren wird. Der Ehemann ist ruhig – oder vielmehr resigniert. Die Frau beklagt sich nörgelnd bei der kleinsten Gelegenheit und scheint entschlossen, diese Reise in den Dschungel unerträglich zu finden, der ihr Ehemann trotz allem noch ein gewisses Vergnügen abzugewinnen sucht. Ihr erscheinen diese gräßlichen Flitterwochen «in unzähligen vollgestopften Kajüten auf einem stinkenden, kleinen Schiff nach dem andern» unendlich. Er widmet sich, sobald sie ihm Zeit dazu läßt oder das Boot an Land festmacht, in geradezu obsessiver Weise dem süßen einsamen Vergnügen des Schreibens.

> «Er setzte sich auf einige bizarr geformte Wurzeln am Fuß eines Baumes und zog sein Notizbuch aus der Tasche, das er stets bei sich trug. Tags zuvor, in einer Bar in Pedernales, hatte er eingetragen: ‹Rezept, um den Eindruck von Häßlichkeit einer Sache zu zerstreuen: Konzentriere alle Aufmerksamkeit auf das entsprechende Objekt oder die Situation, so daß die verschiedenen, an sich vertrauten Elemente sich neu gruppieren. Angst ist nichts anderes als ein unvertrautes Muster.›
>
> Er zündete eine Zigarette an und beobachtete den hoffnungslosen Versuch der Frauen, die zerlumpten Kleider sauber zu schrubben. Schließlich warf er den glühenden Stummel nach einer Krabbe und schrieb sorgfältig: ‹Mehr

1 *Zwischenhalt in Corazón*, in: *Eisfelder*
2 *Das runde Tal*, in: *Allal*

als alles andere besteht die Frau auf strenger, ritualistischer Einhaltung der Traditionen sexuellen Verhaltens. Das ist ihre Definition von Liebe.› Er dachte an den Spott, der ihn erwartete, sollte er eine solche Bemerkung vor dem Mädchen drüben auf dem Schiff machen. Er warf einen Blick auf die Uhr und schrieb eilig: ‹Moderne, das heißt, intellektuelle Erziehung, da von Männern für Männer ersonnen, hemmt und verwirrt sie. Dafür rächt sie sich...›»

(*Zwischenhalt in Corazón*, in: *Eisfelder*, S. 33/34)

Das Boot benutzt immer engere Rinnen und Flußarme. Der Bug stößt gegen die Uferböschung, Äste fegen über die Brücke: die Nerven der Passagiere werden auf eine harte Probe gestellt. Die Frau betäubt ihre Angst mit Alkohol und verschwindet. Er ist allein, ein bißchen unglücklich, aber mehr und mehr entschlossen, sie nicht sofort zu suchen. Der Wasserarm wird immer enger. Er notiert: «18. November. Wir dringen in das Blutgefäß eines Riesen ein. Sehr dunkle Nacht.» Dunkel wie das Blut. Es ist kein Zufall, daß das Boot in Corazón – auf Spanisch ‹Herz› – haltmacht. Die Anspielung auf den Sitz der Gefühle ist explizit, und die Ironie darin ist nicht weniger grausam als die, daß der Mann am nächsten Morgen – das Schiff hat Corazón bereits verlassen – seine Frau im Gepäckraum in den Armen eines Mannes schlafend findet. Er hütet sich, sie zu wecken, und geht ohne ein Wort der Erklärung von Bord, sobald sie in Cienaga angelegt haben. Er läßt ihr nicht einmal einen Koffer zurück und stürzt sich in einen abfahrenden Zug, fiebrig hoffend, daß sie nach der ausschweifenden Nacht nicht rechtzeitig aufwacht.

«Als der Zug pfiff, meinte er in weiter Ferne eine weißgekleidete Gestalt zu sehen, die zwischen Hunden und Kindern auf den Bahnhof zulief, doch dann fuhr der Zug an, während er noch schaute, und die Straße entzog sich seinem Blick. Mit seinem Notizbuch auf dem Schoß saß er da und lächelte der grünen Landschaft zu, die schneller und schneller am Fenster vorbeiflog.»

(Ende von *Zwischenhalt in Corazón*)

Die zweite Allegorie findet sich in der 1948 geschriebenen Geschichte *Das runde Tal.* Eine grandiose, von einem Geist bewohnte Landschaft ist nichts anderes als: das Gehirn. Der Geist des Ortes, das Atlájala, sucht Generation für Generation die Mönche heim, die das Tal bewohnen. Das Atlájala ähnelt den *Djenoun*, den Wesen, die sich einen Spaß daraus machen, den Alltag der Marokkaner durcheinanderzubringen: Es hat viele Gesichter, liebt alles Neue und wandert ständig von einem zum andern, vergnügt die unterschiedlichsten Formen annehmend. Aber es langweilt sich dann doch wieder, sucht neue Sinneseindrücke. Bis eines Tages eine Frau, eine Touristin, in das Tal kommt. In ihr inkarniert es sich am liebsten, denn über die Frau entdeckt es gänzlich neue Freuden, da sie ihren Gefühlen eine dem Atlájala bis dahin unbekannte Ausdrucksvielfalt geben kann.

«Jedes Element war an Intensität vervielfacht, die ganze Sphäre des Seins war unermeßlich, grenzenlos. Nun verstand es, was der Mann in der Frau suchte, und es wußte, wie sehr er litt, denn dieses Gefühl der Vollkommenheit, der Vollendung, das er in ihr ahnte, würde er nie erreichen. Nur das Atlájala, eins mit dieser Frau, hatte es erreicht, und es zitterte vor Entzücken, als es sich dieses Zustands gewahr wurde. Die Frau schauderte und ihre Lippen vereinigten sich mit denen des Mannes.»

(*Das runde Tal*, in: *Allal*, S. 37)

Es gibt keinen Erzähler mehr in diesem Text. Das menschliche Leben wird geschildert aus der Sicht der Landschaft. Die Leute kommen und gehen, die Natur bleibt, undurchdringlich. Oft meint man, sie ‹nehme sich ihr Recht zurück›.

In der Gegend des runden Tales hat sie es nie verloren. Die Menschenwesen können sich nur an den Rändern jener Landschaften halten, die Paul Bowles so liebt: die Wüste und der Dschungel, menschenleere Gegenden, die nur von Ignoranten als ‹unbewohnt› betrachtet werden. Jenseits der Grenzen beginnt eine unverletzbare Welt, in die der Mensch nur irrtümlich hineingerät, und höchstens für eine kurze Durchreise. Ein Sandsturm (wie in *The Delicate Prey*[1]) oder das Wachsen des Unterholzes im Dschungel besiegt, über kurz oder lang, alles. Deshalb – und noch aus einigen anderen Gründen, die er aus eigener Schuld und fehlendem Bewußtsein nicht erkennt – hat der Mensch Angst.

Exotik interessiert Paul Bowles nicht. ‹Exotisch› ist oft nur ein Etikett, das für all das mißbraucht wird, was uns fremd bleibt. Paul Bowles ist nie dem Exotismus verfallen: wann immer er konnte, *blieb* er in den Ländern, die ihm gefielen. Er lebte *woanders*, das ist alles. Gleichzeitig stimmt es auch, daß die Landschaft in seinen Augen ein Katalysator ist, der die Personen ‹entwickelt›. Und manche Gegenden der Erde sind ‹magischer› als andere. Das Quentchen Exotik ist immer ein besonders wirkungsvolles Ingrediens, oder auch: ein Lösungsmittel für unsere Schutzschicht aus relativ angenehmen, westlichen Konventionen. Manche seiner Texte haben auch New York als Rahmen (*How Many Midnights*[2], zum Beispiel). Weil er New York kennt, ganz einfach. Die Gestalten seiner «exotischen» Geschichten wären nicht grundsätzlich andere, wenn sie sich in heimatlicher Umgebung befänden – noch dem unheilbarsten aller Optimisten geht es an den Kragen. Paul Bowles hat seinen vierten und letzten Roman in Mittelamerika angesiedelt. Aber sofort enttäuscht er seine soziologisch interessierten Leser mit der Bemerkung, daß sich die Handlung auch ebensogut in Nordafrika hätte abspielen

1 *Die leichte Beute*, in: *Allal*
2 *Wie oft um Mitternacht*, in: *Eisfelder*

können.[1] Er kennt die Länder immer, die er beschreibt, und manche Landschaften sind ihm auch zu einem späteren Zeitpunkt, wenn er sie in irgendeiner Erzählung verarbeitet, noch ganz ‹frisch› im Gedächtnis.[2]

Ab dem Zeitpunkt, da er sich in Tanger einquartiert, spielen seine Geschichten im wesentlichen in Marokko, in den meisten Fällen sogar in der Stadt selbst. Es ist ihm wichtig, daß die alltäglichen Einzelheiten stimmen, durch die eine Geschichte wahrscheinlich wirkt: Der Leser soll ihm nicht ins Imaginäre entwischen. Für Traum oder Mythos ist kein Platz: einzig die Wirklichkeit bleibt bestehen, hart und grell. Es *muß* wahr klingen. Andererseits offenbaren sich gerade im lang erprobten Alltag oft die erschreckendsten Schwächen.

Sobald das Alltägliche im fremden Land nicht mehr neu ist, macht das touristische Staunen der ersten Tage oft ersten Zeichen von Verärgerung Platz, dann auch einem durchaus verständlichen Heimweh, hat man doch eine Situation zurückgelassen, deren Wert man erst aus der Ferne schätzen lernt. Nach einer Phase der Ablehnung kommt die Resignation. Man hat sich eingerichtet. Und bleibt, jahraus, jahrein. Man wird dort nie zu Hause sein, das ist klar, aber man wird auch nicht mehr woanders leben können. Paul Bowles hat ein traumhaftes Tanger gekannt. Es stimmt sicher, wenn er sagt, daß nichts mehr davon übrig ist, schon lang nicht mehr – aber er wird die Stadt nicht mehr verlassen. Er hat gelernt, mit der Angst zu leben, mit den Schwächen des Alltags, die auch ein bißchen den Charme Marokkos ausmachen: mit den Denk-‹Fehlern› und mit den konkreten Fehlern, die den Tagesablauf durcheinanderbringen... Hier ist sogar der Wind unvorhersehbar. Trotz allem ist Tanger eine fesselnde Stadt geblieben. Aber für Paul

1 *Up Above The World*, dt. Titel: *Gesang der Insekten*

2 Das ist der Fall bei: *The Delicate Prey* (algerische Sahara), *Pages from Cold Point* (Jamaika), *At Paso Rojo* (Tonalá, Mexiko), *The Echo* (Barranquilla, Kolumbien) u. a.

Bowles mißt sich – im Leben wie im Werk – das Fesselnde eines Landes am Gewicht seiner Ketten.

«Als ich Jane *Two Serious Ladies* schreiben sah, als ich es las und mit ihr darüber diskutierte, bekam ich auch Lust, einen Roman zu schreiben. Aber ich hatte nicht den Mut dazu. So begann ich mit einigen Erzählungen, und als ein Verleger in New York, Doubleday, sie gelesen hatte, gab er mir einen Vertrag für einen Roman. Das war 1947.

Um einen Roman zu schreiben, muß man allein sein. Das wußte ich sehr wohl. Und Jane wußte es auch. Ich reiste nach Nordafrika. 1938 hatte ich schon versucht, sie hierher mitzunehmen. Absolut nichts zu machen. Nun schrieb sie mir gleich nach meiner Ankunft in Tanger: ‹Vielleicht komme ich, vielleicht auch nicht, man wird sehen... Aber schreibe weiter an Deinem Roman. Ich bin sicher, daß er gut wird.› Damals arbeitete sie gerade an einem Theaterstück, *In The Summerhouse*. Um es zu Ende zu bringen, kam sie dann. Damals war Tanger voller sehr armer Leute, die in Hütten, halb aus Brettern, halb aus Stoff, mehr oder weniger auf der Straße lebten. Sie fand das wunderbar. Sie blieb gern stehen, um in diese Behausungen hineinzuschauen, das wimmelnde Leben zu sehen... Sie liebte es. Denn das Leben der Armen ist immer sehr viel interessanter als das Leben der Reichen, nicht wahr? Vor allem für sie... (lacht)»

Das Ritz, okay, aber für Jane gehörte auch die Armut zum Spektakel des Lebens. Auch hier kann sie sich nicht sattsehen. Man braucht keinerlei ungesunde Neugier ihrerseits dahinter zu vermuten. Das Elend ist ein Zustand der Echtheit. Das Elend lügt nicht. Und Jane sieht darin eben mit Vorliebe ein Spektakel, vorausgesetzt, daß es echt und lärmend ist. Sie hat in den USA und in der Schweiz alle erdenklichen Annehmlichkeiten gekannt, dennoch sollte ihr das Leben in Tanger ausgesprochen gefallen. Die Stadt ist für sie, wie für ihren Mann zwanzig Jahre vorher, eine Offenbarung. Die Entdeckung einer Welt, in der es keinen Stillstand gibt. Tanger pulsiert vierundzwanzig Stunden am Tag. Tanger ist echt bis in seine Lügen. Paul schreibt seinen ersten Roman. Die Rückkehr nach Tanger bedeutet eine große Wende in seinem Leben.

«Ich hätte ohne Zweifel nicht angefangen zu schreiben, wenn ich nicht mit Jane verheiratet gewesen wäre. Ja, wenn ich nicht mit ihr zusammengelebt hätte, wenn ich nicht bei der Geburt ihres Romans dabeigewesen wäre... es ist gut möglich, daß ich Komponist geblieben und nie Schriftsteller geworden wäre.»

Taghit und die Regionen des Himmels

Unsere Zivilisation ist zu einem kurzen Dasein verdammt: ihre einzelnen Elemente sind zu heterogen. Ich persönlich bin zufrieden, daß alles im Untergang begriffen ist. Je größer die Bomben, um so schneller wird alles vorbei sein. Das Leben ist einfach zu schrecklich, als daß der Versuch lohnte, es zu bewahren. Lassen wir es dahingehen. Vielleicht wird eines Tages eine andere Form von Leben entstehen. Wie auch immer, es spielt keine Rolle. Andererseits gehöre ich noch zu diesem Leben und bin daher gezwungen, mich zu schützen, so gut ich kann. Deshalb bin ich hier. Auf diesen Inseln hat die Vegetation noch die Oberhand, und der Mensch muß darum kämpfen, sich überhaupt bemerkbar zu machen. Es ist wunderbar; die Passatwinde wehen das ganze Jahr, und ich halte es für äußerst unwahrscheinlich, daß eine Bombe an diesen abgelegenen Teil der Insel verschwendet wird, oder überhaupt an die Insel.

(Anfang von *Blätter aus Cold Point*, in: *Eisfelder*, S. 62)

1. Juli 1947: Paul Bowles geht in Begleitung seines Freundes Gordon Sager an Bord der *SS Ferncape*, die von New York nach Casablanca fährt. Eine lange Schiffsreise zu machen, was meistens viel Einsamkeit und Langeweile mit sich bringt, ist dem Schreiben sehr zuträglich. Ein Schiff ist eine abgeschlossene Welt, deren Zeit abläuft im Takt der Mahlzeiten, der Stunden im Liegestuhl, der Gläser Scotch an der Bar und

der, je nach Seegang, mehr oder weniger unruhigen Nächten. Mit einem Schiff unterwegs zu sein – über den Atlantik, meine ich –, das ist wie sich aus der normalen Existenz ausklammern. Die einzigen Ereignisse sind klimatischer oder ‹optischer› Natur (man sieht ein anderes Schiff, eine ferne Insel...)

Nach Marokko schaukelnd, schreibt Paul eine Erzählung, zu der er im Dezember 1946, auf Jamaika, die Idee hatte: *The Sheltering Rocks*. Die Personen dieser Erzählung haben tatsächlich existiert. Paul Bowles hat sie auf seinen Reisen einzeln kennengelernt, in Los Angeles, New York oder Cuernavaca. Es handelt sich um das Tagebuch eines zumindest seltsamen Liebesabenteuers. Norton, ein ‹abgebrochener› Universitätsprofessor, zieht sich nach dem Tod seiner Frau auf eine karibische Insel zurück. Er lebt mit seinem Sohn Racky auf einem sehr abgelegenen Grundstück: Cold Point. In seinem Haus, das sich am höchsten Punkt der Steilküste an die Felsen klammert, ist Norton glücklich, wenn er von seiner schwindelerregenden Terrasse aus über das Meer blickt. Er hat das Gefühl ganz besonderer Sicherheit, denn die Natur scheint sich an diesem Fleck der Erde einzig die Aufgabe gestellt zu haben, die in ihrem Schoß lebenden Menschen zu beschützen. Norton und Racky haben sich ‹ausgeklinkt›, erleben ihre Ferien sehr bewußt und kennen kein anderes Ziel, als sich der wunderbaren Fülle des Lebens in jedem einzelnen Moment hinzugeben. Zumindest ist das Nortons Illusion. Sein Sohn richtet allerdings wahre Verwüstungen unter den jungen Burschen der Insel an. Der Vater wird von den Inselbewohnern aufgefordert, seinen schamlosen Sohn zur Rechenschaft zu ziehen. Aber Norton, weit davon entfernt, die Neigungen Rackys zu korrigieren, läßt sich im Gegenteil von dem Halbwüchsigen verführen. Der ‹Hedonist›, wie Paul Bowles ihn später selbst bezeichnen wird, kann der stürmischen Schönheit dieses in ursprünglicher Landschaft aufgewachsenen Kindes nicht widerstehen. Am Cold Point, fern der Welt und ihrer Verbote, lernt Norton endlich ein Glück kennen, das er nicht auszusprechen, vielleicht nicht einmal zu träumen gewagt hätte. Dieses monströse Wohlbefinden kann nicht dauern. Eines Tages, als Racky seinem Vater vorschlägt, für ein paar Tage Onkel Charley einzuladen, fängt die Gesellschaft Norton wieder ein. Er antwortet, die Idee sei idiotisch, es gäbe für seinen Bruder keinen Platz im Haus, wo sollte man ihn unterbringen... «In meinem Zimmer», schlägt Racky vor. «Es steht leer.» Die Felsen konnten Norton zwar die Illusion vermitteln, für immer außer Reichweite der aggressiven Außenwelt zu sein. Aber in sich hat er kein Bollwerk, das ihn schützen könnte: nicht gegen seinen eigenen Sohn. Dieser komplizierte Ödipus ‹tötet› schließlich seinen Vater – finanziell, emotional und gesellschaftlich – und reist mit einem Freund ab nach Havanna. Er wird ihm zweifellos bei nächster Gelegenheit den Gnadenstoß versetzen. Das läßt sich jedenfalls vermuten, sofern seine Interessen es Racky nicht nahelegen, Norton den Kopf über Wasser zu halten. So endet diese lange Geschichte, die Paul letztlich *Pages From Cold Point* nennen wird, mit einer offensichtlich trügerischen Ruhe.

> «Der Wind weht mir um den Kopf. Zwischen den größeren Wellen gibt es Tausende von leise plätschernden und gurgelnden Lauten, wenn sich das Wasser aus den Löchern und Felsspalten zurückzieht; und das Gefühl, halb schwebend, halb untergetaucht im Wasser zu sein, läßt mich nicht los, obgleich die Sonne auf mein Gesicht brennt. Ich sitze hier, ich lese, ich warte auf das angenehme Gefühl der Sättigung, das einem guten Essen folgt und langsam, während die Stunden vergehen, in die noch köstlichere, kaum wahrnehmbare Empfindung übergeht, die schließlich das Erwachen des Appetits begleitet.
>
> Tatsächlich bin ich vollkommen glücklich hier, denn ich halte es immer noch für sehr wahrscheinlich, daß in naher Zukunft dramatische Ereignisse diese Insel heimsuchen werden.» (*Blätter von Cold Point*, in: *Eisfelder*, S. 96)

Das Gerüst seines ersten Romans hatte Paul Bowles bereits vor seiner Abreise nach Tanger in New York erarbeitet. Das ging ziemlich schnell, er brauchte höchstens eine halbe Stunde, so lange, wie der Bus von der Fifth Avenue, Höhe Zehnte Straße, bis zum Madison Square brauchte... Er hatte sogar auch schon einen Titel für das Buch: *The Sheltering Sky*[1]. Beinahe hätte er ihn wieder geändert, da er das Wort *sheltering* zuerst für den Text *Pages from Cold Point* vorgesehen hatte. Aber er zweifelte wohl nicht lange... Der Titel hat, zumindest was seine Herkunft angeht, nichts Geheimnisvolles: *Down Among The Sheltering Palms* war ein Song, der vor dem Ersten Weltkrieg ausgesprochen populär war. Daddypapa hatte davon eine Aufnahme im *Boat House* in Glenora, und der kleine Paul stürzte sich jedes Jahr in den Sommerferien, kaum war er angekommen, auf die Platte. «Es war nicht die banale Melodie, die mich faszinierte, sondern das merkwürdige Wort *sheltering*... Wovor bewahrten die Palmen diese Leute, und wie sicher konnten sie dieses Schutzes sein? *Oh, honey, wait for me/ Down where the sun goes down about eight...*» (*Rastlos*, S. 305/306).

Als er anfängt zu schreiben – besser gesagt, sobald er nichts anderes mehr tut, als das –, wird das Leben Paul Bowles', was die rein anekdotische Ebene anbelangt, weniger interessant. Das Schreiben ist ein tägliches, aber wenig spektakuläres Abenteuer. Andererseits bleibt er doch ein in jeder Hin-

1 Wörtlich: ‹Der schützende Himmel›, dt. Titel: *Himmel über der Wüste.*
Der Roman inspirierte zahlreiche Musiker, unter den bekanntesten auch zwei Rockgruppen, King Crimson, *The Sheltering Sky* (auf dem Album *Discipline*, EG Records-Polydor, 1981), und The Police, *Tea in the Sahara* (auf dem Album *Synchronicity*, CBS, 1984). «Das Instrumentalstück von King Crimson ist interessant», meint dazu Paul Bowles. «Aber das Lied *Tea in the Sahara* hat einen lächerlichen Text: *Tea in the Sahara... with you!* (lacht) ... Das ist doch idiotisch, oder?»

sicht ‹außergewöhnlicher› Schriftsteller, da er Tanger zu seinem Stützpunkt macht. Die Legende um das Ehepaar Bowles beruht zum großen Teil auf der Originalität dieses Wohnortes.

Dennoch hat Paul Tanger nicht wirklich ausgesucht. Letztlich war es ein Traum – nur ein bißchen aufwühlender vielleicht als andere –, der ihn dazu verführte, in die *Dream-City* zurückzukehren... Er hat am Anfang auch nicht vor, sich dort auf Dauer einzurichten. Er kommt nach Nordafrika zurück, weil er ein Buch schreiben will, für das ihn Doubleday unter Vertrag genommen hat. In Tanger kann er vollkommen allein sein und sich seinem Vorhaben ernsthaft widmen. Es ist ein freiwilliges Exil. Gertrude Stein war überzeugt, daß ein Künstler sein kreatives Potential nicht ausschöpfen kann, wenn er das Land seiner Herkunft nicht verläßt, und zwar ganz und gar: ein Amerikaner soll nicht glauben, im Ausland zu sein, bloß weil er sich in England aufhält. Die Zivilisation, die Sprache, das Essen, die Farbe des Himmels, alles muß anders sein. Ein schöpferischer Mensch *muß* fort, nicht, um sich zu verlieren, sondern im Gegenteil, um sich zu finden. Man geht nicht weg, um zu vergessen, man geht, um sich zu erinnern, und um die notwendige Distanz zu schaffen zwischen dem eigenen Werk und dem ‹Raum›, in dem es wahrgenommen wird.

«Gertrude Stein wußte auf Anhieb, daß ich ein intellektueller Einzelgänger werden würde... Was ich vor allem immer und überall gesucht habe, ist der neue Blick: ich wollte immer an einen anderen Ort, im wortwörtlichen Sinn, um einen neuen Blickwinkel zu entdecken, um nicht zu wiederholen, was ich schon mal geschrieben hatte. Das war eine Konstante in meinem Leben. Bis in die jüngste Zeit schrieb ich nicht über den Ort, an dem ich mich gerade befand. *Himmel über der Wüste* spielt in Algerien, aber ausgearbeitet habe ich ihn hauptsächlich an verschiedenen Orten in Marokko. Meinen zweiten Roman, *So mag er fallen*[1], habe ich auf einem Frachtschiff nach Colombo angefangen, und den größten Teil von *Haus der Spinne*[2] – mein Buch über Fès – habe ich auf Ceylon und in Südindien geschrieben...»

1947. Tanger ist ein exzellenter ‹Heimathafen› zwischen zwei Zivilisationen. Gertrude Stein war nicht einverstanden, daß Paul von ‹Afrika› sprach, wenn er Marokko meinte. Sie selbst kannte zwar wenig mehr als Tanger, die am wenigsten arabische Stadt Marokkos, aber ihr schien, dieses Land habe mehr von Spanien als von Afrika. Spanien war für sie ein ‹romantisches› Land und Afrika ein ‹abenteuerlicher› Kontinent. Und ‹Abenteuer›, meinte sie, ziehe nur Journalisten oder Reiseschriftsteller an, keine wirklichen Künstler. Tanger ist tatsächlich eine Stadt für Künstler: ein Ort, an dem nichts auffallend Bedeutsames passiert. Ein Ort, wo heute noch der Lärm des Weltgeschehens nur als schwaches Echo zu vernehmen ist in Zeitungen, die nicht immer oder einen Tag später ankommen. In Tanger lebt man ‹ent-rückt›. Fern der gängigen und fern der aktuellen Strömungen. Selbst die sich in der Meerenge brechenden Gezeiten ändern daran nichts. Tanger ist eine zutiefst anachronistische Stadt, sie ist immer das Überlebende von irgend etwas: wenn etwas nicht mehr existiert und man schon nicht einmal mehr sagen kann, was es genau war. Sie ist ein Teich – still oder, wie manche meinen: abgestanden – zwischen einem Meer und einem Ozean, die sich vor der Stadt mischen und gegeneinander anrennen seit fünf Millionen Jahren. Paul Bowles kam in Tanger an und fand sich fern von allem (oder: er fand *sich*), fern der Länder, wo seine Bücher produziert, verkauft, kritisiert oder hoch gelobt wurden. New York, Paris und London waren vergessen. Das Leben in Tanger hatte zweifelsohne etwas Bedeutungsloses. Besonders zur Glanzzeit der Internationalen Zone. Ganz-

1 Originaltitel: *Let It Come Down*
2 Originaltitel: *The Spiders House*

jährige Ferien, oder doch beinahe... Das Leben kostete fast nichts. Und wenn Paul wieder mal weniger hatte als nichts, fuhr er kurz nach New York, um eine Bühnenmusik abzuliefern – zumindest am Anfang, als er von seinen Büchern noch nicht leben konnte... Immer war er schnell wieder zurück in Tanger, um es allerdings oft ebenso schnell wieder zu verlassen. Er kam, um zu schreiben. Fern von allem, aber näher an der Sonne. So werden Bücher geboren, zweifellos: An einem Ort, wo nie jemand diese Bücher lesen wird. Am ‹Ende der Landebahn›, ja, weit weg vom Lärm der Flugzeuge, da, wo keine Bomben hinfallen, zumindest nicht gleich, erst später.

Im August 1947, in Fès, beginnt Paul Bowles mit der Ausarbeitung seines ersten Romans. Er kommt schnell voran, chronologisch. Bald darauf setzt er über nach Spanien, wo er weiterarbeitet, während er drei Monate lang den Süden des Landes bereist. Es ist kalt in den Hotels und Pensionen: getreu seiner Angewohnheit arbeitet er im Bett und integriert in sein Manuskript alle im Lauf des Tages gesammelten Eindrücke. In Spanien lernt er ein bizarres Paar kennen: eine dicke Engländerin und ihren Sohn: sie werden zu Nebenfiguren im entstehenden Roman. Wieder zurück nach Tanger, dann nach Fès: er arbeitet immer weiter. Der Winter kommt. Er verläßt Fès und reist in den Süden Algeriens. Die kleinen Ereignisse des Tages, die täglichen Dinge schreiben sich weiterhin verstohlen in sein Buch ein. «Ich bestreute die Seiten mit Details, die der Realität um mich herum entliehen waren. Wenn ich einen Haufen Unrat sah, notierte ich ganz genau, aus was er bestand: Hühnerfedern, abgebrannte Streichhölzer, von der Sonne ausgetrocknete Exkremente eines Esels.»

Die letzten Tage des Jahres 1947 verbringt er in Taghit, einer Oase im Tal des Wadi Zousfana. «Die schönste Landschaft, die ich jemals gesehen habe.» Die Fotos, die er in jenem Winter dort gemacht hat, sind vom zu vielen Anschauen mittlerweile ein bißchen angeschmutzt, aber ihre ‹geisterbeschwörende› Macht ist ungebrochen. «Ich habe sie von der Hotelterrasse aus geschossen. Das Hotel ist später abgerissen worden, weiß Gott warum...» Diese außergewöhnliche Landschaft hat ihn zu einem seiner schönsten Texte inspiriert: *The Time Of Friendship*[1], geschrieben 1962, als in Algerien der Unabhängigkeitskrieg zu Ende ging. Faul und gleichgültig gegenüber der großen Weltgeschichte, erstreckt sich die Große Düne von Taghit auf einem Foto, unvergänglich. Ich mußte immer an den Bauch einer Frau denken, die sich der Sonne darbietet. Jenseits der Düne beginnt der Westliche Große Erg. Paul Bowles' Literatur ist reisendes Schreiben, ist der Weg der Feder, die nur den Launen des Windes folgt. Wind aus der Wüste oder Wind vom Meer. Diese Fotos sagen mir etwas, eins der wertvollsten Dinge, die ich jemals gelernt habe: Man kann eine Liebesgeschichte mit einem Ort erleben. Tanger, Fès, Taghit. Aber man muß wissen, daß die Menschen sich im allgemeinen nicht damit zufriedengeben, im Schatten von Mauern aus Salz oder zu Füßen von Pyramiden alt zu werden: sie zerstören, sie verschlingen die Plätze, sie entstellen die Städte und sogar noch die Wolken, alles. Alles, was man ein Leben lang leidenschaftlich bewundert hat.

Paul Bowles steht auf, um die Fotos wegzuräumen. Ganz unbemerkt hat sich die Dämmerung eingeschlichen. Er weiß schon lange, daß Umrisse, die durch Jahrhunderte vom Sand gezeichnet wurden, vernichtet werden können, daß Landschaften verschwinden können, die man so schön fand, daß sie eigentlich ewig hätten sein *müssen*, genauso wie in der Erinnerung die Züge eines geliebten Wesens allmählich auch verblassen. Er weiß, daß er seine Fotos wegräumen muß.

1 *Die Zeit der Freundschaft*, in: *Die Stunden nach Mittag*

Heute abend werde ich die Geschichte von Slimane und dem Fräulein Windling noch einmal lesen, *Die Zeit der Freundschaft*.

«‹Ich meinte die ganzen Scheußlichkeiten, die nach jedem Krieg überall vorkommen.›

‹Aber Kit›, sagte der zweite Mann, ‹du kannst dich ja an gar keinen anderen Krieg erinnern.›

Sie beachtete ihn nicht. ‹Die Menschen jedes Landes werden den Menschen jedes anderen Landes immer ähnlicher. Sie haben keinen Charakter, keine Schönheit, keine Ideale, keine Kultur mehr – nichts, nichts.›

Ihr Mann beugte sich vor und streichelte ihre Hand. ‹Du hast recht. Ganz recht›, sagte er lächelnd. ‹Alles wird grau und immer noch grauer. Aber einige Orte auf der Erde werden dieser Krankheit länger standhalten, als du denkst. Du wirst sehen, hier in der Sahara ...›

Von der gegenüberliegenden Straßenseite gellten die hysterischen Schreie eines Koloratursoprans aus einem Radioapparat. Kit zuckte zusammen. ‹Laßt uns schauen, daß wir schnell hinkommen›, sagte sie. ‹Vielleicht entgehen wir ihm dann.›» (*Himmel über der Wüste*, S. 11/12)

Diejenigen, die meinen, das Werk von Paul Bowles sei eine ‹Einladung zu reisen›, sollten unverzüglich noch einmal *Himmel über der Wüste*, diesen Bericht über eine Fahrt nach Südalgerien, lesen. Die leichte Atmosphäre, die der französische Titel (*Un thé au Sahara*) vortäuscht, lädt sich sehr schnell auf, wird bedrohlich: diese Tasse Tee hat einen verzweifelt bitteren Geschmack. Mehr als sonst jemand hat Paul Bowles dazu beigetragen, das Reisen ‹gefährlich› zu machen. Man sollte es nicht eine Fahrt in die Hölle nennen. Paul Bowles glaubt nicht an die Hölle, den verdammten Ort im Jenseits. Aber Reisen ist eine im höchsten Grad vernunftwidrige Handlung. Es ist so sehr viel weiser, im warmen – oder kühlen – New Yorker

Appartement zu bleiben. Reisen bedeutet Exzeß: der Temperatur, des Trinkens, der Langeweile. Man verplempert Unmengen von Zeit in Zügen, Autos und Kollektivtaxis. Reisen ist eine Folge aufeinanderfolgenden ‹Nicht-da-Seins›, eine Vergeudung, die der Verstand unter normalen Umständen niemals dulden würde. Aufwand an Zeit, Geld und Personen. Die Personen in Paul Bowles Literatur sind alles, bloß keine Abenteurer. Sie steuern nichts von dem, was ihnen zustößt. Und was ihnen zustößt, ist niemals ‹edel›: sie sind krank, zerschunden und werden von Moskitos aufgefressen. Sie häufen Unannehmlichkeiten auf sich, bevor sie zu ‹wirklichen› Opfern werden. Der Tod ist nur die letzte Unannehmlichkeit.

«Liebling, man müßte der Direktion mitteilen, daß dieser Ventilator besonders schlecht funktioniert.» Das ‹besonders› sagt schon alles. Es ist nicht abwegig zu denken, daß ein oder zwei Stunden später die Flügel eben dieses Ventilators abbrechen und die im Zimmer Anwesenden enthaupten könnten. Die Personen in Paul Bowles' Romanen und Erzählungen erregen jedoch kein Mitleid, allerhöchstens ein bißchen Sympathie... Aus einem einfachen Grund: Sie interessieren sich nur für die ganz kleinen Dinge, streiten sich um Banalitäten, überwinden nicht für einen einzigen Moment die gesammelten Lächerlichkeiten des Alltags. Ihre Sorgen sind über alle Maßen kleinlich im Vergleich zu dem, was ihnen tatsächlich zustößt. Sie setzen ihr eigenes Leben herab, und so verliert ihr Tod das bißchen Bedeutung, das er hätte haben können. *Himmel über der Wüste* erzählt die Geschichte einer Reise, die ein amerikanisches Paar durch die algerische Sahara unternimmt, durch Grenzstädte, die den Krieg noch kaum hinter sich haben. Kit und Porter Moresby[1] werden begleitet von

1 Der erste Kritiker, der den Roman nach seiner Veröffentlichung in New York besprach, fragte sich, warum der Autor seiner Hauptfigur einen so ‹teuflischen› Namen gegeben hatte: Port Moresby, ein Hafen in Neuguinea, war während des Zweiten Weltkriegs Schauplatz schlimmer Kampfhandlungen.

einem weiteren Amerikaner namens Tunner, der eigentlich die einzig positive Gestalt in diesem Trio ist. «Und ein Dummkopf», präzisiert Paul. «Normalerweise sind in meinem Werk alle positiven Personen Idioten.» Der Roman spielt in Algerien, der Ausgangs- und Endpunkt ist Oran. Die Reiseroute ist entlehnt oder einfach erfunden. Die realen Ortsnamen sind weitestgehend verändert, zunächst um das Fiktionale der Geschichte zu betonen, aber auch, weil dieses Algerien ein geträumtes Algerien ist, ein Algerien der Erinnerung, das, welches Paul Bowles im Winter 1932/33 kennengelernt hatte, als er seine ‹Feuertaufe der Einsamkeit› durchlebte.

> «Er hielt sich nämlich nicht für einen Touristen, sondern für einen Reisenden. Der Unterschied liege in der Zeit, pflegte er zu sagen. Während der Tourist gewöhnlich nach einigen Wochen oder Monaten nach Hause dränge, bewege sich der Reisende, der keinem Ort zugehöre, langsam, jahrelang, von einem Erdteil zum anderen. Tatsächlich wäre es ihm schwergefallen zu sagen, an welchem der vielen Orte, in denen er gelebt hatte, er sich am meisten zu Hause fühlte. Vor dem Krieg war es Europa und der Nahe Osten gewesen, während des Krieges Westindien und Südamerika. Und sie hatte ihn stets begleitet, ohne ihre Beschwerden zu oft und mit zuviel Bitterkeit vorzutragen.
>
> Jetzt hatten sie den Atlantik zum erstenmal seit 1939 wieder überquert, mit einer großen Menge Gepäck, und der Absicht, den Orten, die vom Krieg berührt worden waren, so fern wie möglich zu bleiben.» (S. 9/10)

Port Moresby hat viel von Paul Bowles. Port steckt sich auf der Reise mit Typhus an, wie Paul vor Jahren in Agadir, Port allerdings stirbt daran. «In diesem Punkt habe ich die Erfahrung nicht forciert», fügt Paul Bowles hinzu. «Und für mich war es problematisch, eine Person sterben zu lassen.»

Zurück in Tanger, kauft Paul eines Tages *majoun*[1]. Im sonnendurchfluteten Garten der Pension El Farhar nimmt er es zum erstenmal. Am selben Abend schreibt er das dreiundzwanzigste Kapitel des Romans zu Ende: über die letzten Stunden Port Moresbys. Es ist tatsächlich das erste Mal, daß es Paul Bowles gelingt, über den Tod zu schreiben. Nach dem Tod ihres Mannes verschwindet Kit und entwischt damit Tunner, der Zivilisation, den Erklärungen, die sie wird liefern müssen, dem Leben, das sie auf dieselbe Art wie vorher, nur allein, von nun an leben soll. Eine Dame verschwindet. Das hat jedoch nichts von Hitchcock. Es wird auch nichts erklärt. Viele Leute verschwinden, und nicht immer hat die Wüste Schuld... Derselbe Vorgang des Verschwindens trifft den Professor in *Eine ferne Episode*, wie auch – mitten in New York – den Verlobten von June, der Heldin von *Wie oft um Mitternacht*[2].

Kit verschwindet in der Natur, in der Landschaft. Was aus ihr wird, ist ihr egal. Dann wird sie von Einheimischen aufgegriffen, die sie versklaven. Sie lehnt sich nicht dagegen auf. Mit Port hat sie den essentiellen Anhaltspunkt in ihrem Leben verloren. Ist das eine ausreichende Erklärung? Dem dritten Teil des Buches, genannt «Der Himmel», steht als Motto ein Satz von Kafka voran: «An einem gewissen Punkt angelangt, gibt es kein Zurück mehr. Das ist der Punkt, der erreicht werden muß.» Dann beginnt das 26. Kapitel. Kit erwacht nach ihrer Flucht irgendwo in der Oase, unter einem Tamarindenbaum, wo sie, nur vom Himmel zugedeckt, eingeschlafen war.

1 *Majoun*: indischer Hanf wird über eine ganze Reihe spezieller Zubereitungen eßbar gemacht. Man kann ihn mit anderen Lebensmitteln mischen und in Form von Kuchen, Marmeladen etc. zu sich nehmen.
2 *How Many Midnights*, dt. in: *Eisfelder*.

«Als sie die Augen öffnete, wußte sie sofort, wo sie war. Der Mond stand tief am Himmel. Sie zog den Mantel um ihre Beine, fröstelte leicht und dachte an gar nichts. Es gab eine Stelle in ihr, die schmerzte und Ruhe brauchte. Es war gut, einfach dazuliegen, da zu sein und keine Fragen zu stellen.» (S. 239)

Bis zu diesem Moment schien Kit nicht der erschreckenden Klarsichtigkeit, wie ihr Mann sie hatte, fähig gewesen zu sein. Jetzt aber doch, da Port ins Nichts zurückgekehrt ist, von wo der Schriftsteller ihn, auf der ersten Seite des Buches, hergeholt hatte, indem er ihn aus einem ausgelöschten Traum auftauchen ließ. In jenem kurzen ersten Kapitel – ein faszinierender Romananfang – führt Paul Bowles, ohne den Namen zu nennen, eine der beiden Hauptpersonen ein, eben Port, der vergeblich versucht, einen Traum zu rekonstruieren, der noch nicht geschrieben ist: den Traum eines Papierwesens.

«Er erwachte und öffnete die Augen. Der Raum sagte ihm wenig; er war zu tief in das Nicht-Sein verstrickt, aus dem er eben auftauchte. Er hatte weder die Energie noch den Wunsch, sich über seine Position innerhalb der Zeit oder des Raumes klarzuwerden. Er war irgendwo – heimgekehrt aus uferlosen Weiten, aus dem Nichts.» (S. 7)

In diesem einführenden Kapitel – das nicht weit führt, wenn man Erläuterungen erwartet – steckt nicht nur eine Spielerei zum Thema Schreiben. Das Nichts ist Port Moresbys größte Obsession. Später versucht er zu erklären, warum. Vielleicht zu sehr. Aber die Wahrheit dieser Person liegt gerade in dieser Mischung aus pseudophilosophischem Diskurs und dem Zwang zu handeln, der Port treibt. In Paul Bowles' Romanen vermisse ich immer ein bißchen die wunderbaren Anspielungen, die seine Erzählungen charakterisieren. In *Blätter aus Cold Point*, zum Beispiel, erscheint alles täuschend harmlos, und jede Zusammenfassung, die man geben kann, klingt zwangsläufig wie die plumpe Verkürzung einer Geschichte, deren Geheimnis nie ganz gelüftet werden wird. Denn die Handlung bleibt in vielen seiner Erzählungen lückenhaft: manchmal erfährt man etwas in den letzten Zeilen, so gut wie nichts, nur das, was er – mit seinem hohen Grad an Diskretion – für unbedingt nötig hält. Wir wissen, daß der Sohn von Norton nackt im Zimmer seines Vaters schlief, aber mehr nicht. Die Erzählungen entfalten Geheimnisse, die zu lösen oft niemandem gegeben ist. Und das ist gut so. Im Roman ist es nicht möglich, die Personen nur zu skizzieren. Paul Bowles muß die Komposition zu Ende führen: das ist ein Gesetz des Genres und eine Frage der Distanz. Um ihm Leben einzuhauchen, hat Paul Bowles Port Moresby etwas von sich selbst und seinen eigenen Gedanken verliehen. In Kit finden sich zahlreiche Züge von Jane. «Wenn Sie es so sehen wollen...», räumt Paul ein. «Aber man weiß, wo und wie Janes Leben endete. Kit jedenfalls dürfte in irgendeinem Bordell in Oran oder wo auch immer stranden. Das bleibt allerdings offen.» Die Ausarbeitung von *Himmel über der Wüste* ist schon gut vorangeschritten, als Jane das erste Mal den Fuß nach Nordafrika setzt. Und erst ein Jahr später nimmt er sie mit auf die Reise durch Algerien, die sie nach Taghit und Beni-Abbès führen wird. Dort machen sie Halt. Sie fahren nie gemeinsam nach Sbâ (die Stadt, in der Port stirbt). Zweifellos hat Jane sich in der Person Kits wiedererkannt. Das Kapitel über Ports Tod liest sie nicht ohne Schaudern. Und in den Eheszenen des seit zwölf Jahren verheirateten Paares kann sie auch bestimmte Dinge aus ihrem mehr oder weniger gemeinsamen Leben mit Paul wiederfinden. Diese Gewohnheit, kein gemeinsames Zimmer zu nehmen, diese pessimistischen Gespräche über die Zukunft der Zivilisation, diese Gespräche unter vier Augen, die Port so liebt, wobei seine Frau von nichts Schönerem träumt, als von Menschen umgeben zu sein... Bis zu diesem Käfig «in den er sich selber eingeschlossen hatte, den er vor langer Zeit gebaut hatte, um sich vor der Liebe zu retten.» (S. 87)

Port Moresby glaubt tatsächlich, daß man «niemals die Menschheit» ist. Man ist immer nur sein «eigenes, armes, hoffnungslos einzelnes Ich» (S. 82). Dennoch, da ist er und leiht zwei Fahrräder aus, um am Spätnachmittag mit seiner Frau eine kleine Spazierfahrt zu machen.

> «‹Sonnenuntergang ist eine traurige Stunde›, sagte sie schließlich.
>
> ‹Wenn ich das Ende eines Tages erlebe, irgendeines Tages›, sagte er, ‹habe ich immer das Gefühl, es ist das Ende einer ganzen Epoche. Und der Herbst! Er könnte ebensogut das Ende von allem sein. Darum hasse ich die kalten Länder und liebe die warmen, wo es keinen Winter gibt; wenn es dort Nacht wird, hat man das Gefühl, das Leben öffnet seinen Kelch, statt ihn zu schließen. Fühlst du das nicht auch?›
>
> ‹Ja›, sagte Kit, ‹aber ich bin nicht sicher, ob ich die heißen Länder vorziehe. Ich weiß nicht, ob es nicht falsch ist, der Nacht und dem Winter zu entfliehen und ob man nicht, wenn man es tut, irgendwo dafür bezahlen muß.›» (S. 86)

Wir befinden uns auf Seiten, die zu den schönsten des Romans gehören. Da sitzen die beiden nebeneinander auf einem Felsen, unbeweglich, ihnen gegenüber die unendliche Weite, und gönnen sich einen Moment Ewigkeit. Nicht weit von ihnen hockt ein alter Araber, erstarrt in einer feierlichen Haltung, und betet.

> «‹Weißt du›, sagte Port, und seine Stimme klang unwirklich, wie oft Stimmen nach einer langen Pause des Schweigens an einem vollkommen ruhigen Ort, ‹der Himmel ist hier sehr seltsam. Wenn ich ihn so betrachte,

habe ich das Gefühl, daß er etwas Kompaktes ist, das uns vor dem beschützt, was dahinter lauert.›

Kit schauderte leise, als sie fragte: ‹Vor dem, was dahinter ist?›

‹Ja.›

‹Aber was ist dahinter?› Ihre Stimme war sehr klein.

‹Nichts, nehme ich an. Nur Finsternis. Völlige Nacht.›» (S. 87/88)

Genau in diesem Moment ihrer Geschichte befinden sich Kit und Port Moresby unter dem wohlwollenden Schutz des Himmels. Allein, das heißt, ohne die lästige Anwesenheit von Tunner. Zwischen ihnen hat sich im Lauf der Jahre ein Band «unausgesprochener Zärtlichkeit» gesponnen, das aber nur in wenigen Momenten sichtbar wird, wenn beide sich bewußt werden, daß sie sich zu weit voneinander entfernt haben. Es ist ihnen nicht möglich, *ganz* zusammen zu leben: das wissen sie, und es gibt keinen Moment, wo sie es nicht bedauern. Und es schmerzt jedesmal, wenn sie einen Satz, der sie trennt, aussprechen *oder auch nicht*. Vielleicht fordern sie zu viel oder sind zu verschieden. Und doch eint sie ein unnennbares Gefühl, das über Eifersucht hinausreicht, über die tägliche Abnutzung, über die Last der Erbsünde.

«‹Ich glaube, wir fürchten uns beide vor den gleichen Dingen. Und aus dem gleichen Grund. Es ist keinem von uns bisher gelungen, wirklich zu leben. Wir hängen beide am Rand des Lebens und sind überzeugt davon, beim nächsten Hindernis abgeworfen zu werden.›» (S. 88)

Ein quälendes Schuldgefühl hindert Kit daran, sofort zu antworten. In der vorangegangenen Nacht war sie durch die Umstände der Reise von ihrem Mann getrennt. Und im Zug, der sie und Tunner nach Boussif brachte, hatte sie dessen Avancen nachgegeben. Dem Blick Ports standhalten zu müssen, ist eine neuerliche Probe für sie, denn sie ist innerlich überzeugt, daß er alles erraten hat. Aber niemals wird sie mit ihm darüber reden, niemals wird sie sich von dieser Schuld ‹freisprechen›. Denn sie hat viel zu große Angst, daß er ihr nicht verzeihen könnte. Sie fürchtet, durch ihr Geständnis die stille Zärtlichkeit zu vernichten, die sie noch mit ihrem Mann verbindet. «Und der Gedanke, nicht einmal mehr diese zarte Verbindung mit ihm zu haben, war ihr unerträglich.» (S. 89)

Und immer wieder: die Last der Schuld. Selbst in der Wüste, wenige Schritte vor dem Nichts, bleiben Kit und Porter Moresby – nach der Vorstellung ihres Schöpfers – Amerikaner, geboren in New York, erzogen in einem Denksystem und geprägt von einem Weltbild, die die Entfremdung unausweichlich machen. Und so werden sie zerquetscht unter den Wörtern, die sie sich niemals sagen können, unter den Gesten, die sie nicht zu machen wagen.

> «‹Aber wenn wir nicht drin sind, dann ist es sehr wahrscheinlich, daß wir – abgeworfen werden.›
>
> Sie hatte gehofft, er habe ein Gegenargument, er werde seine eigene Behauptung als fehlerhaft darstellen, es werde vielleicht ein Trost kommen. Aber alles, was er sagte, war: ‹Ich weiß nicht.›» (S. 88)

Wenn Port von Einsamkeit spricht, ist die Ähnlichkeit mit Paul Bowles unübersehbar. Die Notwendigkeit, allein zu sein, ist ein herausragendes Merkmal dieser Figur. Wie auch seine Selbstbezogenheit: eine kaum zu vermeidende Folge seiner zunehmenden Isolierung, der dauernden Flucht jenseits der Grenzen dieser Welt.

Sobald Kit davon spricht, daß die Gespräche mit Port Angst in ihr auslösen, zieht er daraus jedesmal nur den Schluß: «Du bist verrückt.» Das Unglück ist vielleicht, daß sie ihn zu sehr braucht, ohne zu wissen, wie sie ihn halten soll, intellektuell, moralisch. Port gönnt sich kleine Fluchten, die keine Begleitung erlauben. Nach ihrem Fahrradausflug an die Stadtgrenze, wo die Wüste beginnt, hat er, kaum ist das Abendessen beendet, nichts Eiligeres zu tun, als noch einmal – allein – auszugehen und so schnell wie möglich zu dem Felsen zurückzukehren, wo er wenige Stunden vorher mit Kit gesessen hat.

> «Auf der Rückfahrt nach Boussif wurde ihm klar, daß er Kit niemals erzählen konnte, daß er dorthin zurückgeradelt war. Sie würde seinen Wunsch, ohne sie wieder hinzugehen, niemals verstehen. Oder, überlegte er, vielleicht würde sie ihn zu gut verstehen.» (S. 89)

Port kann auf Einsamkeit nicht verzichten. In seinem tiefen Pessimismus hat er sie als Mittel, als Möglichkeit entdeckt, noch tiefer in sich einzudringen. Er braucht die Wüste mehr und mehr, da sie die einzige Landschaft ist, die sein Bedürfnis nach einer Welt ohne andere Menschen stillen kann. Das ist nicht einfach Misanthropie oder fanatische Selbstbezogenheit: Port lebt in einem Zustand vollständiger Abhängigkeit, wie alle, die die Erfahrung der Wüste gemacht haben und die – das sind wenige – bis zum Ende ihrer Logik des Weltausschlusses zu gehen bereit sind. Auch Paul Bowles hat unter dem Einfluß dieser Landschaft, in der der Mensch keinen Platz hat, sehr früh das Gefühl völliger ‹Besessenheit› erlebt. Er spricht davon in einem Text, den er 1951 in Tanger, nur wenige Jahre nach der Ausarbeitung seines Romans, geschrieben hat[1].

1 Dieser Text, der ursprünglich *Secret Sahara* hieß (zweifelsohne eine Auftragsarbeit für die Zeitschrift *Holiday*, Philadelphia), wurde unter dem Titel *Baptism of Solitude* im Sammelband *Their Heads Are Green, And Their Hands Are Blue* aufgenommen, der 1963 erschien. Dt.: *Eintauchen in Einsamkeit*, in: *Der Weg nach Tassemsit*.

«Du trittst durch das Tor des Forts oder der Stadt, gehst an den Kamelen vorbei auf die Dünen oder hinaus in die harte, steinige Ebene und bleibst eine Weile dort stehen – allein. Binnen kurzem wirst du entweder frösteln und schnell ins Innere der Mauern flüchten oder ausharren und zulassen, daß etwas Eigenartiges mit dir geschieht. Jeder, der dort lebt, weiß darum; die Franzosen nannten es *le baptême de la solitude*. Es ist eine unvergleichliche Erfahrung, die nicht das Geringste mit dem Gefühl der Verlassenheit zu tun hat, denn dieses setzt Erinnerung voraus. Hier, in dieser rein mineralischen Landschaft, die von Sternen erleuchtet wird wie von Fackeln, schwindet selbst die Erinnerung; nichts bleibt, nur dein Atmen und das Pochen deines Herzens. Ein merkwürdiger und keineswegs angenehmer Prozeß beginnt in deinem Inneren, und du hast die Wahl, dagegen anzukämpfen und die Person zu bleiben, die du immer warst, oder ihm freien Lauf zu lassen. Denn niemand, der eine gewisse Zeit in der Sahara verbracht hat, wird ganz derselbe sein wie zuvor.»

(*Eintauchen in Einsamkeit*, in: *Der Weg nach Tassemsit*, S. 140)

Besessenheit oder Befreiung? Die Wüste, das ist sicher, läßt niemanden intakt. Die Mineralität des Ortes macht jede Berührung schmerzhaft, das Licht greift die Augen an, Staub und Wind lassen einen Geschmack verbrannter Erde auf den aufgesprungenen Lippen zurück. Die Wüste berührt den Menschen in seinem tiefsten Innern. Und der geringste Kontakt läßt jeden den bitteren Biß der Sandkörner schmecken. Port zögert, ein erstes und einziges Mal, als er entdeckt, daß man ihm seinen Paß gestohlen hat. Dem französischen Leutnant, der den Militärposten von Bou Noura kommandiert, vertraut er an: «‹Es ist merkwürdig›, sagte er mit einem hilfesuchenden Lächeln, ‹wie ich mich nur noch halb am Leben fühle, seit ich entdeckt habe, daß mein Paß fort ist. Aber wissen Sie, es ist ein sehr deprimierender Zustand, an einem Ort wie diesem keinen Beweis zu haben, wer man ist.›» (S. 150) Der Leutnant vermutet, der Paß könne nach Messad an die Fremdenlegion verkauft worden sein. «‹Vielleicht werden Sie nach meiner kleinen Recherche in Messad ihre Identität wiederfinden›», sagt er lachend. Hinter der gutmütigen Ironie dieses zuvorkommenden Militärs, der sich im öden Hinterland langweilt, versteckt sich eine Drohung für die Zukunft: Port Moresby hat angefangen, seine Identität zu verlieren, er ist in einen mehr oder weniger langsamen Prozeß der Desintegration seines Ichs eingetreten. Tatsächlich fährt er ohne seinen Paß weiter, kurz bevor die Nachforschungen hinsichtlich des Diebstahls beendet sind.

Kit versteht nicht, daß ihrem Mann mitten im September so kalt ist. In keinem Moment werden sie sich bewußt, daß er den Tod in sich trägt. Sein Frieren ist kein hinreichendes Indiz. In einer Szene, die sich in Aïn Krorfa abspielt, eine der Städte, in denen das Paar Station macht (da ist es auch, wo man ihm den Paß stiehlt), wird Port mitgeschleppt in ein Bordell. Er wird auf eine Tänzerin aufmerksam. Als er bemerkt, warum sie ihn fasziniert – sie ist blind –, tut er alles, um einen Moment mit ihr allein sein zu können. Umsonst, sie ist verschwunden. «Jetzt, wo er sie verloren hatte, war er überzeugt, daß er nicht nur um ein Vergnügen geprellt worden war, sondern daß er die Liebe selbst verloren hatte.» (S. 123) Er fängt an, sich vorzustellen, was aus ihrer Begegnung geworden wäre – die kleinsten Gesten des Mädchens, die Zärtlichkeiten und Spiele, die sie zusammen erfunden hätten.

> «Er verspürte einen plötzlichen Schauer von Selbstmitleid, der fast angenehm war, denn er war ein so treffender Ausdruck seiner Stimmung. Ein körperliches Erschauern; er war einsam, verlassen, verloren, ohne Hoffnung, kalt – eine tiefe innere Kälte, die durch nichts geändert werden

konnte. Obgleich sie der Ausgangspunkt seiner Depression war, diese gletscherartige Erstarrung, würde er sich immer an ihr festklammern, denn sie war der Urkern seines Wesens; sein ganzes Sein war darauf aufgebaut.» (S. 123/124)

Gleich danach schüttelt es ihn vor Kälte, und zum erstenmal ahnt er, daß er eine Krankheit in sich trägt. Bis jetzt hat Port Moresby eigentlich immer Abstand genommen von anderen, auch von den meisten Dingen. Das Materielle kümmert ihn wenig. Er lebt, man weiß nicht recht wovon, ist Schriftsteller, aber das sagt ihm nicht viel. Es ist seine Frau, die es statt seiner bestätigt. Auch das erscheint fast wie ein Witz.

«Bei seiner Einreise waren die Einwanderungsbehörden nicht damit zufrieden gewesen, die Rubrik ‹Beruf› frei zu lassen, wie es in seinem Paß der Fall war. (...) Sie hatten ihm gesagt: ‹Monsieur muß aber doch irgend etwas tun.› Und Kit, die witterte, daß er anfangen würde, sich über diesen Punkt zu streiten, hatte schnell geantwortet: ‹O ja, Monsieur ist ein Schriftsteller, aber er ist sehr bescheiden!› Sie hatten gelacht und das Wort ‹écrivain› in die leere Rubrik geschrieben und hinzugefügt, sie hofften, die Sahara würde ihn inspirieren. Eine Zeitlang war er wütend gewesen über ihren Starrsinn, ihm ein Etikett geben zu wollen, einen *état civile*. Dann hatte ihn einige Stunden die Idee, ein Buch zu schreiben, amüsiert.» (S. 175)

Port lebt von einer Erbschaft, nicht schlecht, wie es scheint, und fühlt kein Bedürfnis zu schreiben. Die Idee, mit dem Schreiben wieder anzufangen, verläßt ihn sofort, sobald er sich im Hotel *eingerichtet* hat.

> «Es gelang ihm nicht, einen Zusammenhang zwischen den albernen Trivialitäten, die seinen Tag ausfüllten, und der ernsten Beschäftigung, Worte zu Papier zu bringen, zu finden. (...) Solange er sein Leben lebte, konnte er nicht darüber schreiben. Wo man aufhörte, fing der andere an, und das Vorhandensein von Umständen, die von ihm auch nur ein Minimum an Teilnahme erforderten, war genug, um die Idee des Schreibens aus dem Bereich der Möglichkeiten zu stellen. Aber das war ganz in Ordnung. Er würde nicht gut geschrieben und daher auch keine Freude daran gehabt haben. Und selbst wenn das, was er geschrieben haben würde, gut gewesen wäre, wie viele Menschen hätten es gelesen? Es war ganz richtig, mit voller Geschwindigkeit in die Wüste hineinzufahren und keine Spuren zu hinterlassen.» (S. 176)

Diese letzten Sätze über die Vergeblichkeit jeglicher schöpferischer Anstrengung und über die notwendige Vorbereitung auf das Nichts läßt Paul Bowles seine zutiefst pessimistische Gestalt in einer besonderen Umgebung denken: Auf der Ladefläche eines unter den Sternen hin- und herschaukelnden Lastwagens, mit dem Kit und der kranke Port in die Wüste vordringen.

> «Während er hinten im Lastwagen lag, durch Kit etwas gegen die Kälte geschützt, fühlte er ab und zu die gerade Straße unter sich. Die gewundenen Straßen der vergangenen Wochen wurden fremd und verblaßten in seiner Erinnerung; sie wurden alle zu einem einzigen geraden und unausweichlichen Weg von der Küste bis in die Wüste, und nun war er bereits fast im Zentrum.» (S. 175)

Port Moresby ist in die Krankheit eingetreten. Er hat sich auf den Weg gemacht, der ihn unfehlbar zum Brennpunkt, zum

Kern seines Wesens führen wird. Keine materielle Sorge kann ihn aufhalten, weder ein natürliches Hindernis, noch ein Problem täglicher Ordnung. Er steht kurz vor seiner wichtigsten Entdeckung, da macht es ihm wenig aus, die *Zone d'Insécurité* zu durchqueren, wo er, in den Armen der Krankheit, sein Leben riskiert. Er hat seinen Paß verloren, aber mit der riesigen Wüste um sich herum wird er sich endlich identifizieren können.

> «Manchmal fühlte er, wie das Fieber in ihm tobte, eine Macht für sich; es erweckte in ihm die Vorstellung von einem Baseballspieler, der im Begriff war zu werfen. Und er war der Ball.» (S. 177)

Ab hier scheint es mir nicht mehr möglich, Port mit seinem Autor zu identifizieren, ebensowenig wie Kit mit ihrem Vorbild Jane. Am Anfang leihen die wirklichen Menschen tatsächlich noch ihren Charakter, ihr Bild oder ihre Stimmungen den Helden aus Papier. Irgendwann kommt der Moment, in dem diese sich von ihrer Vorlage aus Fleisch und Blut lösen und autonom werden. Zwar ist das, was sie umhüllt, noch immer nichts anderes als Papier, aber sie weiterhin mit realen Personen in Verbindung zu bringen würde bedeuten, dem Roman seine fiktionale Kraft, seine Eigendynamik abzusprechen. Port ist auf dem Weg, sein Schicksal zu erfüllen, das ihm Paul Bowles ungerührt von den ersten Anzeichen bis zur allerletzten Verschlimmerung zugedacht hat. Paul Bowles schreibt einen Roman, *Himmel über der Wüste*. Sein Held denkt nicht daran, sich eine Geschichte auszudenken: er hätte sich als einziges Subjekt gewählt, handelnd, beobachtend.

> «Ein Tagebuch, in das er jeden Abend die Gedanken des Tages eintragen würde, sorgfältig mit Lokalkolorit gefärbt, und in das er gleich zu Beginn die absolute Wahrheit seiner

Theorie – daß nämlich die Differenz zwischen Etwas und Nichts Nichts ergibt – deutlich bewiesen werden sollte.» (S. 175/176)

Paul kämpft – allein – mitten in einer Welt, die er nicht kennt. In keinem Moment wird gesagt, daß er gesund werden könnte. Will er es überhaupt? Was sucht er in dieser Gegend, in der die Landschaft noch verschont ist vom Krieg und vom Maschinenzeitalter; was sucht er, wenn nicht die Wüste, die Reinheit des Himmels und des Sandes, wenn nicht das Bewußtsein, daß er, in dieser Umgebung, endlich *nichts* ist. Oder besser gesagt: er *ist* der Wind, er *ist* die Hitze. Völlig von der Umgebung abhängig. Völlig identifiziert mit der mineralischen Härte, an der jede Vision zerbricht. Hier muß man nur zu überleben versuchen, überleben in einer Welt, die keine Rücksicht auf eine kleine, einzelne Existenz nimmt. Man ist nichts als – man möge mir das etwas abgegriffene Bild verzeihen – ein Sandkorn unter Millionen anderen. Aber die Hitze ist intensiv, und wenn einem das Leben zwischen den Fingern brennt, kann man den Grad seiner Intensität ermessen. Die Figuren des Romans haben sich endgültig verabschiedet von ihren Vorbildern, so wie von ihrer Zivilisation, von ihren Anhaltspunkten, die ihnen halfen, sich zu definieren. «Er wurde um und um geschleudert und dann in den Raum geworfen, wo er sich im Flug auflöste.» (S. 177)

In einem Interview erklärt Paul Bowles 1952: «Ich schreibe über Krankheit. Warum? Weil ich über heute schreibe... Nicht über das, was heute passiert, sondern über die heutige Zeit selbst.»[1]

1 Harvey Breit, «Talk with Paul Bowles», New York Times Book Review, 9. Mai 1952, S. 19

Kit kann nur zusehen, wie es ihrem Mann immer schlechter und schlechter geht. Vor seiner Krankheit war ihm innerlich eiskalt. Das Fieber entreißt ihm nun, einen nach dem anderen, die Gründe, die er sich ausgedacht hatte, warum das Leben einen Sinn haben sollte. Die Kälte gewinnt die Oberhand, aber dennoch meint er nicht, wirklich etwas zu verlieren. Ihm scheint, er erhielte endlich Zugang zu höheren Graden der Wahrnehmung, und daß sich ihm nur andere, immer neue Feinde entgegenstellen. Jede Etappe der Krankheit ist eine neue Schlacht. Wie der Kampf ausgeht, ist gleichgültig: Port hat bereits akzeptiert, daß nichts mehr zu retten ist. Er wünscht sich nur noch, daß der letzte Blick, den er auf die Welt werfen wird, schön sei. Diese Sorge verläßt ihn nicht, auch wenn sich sein Zustand ständig verschlimmert. Die Idee der Schönheit ist äußerst wichtig für ihn: sie erlaubt ihm zu denken, Gedanken zu formen, bis ins Delirium des Fiebers. Sie ist das Zeichen für seine Würde, der letzte Beweis seines Menschseins. Schon als sie in El Ga'a ankommen (in Wirklichkeit: El Golea), findet er, daß sie «am ersten anständigen Ort» ihrer Reise angekommen sind.

> «Draußen, im Staub, herrschte afrikanisches Durcheinander, aber zum erstenmal ohne ein sichtbares Zeichen europäischen Einflusses, und so hatte die Szene eine Originalität, die den anderen Städten gefehlt hatte. Eine unerwartete Vollkommenheit, die das Gefühl des Chaotischen wieder auflöste. Sogar Port bemerkte den unverfälschten Charakter dieses Bildes: ‹Es ist wundervoll hier, jedenfalls soweit ich es jetzt sehen kann.›» (S. 166)

Diese Reinheit ist nur eine Illusion, die ruhige Harmonie nichts als Fassade: die Stadt wird von einer Meningitis-Epidemie heimgesucht, und die Ruhe ist letztlich vielleicht nur die direkte Auswirkung dieser Seuche. Die Moresbys sind zu weit gegangen. Kit hätte das Schlimmste ins Auge fassen und versuchen können, ihn zum Umkehren zu bewegen. Und er hat den Aufschub, den ihm das Fieber gewährte, nur genutzt, um, wie er sagte, in heißere Gegenden zu reisen, als ob Aïn Krorfa und Bou Noura für ihre gemäßigten Temperaturen bekannt wären... Sie sind fixiert darauf, ihre Reise in den Süden fortzusetzen. Schließlich erreichen sie Sbâ, wo Port im Sanitätsraum des Militärpostens aufgenommen wird – dem einzigen Raum in ganz Sbâ, der über ein Bett verfügt, wenn man es denn mit Recht so nennen kann. Capitaine Broussard diagnostiziert Typhus. Mißtrauisch – und nicht ohne Grund, wie man zugeben muß – fragt er sich, was ein Kranker in einem solchen Zustand wohl in einem so armseligen, verlorenen Nest zu suchen hat. Die Höllenfahrt auf dem Lastwagen hat Port die letzte Kraft geraubt.

«Die Tabletten hatten aufgehört zu wirken. Er sah sie mit einem ihr unbekannten Ausdruck in den glänzenden Augen an.

‹Heute ist mein Geburtstag›, murmelte er.

‹Nein, das stimmt nicht›, sagte sie scharf; dann überlegte sie und fragte mit gekünsteltem Interesse: ‹Stimmt das wirklich?›

‹Ja. Es ist derjenige, auf den ich gewartet habe.› Sie fragte nicht, was er damit meinte. Er fuhr fort: ‹Ist es schön draußen?›

‹Nein.›

‹Ich wünschte, du hättest ja gesagt.›

‹Warum?›

‹Ich hätte gerne gehabt, daß es draußen schön ist.›» (S. 189)

Das Leiden Ports wird unerträglich. Er schreit vor Schmerz. Seine Frau, tief bestürzt, macht eine erschreckende Beobachtung:

«‹Er hat aufgehört, menschlich zu sein›, sagte sie sich. Krankheit reduziert den Menschen auf seinen Urzustand: eine Kloake, in der die chemischen Prozesse weitergehen. Die bedeutungslose Vorherrschaft des Vegetativen. Da, neben ihr, lag das letzte Tabu, schutzlos und über jedes vernünftige Maß hinaus grauenhaft.» (S. 189)

Kit wird, mehr oder weniger bewußt, aus diesem ‹Zimmer› fliehen, in dem der durchdringende Wind und der Sand sofort alles mit einer dicken Staubschicht bedecken. Ports letzte Worte gelten ihr, wie auch seine letzten Gesten. Sie umarmen sich. Und einen Moment lang sind sie, im Wissen um ihre verlorenen Jahre und ihre furchtbare Einsamkeit, vereint. Auf ihn wartet der Tod und auf sie ein Leben, das sich vor ihr auftut wie ein Abgrund. Mitten in einer offenbarenden Vision findet Port den Tod: Zwischen den Sternen und uns ist nichts. Und wir sind nichts als Sternenstaub, dazu verdammt, zerstreut zu werden, atomisiert durch die Entdeckung des Unendlichen. Die Natur ist nicht feindlich, nur gleichgültig gegenüber den Menschen und ihrem eitlen Treiben. Was diese beiden Wesen in den Minuten, bevor sie sich endgültig trennen, zermalmt, ist das Gewicht dessen, was sie sich nie gesagt haben. Es gibt keine Transzendenz mehr. Sie haben in einer Welt gelebt, die, ohne Gott, verwaist ist. Was übrigbleibt, ist nur die Last der Sünde. Am Ende der ersten Hälfte dieses Jahrhunderts ist das neue Bild der Erbsünde die Atombombe. Diese Waffe, deren riesiges Zerstörungspotential nur zwei Jahre, bevor Paul Bowles diesen Roman beginnt, sichtbar wurde, macht jede Hoffnung zunichte, leugnet jede mögliche Erlösung. Port stirbt in absoluter Einsamkeit, und diese Trennung im Moment der Wahrheit verstärkt noch den unglaublichen Pessimismus des Buches. Es gibt keinen Weg, auf den er sich machen könnte, es gibt nur den Himmel, der sich öffnet, und das Nichts, das ihn verschlingt und von seinem Leiden erlöst. Denn wenn der Himmel aufreißt, sind dahinter keine Ungeheuer. Da ist nur: Schwarz. Dasselbe Schwarz, das Paul Bowles schon als Kind geängstigt hatte. Die dichte Dunkelheit einer Welt ohne Gott und ohne Licht. Deshalb ist der Himmel schützend, deshalb erscheint er uns so schön: Er ist unsere einzige Decke, ein sternenbesticktes Laken, unter dem Port sich zusammenrollt, bevor der Tod ihn von seinem elenden Lager reißt.

Gertrude Stein schrieb über die Leute, die in Amerika leben: «Es gibt keinen Himmel, kein Dach hoch über ihren Köpfen.»[1] Es gibt Gegenden auf der Welt, wo die Erde das Wichtigste ist, wo sie alle Macht innehat. «In Nordafrika wird die Erde zum unbedeutendsten Teil der Landschaft, denn ständig ertappt man sich dabei, daß man die Augen zum Himmel erhebt. In der ausgetrockneten Landschaft ist der Himmel der letzte Gebieter.»[2] Dieser nun wieder völlig blaue und schützende Himmel, unter dem Ports toter Körper liegenbleiben wird. Kit ist schon vor der Nähe des Todes geflohen. Den Tod selbst schildert Paul Bowles so, wie ihn sein Protagonist erlebt, aus der Innenansicht. Vor den Mauern des Militärpostens trifft Kit Tunner wieder, der endlich auch nach Sbâ gelangt ist. Sie klammert sich schluchzend an ihn und schreit heraus, daß sie Port über alles liebt. Tunner hält sie in seinen Armen und «lächelte im Mondlicht» (S. 209). Dieser kleingeistigen Befriedigung, dieser väterlichen und leicht idiotischen Geste stellt Paul Bowles die letzte Vision Ports gegenüber:

> «Sein Schrei gellte bis in das letzte Bild: die Flecken frischen hellen Blutes auf der Erde. Blut auf Kot. Der erlösende Augenblick, hoch über der Wüste, wo die beiden

1 *Everybody's Autobiography*, 1937. Dt. Titel: *Jedermanns Autobiographie*, Suhrkamp, 1986.
2 *Africa Minor*, in: *Der Weg nach Tassemsit*, S. 31.

Elemente, Blut und Kot, lange getrennt, ineinander verschmelzen. Ein schwarzer Stern geht auf, ein dunkler Punkt in der Helle des Nachthimmels. Dunkler Punkt, Tor zur Ruhe. Greif aus, durchstoße das zarte Netz des schützenden Himmels, ruhe aus.» (S. 209)

Kit ist allein... Bislang schien Port die Hauptfigur des Romans: Er fällte die Entscheidungen, legte die Reiseroute fest, bestimmte mehr oder weniger die Gespräche. In gewisser Hinsicht wird Kit durch seinen Tod ‹befreit›. «Dies waren die ersten Augenblicke eines neuen Daseins, eines fremden, seltsamen Daseins, von dem sie bereits ahnte, daß es sie mit einem Element von Zeitlosigkeit umgeben würde» (S. 211). Wenige Stunden später ist Kit verschwunden. Vorher verabschiedet sie sich noch von ihrem Mann. Ein grausames Detail bewahrt diese Szene vor einem Abrutschen in konventionelle Melodramatik. Paul Bowles hat niemals Mitleid mit seinen Figuren. Sein schwarzer – in diesem Falle summender – Humor verhindert, daß die Leser sich ausruhen auf ihrer Rührung, die sie so schnell zu empfinden bereit sind angesichts des Schicksals irgendwelcher Helden aus Papier.

«Sie legte leise ihre Wange auf das Kopfkissen und streichelte sein Haar. Keine Träne floß; es war ein schweigender Abschied. Ein seltsames intensives Summen in ihrer Nähe ließ sie die Augen öffnen. Fasziniert beobachtete sie zwei Fliegen bei ihrem kurzen, heftigen Begattungsakt, der sich auf Ports Unterlippe abspielte.» (S. 213)

Kit geht fort. Die nächste Etappe ihres neuen Lebens ist ein Bad im Mondschein. Als sie, nackt, im Wasser untertaucht, hat sie diesen Gedanken: «Ich werde nie wieder hysterisch sein» (S. 220). Fern, in der Oase, vibriert die

Luft von der Musik eines Festes. Das Bad ist eine Taufe. Vor Freude trällert sie sogar ein paar Melodiefetzen vor sich hin.

> «Mit einemmal kam ihr der Verdacht, daß etwas hinter ihrem Rücken geschehen war, daß die Zeit ihr einen Streich gespielt hatte: Sie hatte Stunden, statt Minuten, im Teich verbracht und es nicht bemerkt. Die Festlichkeiten im *Ksar* waren längst beendet, die Menschen hatten sich verlaufen, und das Verstummen der Trommeln war nicht einmal in ihr Bewußtsein gedrungen. Solche absurden Dinge passierten manchmal. Sie bückte sich, um ihre Armbanduhr von dem Stein aufzuheben, auf den sie sie gelegt hatte. Sie war verschwunden.» (S. 220)

Auch die Zeit ist verschwunden. Ein neuer Tag bricht an. «Selbst als es völlig hell wurde, selbst als die Riesensonne aufflammte und Sand, Bäume und Himmel langsam ihren Tagesaspekt annahmen, hatte sie keinerlei Zweifel über die Neuheit und Andersartigkeit des Tages» (S. 240). Eine Karawane von ungefähr dreißig Kamelen taucht auf. Das einzige Mal, daß sie einige dieser stolzen Männer mit den kholgeschwärzten Augen gesehen hatte, die mit sicherer Hand die Meharis führten, auf denen sie ritten, war vom Autobus aus, als sie und Port von Aïn Krorfa nach El Ga'a fuhren: «Zum erstenmal spürte sie einen leichten Schauer von Erregung. ‹Es ist schon wunderbar›, dachte sie, ‹im Atomzeitalter an solchen Menschen vorüberzufahren›» (S. 164). Jetzt wendet sie sich an die beiden Männer, die auf ihren Meharis am Schluß des Zuges reiten, vertraut ihnen voll und ganz ihre neue Existenz an und besiegelt so ohne Zögern ihr Schicksal. «Schon als sie diese zwei Männer sah, wußte sie, daß sie sie begleiten würde, und diese Gewißheit gab ihr ein unerwartetes Gefühl von Macht: Anstatt ihre Omen zu fühlen, würde sie sie jetzt selbst verkörpern» (S. 240). Katherine Moresby wird die letzten Reste ihrer alten Identität abstreifen, um eine andere zu werden. Sie wird sich mit ihrer neuen Rolle identifizieren – genau wie der Professor in *Eine ferne Episode* seine Verwandlung in einen Jahrmarktsclown akzeptiert, den man mit einer scheppernden ‹Rüstung› aus Blechbüchsen als einzigem Kleidungsstück herausputzt...

Das Buch scheint nun als ‹Haremsroman› zu enden, der nur noch von den Phantasmen der jungen Frau, die endlich Wirklichkeit werden, bevölkert wird; Phantasmen sexueller und, in Andeutungen, masochistischer Art. Kit wird zur Sklavin gemacht, zu einer glücklichen, wie es scheint. Ihre Sehnsucht, endlich unterworfen zu sein, erfüllt sich mehr, als sie es je erwartet hätte. Ihre freiwillige Sklaverei dauert nicht lange – zumindest im Buch: kaum zwanzig Seiten. Die drei letzten Kapitel erzählen die neuerliche Flucht der jungen Frau und ihre schwierige Rückkehr nach Oran, dem Ausgangspunkt ihrer Reise. Das Konsulat schickt Miss Ferry – eine hoffnungslos amerikanische Begleitperson –, um die verirrte Landsmännin zu übernehmen, die sich gerade von ihrem Elendszustand in der Wüste losgerissen hat. «‹Die Sahara ist in Wirklichkeit klein, wenn man es darauf ankommen läßt. Das gibt es einfach nicht, daß dort Menschen so mir nichts, dir nichts verschwinden. Das ist anders als hier in der Stadt, in der Kasbah...›» Miss Ferry springt aus dem Taxi, um die letzten Details für Kits Aufnahme im Hotel zu arrangieren. Während der Fahrt vom Flughafen zum Hotel ist sie zu der Überzeugung gelangt, daß Mrs. Moresby völlig «plemplem» ist. Als sie kurz darauf zurückkommt, ist die junge Frau verschwunden. Der letzte Absatz des Romans ist der äußerst genauen Beschreibung der Fahrt einer überfüllten Trambahn gewidmet, die in diesem Moment am Hotel Majestic vorbeischaukelt. Paul Bowles legt als erfahrener Erzähler immer besonderen Wert auf den Schluß seiner Geschichten. Er erklärt nichts, normalerweise. Die Suggestion ist seine Hauptwaffe.

Wir wissen also nicht, ob Kit in die Trambahn eingestiegen ist oder nicht, aber es ist auch nicht wichtig. Allein das Offensichtliche zählt: Sie ist verschwunden, diesmal endgültig. Der Kreis ist geschlossen. «Am Rande des Araberviertels machte der noch immer vollbesetzte Wagen einen weiten Bogen und hielt; es war die Endstation.»

Internationale Zone

Es sind nun über vierzig Jahre her, daß – im September 1949 – *Himmel über der Wüste* in New York veröffentlicht wurde. Nicht bei Doubleday. «Sie haben das Buch abgelehnt. Sie sagten: ‹Wir wollten von Ihnen einen Roman. Das hier ist kein Roman.›» Was war es wohl, was sie an diesem Manuskript enttäuscht haben könnte? Der autobiographische Aspekt ist wichtig in einem Erstlingsroman: Man kann das bei vielen Autoren beweisen. Auch wenn sich Paul Bowles dagegen wehrt und Leben und Werk genau auseinandergehalten wissen will, hat er doch eine Geschichte erfunden, die eine Projektion, nicht seiner selbst, aber gewisser Situationen ist, die er mehrmals selbst durchgestanden hat: Schwierigkeiten mit ‹Autoritäten›, verschiedenste ‹pittoreske› Fortbewegungsmittel etc. Er hatte sogar seinen Freund Copland 1931 in das Viertel Eckmühl-Noiseux in Oran geschleppt: die Endstation der Trambahn. In *Himmel über der Wüste* erzählt der Schriftsteller von einer ‹Erfahrung›, der er selbst zum Teil entronnen ist dank einiger günstiger Umstände. Nie wieder wird er seinen Romanfiguren so nahe stehen. Muß ich daran erinnern? Es ist jedem erlaubt, das Schlimmste anzunehmen... Ich glaube genug darauf hingewiesen zu haben, inwieweit Porter Moresby *nicht* das Abbild seines Schöpfers ist, daß er nur einige Charakterzüge oder Denkschemata mit ihm gemein hat. (Ich benutze mit Absicht das Wort ‹Schema›, da eine Figur auf zweihundertachtzig Seiten, wie mir scheint, nicht die psychologische Komplexität ihres Autors erreichen kann, glücklicherweise...) Und doch sind es offensichtlich Paul Bowles' Ängste, die den erstaunlichen Geschichten, in die er seine Figuren stürzt, zugrunde liegen. Bevor er seinen Lesern Schauer über den Rükken jagt, prüft er – mehr oder weniger bewußt – die Wirkung seiner Prosa an seiner eigenen Reaktion. Aufgrund seiner unermüdlichen Reisen hat er einen sicheren Blick für Landschaften oder für typische Verhaltensweisen Einheimischer gewonnen. So entstehen Dekor (Maghreb, Mittelamerika) und Nebenfiguren (nicht selten Militärs und Priester, und alle beauftragt, rebellische Seelen zu ‹befrieden›). Die Hauptfiguren sind Leute wie du und ich, nur eben meistens aus New York. Bleibt die große Frage des *Plots*, ohne den es keinen guten Roman geben kann.

Jeder kennt den Satz, der oft Jean Gabin zugeschrieben wurde: «Für einen guten Film braucht man drei Dinge: erstens, eine gute Geschichte, zweitens, eine gute Geschichte, und drittens, eine gute Geschichte.» Die von Kit und Porter Moresby muß wohl den Verlegern von Doubleday nicht gut genug erschienen sein, um viele Leser zu interessieren. Ein amerikanisches Paar mit pessimistischen Vorstellungen, was die Zukunft der Zivilisation und die algerische Hotellerie anbelangt, sucht die Sahara heim... Die Anwesenheit eines männlichen Wesens hollywoodschen Zuschnitts, Tunner, beeinflußt das Geschehen nur unwesentlich, zumal die Liebesszenen von den knapp zehntausendfünfhundert Zeilen des Romans insgesamt nur ungefähr zwanzig ausmachen... Das Amerika von 1948 ist reif für den frühen Norman Mailer. In «Die Nackten und die Toten» stirbt man nicht an Typhus. Bei Doubleday fand man, daß die Wüste ziemlich langweilig sei. Wie in vielen seiner Erzählungen geht Paul Bowles auch hier von einer «normalen» Anfangssituation aus, die er unmerklich kippen läßt in einen Alptraum, in die Katastrophe, wobei er alle Grade von Anormalität streift. Was den Autor von seinen Figuren unterscheidet, ist nur eine Frage des Grades, der Quantität. Als Reisender hat Paul Bowles unvermeidbar zahlreiche Unvorsichtigkeiten begangen, aber er hat – mit «mehr Glück als Verstand»? – nie die letzte Stufe überschritten, nach der man unvermeidlich abstürzt. Seine Werke sind Versuchsanordnungen. Wenn er einen Professor, Doktor, Pfarrer oder Touristen in eine andere Kultur taucht, kommen sie nicht ungeschoren wieder daraus hervor. «Warum? Sie sind nicht ich. Ich habe die Fehler meiner Protagonisten nicht gemacht. Diese Fehler sind möglich, aber sie stammen geradewegs aus meiner Phantasie... Ich habe mich immer an das Kind im Leser gewendet. Wenn man in Tanger ins Kino gehen könnte, würde ich mir auch liebend gern Horrorfilme anschauen! Wenn in meinen Geschichten die Leute in wirklich schlimme Situationen geraten oder wenn sie sterben, dann deshalb, weil ihr Zustand von Anfang an ungut war. Aber ich habe Ihnen ja schon gesagt: Die wenigen positiven, in meinen Romanen verstreuten Gestalten sind alles Dummköpfe...»

Manchmal erfindet Paul Bowles keine Geschichte, sondern er erzählt eine wahre Begebenheit nach. So regte ihn zum Beispiel Anfang Januar 1948 ein Bericht eines französischen Offiziers, der in Timimoun (einer kleinen Stadt in der algerischen Sahara) stationiert war, zu der Erzählung *The Delicate Prey*[1] an. Die Sache war brutal, aber an sich nichts Ungewöhnliches: Ein Moungari hatte drei Händler vom Stamm der Filala getötet und beraubt, die von Tabelbala (im Osten Algeriens) über Toudeni nach Tessalit in Mali unterwegs waren. Er hatte seine Opfer eins nach dem anderen mit Hilfe einer List ermordet. Die Gegend wurde derzeit von Mitgliedern der Reguibat heimgesucht, und die Filala hatten dem Moungari nicht mißtraut. Die Reguibat sind Diebe und Mörder, was ja schon aus *Eine ferne Episode* bekannt ist. Der

1 Dt. Titel *Die leichte Beute*, in: *Allal*

Volksmund sagt: «Der Reguiba ist eine Wolke vor der Sonne.» Entgegen jeder Erwartung sind sie hier aber nicht die Schuldigen. Der Moungari hat zuviel Haschisch geraucht, deshalb handelt er so schändlich. Die Geschichte des französischen Offiziers endete mit einer Besonderheit: Die Militärbehörden in Tessalit wurden durch andere Händler alarmiert, die sich wunderten, warum ein Moungari mit drei Meharis auftaucht, die mit auf Filala-Art gegerbtem Leder beladen sind. Der örtliche Kommandant hatte sofort auf die Schuld des Moungari geschlossen und ihn den Händlern mit dem Satz ausgeliefert: «Macht mit ihm, was ihr wollt.» Fast ein Jahr später, auf einer Überfahrt von New York nach Gibraltar an Bord der *SS Saturnia*, erfindet Paul Bowles den Rest. So auch die abscheuliche Gewaltorgie des dritten Mordes, der am jüngsten der drei Filala begangen wird. Im Hotel Transatlantique in Timimoun hatte man Paul Bowles Gazellenfleisch serviert: Diese «delikate Beute» hatte ihn zum Titel der Erzählung angeregt. Und es ist zweifelsohne Driss, der junge Filali, der zu einer solchen Beute wird in den Händen eines «haschichin», der mit einer besonders sadistischen Phantasie begabt ist.

Tennessee Williams – der Freund und Reisebegleiter auf der *SS Saturnia* – bekommt den Text als erster zu lesen. «Diese Geschichte solltest du nicht veröffentlichen», rät er. «Warum nicht?» fragt Paul Bowles zurück. «Weil jeder denken wird, du seist ein Monstrum. Den Schaden, den du dir damit zufügen wirst, kannst du nicht wieder gutmachen.» Im darauffolgenden Jahr publiziert die Zeitschrift *Zero* in Tanger *Die leichte Beute* in ihrer Sommernummer. *Zero* wurde geleitet von Themistocles Hoetis, Pseudonym des Schriftstellers Georges Solomos, der einen einzigen Roman veröffentlichte, *The Man Who Went Away*. Er schrieb ihn 1949 in Marrakesch, danach verließ er Marokko endgültig... John Lehmann, der Londoner Verleger, der schließlich *The Sheltering Sky* herausgegeben hatte, veröffentlicht ein Jahr später, also

1950, den ersten Sammelband mit Erzählungen von Paul Bowles: *A Little Stone* enthält zwölf Texte. Zwei wichtige sind nicht darunter: *The Delicate Prey* und *Pages From Cold Point*. Der erste ist anscheinend zu brutal, der zweite verletzt die allgemeine Moral. John Lehmann fragte Cyril Connolly und Somerset Maugham um Rat: Beide meinten, wenn diese Erzählungen in die Sammlung aufgenommen würden, gäbe es unweigerlich Probleme mit dem Vertrieb, oder, noch direkter, mit der Zensur selbst... Was *Cold Point* anbelangt, gibt Paul Bowles, der genüßliche Beobachter, eine eigene Version der Ereignisse zum Besten. Er traf Somerset Maugham damals. Und wenige Tage, bevor der Autor von *Auf Messers Schneide* in sein Landhaus in Cap Ferrat abreiste, entschied dieser: «Homosexualität: ja. Inzest: ja. Aber Erpressung: das geht nicht, nein.»

Die Texte von Paul Bowles wurden tatsächlich nur mit Schwierigkeiten angenommen. Schon die Herausgeber der Zeitschriften, an die sich sein Agent wandte, wollten sie oft nicht. *The Hours After Noon*[1] eine mit (im Deutschen) 37 Seiten ziemlich lange Erzählung, wurde im Jahr nach ihrer Entstehung von elf Zeitschriften oder Magazinen abgelehnt: *Mademoiselle, Harper's Bazaar, Atlantic, Flair, Harper's Tomorrow, Holiday, Partisan Review, Sewanee Review, Cosmopolitan* und *Yale Review*.

Im Gegenzug wurde der Roman *Himmel über der Wüste*, der im September 1949 herauskam, von der Kritik sehr gut aufgenommen. Der *Evening Standard* wählte den Erstling zu seinem ‹Roman des Monats›. Und das Buch verkaufte sich auch einigermaßen gut. Aber erst im Lauf der Jahre wird es zu so

1 Die 1949 in Paris, Tanger und Fès geschriebene Erzählung erschien schließlich direkt im zweiten Band Erzählungen, der 1959 in Großbritannien erschien. Auf deutsch erschien *Die Stunden nach Mittag* erst 1989 im gleichnamigen Erzählungsband.

etwas, was man gemeinhin ein ‹Kultbuch› nennt, auch wenn es niemals ein Bestseller war. Nun, die Verehrer eines Kultbuches lieben es ja auch nicht immer, ihre Leidenschaft mit allzu vielen anderen zu teilen. Sie betrachten sich lieber als die ‹Happy few› der literarischen Szene ... Kurz, *Himmel über der Wüste* wird sehr bald bekannt, aber niemals richtig populär.[1]

Der Mensch Paul Bowles ist faszinierend und bleibt ein weitgehend unantastbares Geheimnis, selbst wenn er von einem Schwarm Journalisten umgeben ist. Vielleicht ist er ja aus dem Stoff, aus dem Rätsel und Legenden gewoben werden, dem Stoff, aus dem die Träume sind. Von den Figuren, die er erdacht hat, kann man das nicht behaupten: Kein Julien Sorel, keine Madame Bovary, kein Arturo Bandini findet sich in seinen Büchern. Zunächst natürlich, weil der wichtigste Teil seines Werkes aus Erzählungen besteht, dann auch – und das bringt ihm eine Art Ehrenpunkt –, weil er Helden darstellt, die eher keine sind, weil er den geringsten Wunsch des Lesers, sich mit denen zu identifizieren, die sich da vor seinen Augen verzweifelt abstrampeln, aufs äußerste zurückweist.

Die Hauptfigur von Paul Bowles' zweitem Roman, *So mag er fallen*[2], kann das Bild der Menschheit auch nicht aufbessern, die da, von allen Seiten aus betrachtet, korrigiert – und niedergemacht wird. Eines Nachts, ein paar Tage vor Weihnachten 1949, irgendwo in Tanger, wird Nelson Dyar im Kopf des Schriftstellers geboren. Robert Davis wird in seiner

1 Einige Auflagenzahlen mögen verdeutlichen, wie sich das Buch verkaufte, oder zumindest, welche Verkaufszahlen die Verleger sich von ihm erhofften:
– Erstausgabe, London, September 1949: 4000 Exemplare.
– erste amerikanische Auflage, New York, Oktober 1949: 3600 Exemplare (weitere Auflagen folgten).
– erste amerikanische Taschenbuchausgabe, New York, Juni 1951: 222 000 Exemplare.

2 *Let it Come Down*.

Rezension im *New York Times Book Review* schreiben: «Dyar is a moral idiot.»

So mag er fallen spielt in Tanger. Im Tanger der ‹großen Zeit›. Der Sommer 1949 ist sicher der schönste Moment in der kurzen Geschichte der Internationalen Zone. Noch vor der Veröffentlichung von *Himmel über der Wüste* beginnt Paul mit einem anderen Roman. Nur der Titel der Geschichte, die sich in New York und Mittelamerika abspielen sollte, ist erhalten: *Almost All the Apples are Gone*. Man muß sagen, daß das Ambiente dieses Sommers nicht gerade zur Arbeit einlädt: Es sind Monate, die etwas verrückter sind als die anderer Jahre, Monate, in denen jede Nacht der Lärm eines Festes in einem der Häuser am Alten Berg erschallt oder die Blechbläser der Jazzkapelle in «Freddie's Embassy» scheppern. Jane und Paul haben sich wie im Jahr zuvor in der Pension El Farhar[1] eingemietet. Sie haben den hinteren linken Bungalow genommen: mit dem Blick auf eine der schönsten Landschaften der näheren Umgebung Tangers. Dort sitzt man kühl, inmitten einer überbordenden Vegetation, in absoluter Ruhe... Und doch ist das Stadtzentrum nicht mehr als eine Viertelstunde mit der Kutsche entfernt. Pauls Zimmer ist mit dem von Jane durch eine kleine Treppe verbunden. Im Frühjahr 1948, während er an seinem Roman weiterschreibt, überarbeitet Jane ihre Erzählung *Camp Cataract*[2]. Als ich El

1 In der Erzählung *The Hours After Noon* taucht sie auf als «Pension Callender».

2 Abgeschlossen in Fès, im Hotel Belvédère, im Mai 1948. Während dieser mühsamen Überarbeitung begreift Paul, was Jane meint, wenn sie sagt, Schreiben sei für sie «so hart». Sie kommt nicht weiter bei der Beschreibung der Brücke, einem wichtigen Requisit der Erzählung, wenn auch die baulichen Details sicher von geringerem Interesse sind. «‹Warum mußt du das verdammte Ding denn unbedingt bauen?› fragte ich. ‹Warum kannst du nicht einfach sagen, es war da, und damit hat es sich?› Sie schüttelte den Kopf. ‹Wenn ich nicht weiß, wie es gebaut ist, kann ich es nicht sehen.›» (*Rastlos*, S. 319)

Farhar kennenlernte, wußte ich von all dem noch nichts. Zwei Freunde, französische Maler, wohnten dort: Jean-Claude pflegte seine unruhige Natur, indem er am weitoffenen Fenster im Wind arbeitete, während Jean-Michel, der gerade in Scheidung lebte, gegenüber mit zahlreichen Vorhängen seine Ehebrüche zu kaschieren suchte. Es gab zwar keine Kutschen mehr in Tanger, aber es gab noch Künstler im El Farhar.

Später empfahl ich die Adresse einem anderen Freund, der gern seine marokkanischen Freundinnen empfangen wollte. Als sie gegangen waren, saßen wir zu zweit in diesem berühmten letzten Bungalow, tranken Tee und sprachen, mit dem Blick aufs Meer, über Choderlos de Laclos. Die Besitzerin, Miss Buckingham, trotzte den Jahren in ihrer makellosen rosé Satinhose, die ihre mädchenhafte Taille betonte, kämpfte für ihre Blumen und beantwortete das Telefon, wenn die 311-67 zu funktionieren geruhte. Man ist nur drei Taximinuten von Drageb entfernt, und doch ist Tanger weit weg, denn man ist im Farhar, wo die Zeit vor dem eingefallenen Kamin stehengeblieben, vom hohen Gebüsch eingeschlossen scheint.

Während des Sommers 1949 komponiert Paul *Nightwaltz* und widmet das Stück den Pianisten Arthur Gold und Robert Fizdale, die es ihm in Auftrag gegeben hatten. Dieser Walzer ist die musikalische Umsetzung einer Atmosphäre in Tanger, deren drohenden Verfall der Komponist zu spüren scheint. Das Stück badet in einer Art vorweggenommener Nostalgie. Eine Art vorausahnendes Bedauern vielleicht. Aber das Wissen um die Vergänglichkeit der Tage bedeutet nicht schicksalhaft ein Fehlen von Energie: *Nightwaltz* ist ein belebendes, brillantes Stück, um so mehr, als es jede der Ideen, die es umsetzt, in konzentrierter Form ausdrückt... Auch wenn nicht ein großes Fest das andere jagt, herrscht in den Straßen eine angeregte Stimmung, eine Art Heiterkeit, die alles ansteckt.

Und dazu kommt die völlige Spontaneität dieser halb künstlerischen, halb mondänen Fauna, die sich im Reigen der gegenseitigen Einladungen dreht. *Nightwaltz* ist eine Summe dieser Impressionen, man spürt das süße leichte Fieber, das einen ergreift, wenn die letzten Vorbereitungen getroffen sind, wenn der Abend gelingt. Man sollte deshalb nicht denken, daß sich die lebensfrohen Bewohner der Internationalen Zone alle in unerhörtem Luxus bewegen. Ein paar Reiche kommen nach Tanger, um dort zu schwelgen, aber sehr wenige: Barbara Hutton ist eine der ersten, die prunkvolle Diners und ehrgeizige Soireen ausrichtet, perfekte Spektakel – mit einer ganzen Herde reich verzierter Meharis oder mit schmetternden Trompetenstößen, die die glücklichen Auserwählten begrüßen, die zum Tisch der Milliardärin geladen sind. Heute gibt es bestimmt sogar mehr wohlhabende Leute, die in Tanger Urlaub machen, als damals... Der ganze Unterschied liegt allein in der Überzeugung «Früher war alles besser» – die *Conditio sine qua non* jeder Legende. Tatsächlich sind damals, um 1950, die wenigsten wirklich reich, die Tangers Abendgesellschaften frequentieren. Es sind vor allem Künstler in der ‹Sommerfrische›: die zukünftige ‹Sahne› der amerikanischen oder britischen Literatur- und Kunstszene. Aber die Stadt ist kein obligatorischer Treffpunkt der Avantgarde. Tanger steht der Welt offen, besonders auch denjenigen, die, von wo auch immer, gekommen sind, um reich zu werden.

Der Held von *So mag er fallen* gehört zu den letzteren, zu dieser beunruhigenden Masse von Europäern oder Amerikanern, die auf der Suche nach schnellem Geld mit einem einzigen Koffer in der Hand ankommen. Dieser wenig einladende Teil der Fauna Tangers, der in Handel und Verschiebereien aller Art verwickelt ist, kreuzt auf den Cocktailparties eine lockere Horde Intellektueller, die Urlaub machen; begegnet mehr oder weniger künstlerisch engagierten Freundeskreisen, mehr oder weniger wohlgenährten Schmarotzern. Und alles mischt sich: Man verstellt sich, amüsiert sich, es wird gelacht, diskutiert, die Welt auf den Kopf und auf die Füße gestellt, man lacht wieder, trinkt und ißt, trinkt vor allem, und tauscht den neuesten Klatsch und Frivolitäten aus. Von Zeit zu Zeit, und auch mit mehr oder weniger Ausdauer, begibt man sich an seine Leinwand oder an die Schreibmaschine. Manche kommen und wollen ein Buch schreiben, und wenn sie abreisen, haben sie nicht mehr Wörter zu Papier gebracht, als nötig sind, um das Zollformular auszufüllen. Andere nehmen die betrübliche Angewohnheit an, ihre Pinsel nur noch in Whiskey einzutauchen. Aber andere, ob ständige, oft wiederkehrende oder nur während eines Sommers auftauchende Besucher haben sich nicht schlecht gehalten: Francis Bacon, Tennessee Williams (der Tanger nicht wirklich mag, aber siebenmal wiederkommt, um Paul Bowles zu besuchen), Truman Capote (der aus ähnlichen und noch ein paar anderen Gründen da ist...), Cecil Beaton, Gore Vidal (der vor allem kommt, um Truman Capote auf die Nerven zu gehen) ... Der Edle David Herbert, zweiter Sohn des Earl of Pembroke, sorgt ein bißchen für die Auswahl, indem er für seine Freunde kleine Häuser findet, die sie kaufen können, und für die anderen ‹leider› keine...

In diesem der Vergänglichkeit geweihten Mikrokosmos herrscht die größte intellektuelle wie sexuelle Freiheit: «In Tanger kennt Sie jeder, *but nobody gives a damn*!» Das Stadtzentrum, wo man sich in den Cafés trifft, ist weit vom Boulevard entfernt: Es ist der Kleine Socco (es gibt nichts als Cafés rund um den Platz). Dieser berühmte Socco Chico wird von den Europäern nach den Unruhen von 1952 gemieden: Man verabredet sich auf einen Drink in Jay Haselwoods Bar Parade, Rue des Vignes, oder im Café de Paris, an der Place de France.

«Alles war sehr billig, es war phantastisch. Man schaute nie auf die rechte Seite, wenn man ein Menü auswählte. Alle liebten die Atmosphäre in der Internationalen Zone. Sogar die Marokkaner. Sie waren sehr frei, sie lebten gut. Sie haben mir schon oft gesagt, daß die Zeit der Internationalen Zone viel amüsanter war als die Zeit nach der Unabhängigkeit. Man spricht oft von der legendären Zeit Tangers, aber ich kann Ihnen sagen, es war wirklich so: Man machte nichts anderes, als sich die ganze Nacht zu amüsieren, kein Lokal war geschlossen, alle Cafés waren vierundzwanzig Stunden am Tag geöffnet. Es war immer viel los, ob in den Cafés des Socco Chico oder auf den Caféterrassen, immer war alles voll. Und in der Mitte des Platzes wurde ohne Unterlaß eine Art Oper gegeben. Die ‹Kostüme› waren sehr interessant: Jeder trug ein einheimisches ‹Gewand›, wenn Sie wollen. Die Juden kleideten sich entweder völlig weiß oder ganz in schwarz und bedeckten sich mit kleinen schwarzen Kappen. Die marokkanischen Frauen trugen immer einen Haïk, das heißt, sie waren ganz in weiß, und die Männer kleideten sich in allen Farben: Kirschrot, Pistaziengrün, Orange, Malve... Und dann gab es viele Verrückte, ab und zu Schlägereien, und immer irgendwelche ‹physischen Schwierigkeiten› in der Straße. Wenn man auf einer Caféterrasse saß, hatte man immer einen Tanz, eine Oper vor Augen. Und abends organisierten die Europäer, die Geld hatten, eine Party oder auch ein Picknick...»

Einer, der in diesen Jahren 1948/49 Paul Bowles am meisten erstaunt, ist Truman Capote. «Er war wirklich eine Persönlichkeit. Er hatte eine einzigartige Stimme, sehr seltsam. Er sprach fast immer nur von sich selbst. Aber das ist normal, nehme ich an... Er wußte schon ganz genau, was er in seinem Leben tun würde. Eines Tages redete er in der Pension El Farhar, wo er mit uns wohnte, über die Zukunft. Er sagte: ‹Jetzt schreibe ich einen Roman, der auf einem Baum spielt.[1] Und wenn ich damit fertig bin, werde ich ein Reisebuch schreiben›, was er auch tat. Und dann ein großes Buch mit

1 *The Grass Harp*, 1949

dem Fotografen Richard Avedon. Er hatte auch die Idee, Bücher zu machen, die eigentlich Reportagen waren, aber wie Fiktion behandelt würden.[1] Etc., etc. Was mich in den darauffolgenden Jahren erstaunte, war, daß er genau das machte, was er uns 1949 erzählt hatte...

Und wenn er auf eine Party eingeladen war, mußte er immer mit irgendeiner Berühmtheit auftauchen, die er allen vorstellen konnte. Diese Person war sein Besitz: Wenn er weggehen wollte, mußte sie mit ihm kommen... (lacht). Er war nach Tanger gekommen, weil er wußte, daß der Fotograf Cecil Beaton den Sommer hier verbringen würde. Er wollte, daß Beaton, der Hoffotograf der englischen Königsfamilie, ihn porträtierte. Er ging nie in die Medina, er wollte nichts von Tanger sehen. Ich erinnere mich, wie er sagte: ‹Ich gehe nicht in die Medina, nicht für 100000 Dollar!› (imitiert die näselnde Stimme Truman Capotes). – Aber warum? – ‹Ich vertraue diesen Arabern nicht› (lacht). Eines Abends gab Cecil Beaton eine große Party in den Caves du Hercules. Er hatte die Höhlen sehr hübsch dekoriert, sehr gelungen... Es gab nur Champagner und Majoun: Man konnte wählen, Alkohol oder Cannabis. Fast alle Leute haben beides genommen! (lacht). Und dann badeten wir, nackt, und zündeten anschließend ein großes Feuer am Strand an. Kennen Sie die Grotten? Man gelangt von oben hinein, über eine Art Steilhang, den Truman nicht hinuntersteigen wollte. ‹Da gibt es Skorpione›, sagte er. Man mußte vier kräftige Marokkaner auftreiben, die ihn auf einer Art Sänfte hinuntertrugen. Er machte sich als erster auf den Weg und rief uns zu ‹Byyye! Byyye!› (imitiert die Stimme Capotes). Er war wirklich ziemlich exzentrisch... aber sehr intelligent.»

1 Capotes bekanntestes Buch entspricht dieser Definition: *In Cold Blood*, 1960. Dt. Titel: *Kaltblütig*

Nachdem *Himmel über der Wüste* von der britischen Presse mit Lob überschüttet wurde, will der Herausgeber John Lehmann gern, daß der Autor nach England kommt. Gleichzeitig lädt David Herbert Jane und Paul ein, ihn für einige Zeit auf seinem Familienbesitz, Wilton, zu besuchen. Zwei gute Gründe, Tanger zu verlassen. Vier oder fünf Monate schon am selben Ort: Unser Schriftsteller hat zweifellos den Eindruck, richtig seßhaft geworden zu sein. Also fügt er noch einen dritten guten Grund hinzu: Er liest *Un barbare en Asie*[1] von Henri Michaux, was in ihm unverzüglich den dringenden Wunsch weckt, «irgendwo in den Tropen zu sein», und wenn möglich, in Asien. Auf Wilton vertieft sich Paul mit großer Freude in die Scrapbooks seines Freundes David. Er entdeckt ein kleines Paradies: die Insel Tabrobane. Wenn man in einer Zeitschrift blättert oder an einer Reiseagentur vorbeigeht, trifft man öfter auf den Namen oder ein Foto dieser wunderbaren Insel, die der Küste Ceylons vorgelagert ist. Sie sieht aus, als würde sie jeden Moment unter den riesigen Bäumen begraben, die nicht müde werden, sich im Wasser zu betrachten. Dieses Stückchen Erde und Grün taucht in fast jedem Reisebericht über Ceylon auf, und die *Air Lanka* hat es als Symbol erkoren, um jedem potentiellen Touristen einen ‹Vorgeschmack aufs Paradies› zu geben. Dieser Miniaturtraum weckt, selbst als Fotoabzug, noch im häuslichsten Menschen den Wunsch, Marco Polo zu sein. Paul macht das Album von David Herbert wieder zu. Aber im Dezember 1949 schifft er sich in Anvers auf dem alten polnischen Frachter *General-Walter* ein, Ziel: Colombo. Jane hat sich entschieden, den Winter in Paris zu bleiben, um dort an einem neuen Roman zu arbeiten, *Out In The World*. Ihr Mann macht sich derweil auf, um ans andere Ende der Welt zu reisen.

1 Dt. Titel: *Ein Barbar in Asien*

«Die kleine Seitenstraße endete auf dem höchsten Punkt einer steilen Klippe. Es war ein windiger Tag, und der Himmel war von dahineilenden Wolken überzogen. Manchmal brach die Sonne durch, dann breitete sich ein heller Fleck auf dem Wasser der Meerenge aus. Halbwegs unten, wo die Steigung weniger steil war und leuchtend grünes Gras den Abhang bedeckte, wanderte eine Herde schwarzer Ziegen. Der Geruch von Jod und Seetang, der die Luft erfüllte, machte Dyar hungrig.

‹Das ist das wahre Leben›, sagte er.

‹Was sagen du?› wollte Hadija wissen.

‹Das gefällt mir.›

‹O ja!› Sie lächelte.

In die Felsen waren Vertiefungen gehauen, die eine diagonale Treppe bildeten. Langsam stiegen sie die Stufen hinunter, er voraus, vorsichtig den Picknickkorb tragend und ein bißchen schwindlig. Er überlegte, ob ihr die Höhe wohl etwas ausmachte. ‹Wahrscheinlich nicht›, dachte er schließlich. ‹Diese Menschen vertragen alles.› Der Gedanke irritierte ihn. Je weiter sie hinunterkamen, desto lauter wurde der Lärm der Wellen. Unerwartet kamen sie an eine Grotte, die teilweise von spärlichem Schilf überwachsen war. Dort kauerte ein Junge, dessen dunkle Haut durch die Fetzen seiner Kleider schimmerte.

Hadija zeigte mit dem Finger auf ihn. ‹Er hat Ziegen. Der *guarda*.›»

(*So mag er fallen*, S. 102)

«Natürlich fuhren wir durch die Meerenge. Am Abend sah ich die Lichter von Tanger. Wir waren ganz nah. Und ich hatte plötzlich eine irrsinnige Lust, in Tanger zu sein. Aber ich war auf einem Schiff. Also bin ich in meine Kabine gegangen und habe versucht, etwas über die Klippen zu schreiben, an denen wir gerade vorbeifuhren. So habe ich mit *So mag er fallen* angefangen: mit der Szene von Dyar und Hadija, hoch oben auf den Stufen, und wie sie beim Hinuntersteigen den kleinen Jungen sehen, der die Ziegen hütet.»

> «‹Er ist recht klein.› Der Junge sah aus, als sei er nicht älter als sechs. Hadija zuckte mit den Schultern.
>
> ‹Alle sind so›, sagte sie gleichgültig.
>
> In der Meerenge und in verschieden weitem Abstand vor der Küste waren scheinbar regungslose Schiffe zu sehen, die nach Osten oder Westen unterwegs waren. Dyar blieb stehen und zählte sie. Sieben. ‹Alles Frachter›, sagte er und deutete aufs Meer, aber er sprach mehr zu sich selbst.» (S. 102/103)

«Ich glaube, in jener Nacht habe ich das ganze Kapitel geschrieben. Im Buch wurde es das achte Kapitel, aber das wußte ich in dem Moment noch nicht. Am nächsten Tag habe ich nochmal von vorn angefangen. Die drei Wochen auf dem Schiff habe ich damit zugebracht, Grafiken zu erstellen, einen ganz genauen Plan des Romans zu entwerfen. Das war das einzige Mal, daß ich auf diese Art etwas geschrieben habe. Meine Idee war, eine genaue Konstruktion aufzubauen, die unausweichlich zur Schlußszene führen mußte. Ich hatte beschlossen, wenn ich in meinem Plan einmal dieses letzte Kapitel erreicht hätte, würde ich den Roman sich selbst schreiben lassen ...[1] In Colombo angekommen, habe ich weiter am ersten Teil gearbeitet; und vor allem in Indien, in Cap Comorin, habe ich viel geschrieben. Ich war sehr fleißig. Während sechs Monaten bin ich gut vorangekommen, aber abschließen konnte ich den Roman erst später, in Marokko. In Chaouen, genauer gesagt, denn dort oben war es wirklich ruhig. Ich glaube, das gibt es nicht mehr: die Stille ... Es

1 Offensichtlich eine Erinnerung an seine ersten Versuche mit der *écriture automatique*.

regnete die ganze Zeit. Hier, in Tanger. Aber auch auf Sri Lanka. Ich habe das Buch im Regen geschrieben. Und am Schluß, im letzten Abschnitt, fängt es wieder an zu regnen, in den Bergen... Und hier regnet es auch...» (lacht).[1]

> BANQUO: 's kommt Regen noch zur Nacht.
> ERSTER MÖRDER: So mag er fallen.
> (*Er ersticht Banquo.*)
>
> (Macbeth, III, 3)

Diese beiden Shakespearesätze sind dem Roman als Motto vorangestellt, der Geschichte des Nelson Dyar. Dieser Bankangestellte hat alles – Arbeit, Familie, Freunde, Sicherheit – in New York zurückgelassen hat, um nach Tanger zu kommen. Ein gewisser Jack Wilcox, einer der Gauner, die die Stadt überschwemmen, hat ihm eine Stelle angeboten. Was für eine Stelle? Er weiß es nicht einmal. Jetzt ist er hier, und das ist das einzige, was zählt. «Mir fehlt gar nichts, was nicht durch einen Wechsel geheilt werden könnte», hatte er eines Tages seinem Vater gesagt. «Niemand ist dazu bestimmt, jahrelang in einem Käfig eingesperrt zu sein» (*So mag er fallen*, S. 10). Wilcox hat ihn für sein Reisebüro angeheuert. Dyar muß ihn anrufen, um ihm seine Ankunft mitzuteilen.

> «Er fühlte, daß er den gefährlichen Punkt erreicht hatte. In diesem Augenblick erschien ihm seine Existenz fast ausgelöscht. Er hatte alle Sicherheit für etwas aufgegeben, von dem ihm jedermann, auch sein eigenes Gefühl, vorausgesagt hatte, es sei ein verrücktes Abenteuer. Das Vergangene war unwiderruflich vorbei, und das Neue hatte noch nicht begonnen. Um einen Anfang zu machen, hätte er Wilcox anrufen müssen, doch er rührte sich nicht.» (S. 10)

1 Interview vom 2. März 1986, einen Tag vor der ‹Fête du trône›, an einem Nachmittag mit wolkenbruchartigen Regengüssen.

Man denkt unwillkürlich an den berühmten Punkt, der erreicht werden muß und ab dem es kein Zurück mehr gibt.[1] Kit hatte diese Grenze überschritten, und auch Dyar muß das Schicksal erfüllen, das der Autor geduldig für ihn vorbereitet hat. Für die Protagonisten von *Himmel über der Wüste* gab es keine vorher geplante Route. Für Dyar ist alles festgelegt. Sein erster Telefonanruf, zu dem er sich dann doch entschließt, seine Begegnung mit Daisy de Valverde gleich zu Beginn des Romans, sein Interesse an Hadija, seine Beziehungen zu Thami... Es ist nur eine Frage der Zeit: Erst wartet er eine Weile ab, dann entschließt er sich jedesmal, einen Schritt weiter zu gehen, einen Gitterstab mehr an sein Gefängnis anzubringen.[2] «Dyar ist zu jung, um ein *has been* zu sein. Er ist eher ein *never will be*. Man hätte ihm in Tanger begegnen können zu der Zeit, als ich das Buch schrieb. Es gab viele Leute wie er, dennoch habe ich ihn vollständig erfunden. Dieser Mann ist fast eine Abstraktion. Er besitzt sehr wenig Menschliches, er hat keinen starken Charakter. Er ist eine Null. Man sagt ihm von Anfang an, daß er leer sei. Er aber findet das fast schmeichelhaft... O ja, er hätte sehr gut einer von den Leuten sein können, die damals in den fünfundvierzig Banken Tangers arbeiteten, vor '52. In jenem Jahr machten die Banken Bankrott. Das ganze Geld ging nach Montevideo. Seit der Zeit gibt es Tanger nicht mehr, als Tanger, meine ich. Es ist nur noch eine kleine Stadt, ohne Bedeutung und weit weg von der Hauptstadt.»

1 Siehe den Satz von Kafka, der dem dritten Teil von *Himmel über der Wüste* vorangestellt ist.

2 Das Thema des Eingeschlossenseins, der Gefangenschaft, ist omnipräsent in Paul Bowles' Werk. Sein dritter Roman heißt *The Spiders House* (*Haus der Spinne*), was die Idee des Spinnennetzes evoziert. Und sein letzter Roman *Up Above The World* (*Gesang der Insekten*) handelt von einem Paar, das in die Fänge eines jungen, etwas beunruhigenden Mannes gerät, der mit teuflischer Präzision eine medikamentöse Zwangsjacke für seine Ziele einsetzt.

Den ersten Schlag, den der arme Nelson einstecken muß, ist die Eröffnung durch Daisy de Valverde, daß die Möglichkeit zu reisen, die Wilcox ihm gegenüber angedeutet hatte, nichts als ein mieser Trick gewesen sei, um ihn herzulocken. Die Marquise liebt es nicht nur, unangenehme Wahrheiten auszusprechen, sondern liest in ihren Mußestunden auch gern aus der Hand. Und in Tanger gibt es viel Zeit zu vertreiben... Als sich Dyars Hand ihrem Blick öffnet, findet sie darin keine Spur von Arbeit. Was sie ihm auch sagt.

«‹Dann lügen die Linien eben. Ich habe nie etwas anderes gemacht als gearbeitet.›

‹Ach, Sie sind vielleicht in einer Bank herumgestanden, aber das ist so unwesentlich, daß man es hier nicht sehen kann.› Sie forschte sorgfältig weiter, wobei sie das Fleisch mit den Fingern betastete. ‹Nein, ich sehe keinerlei Anzeichen für Arbeit. Um ganz ehrlich zu sein, sehe ich überhaupt keine Zeichen, für gar nichts. Ich habe noch nie eine so leere Hand gesehen. Es ist erschreckend.› Sie sah zu ihm auf.

Er lachte wieder. ‹Da staunen Sie, was!›

‹Gar nicht. Ich habe lange genug in Amerika gelebt, um eine Menge amerikanischer Hände zu kennen. Ich kann bloß sagen, daß diese die schlimmste ist.›

Er tat, als sei er aufs tiefste gekränkt, und versuchte, seine Hand gewaltsam wegzuziehen. ‹Was soll das heißen, die schlimmste?› rief er laut.

Sie sah ihn mit bekümmerten Augen an. ‹Ich meine, daß Sie ein leeres Leben haben. Ohne Inhalt. Und nichts in sich, das Ihnen diesen Halt geben könnte. Die meisten Menschen müssen zwangsläufig irgendein Ziel verfolgen; sie tun es automatisch, weil es in ihrer Natur liegt. Das rettet sie und bewahrt sie vor Dummheiten. Aber Sie sind davor sicher, gerettet zu werden.›» (S. 29)

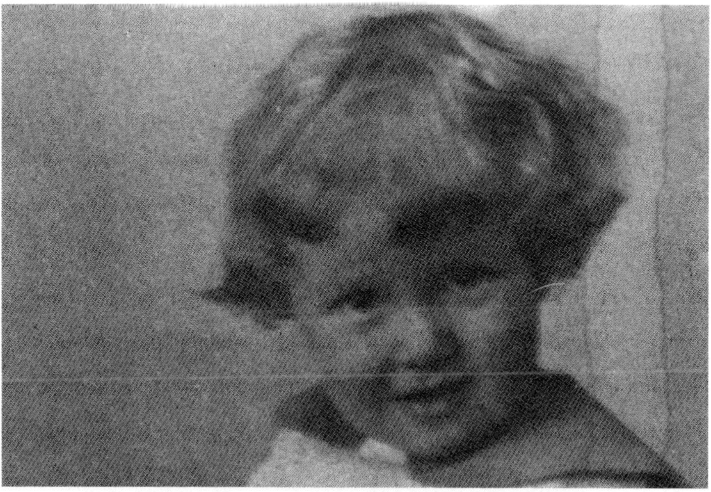

Paul Bowles, 1914 (Coll. Harry Ransom Humanities Research Center, University of Texas, Austin)

Die Mutter, Rena Bowles, 1937 (Foto Harry Dunham)

Paul Bowles, Ende der dreißiger Jahre (Foto John Latouche)

Jane Bowles, 1941 in Fortin, Mexiko (Foto Paul Bowles)

Die Oase und die Große Düne von Taghit, vom Fort aus gesehen, Algerien, im Winter 1947/48 (Fotos Paul Bowles)

«Das Hotel, von dem aus ich dieses Foto geschossen habe, existiert nicht mehr. Das ist die schönste Landschaft, die ich je gesehen habe.» (Foto Paul Bowles)

Truman Capote und Jane Bowles in El Farhar, Tanger, 1949
(Foto Casanova)

Vor dem Haus der Buckinghams in El Farhar, Tanger, 1949
(Foto Jane Bowles)

Jane Bowles und Cecil Beaton auf einem der Maskenbälle des berühmten Sommers 1949 (D. R./Coll. Harry Ransom Humanities Research Center, University of Texas, Austin)

Auf Ceylon, 1950 (D. R./Coll. Harry Ransom Humanities Research Center, University of Texas, Austin)

Auf einer Reise nach Südmarokko (links von Paul Bowles Temsamany in Chauffeursuniform, rechts ein unbekannter Marokkaner, Taza, 1951) (Foto Brion Gysin).

Mit Temsamany auf dem Trittbrett des nagelneuen Jaguars, Ouarzazate, 1951 (Foto Brion Gysin)

Hotel Rembrandt, Tanger, 1951
(Foto Dennis Stock/Magnum)

Unterwegs nach Ceylon an Bord der Orsova im Dezember 1954. Paul Bowles, Ahmed Yacoubi, Jane Bowles, Richard Rumbold (v. l. n. r) (D. R./Coll. Harry Ransom Humanities Research Center, University of Texas, Austin)

Mit Ahmed Yacoubi und Tennessee Williams in Portofino, Italien, 1953 (Foto Truman Capote)

Auf der Terrasse seines Hauses in Sidi Bouknadel, Tanger, 1954
(Foto Donald Angus)

In Chaouen, Marokko, 1953 (Foto Ahmed Yacoubi)

Jane und Paul, 1955 (Foto Hans Wild)

Mit dem Kater Dubz, Tanger, 1956 (Foto Herbert List)

Paul Bowles, Gregory Corso, Allen Ginsberg und William Burroughs in der Villa Muniriya, Tanger, 1961 (Sammlung Allen Ginsberg)

Über dem Platz Djemaa el Fna, Marrakesch, 1961 (Foto Allen Ginsberg)

Jane und Cherifa, Tanger, Anfang August 1967
(Foto Terence Spencer/Time-Life Inc./Colorific)

Einige Kilometer außerhalb Tangers, in der Nähe der Villa Perdicaris, März 1985 (Foto Mary Ellen Mark/Rapho)

Ahmed Yacoubi

Abdeslam Boulaich

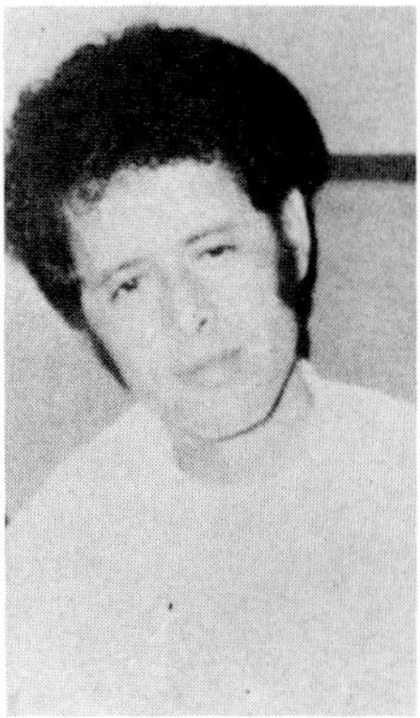

Mohammed Choukri

Larbi Layachi

Mohammed Mrabet

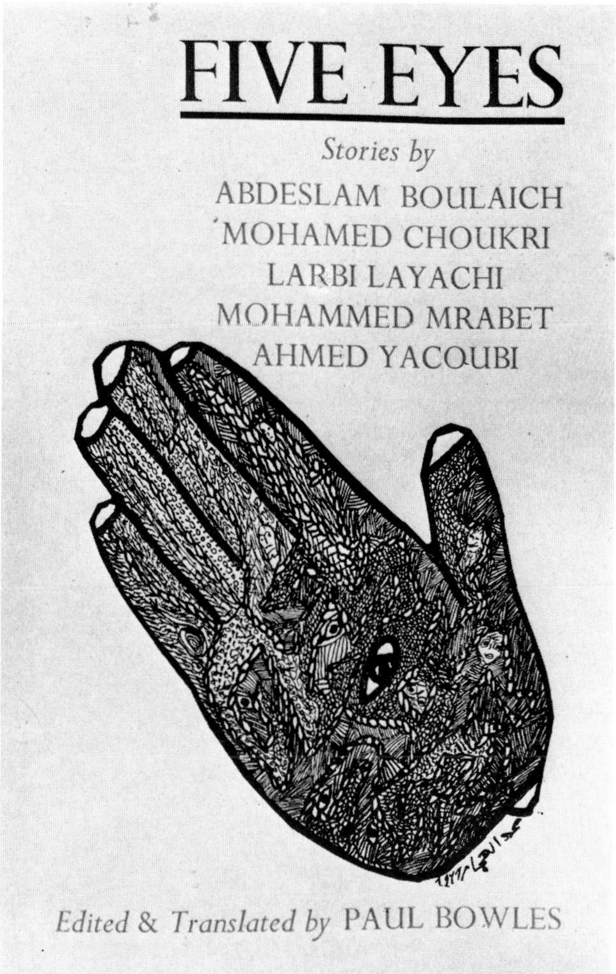

Titelbild des Sammelbandes "Five Eyes", mit einer Tuschezeichnung von Mohammed Mrabet (Privatsammlung)

Anzeige im New York Times Book Review, 1980 (Privatsammlung)

Titelbild der amerikanischen Ausgabe von "Let It Come Down" (So mag er fallen) von 1985

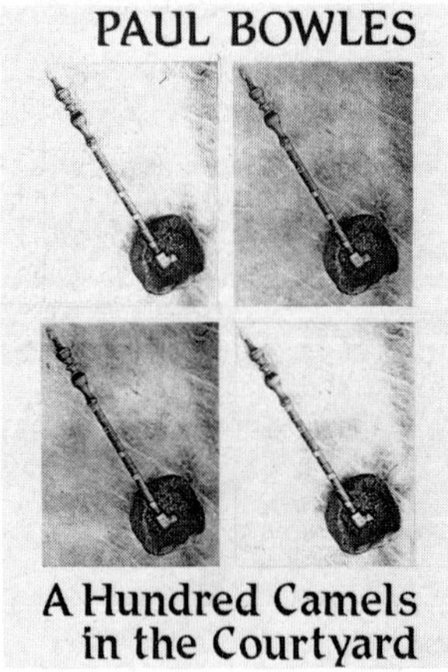

Titelbild von "A Hundred Camels in the Courtyard" in der Ausgabe von 1986, die vier Erzählungen zum Thema Kif enthält (Foto Paul Bowles)

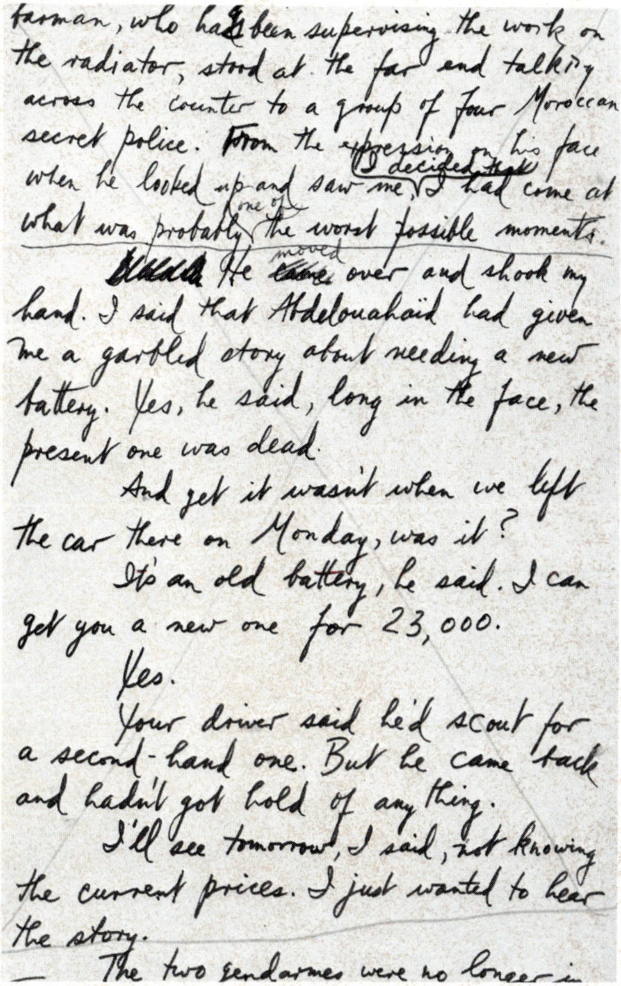
farman, who had been supervising the work on the radiator, stood at the far end talking across the counter to a group of four Moroccan secret police. From the expression on his face when he looked up and saw me, I decided that I had come at what was probably one of the worst possible moments.

He ~~came~~ moved over and shook my hand. I said that Abdelouahaïd had given me a garbled story about needing a new battery. Yes, he said, long in the face, the present one was dead.

And yet it wasn't when we left the car there on Monday, was it?

It's an old battery, he said. I can get you a new one for 23,000.

Yes.

Your driver said he'd scout for a second-hand one. But he came back and hadn't got hold of anything.

I'll see tomorrow, I said, not knowing the current prices. I just wanted to hear the story.

The two gendarmes were no longer in

Eine handschriftliche Manuskriptseite von Paul Bowles

Paul Bowles, April 1986 in Tanger (Foto Robert Briatte)

Er kommt von New York. Die Marquise de Valverde sagt ihm: «Tanger ist mehr New York als New York selbst.» Eine Meinung, die auch von Richard Holland[1] geteilt wird, der noch hinzufügt: «Sie müssen doch sehen, wie ähnlich die beiden Orte sind. Alles dreht sich nur ums Geldverdienen. Fast jeder ist unehrlich. In New York haben wir die Wallstreet, hier die Bourse. Nicht wie die Börse in anderen Städten, sondern als Seele der Stadt, als ihr *Raison d'être*. In New York gibt es die aalglatten Finanzleute, hier die Geldwechsler. New York hat seine Gangster, hier hat man seine Schmuggler. Und alle Nationalitäten und keinen Bürgerstolz. Und jeder wartet nur darauf, dem andern das Blut auszusaugen» (S. 135). Paul Bowles' Blick auf das Tanger der Internationalen Zone ist erbarmungslos. Als er das beleuchtete Haus[2] der Valverdes beschreibt, die Villa Hesperides, macht er seine Meinung unmißverständlich klar: «Es gehörte zu den Reizen der Internationalen Zone, daß man alles bekommen konnte, wenn man dafür zahlte. Was das betraf, konnte man sich auch alles erlauben – es gab niemanden, der nicht bestechlich war. Alles war nur eine Preisfrage.» (S. 18)

Das ist weit entfernt von der Idealvorstellung, die viele von uns von diesem mythischen Ort haben. Aber Faszination kann letztlich auch ausgelöst werden von einem Ort großer Verdammnis, von einer Art Hauptstadt des internationalen Verbrechens... Paul Bowles schildert uns während des ganzen Buches, aber ganz besonders im Kapitel über den Abend im schon reichlich baufälligen Palast der Brüder Beidaoui, einen Mikrokosmos, der seine hysterische Langeweile und

1 Ein Amerikaner, den Dyar auf einer Abendveranstaltung der Brüder Beidaoui kennenlernt. Paul Bowles gibt zu, daß er sich selbst in dieser Nebenfigur karikiert hat: der unvermeidliche pessimistische Intellektuelle auf einer mondänen Soiree.

2 Die Villa hat die ganze Nacht elektrisches Licht, während es in der Stadt nur alle zwei Tage für zwei Stunden Strom gibt.

seine platte Geschwätzigkeit ungeniert zeigt. Dyar beweist als Gesprächspartner ununterbrochen, daß die Kunst der Konversation Grenzen haben kann: Er scheint entschlossen, alles, was geschieht, und alles, was gesagt wird, zu akzeptieren. Denn im Grund seiner Seele – wenn man jemals in dieser etwas trüben Person einen Grund ausmachen kann – nimmt er überhaupt nichts ernst. «*So mag er fallen* hat keinen philosophischen Anspruch, wie auch keins meiner anderen Bücher. Ich bin nicht fähig, eine philosophische Idee umzusetzen. Die Amerikaner lieben diese großen ideologischen Maschinen, sie haben einen Sinn für Moral, den ich allerdings zum Kotzen finde.» Was Paul Bowles interessiert, ist sehr viel einfacher: Wie wird – durch den Kontakt mit einer völlig fremden Welt mit gänzlich unbekannten Regeln – ein Amerikaner mit dem Verhalten eines vollständig passiven Opfers zu einem handelnden Opfer? «Du hast eine leere Hand», mahnt Daisy Dyar. «Und was leer ist, will sich füllen. Sei vorsichtig, paß auf, was in dein Leben tritt» (S. 259). Dyar personifiziert das Scheitern. Er ist die lebende Antithese zum amerikanischen Traum. Nun liegt ja im Erfolg auch etwas Unanständiges. Könnte es nicht sein, daß die fast zwanghaft genaue Art, mit der Paul Bowles das Scheitern beschreibt, ein Lösegeld ist, das er unbewußt an die puritanische und so hervorragend scheinheilige Gesellschaft zahlt, die ihn erzogen hat? Eine Gesellschaft, die Zurückhaltung predigt und doch die Gewinner, die Sieger feiert? Als er sich auf die Suche nach Hadija macht, der jungen Hure, in die er sich verliebt hat, würde sich Dyar gern in der Medina verlaufen in der vagen Hoffnung, zu sich kommen zu müssen und sich so – paradoxerweise – wiederfinden, einordnen zu können:

> «Er machte nicht einmal mehr den Versuch, die Bar Luzifer zu finden, das hatte er aufgegeben. Er versuchte nur noch, sich selbst zu verlieren. Er begriff nun, daß sein großes augenblickliches Problem war, seinem Käfig zu entflie-

hen, den Ausweg aus der Mausefalle zu finden, die Saite in seinem Inneren zum Tönen zu bringen, die ihn befähigen würde, sich vom Opfer in den Sieger zu verwandeln.» (S. 194)

Fluchtversuche: Eines Abends mischt sich die Musik der Natur in sein Inneres und weckt ein Gefühl, wirklich zu existieren; wie ein Versprechen, daß eine Veränderung möglich sei, daß etwas geschehen könnte, was sein Leben umkrempelt (S. 146). Und etwas später im Roman gestattet er seinem Bewußtsein eine kleine Pause, als er sich nackt in der Sonne ausstreckt, «die heiß auf die Haut prallte» (S. 208). Er liegt in einem gestrandeten Boot, das halb im Sand versunken ist: Symbol für eine Reise, die der Unbeweglichkeit anheimgefallen, die schon gescheitert ist. «Ein Mensch mußte erst aufhören, sich als etwas, das ‹unterwegs› war, zu betrachten, um sich wirklich lebendig zu fühlen» (S. 209). Innehalten unter der wollüstigen Hitze der Sonne. Momentaufnahme. Fluchtlinie.

«Die Gesamtheit eines Lebens ist nicht gleich der Summe seiner einzelnen Abschnitte. Es gleicht jedem einzelnen Abschnitt; eine Summe gibt es nicht. Der ausgewachsene Mann ist dem Leben nicht mehr verhaftet als das neugeborene Kind; sein einziger Vorteil ist der, daß er sich manchmal der Substanz des Lebens bewußt sein mag, und wenn er kein Narr ist, wird er nicht nach Gründen oder Erklärungen suchen. Das Leben verlangt keine Erklärungen oder Rechtfertigungen. Von wo immer auch es angepackt wird, das Resultat wird stets dasselbe sein: Leben um des Lebens willen, das Außerordentliche der Tatsache des lebendigen Individuums. Unterdessen ißt man. Und so fühlte er, in der Sonne liegend, daß er da war, und freute sich über diese Erkenntnis. Wenn er wollte, so konnte er vorgeben, ein Amerikaner namens Nelson Dyar zu sein, mit viertausend Peseten in der Tasche seiner Jacke, die über der Heckbank des Bootes lag, aber er wußte auch, daß dies nur ein unwesentlicher und entfernter Teil der ganzen Wahrheit war.» (S. 209)

Paul Bowles läßt seinem Helden kaum Zeit, sich in seinem neuen befriedigenden Bewußtseinszustand einzurichten. Die Rückkehr in die Realität ist um so schwieriger, als Nelson Dyar sich eine ganze Weile der Illusion hingibt, der neuen Falle, in die er hineingeraten ist, entfliehen zu können. «Er erinnerte sich nun, daß er immer noch in seinem Käfig von Ursache und Wirkung steckte, einem Käfig, zu dem andere den Schlüssel hatten.» Dyar kann nicht mehr weiter. Für ihn war von Anfang an der Wurm drin. Niemand wird dafür sorgen, daß der Regen aufhört. Das Reich der Hesperiden hat etwas Verrottetes. Paul Bowles ist ein Meister in der Kunst, ein Leben mißlingen zu lassen. Schiffbrüchiger aller Gewißheiten, zeigt er in seinen Büchern die Abseite des *American way of life*: Der Held flieht sein Land, angezogen von einem Land der Drogen (hier ist es Marokko, aber es könnte auch Kolumbien oder Mexiko sein), denn dort werden Vergänglichkeit und Scheitern offensichtlich. Die marokkanische Natur bleibt noch relativ neutral. Man ist fern der tropischen Feuchtigkeit, die die kleinste Geste mit einer unerträglichen Schwere lahmlegt, von einer Vegetation, die den stärksten Willen erstickt. Das Ambiente der Internationalen Zone ist ideal für einen metaphysisch angehauchten Spionagefilm: die Ameisen, die Langeweile, die Fremde, der durchdringende Regen, die fast natürliche Zersetzung, in aller Stille, aber um so sicherer... Alles ist von vornherein festgelegt. Welch überraschendes Zusammentreffen von Umständen, die dazu führten, daß Paul Bowles Sartres *Huit Clos*[1] über-

1 Jean-Paul Sartre, *Geschlossene Gesellschaft.* Reinbek bei Hamburg, 1949 bzw. (in neuer Übersetzung) 1986

setzt! Existenzen – oder Nichtexistenzen –, dazu bestimmt, ausgelöscht zu werden. Man denkt an *L'Etranger*[1], an die verhängnisvolle Sonne. Aber in die Augen von Meursault rinnt der Schweiß und nicht der verdammte Regen, der einen bis auf die Knochen durchweicht. Außerdem kommt zu viel Majoun vor in *So mag er fallen*, als daß der Vergleich wirklich stimmig wäre. Ein armer Kerl, der gekommen ist, um 5000 Kilometer von zu Hause sein gescheitertes Leben zu beenden, wird durch Kif und Majoun zu gänzlich neuen Verhaltensweisen verleitet. Und Camus kann man sich nur schwer vorstellen, wie er auf der Toilette der Akademie Nobel einen Joint raucht und seinen Frack zurechtrückt, bevor er in einem Facel Vega mit abgefahrenen Reifen tödlich verunglückt. Absurd, nicht wahr?

«Meursault fügt sich, Rieu kämpft. Camus' Idee in *L'Etranger* ist, Meursault mit einem mohammedanischen Gehirn auszustatten. Er funktioniert nicht wie ein Europäer, sondern fügt sich seinem Schicksal. Alle mohammedanische Moral steht geschrieben. Es gibt keinen freien Willen. Deshalb hatte ich nie einen philosophischen Anspruch, habe ich mich nie als Moralist gefühlt. Dyar tötet unter dem Einfluß von Majoun: Es gibt keinerlei Selbstbestimmung.» Auch für ihn steht alles geschrieben. Die rigorose Konstruktion des Buches läßt diesem Helden keinerlei Chance; er braucht sich auch nicht zu entwickeln. Paul Bowles berichtet in *Rastlos*, wie er *So mag er fallen* vom achten Kapitel ausgehend geschrieben hat: «in zwei Richtungen, rückwärts für die Ursachen, vorwärts für die Folgen». Der ganze Anfang des Buches zielt darauf ab, Hadija in Dyars Arme zu treiben (der naiverweise glaubt, er könne sie ganz erobern). Und ab Kapitel neun betritt Eunice Good erst richtig die Szene und trifft sich mit Dyar. Von da an folgen die Ereignisse einer unerbittlichen Logik, bis zum bitteren Ende. Zwar läßt sich der Roman lesen

1 Albert Camus, *Der Fremde*. Reinbek bei Hamburg, 1969

wie ein schwarzer, sehr schwarzer Krimi, aber man darf nicht vergessen, daß hier ein Schicksal vollendet wird und nicht schiefgeht. Der Roman setzt an zu einem Zeitpunkt, als der Protagonist noch versuchen könnte, auf den Gang der Ereignisse einzuwirken. Es gelingt ihm nicht, und die Geschichte nimmt ihren Lauf. Das Ende ist unausweichlich, wenn auch durch seine Brutalität überraschend. Die Präzision des Schlags ist wichtig. Dyar hat seinen Platz gefunden, aber teuer dafür bezahlt. Der Regen in den letzten Abschnitten ist nicht gleichgültig.

> «Einen Moment lang blieb er im Hof stehen, und der kalte Regen durchnäßte ihn. (Ein Platz in der Welt, eine endgültige Stelle, eine genau umrissene Beziehung zum Rest der Menschheit. Selbst wenn es reine Feindschaft war, so war sie sein, er hatte sie sich geschaffen.) Plötzlich schlug er die Küchentür zu und ging ins Zimmer. Er war müde und wollte sich setzen, aber da war nur die Matte, und so blieb er mitten im Zimmer stehen.» (S. 346)

Seine erste Erfahrung mit Majoun scheint zuerst ein Mißerfolg. Daisy de Valverde empfängt Dyar in ihrem Schlafzimmer, wo sie ein leichtes Rheuma hätschelt. Sie bietet ihm ein Majounbonbon an. Er nimmt es und denkt zunächst, er sei unempfindlich für die Wirkung der Substanz. Er spürt nichts. Aber bald machen sich die verschiedenen Effekte der Droge bemerkbar, seine Hemmungen verschwinden, und er ist unversehens dabei, sich auf die Marquise zu stürzen. Das einzig Hinderliche ist, daß sie soeben mit dem Abendessen begonnen haben. Vom Schweigen, von einer gewissen Niedergeschlagenheit wechselt Dyar plötzlich in einen Zustand seltsamern Erregung. Paul Bowles beschreibt, nicht ohne Humor, die Folgen der Befreiung in Nelson Dyars Verhalten.

«Die Haut ihres Armes war glatt, das Fleisch weich. Er zog sie näher zu sich heran, über das schwankende Tablett.

‹Passen Sie auf!› schrie sie wieder warnend, als das Tablett sich zu ihm neigte. ‹Nein, nein!›

Zuerst fiel das Weinglas um; der eiskalte Fleck auf seinem Bein ließ ihn zusammenzucken. Dann, scheinbar ganz langsam, glitten und kugelten Teller auf ihn zu, als das Tablett umfiel und die untere Hälfte seines Körpers mit einem Gewirr von Porzellan, Glas und heißem Essen überschüttete. ‹Oh!› schrie sie. Aber er hielt sie noch fester mit seinem Arm, während der andere das Tablett und einige der Schüsseln auf den Boden zu den anderen fegte. Und er schob sich noch näher an sie heran, so daß er ihr ganz nah war und nur das nasse Bettuch, eine Gabel, ein oder zwei Löffel und schließlich, nach kurzem Kampf mit einigen hemmenden Laken, nichts mehr als einige Pilze in Rahmsauce zwischen ihr und ihm waren.» (S. 252)

«Sei es dieser Bandit, der die drei Fiala umbringt [1], oder Dyar, der seinen marokkanischen Freund tötet ... Ich kann nur sagen: Sie hatten geraucht. Das reicht im Falle des Moungari, der ein Hund ist, und es reicht auch im Falle Dyars, der völlig verklemmt ist. Wenn man gemein oder verklemmt ist, ist es gefährlich zu rauchen. Ich war mir immer darüber klar, daß ich damit gegen Haschisch Propaganda machen würde, aber ich wußte eigentlich nie genau, warum ich das tat. Jetzt wäre es mir egal. Als ich die Geschichte Dyars schrieb, habe ich sehr viel mehr geraucht als jetzt. Den Mord am Ende von *So mag er fallen* fand ich in einem Buch des Dr. René Allendy [2].

1 *Die leichte Beute*, in: *Allal*

2 Ein in den Pariser Kreisen bekannter Psychoanalytiker, der seit 1912 und bis in die dreißiger Jahre zahlreiche Bücher veröffentlichte: *Le symbolisme des nombres* (Chacornac), *La Psychoanalyse et les névroses*

Am Anfang des Jahrhunderts spielten zwei zwölfjährige Jungen miteinander, und der eine nahm einen Nagel und schlug ihn in des anderen Ohr. Das schien mir eine wunderbare, einfache und sichere Art, jemanden umzubringen. Besonders, wenn man den Nagel ganz hineinversenkt (er steckt den Finger in sein Ohr, um das Gesagte zu illustrieren) ... Ich war mir sicher, daß ich eines Tages früher oder später diese Geschichte benützen würde.»

Völlig *m'hashish*[1], tötet der Amerikaner seinen Begleiter Thami Bedaouni, der neben ihm im Hauptraum des Hauses schläft, wo sich die letzten Seiten des Romans abspielen. Er tötet den einzigen Menschen, der ihm hätte helfen können, mit dem Hammer und dem Nagel, mit denen er die kaputte Tür des Zimmers reparieren wollte. Eine Tür, die ächzt und kreischt bei jedem Windzug ... Bald wird die Tür an seinem Käfig für immer verschlossen sein.

> «‹Wenn sie aufgeht!› Er hatte etwas zu tun, mußte etwas tun und wußte, was, konnte sich aber nicht daran erinnern. Ein Schwall von Worten begann in ihm zu gären, und jetzt sprudelten sie hervor. *Many Mabel damn. Many Mabel damn. Molly Daddy lamb. Lolly dibble up-man. Dolly dibble Da*, flüsterte er, dann kicherte er. Der Hammer war in seiner rechten Hand, der Nagel in seiner Linken. Er beugte sich vor, verlor das Gleichgewicht und fiel schwerfällig mit den Knien auf die Matte, neben die ausgebreitete Tür. Sie rührte sich nicht. Der Bergwind fuhr durch seinen Kopf, der eine riesige Meermuschel voller Grotten war; ihre unendlich glatten, rosa Wände, zart, papierdünn, fingen das Licht der glimmenden Scheite auf, wäh-

(Payot), *Les rêves et leur interpretation psychoanalytique* (Alcan), *Paracelse, le médecin maudit* (Gallimard), *L'Alchimie et la médecine* (Chacornac), *Capitalisme et sexualité* (Denoël).

1 Stark unter dem Einfluß von Kif und/oder Majoun.

rend er durch die Galerien ging. *Melly diddle din*, sagte er ganz laut und steckte die Spitze des Nagels, so weit er konnte, in Thamis Ohr. Er hob den rechten Arm und schlug mit aller Kraft auf den Nagelkopf. Das Ding entspannte sich kaum wahrnehmbar, als hätte jemand gesagt: ‹Es ist schon gut.› Er legte den Hammer hin und tastete über den Nagelkopf, der in gleicher Höhe mit dem weichen Ohrläppchen war. Er hatte zwei kleine Einkerbungen; er fuhr mit dem Daumennagel über die Unebenheiten im Stahl. Der Nagel saß so fest, als sei er in eine Kokosnuß eingeschlagen worden.» (S. 336)

Eine Viertel Kabellänge[1] *vor Ceylon*

Für mein Gefühl gibt es nichts Köstlicheres,
als ein Fremdling zu sein.
Darum mische ich mich unter die Menschen,
nur um ein Fremder unter ihnen zu sein,
denn sie sind nicht von meinem Schlage.

(Lied der Schwalbe, Tausendundeine Nacht)

1947 trifft Paul in Fès einen jungen Mann, Ahmed Yacoubi, Sohn eines *fqih* und ein begabter Maler.[2] Paul ermutigt ihn dazu, seinen künstlerischen Weg weiterzuverfolgen. Er unterstützt ihn in seiner Arbeit, besorgt Material und führt ihn bei anderen Künstlern ein.[3] Es ist Ahmed Yacoubi, mit dem unser Schriftsteller in den fünfziger Jahren die meiste Zeit verbringt, Jane ausgenommen – oder vielleicht doch nicht... Jedenfalls war sie sehr eifersüchtig auf Pauls Interesse an seinem jungen Freund. «Er lebte über lange Zeiträume bei mir, manchmal monatelang. Aber wenn Jane kam, mußte er ins Hotel ziehen. Sie lehnte ihn ab. Es war seltsam, daß sie ihn dermaßen ablehnte. Sie fand, er schade meinem Ansehen. Vor allem meinem Ansehen bei *ihr*. Dabei hatte sie selbst auch eine Freundin: Sie sagte natürlich, daß über *sie*

1 1 Kabellänge = $\frac{1}{10}$ Seemeile = ca. 185 m

2 Ahmed Yacoubi, geboren 1931 in El Keddane, einem alten Viertel von Fès, starb im Dezember 1985 an Krebs. Sein Großvater väterlicherseits und sein Vater übten den Beruf eines *fqih* aus. Als Korangelehrter ist der *fqih* eine wichtige Persönlichkeit des marokkanischen Lebens. Er heilt durch Handauflegen oder mit Hilfe von hauptsächlich Arzneitränken und Kräutertees. Er kennt die heiligen Formeln, die er in Amulette schreibt, womit auch seine Funktion genannt ist, in der man ihn am meisten aufsucht: als Exorzist. Ahmet wäre normalerweise wie sein Vater auch ein *fqih* geworden, wenn er nicht seiner Bestimmung als Maler gefolgt wäre.

3 Francis Bacon nimmt ihn im Winter 1956 einige Male in sein Atelier auf, wo Ahmed Yacoubi die Ölfarbtechnik lernt.

niemand reden würde, daß *das* den Leuten egal sei. Aber ich weiß nicht, ob es stimmt. Sie wurde eben – peu à peu – empfindlich für das, ‹was die Leute sagen›.»

Aufzuzählen, wo Paul Bowles zwischen 1950 und 1954 überall war, macht einen fast schwindlig: Ceylon, Südindien, London, Paris, wo er Jane trifft; Tanger, wo er in seinem Haus in Amrah wohnt, das er schon 1947 gekauft hat, das aber immer noch renoviert wird; Andalusien mit Libby Holman, um dort an einer neuen Oper zu arbeiten: *Yerma*, nach einem Stück von García Lorca. Dann wieder Marokko: Fès, Marrakesch, Tanger. Die Sahara, monatelang, in einem funkelnagelneuen Jaguar mit livriertem Chauffeur, zusammen mit Brion Gysin. Noch einmal Fès. Spanien. Tanger.

Es ist Januar 1952, als er sich mit Yacoubi nach Indien einschifft. Er ist neugierig, wie ein Mohammedaner wohl auf die Hindu-Kultur reagieren wird. Dort, in Cochin, erfahren sie, daß in Tanger Unruhen ausgebrochen sind. Nach Bombay schickt man ihm aus New York zehn Exemplare von *So mag er fallen*. Sein eben erst erschienener Roman über die Stadt Tanger, deren Status zwar labil, aber noch gültig war, als er den Roman fertigstellte, ist über Nacht zum Zeugnis einer verschwundenen Epoche[1] geworden: ohne Aktualität. *So mag er fallen* hatte nie die Chance, anders gelesen zu werden als mit jener Nostalgie, die sich – auch wenn sie sich auf einen eher ‹ungesunden› Zustand bezieht – aus jeder Zeile herauslesen läßt.

Es bleiben noch einige Orte aufzuzählen, die Paul Bowles und Ahmed Yacoubi auf ihren Streifzügen durch fremde Zivilisationen besuchten[2].

1 Der internationale Status endete offiziell am 26. August 1957. Aber seit den Unruhen im Jahr 1952 wanderten Gold und Devisen nach Montevideo, Caracas, Montréal...

2 Eine möglichst genaue Chronologie befindet sich im Anhang.

Der unermüdliche Reisende, der im Februar 1952 endlich die Insel seiner Träume findet, kauft Taprobane noch vor Jahresende. Außerdem komponiert er eine profane Kantate, *A Picnic Cantata*, zu einem Text von James Schuyler. «Ab 1952 habe ich versucht, mich zwischen Tanger und Taprobane aufzuteilen. Oft fand ich kein Schiff, das in Colombo haltmachte, so daß ich bis Bombay fahren mußte. Aber auch das war amüsant.

Während dieser Zeit schrieb ich Bücher und Artikel: oft für die Zeitschrift *Holiday*, obwohl diese Auftragsarbeiten mir natürlich die Zeit raubten, die ich lieber für mich gearbeitet hätte. Dasselbe Problem wie mit dem Broadway... Ich fuhr nach New York, um Theatermusik zu schreiben, blieb aber nie einen Tag länger als nötig. Sobald ein Schiff ging, und damals fuhren viele, kehrte ich zu meinem marokkanischen Leben zurück...

Die Kantate habe ich hier in Tanger geschrieben, 1953. Ich habe fünf bis sechs Monate dafür gebraucht. Es war eine Auftragsarbeit, aber wirklich sehr interessant. Für vier schwarze Frauen, zwei Klaviere und zwei Schlagzeuge. Kein Orchester...: Zwei Freundinnen kommen früh am Morgen zu zwei anderen Frauen, um gemeinsam mit ihnen den Sonntag auf dem Land zu verbringen. Sie unterhalten sich, lesen Zeitung. Schuyler hat in seinen Text sogar ein paar Zeilen aus dem Horoskop und der ‹Seite fürs Herz› eingearbeitet. Sie machen ein Picknick in einem Park, welcher dank der Großzügigkeit eines Millionärs, Henry Hat[1], der Öffentlichkeit zugänglich ist. Sie studieren den Plan der Anlage, reden über das, was sie essen. Sie singen Auszüge aus der Beilage ‹Der Garten› der *New York Times*. Zum Schluß packen sie ihre Sachen ein, verbrennen ihre Abfälle und kehren, glücklich über den gelungenen Tag, nach New York zurück. *That's it.* Ich habe nie eine öffentliche Auffüh-

1 Von Schuyler erdachtes Pseudonym für Henry Ford.

rung des Werkes gesehen: Ich war in Indien, als es in der Town Hall in New York gegeben wurde.[1] Columbia brachte eine Platte heraus, aber live habe ich es nie gehört. Dieses Werk gefällt mir, sogar heute noch. Es ist sehr amerikanisch; und das ist für mich natürlich nicht unwichtig, da es sich ja um Amerikanerinnen handelt. Auch stilistisch habe ich keine Fehler gemacht. In diesem Stück, meine ich: denn in anderen ist mir das schon passiert. Zum Beispiel gefällt mir in meiner *Sonata for Two Pianos*... der dritte Satz überhaupt nicht mehr. Aber was steht, das steht, und ich werde nicht nach vierzig Jahren anfangen, etwas daran zu verändern.»

Reisender, Komponist. Es gibt noch ein paar andere Saiten an seiner Lyra: Als Amateurethnologe nimmt er Ende September 1953 Yacoubi in die Türkei mit. «Als ich mein Vorhaben ankündigte, Abdeslam nach Istanbul mitnehmen zu wollen, waren die meisten meiner Freunde der Ansicht, daß es Intelligenteres auf der Welt gäbe, als mit einem marokkanischen Moslem in die Türkei zu fahren.»

So beginnt der Artikel, den er nach dieser Reise in der Zeitschrift *Holiday* veröffentlicht. Der Text ist ein kleines Wunderwerk angelsächsischen Humors und trug zunächst den Titel *Europe's Most Exotic City*[2].

Auch als Schauspieler tritt Paul mit seinem Freund auf: in einem Film von Hans Richter, *Eight by Eight*, sehr surrealistisch, wie alle Werke dieses Regisseurs. Und für einen Film von Visconti, der 1953 in Rom gedreht wird, schreibt

1 Hier irrt die Erinnerung: Das Konzert fand am 23. März 1954 statt, als Paul Bowles in Tanger eine Paratyphus-Erkrankung auskurierte.

2 *A Man Must Not Be Very Moslem*, in *Their Heads are Green and their Hands are Blue*. Abdeslam ist ein Pseudonym für Ahmed Yacoubi. Dt. Titel: *Man muß kein ganzer Moslem sein*, in: *Der Weg nach Tassemsit*.

er die Dialoge: Es ist *Senso*, mit Alida Valli und Farley Granger.

Im April 1954 reist Paul Bowles nach Fès. Er will versuchen herauszufinden, wohin sich die politischen Veränderungen entwickeln, die dort im Gange sind. Ende des Sommers ist er zurück in Tanger und beginnt seinen dritten Roman zu schreiben, *The Spiders House*[1]. Im Dezember – er ist schon gut vorangekommen mit seinem Buch – bricht er mit Jane, Yacoubi und Temsamany erneut auf. Temsamany, der Chauffeur des Jaguars, hatte große Lust mitzukommen: In letzter Sekunde findet sich für ihn noch ein Platz auf dem Schiff. Ziel der Reise ist Colombo. Im Januar 1955 betritt Paul endlich zum erstenmal *sein* Taprobane. Das Haus darauf ist eine Art architektonischer Wahnsinn, achteckig, von Graf Mauny-Talvande 1910 erbaut und ehemals von einem sehr gepflegten botanischen Garten umgeben, der nun in seiner Üppigkeit fast erstickt; riesige Bäume umzingeln das Haus. In der Mitte des Gebäudes liegt ein – achteckiger – Hauptraum, der Lotussaal, von dem rundherum die kleineren Zimmer abgehen. Den Raum überspannt eine mehr als zehn Meter hohe Kuppel, die sich auf acht Säulen und sechzehn Zwischenpfeiler stützt. Von Anfang an hat Paul das Gefühl, in einem Traum zu leben. Für Jane ist es ein Alptraum. Es ist sehr heiß. Eine einzige alte Öllampe erhellt nur schwach den Lotussaal. Und immer wieder löscht sie der Wind, der vom Meer hereinweht. Am Abend tauchen riesige Fledermäuse, von mindestens einem Meter Spannweite, auf der Insel auf und lassen sich zu Hunderten auf den Bäumen nieder. Die Äste brechen unter ihrem Gewicht. Die Fledermäuse sind harmlos, aber furchteinflößend wie ihre Größe und ihr Name: Die Einwohner des kleinen Dorfes Weligama, das der Insel gegenüber liegt, nennen sie *flying foxes* (fliegende Füchse).

1 Dt. Titel: *Das Haus der Spinne*

«Oh, arme Jane! Wir kamen nach Weligama, und schon in Colombo hatten uns zwei Journalisten mit Fotoapparaten erwartet. Sie fand das widerlich und ungerecht. Sie haßte Publicity. Was wir auch in Sri Lanka taten, immer stand irgend etwas darüber in den Zeitungen, als ob wir von irgendwelcher Wichtigkeit gewesen wären. Es war entmutigend. Man hat das Gefühl, gar nicht selbst zu existieren... Nun, in Weligama waren sie auch, machten ihre Fotos, und Jane schaute die Insel an. Sie sagte: ‹Ja, ich verstehe, warum du sie liebst. Sie ist genau wie aus einer Erzählung von Edgar Allen Poe.› Sie verabscheute die Insel, die Fledermäuse... Auch das Leben, das wir dort führten, gefiel ihr nicht. Es gab keine sozialen Kontakte: Sie konnte nur mit mir, mit Temsamany, mit Ahmed Yacoubi oder mit den ceylonesischen Angestellten reden. Ihnen allen hatte sie nichts zu sagen, mir allerdings schon: nur nicht sehr viel Freundliches, denn sie mochte den Ort einfach nicht. Es war ihr zu heiß. Baden wollte sie nicht. Es war einfach nichts für sie. Schließlich fuhr sie mit Temsamany zurück nach Tanger. Ich blieb, war aber ziemlich verbittert, denn ich fand es nicht nett von ihr abzureisen, nicht sehr loyal. Aber das war ihr gleichgültig: Sie wollte unbedingt weg aus Sri Lanka.»

Jane langweilt sich auf Taprobane. Paul arbeitet an seinem Roman mit einer Besessenheit, die den Schluß nahelegen kann, daß sie, Jane, für ihn nicht besonders wichtig ist. Sie schreibt an ihre Freunde und unterzeichnet: *The Spider's Wife*. Währenddessen sitzt er in seinem Zimmer und schreibt weiter, ohne von irgend etwas Notiz zu nehmen. Kann er insgeheim vielleicht nicht tolerieren, daß Jane einen Ort verabscheut, der ihn so sehr fasziniert? Ende Februar reist Jane ab. Er beendet seinen Roman, dessen letztes Kapitel übrigens ebenfalls von einem Abschied, oder eher, von einem Verlassenwerden handelt. Mitte März schickt er das Manuskript vom Postamt in Weligama aus. Sein Verlag, Random House, erhält die Sendung, worüber Paul Bowles sich heute noch wundert. Im April zeigt er Yacoubi Japan, Hongkong und Singapur. Das tröstet ihn nicht über Janes Abreise hinweg, im Gegenteil: Er denkt, ihr hätten diese Orte ganz bestimmt gefallen, und vermißt sie um so mehr. Die Rückkehr nach Taprobane fällt ihm schwer. Was hält ihn noch dort? Die Antwort ist klar: nichts.

Anfang des Sommers '55 ist er wieder in Tanger. Im November kehrt Mohammed V. auf seinen Thron zurück, und in New York erscheint *Das Haus der Spinne*. Mit der festen Absicht, sein kleines Paradies zu verkaufen, fährt Paul Bowles ein Jahr später noch einmal nach Taprobane. «Ich habe sehr wenige Fotos vom Haus. Ich konnte auch nie lange bleiben, ich meine, ohne Unterbrechung. Wegen der Steuern mußte ich alle sechs Monate das Land verlassen. Wenn ich länger geblieben wäre, hätte ich 40% meines gesamten Vermögens an den ceylonesischen Fiskus abtreten müssen. Selbst wenn ich gewollt hätte, hätte ich es nicht gekonnt, denn ich bezahlte ja schon in den USA Steuern... Dennoch ist es schade, die Insel verkauft zu haben. Sie war wirklich phantastisch. Es gab überhaupt keine Touristen in diesem Winkel der Welt, und das gefiel mir natürlich sehr. Später gehörte die Insel Pierre Klossowski, dem Bruder von Balthus. Das ist ungefähr das einzige, was ich vom weiteren Schicksal der Insel weiß. Ich selbst habe nach dem Verkauf keinen Pfennig wiedergesehen: die Ceylonesen behaupteten einfach, ich hätte die Insel nicht gekauft, sondern usurpiert... Es gab zweifellos noch einen anderen Grund, warum ich mich so schnell von ihr getrennt habe: Zu sagen, ‹Diese Insel gehört mir!›, hat mir nie etwas bedeutet. Ich hatte nie den Eindruck, daß mir jemals wirklich etwas gehört... Das ist auch der Grund, warum ich Tanger nicht verließ, als so viele andere weggingen. Die Leute begriffen sehr schnell, daß sie riskierten, ihr Hab und Gut zu verlieren, wenn sie blieben. Aber davor hatte ich keine Angst. Es war keine Nachlässigkeit, eher Gleichgültigkeit. Ich hatte keine Wahl, keine Alternative. Für mich, der nichts hatte, war die Entscheidung dazubleiben einfach. Es ist immer am einfachsten, nichts zu machen, oder?»

Am 20. August 1953 wurde der Sultan von Marokko, der zukünftige König Mohammed V., Vater des jetzigen Herrschers, von den Franzosen abgesetzt. Sie machten den Fehler, ihn am Tag des Aïd el Kébir festzunehmen, bevor sie ihn nach Korsika und später nach Madagaskar ins Exil schickten. (‹Madame Gascar› sagt man oft in Marokko.) Diese Verhaftung löste weit heftigere Empörung aus, als man angenommen und auch einkalkuliert hatte. Das Aïd el Kébir ist das Fest zu Ehren Abrahams, der seinen Sohn Isaak auf Gottes Befehl zu opfern bereit war (im letzten Moment wurde an Stelle des Kindes ein Widder getötet). «Es gibt keine mohammedanische Familie, und sei sie noch so arm, die an diesem Tag kein Schaf schlachtet, d. h. ihm die Kehle durchschneidet. Und der Sultan, das religiöse und weltliche Oberhaupt, muß an diesem Tag mit eigener Hand das erste Schaf opfern. Damit schenkt er dem ganzen Land für das kommende Jahr Reichtum und Wohlergehen. Die Verhaftung des Sultans durch die Franzosen wurde als Sakrileg betrachtet. Zumal, da an seine Stelle Moulay ben Arafa gesetzt wurde, des Sultans alter Onkel, der allgemein für unfähig und von vielen sogar für einen Trottel gehalten wurde»[1]. Diese Wahl mußte wie eine weitere Provokation wirken. Ein Jahr später, 1954, entschied die Partei der Istiqlal[2], eine Aktion zu starten, die für den Unabhängigkeitsprozeß des Landes von entscheidender Wichtigkeit werden sollte. Die Parteiführer forderten die Menschen auf, das rituelle Opfer *nicht* zu begehen, und säten so beträchtliche Unruhe in den Köpfen der Gläubigen. Was sollten sie tun? Das Schaf nicht zu opfern hieß,

1 aus: Rom London *Moroccan Drama 1900–1955, London* 1956
2 Unabhängigkeitspartei

Allah zu beleidigen, hieß aber auch, die Rebellen zu unterstützen, die den unwürdigen, weil von den Franzosen aufgezwungenen Sultan wieder absetzen wollten. Es doch zu opfern hieß, wie ein guter Mohammedaner zu handeln, aber auch die Legitimität der Franzosen anzuerkennen und seine Unterwürfigkeit unter die Willkür der Besatzer zu zeigen. Und es bedeutete außerdem, sich den Haß der Istiqlal-Leute zuzuziehen. Paul Bowles siedelt *Das Haus der Spinne* unmittelbar in dieser aktuellen Situation an. Ende 1954 beginnt er zu schreiben, und die im Buch angesprochene Zeit ist genau die der Unruhen, die einige Wochen zuvor am Aïd el Kébir-Fest ausgebrochen sind, Unruhen, die den Beginn des Bürgerkriegs markieren. *Das Haus der Spinne* ist der Roman, den er am schnellsten geschrieben hat. Begonnen hat er ihn in seinem Haus in der Kasbah in Tanger. Ausgearbeitet aber hat er ihn größtenteils in einem Haus auf dem Alten Berg, so sehr war die Feindseligkeit gegen ‹Europäer› in kaum einem Jahr angewachsen. Ein normales Leben in mohammedanischer Umgebung wurde fast unmöglich. Das Buch ist ausgesprochen politisch, geschrieben in einer Art Notstandssituation. Es ist eine antikoloniale Schmähschrift, weshalb es zweifellos nie ins Französische übersetzt wurde.[1] Dennoch gehört das Buch nicht im herkömmlichen Sinn zur *engagierten Literatur*. Lange Zeit fand ich, es sei etwas schwer verdaulich. Nicht nur wegen seiner Länge – es ist bei weitem der dickste Roman, den Paul Bowles geschrieben hat –, sondern auch wegen dieses *Engagements*, das mir doch etwas zwiespältig erschien. *Das Haus der Spinne* ist tatsächlich ein erstaunlich komplexes Buch, das in vielerlei Hinsicht allem, was er bislang geschrieben hatte, widerspricht. In *Himmel über der Wüste* war die Situation relativ einfach: Da sind drei Amerikaner, die durch eine zeitlose Sahara reisen, in der selbst die Orte andere Namen tragen. So wird die erschreckende und gleichzeitig köst-

1 Jetzt ist die Übersetzung in Arbeit.

liche Empfindung des Ichverlustes, der Geistesverwirrung und der Persönlichkeitsberaubung akzentuiert. Port ist wirklich krank, und er wird auch daran sterben, aber sein ursprüngliches Leiden sind die Fragen, die ihn selbst im Abgrund der Krankheit nicht in Ruhe lassen: Welchen Sinn kann man dem Leben geben? In *Himmel über der Wüste* ist die Wüste schön und unendlich *moralisch*.

In *Das Haus der Spinne* ist das Gegenteil der Fall: Was erzählt wird, geschieht *hier und jetzt*. Selbst wenn man es fünfunddreißig Jahre später liest, steht man mitten im Konflikt, und auch mitten im widersprüchlichen – und schwer zu begreifenden – Denkschema des Touristen, der einerseits den mittelalterlichen Charme der Gassen von Fès rühmt und andererseits am Abend «gegen diese gottverdammte Klimaanlage» flucht, «die nicht funktioniert. Man muß sich wirklich fragen, ob sie reif sind für die Unabhängigkeit, wenn sie schon nicht mal fähig sind, ein Hotel für sechs Cents die Nacht, ohne Frühstück wohlgemerkt, anständig zu führen.»

Das Haus der Spinne ist ein Buch, das sich bemüht, das Problem, das es thematisiert, genau zu lokalisieren: sowohl in der Zeit (Sommer 1954) als auch im Raum (nur die Stadt Fès, nicht ein ganzes Land, in dem man herumreist). Man kann noch hinzufügen, daß moralische Bedenken den europäischen Protagonisten dieser Geschichte eigenartigerweise zu fehlen scheinen und daß letztlich ein junger, fünfzehnjähriger, analphabetischer Fassi[1] der eigentliche Held des Romans ist. Er wird zum ‹Opfer› dieser Europäer, zum Opfer einer Situation, die sie mitgeschaffen haben, Opfer ihrer Verantwortungslosigkeit. Die große Frage in *Das Haus der Spinne* ist nicht «WARUM lebt man?», sondern «WIE soll man leben?»

Wie lebt man in dieser Zeit der Umwälzungen, wie akzeptiert man, daß das eigene Land ein Schlachtfeld wird, wie wird die Gesellschaft aussehen, die aus diesem Chaos hervor-

1 Bewohner von Fès

gehen wird? Denn die große Unordnung scheint unvermeidlich: Damit eine neue Ordnung möglich wird, muß die alte zerstört werden. Und Paul Bowles kann nicht anders, als das auf jeder der 440 Seiten nur zu *bedauern*. Es ist dies das einzige Werk, wo er Sympathie für eine existierende Struktur gezeigt hat. Seine Bedenken sind vor allem *sozialer* Natur. Das listige Ultimatum, das die Partisanen der Istiqlal dem Bewußtsein jeder marokkanischen Familie gestellt haben, verfehlt nicht seine Wirkung. Die Saat geht auf. Der Autor beobachtet den Verfall einer Welt. Es ist alles verloren, und er weiß es nur zu gut. Die Stabilität ist nicht mehr haltbar. Der Titel des zweiten Teils des Romans ist vielsagend: *Sins Are Finished* (Es gibt keine Sünden mehr). Ein Töpfer fragt Amar, den jungen Helden des Buches: «‹Mit welchem Recht kann jemand ein Fest feiern, wenn der Sultan im Gefängnis ist, mitten im Ozean?› ‹Aber es ist eine Sünde, Aïd el Kébir nicht einzuhalten›, sagte Amar langsam. ‹Wer ist größer, der Sultan oder der Islam?› Der Töpfer starrte ihn an. ‹Sünde, Sünde›, schrie er. ‹Gibt es eine größere Sünde, als ohne unseren Sultan zu leben, wie die Hunde? Wie die Heiden, *kaffirine*? Es gibt keine Sünden mehr, sage ich dir. Es macht nichts, was einer tut. Es gibt keine Sünden mehr.›» (*Das Haus der Spinne*, S. 126)

Wenn es keine Sünde mehr gibt, dann ist die Welt verloren, denn der Mensch begeht die schlimmste aller Verfehlungen: *der Hybris* zu verfallen; der Versuchung nachzugeben, kein Maß mehr anzuerkennen; sich selbst an die Stelle Gottes zu setzen. Wenn es keine Vorstellung von Sünde mehr gibt, ist die Sünde überall: Das Böse hat sich im Bewußtsein und den Taten eines jeden von uns eingeschlichen. Das Ziel der Istiqlal – das Gefühl der Sicherheit zu zerstören, das durch den uneingeschränkten Glauben an die Gesetze des Korans hervorgerufen wird – ist erreicht.

Das Haus der Spinne zeigt vor allem drei Personen: Da ist Amar, ungefähr fünfzehn Jahre alt und ein Nachfahre des Propheten, wie auch Ahmed Yacoubi einer war. Der Roman ist sehr stark von den Kenntnissen über das mohammedanische Leben geprägt, die Yacoubi dem Autor vermitteln konnte. Alles, was Amar denkt, was er tut und – noch wichtiger – was ihm widerfährt, *steht* schon *geschrieben*. Man braucht nur zu gehorchen. Dennoch ist Amar in einem Alter, in dem man einen Freund sucht, mit dem man über die Fragen, die ein verändertes Leben aufwirft, sprechen kann. In dieser Hinsicht ist *Das Haus der Spinne* ein Bildungsroman, noch dazu ein besonderer: Er ist meines Wissens der einzige, dessen Held ein junger Mohammedaner ist... Die Ereignisse, die die alte marokkanische Stadt erschüttern werden aus der Sicht des jungen Amar beschrieben. Die beiden anderen Personen sind zwei Amerikaner, natürlich zwei Reisende: John Stenham und Lee Veyron, genannt Polly. *Sie* wird vorgestellt als normale Touristin. *Er* ist ein ziemlich bekannter Schriftsteller, der lange Zeit in Fès gelebt hat[1] und dem ganz offensichtlich der *Status quo ante* lieber wäre als die voraussichtlich beunruhigende Zukunft der Stadt.

Vielleicht ist Stenham nicht unbedingt mit Paul Bowles vergleichbar, zumindest, was die Frage der Unabhängigkeit angeht: Bowles hat sicherlich einen Moment geglaubt, das Land würde, sobald die Franzosen weg sind, wieder zu seinem typisch marokkanischen Leben zurückfinden. Das war naiv, könnte man sagen, aber es war auch Ausdruck einer wirklichen Hoffnung, die genährt worden war durch Pauls häufigen Kontakt mit äußerst interessanten marokkanischen Persönlichkeiten. (Ich denke hier besonders an M. Abdesselam Ktiri, der ihn oft in sein großes Haus in Fès einlud.[2]) Stenham weiß nicht, wohin Marokko sich entwickeln wird. Er

1 Außerdem ist er in Neuengland geboren und war in der kommunistischen Partei, was den aufmerksamen Leser an jemanden erinnern dürfte.

2 ... wo Paul Bowles auch Ahmed Yacoubi kennenlernte.

mag die Franzosen nicht, aber er weiß auch nicht, was die Nationalisten anstellen werden. Es steht außer Frage, Paul Bowles im weiteren Verlauf der Naivität zu zeihen. Das hieße, die Zweifel überbewerten, die auf ganz autonome Weise eine seiner Romanfiguren äußert. Der Autor teilt zwar diese Zweifel, aber er scheint doch mehr Vertrauen zu haben. Auch in der Gleichgültigkeit, die Stenham vor allem am Schluß des Buches zeigt, fällt es mir schwer, Paul Bowles wiederzuerkennen: Stenhams Beobachterposition ist zu bequem, als er aus Fès abreist und Amar zurückläßt. Eine Seite wird umgeblättert, das Buch ist zu Ende. «Am Anfang ist Stenham von Amar fasziniert. Die ganze Entwicklung des Romans beruht auf dieser Tatsache... Port Moresby hat keinerlei Anspruch, er will überhaupt nichts. Seine Position ist nihilistisch, das ist der Unterschied. Stenham ist mir vielleicht ähnlicher als Port. Er ist Pessimist, und das ist etwas anderes. Aber gleichzeitig finde ich ihn auch idiotisch. Er scheint sich nicht darüber klar zu sein, daß Amar ihn einfach braucht, und das eher in ganz praktischer Hinsicht als in irgendeiner anderen. Amar mußte mit Stenham ins Hotel gehen, sein Problem ist ganz konkret. Stenham ist schwach. Und Schwäche spielt in Marokko eine wichtige Rolle. Sie ist fatal.»

Stenham trifft den Jungen in einem Café. ‹Trifft› ist nicht der richtige Ausdruck. Stenham beobachtet etwas, das er – hätte es ihm jemand erzählt – nicht geglaubt hätte: Ein halbwüchsiger Junge sitzt im Innenhof eines Cafés am Rand eines Beckens. Plötzlich steigt er ins schlammige Wasser, um eine Libelle zu befreien, die sonst ertrunken wäre. Die Szene wird zweimal beschrieben: einmal von Stenham und einmal aus der Sicht Amars, ungefähr 110 Seiten vorher:[1]

1 Die beiden Blickwinkel teilen den Roman: Teil zwei berichtet von den Ereignissen aus der Sicht Amars (Es gibt keine Sünden mehr, S. 65), Teil drei erzählt, wie Stenham genau dieselben Ereignisse erlebt (Die Stunde der Schwalben, S. 155).

«Es war tiefer, als er gedacht hatte, das Wasser ging ihm bis zu den Hüften. Der Boden fühlte sich mit den Fußsohlen glitschig und unangenehm an, aber er watete hinaus, schob seine Hand unter die Libelle und hob sie hoch. Dann stand er da im Wasser, sah sie an und lächelte, weil ihre beiden riesigen Augen seinen Blick zu erwidern schienen. Vielleicht dankte sie ihm. ‹Wie groß sind Allahs Werke›, flüsterte er. Als die heiße Sonne ihre Flügel getrocknet hatte, bewegte sie sich ein paarmal und flog plötzlich in der Richtung des Festungswalles davon.» (S. 153)

Draußen überstürzen sich die Ereignisse. Stenham und Polly fliehen aus dem Café in Begleitung des jungen Arabers, um ihm in ihrem Hotel Unterschlupf zu geben, bis sich die Lage in der Stadt wieder etwas beruhigt hat. Der Schriftsteller ist, wie ich schon sagte, von Amar fasziniert. Seine Verantwortungslosigkeit wird dadurch nur um so deutlicher. Er macht sich nicht klar, wie entscheidend die Begegnung für den Jungen ist. Eine wirkliche Kommunikation mit dem Jungen aufzubauen interessiert ihn nicht. Er wird Amar nicht dasselbe Vertrauen entgegenbringen, das Amar ihm gegenüber zeigt. Seine Sorgen sind nicht moralischer Natur: Der Koran interessiert ihn rein als soziologisches Dokument, das dazu dient, eine Gesellschaft aufrechtzuerhalten, an der ihn letztlich nur eine Sache berührt: ihr dekorativer Aspekt. Stenham hat ein ästhetisches Interesse. Er hält die traditionelle marokkanische Gesellschaft für erhaltenswert, vor allem, weil sie schön ist. Er hat sich auf eine Verantwortlichkeit gegenüber dem jungen Marokkaner eingelassen, aber er wird sich dessen in keinem Moment bewußt. Und der Schaden, der durch ein solches Verhalten angerichtet wird, ist nicht wiedergutzumachen. Als ihn Amar am Ende des Buches bittet, ihn nach Meknès mitzunehmen, wo er seine Mutter und seine Schwester wiederzusehen hofft, glaubt Stenham ihm nicht und denkt, das Kind hätte einen Vorwand erfunden, nur um ihn zu begleiten. Die Tatsache, daß Amar so hartnäckig an eine Freundschaft zu einem ‹Nazarener› glaubt, könnte überraschen, vor allem, da zu diesem Zeitpunkt die mohammedanischen Feindseligkeiten gegenüber den Fremden auf ihrem Höhepunkt sind. Für den jungen Mohammedaner ist es jedoch nur eine weitere Etappe in seinem Leben. Und er führt die Begegnung, wie alles andere, auf Allahs Willen zurück.

Eines der zentralen Themen von Paul Bowles, die Verständnislosigkeit (oder -unfähigkeit), steht auch hier im Zentrum... Stenham weist die Hand, die ihm die Zukunft reicht, zurück. Würde er etwas verstehen von dem, was vor sich geht, wäre er verantwortlich. Was Polly anbelangt, hat sie Amar ein ziemlich bequemes Etikett verpaßt: *a complete young barbarian.* Die Unschuld dieses Kindes findet sie ohne Zweifel ‹mittelalterlich›. Sie gibt ihm alles Geld, das sie in ihrer Handtasche findet, damit er einen Revolver kaufen kann. Als sie ihn verabschiedet, wünscht sie ihm einfach nur «Viel Glück!». Sie glaubt zweifellos, daß es notwendig ist, die «Barbaren» zu bewaffnen, damit sie sich endlich den Zugang zu den Freuden der modernen Welt verschaffen können. Die Figur der Polly ist natürlich alles andere als schmeichelhaft angelegt. Ich glaube sogar, daß man angesichts ihrer hochkonzentrierten Dummheit auf Paul Bowles' Menschenhaß rückschließen kann. «Sie ist nicht nur dumm, ich glaube sogar, daß sie verrückt ist», verdeutlicht der Autor.

Etwas später zählt der Junge heimlich das Geld, das Polly ihm gegeben hat: acht Tausendfranc-Scheine und zwei Hundertfranc-Scheine. Zuerst denkt er: «Mir! Sie gehören mir!» Aber sofort mäßigt er seine Begeisterung: «*Jiaou.* Sie sind zu mir gekommen. So stand es geschrieben.» Als Stenham erfährt, was Polly getan hat, ist er wütend, vorübergehend. Aber sie bleiben zusammen und verlassen Fès gemeinsam in Richtung Casablanca. Sie bereuen nichts, sie werfen kaum einen Blick zurück. Amar bleibt nur als Bild in ihrem Gedächtnis, ein Bild, an das sich Polly erinnert fühlte, als sie ihn das erste Mal sah: «Er sieht aus wie das Modell für all die schlechten Bilder, die vor hundert Jahren von Fremden in Italien gemalt wurden. ‹Junge am Springbrunnen›, ‹Zigeuner mit Wasserkrug›, Sie wissen schon.» (S. 275)

«Amar rannte dem Wagen nach. Er war noch da, vor ihm, entfernte sich schneller und schneller. Er konnte ihn nie einholen, aber er rannte, weil nichts anderes zu tun war. Und seine Sandalen klapperten scheußlich auf dem harten Boden der Überlandstraße, er schüttelte sie ab und lief lautlos und frei. Er hatte jetzt einen Augenblick das Gefühl, als fliege er die Straße entlang, hinter dem Wagen her. Er würde sicher anhalten. Er konnte die zwei Köpfe im Rechteck des Fensters sehen, und es schien ihm, als blickten sie zurück.

Der Wagen hatte eine Kurve der Straße erreicht; er entschwand seinem Blick. Amar lief weiter. Als er an die Kurve kam, war die Straße leer.» (S. 439/440)

Flashback nach Massachusetts

*I*ch gelobte, mein Leben seinem Untergang zu weihen, und wenn es mein eigenes Verderben bedeuten sollte.» (*Rastlos*, S. 45)

In den letzten Tagen von 1956 reist Paul Bowles, wie gesagt, noch einmal in Begleitung von Ahmed Yacoubi nach Ceylon, um Taprobane zu verkaufen. Im Jahr nach der Veröffentlichung von *Das Haus der Spinne* ging alles einen ruhigen Gang: Jane übergibt das Haus in Amrah ihrer Hausangestellten und Freundin, Paul unternimmt nur eine kleine Reise nach Portugal, arbeitet an einem Fotobuch (das in der Schweiz erscheint), widmet sich wieder ernsthaft dem Komponieren seiner Oper (*Yerma* nach Lorca), räumt sein Appartement in der Rue des Amoureux (im achten Stock des Immueble San Francisco[1]) und spielt schließlich für seine Eltern, die ihn in Marokko besuchen kommen, sogar den Fremdenführer. Ihr Aufenthalt verläuft ohne Schwierigkeiten, auch wenn sich Mrs. Bowles am Ende, nach einem sehr angenehmen Tag in und um Tanger, noch den Knöchel bricht. Claude Bowles ist sehr glücklich, daß sein Sohn ihm *Das Haus der Spinne* gewidmet hat. «Er war alt, und er würde bald sterben. Ich dachte, es könnte ihm gefallen, und ich hatte recht.»

1 In Tanger haben die Appartementhäuser Namen (immueble = spanisch: Gebäude).

Die Zeit scheint lange vorbei, da Paul, kaum aus der Pubertät heraus, nach einem heftigen Streit ein Fleischmesser nach seinem Vater geworfen hat. Er beruhigte sich damals selbst mehr schlecht als recht: «Wie gewöhnlich sagte ich mir schließlich, daß, da nichts wirklich war, es nicht allzu wichtig sein konnte» (*Rastlos*, S. 114). Und noch weiter zurück liegt der Schwur des Kindes, das Leben desjenigen zu vernichten, der es in die Welt gesetzt hatte. Dieser hartnäckige Haß findet allerdings viele Entsprechungen in Paul Bowles' Werk. Es sei hier nur noch einmal an *Waterfall* erinnert, diese Geschichte vom Selbstmord eines Jungen, den sein Vater erst versteht, als es zu spät ist. Selbst *Das Haus der Spinne*, das er noch demselben Vater widmete, den er jahrelang verachtet hatte – ist das nicht auch ein Roman über die Enttäuschung eines Kindes, das sich, durch ihre Unbesonnenheit und Mißachtung, von den Erwachsenen betrogen fühlt? Die erste Lehre, die der junge Amar aus seiner Erfahrung wird ziehen können, ist, daß ein Erwachsener niemals – und schon gar nicht einer aus dem Abendland – dem Traum gewachsen ist, den er im Kind wecken konnte. Zahlreiche Erzählungen Paul Bowles' stützen sich auf die Idee, daß die Beziehungen zwischen einem Kind und einem Erwachsenen immer falsch sind. Es handelt sich nicht um einen ‹Generationenkonflikt›, damit machte man es sich zu einfach. Es ist etwas viel Schlimmeres: In der Beziehung des Erwachsenen zum Kind vermutet Paul Bowles immer das Gespenst der Zerstörung. Am Ende läßt jeder seine Kinderhaut zurück. Man versuche nicht, an die beschwichtigende Metapher der Raupe zu denken, aus der dann ein schöner Schmetterling wird. Die Schäden, die durch Erziehung in einer sogenannten erwachsenen Person zurückbleiben, entsprechen der Verständnislosigkeit, die man diesem Menschen als Kind entgegenbrachte. Einige kommen dabei nur etwas besser weg als andere. Siehe *Cold Point*.

Eine in Deutschland bislang unveröffentlichte Erzählung,

Julian Vreden[1], berichtet von einem jungen Mann, der in den vierziger Jahren mit der Hilfe eines Freundes seine Eltern vergiftete. Das Ehepaar erweckt nicht unbedingt Mitgefühl, denn Paul Bowles schildert sie, wie sie sich lustig machen über ihren einzigen Sohn, der nur den einen Fehler hat, Gedichte zu lieben. *Look at the big sissy with his poetry*! Eines Tages ist das Maß voll. Ohne sich vorher anzukündigen, fährt er mit einer Flasche Piper Heidsieck in der Hand nach Miami, um ihnen ein gutes neues Jahr zu wünschen. Die Polizei vermutet zunächst einen Selbstmord der Eltern, kommt dann aber, nach ein paar Nachforschungen, auf Julian, der das Verbrechen sofort zugibt. Paul Bowles schließt die Erzählung folgendermaßen: «Julian und sein Freund Mark wurden aufgrund ihres kriminellen Wahnsinns auf Lebenszeit in eine psychiatrische Anstalt in New Jersey eingewiesen. Kriminell? Ja. Wahnsinnig? Wohl kaum. Der Wunsch, ein Unrecht zu rächen, das an einem begangen wurde, kann nicht als ein Zeichen für Schwachsinn gewertet werden. Die Geschichte des Julian Vreden ist die klassische Geschichte einer Rache, und typisch amerikanisch.»[2]

Ein anderes Beispiel, das die Wichtigkeit dieses Problems zeigt, findet sich in der Geschichte *The Echo*[3]. Aileen reist nach Kolumbien, um ihre Mutter zu besuchen, die sie schon seit acht Monaten nicht mehr gesehen hat. In Jamonocal, mitten im Dschungel am Rand eines Abgrunds, steht das Haus der Familie, wo Aileen ihre Kindheit verbrachte. Die nächste kleine Stadt, Baranquilla, ist ziemlich weit entfernt. In den Abgrund stürzt sich ein Wasserfall. Die Mutter hat vor kurzem einen neuen Flügel an das Haus anbauen lassen, di-

1 Die erste aus dem neuesten Band mit Erzählungen, *Unwelcome Words* (Timbouctou Books, 1988).

2 *Unwelcome Words*, S. 14.

3 *Das Echo*. In: *Eisfelder*. Eine seiner ersten Erzählungen, genau genommen die fünfte (1946).

rekt über dem Nichts. Sie lebt jetzt hier mit einer Freundin, die Aileen nicht sehr sympathisch ist. Dennoch schreibt die Mutter – nachdem sie sich lange nicht gemeldet hatte – an ihre Tochter, um sie... willkommen zu heißen:

> «Ich weiß, es wird Dir gefallen, Prue hier zu treffen. Ihr habt vieles gemeinsam, auch wenn Du Dich zu erinnern meinst, daß Du sie ‹nicht besonders leiden› konntest. Das war in Washington, und Du warst, gelinde ausgedrückt, in einem schwierigen Alter.» (*Das Echo*, in: *Eisfelder*, S. 9)

Aileen fühlt sich zurückgestoßen, aber sie hat die Angewohnheit, ihre Gefühle und Gedanken zu verbergen. Als die Krise offen ausbricht, reagiert sie nur noch gewalttätig. Für einige Minuten verliert Aileen völlig die Kontrolle über sich selbst: Sie greift Prue tätlich an und schließt sich so endgültig aus dem Universum ihrer Mutter aus. Ein Universum, in dem sie allerdings auch keinen Platz mehr hatte. Es ist ihr einfach nicht mehr möglich, sich zusammenzunehmen. Ihre Gefühle brechen hervor, müssen einen Ausdruck finden, und sei es um den Preis eines noch größeren Verlustes. Bewußt oder unbewußt stürzen die Figuren in Paul Bowles' Werk immer in Konflikte, in Krisen, in denen sie auch körperlichen Risiken ausgesetzt sind. Aileen verstaucht sich bei ihrer Ankunft in Baranquilla nur den Knöchel, aber der Professor aus *Eine ferne Episode* wird geschlagen, verwundet, verstümmelt. Scheinbar kann man sich auf unserem finsteren Planeten nur in einer Umgebung der Gewalt entwickeln, einer Gewalt, die nur darauf wartet, geweckt zu werden. Leben heißt, jeden Moment den Preis der Gefahr zu akzeptieren. Es reicht nicht, daß Aileen wie eine Fremde behandelt wird, sie muß auch noch zuinnerst darunter leiden. Der Schrei, den sie am Ende der Geschichte ausstößt, ist der Urschrei, der sie vom Panzer ihrer Kindheit befreit, von ihrem illusorischen Wunsch zu lieben und geliebt zu werden. Niemals wieder wird sie um Liebe betteln, denn von nun an weiß sie, daß dieser Wunsch nicht zu den Wünschen gehört, die erfüllt werden. Schon als Kind ging sie im Dschungel spazieren, um in das Gewimmel des Lebens einzutauchen. Jetzt stößt sie dabei auf ein Dorf mit nur wenigen Hütten. In einer von ihnen – sie ist mit Stacheldraht eingezäunt – hockt ein junger Mann mit schwachsinnigem Ausdruck, der schließlich näher an den Zaun kommt, das Gesicht der Fremden genau betrachtet und ihr dann plötzlich ins Gesicht spuckt. Dieser Angriff ist physisch nicht weiter schlimm, aber doch von einer Aggressivität, der Aileen bislang noch nie begegnet war. Um sich zu rächen, wirft sie einen Stein in die Hütte, in die das Wesen geflüchtet ist. Es stößt daraufhin einen Schrei aus, wie auch Aileen wenig später, kurz vor ihrer Abreise, einen Schrei ausstößt, dessen Echo von der Natur, die sie hat aufwachsen sehen, zurückgegeben wird. Ein Schrei, der dem anderen Schrei antwortet, dem ihres furchtbaren, wahnsinnigen Spiegelbildes, das sie durch ein Geflecht aus Stacheldraht erkannt hat. Aileen kann ohne Angst abreisen, nachdem sie die Freundin ihrer Mutter mit Fußtritten ‹vernichtet› hat: Sie ist gerettet. Ihr Leben wird ab jetzt ein anderes sein. Sie hat ihre Ketten abgestreift.

Eltern und Kinder, so scheint es, denken an nichts anderes als daran, wie sie sich gegenseitig verrückt machen und zerstören können. Eine Bedingung für das Überleben unserer Spezies, an die manche Anthropologen noch nicht gedacht haben; sie haben noch nicht Paul Bowles gelesen. «Überleben» ist ein ziemlich großes Wort, zumal diese Raubtierinstinkte der gewöhnlichen Definition von Familie, die eine Vorstellung von Sicherheit und Schutz impliziert, widersprechen. André Gides Formulierung «Familien, ich hasse euch» findet hier eine weitere Dimension. Grover, alias Vero, der «Held» von *Up Above the World*[1], läßt seine Mutter ermorden und besei-

1 Up bove The World, dt.: *Gesang der Insekten*

tigt direkt noch zwei Touristen, von denen er vermutet, sie wären Zeugen des Verbrechens geworden. Eric Lyle, in *Himmel über der Wüste*, ist das Spielzeug seiner gräßlichen Mutter, und Kit vergleicht ihn mit dem »Kuhhirten (...), der quer durch Frankreich wanderte und kleine Kinder zerstükkelte...» (*Himmel über der Wüste*, S. 45)

Auf der *MS Chakdara*, die mit ihm im Januar 1957 nach Colombo schaukelt, schreibt Paul Bowles *The Frozen Fields*[1]. Auch wenn er immer betont, man solle zwischen seinem Leben und seinem Werk unterscheiden, gibt es in dieser Erzählung doch ununterbrochen Verweise auf seine eigene Kindheit, was er selbst auch nicht leugnet. Im Vorwort für einen 1988 in London erschienenen Sammelband[2] schreibt er zu dieser Geschichte: Sie spielt sich ab «auf einer Farm in Neuengland, die er in seiner Kindheit oft besuchte». Tatsächlich mischen sich Ereignisse, die er entweder selbst erlebt hat oder deren Zeuge er war, sehr oft in seine Bücher. Das Trio aus *Himmel über der Wüste* könnte inspiriert worden sein von dem Trio, das Jane, er und Bob Faulkner im Jahr 1940 gebildet hatten. Fräulein Windling aus *Zeit der Freundschaft* trägt zweifellos Züge jener Schweizer Lehrerin, die er 1947 um Weihnachten herum in Taghit kennengelernt hatte. Und das teuflische Paar aus Mutter und Sohn in *Himmel über der Wüste* existierte tatsächlich. Er ist den beiden mehrere Male in Spanien begegnet, während er am Roman arbeitete (allerdings bedauert er heute, sie karikiert zu haben). Um bestimmte Szenen überzeugend beschreiben zu können, ist es wichtig, zumindest in ihrem Dunstkreis gewesen zu sein, wenn man sie schon nicht selbst erlebt hat. Die Wahrscheinlichkeit genügt nicht immer. Mit Hilfe seines Imaginären gibt Paul Bowles dem,

1 *Eisfelder*, in der gleichnamigen Erzählungssammlung
2 *Call at Corazon*, Peter Owen (Hg.), 1988

was er *gesehen* hat, den notwendigen ‹Dreh› für die Handlung seiner Geschichten, zumindest in den meisten Fällen. In *Eisfelder* geht er einen ganz anderen Weg. Von der Szenerie her ist das Ganze so rein, wie nur Kindheitserinnerungen sein können, aber in dieser ‹edlen› Umgebung fehlen die entsprechenden Gefühle. Im Schnee vergrabene Landschaft, niemals ausgesprochene Hölle kindlicher Haßgefühle. *Eisfelder* ist eine Episode aus Paul Bowles' Leben. Er hat ihr nur ein anderes Ende gegeben, das Ende, das er sich vielleicht im Geheimen stets gewünscht hatte. Ein Ende, das durch traumähnliche Poesie und dumpfe Gewalt charakterisiert ist.

Das ist nicht eine Geschichte wie irgendeine andere, das ist *seine* Geschichte. Großmama Winnewisser hatte ihm erzählt, daß sein Vater ihn umbringen wollte, als er kaum sechs Wochen alt war. Er hatte das Kind nackt in die Eiseskälte gelegt. «Ich glaube nicht, daß er mich wirklich töten wollte. Ich weiß nicht, warum er es gemacht hat.» Für die Großmutter ist die Sache klar: Der Vater war eifersüchtig auf das Kind; bevor Paul ankam, «war er das Baby»[1]. In *Eisfelder* gibt es eine Szene, in der Donald, der kleine Junge, von seinem Vater mitten in einem verschneiten Feld mißhandelt wird:

> «Im nächsten Moment rieb er den Schnee heftig in Donalds Gesicht, und während Donald nach Luft schnappte und sich dem Griff seines Vaters zu entziehen versuchte, steckte dieser ihm den Rest hinten in den Kragen. Als er die nasse, eisige Masse spürte, die über seinen Rücken herunterlief, fiel er vornüber. Seine Augen waren fest zusammengekniffen; er war sicher, daß sein Vater versuchte, ihn umzubringen. Mit einem verzweifelten Satz befreite er sich und stürzte mit dem Gesicht in den Schnee. ‹Steh

1 *Rastlos*, S. 38/39

auf!› befahl sein Vater angewidert. Donald rührte sich nicht. Wenn er den Atem lang genug anhielt, würde er vielleicht sterben.»[1]

Großmama hatte vielleicht recht. Nehmen wir also an, Claude Bowles hatte tatsächlich versucht, seinen einzigen Sohn umzubringen. In der Literatur findet sich die großmütterliche Überzeugung jedenfalls aufgehoben. Was soll man nun von dem Wunsch, den Vater zu ermorden, halten, der in Eisfelder durch das dreimalige Auftauchen eines Wolfes symbolisiert wird?

«Es blieb ihm nichts anderes übrig als einzuschlafen. Auf seinem Weg zu den Grenzen des Bewußtseins hatte er eine Vision. Aus den Bergen hinter der Farm, über Felsen und Büsche springend, rannte lautlos ein Wolf auf der eisigen Schneekruste entlang. Er kam auf das Haus zu. Als er es erreichte, spähte er durch die Fenster, bis er das Eßzimmer entdeckte, wo die Erwachsenen um den großen Tisch herumsaßen. Donald fröstelte, als er durch das Glas seine Augen im Dunkeln sah. Und nun, jede Bewegung genau berechnend, setzte der Wolf zum Sprung an, zertrümmerte die Fensterscheibe und packte Donalds Vater am Hals. Im nächsten Augenblick, noch bevor sich jemand bewegen oder aufschreien konnte, war er mit seiner Beute zwischen den Kiefern wieder verschwunden; den Kopf zur Seite gedreht, schleifte er die schlaffe Gestalt schnell über die Schneedecke.» (*Eisfelder*, S. 179)

Der Wolf ist der Ausführende, der Mordhelfer, das Tier, das in der natürlichen Ordnung der *Eisfelder* Kraft verkörpert und dadurch das Recht, die Dinge umzukrempeln. Der Wolf ist eine Kreatur des Unbewußten. Der Autor gibt damit der

1 *Eisfelder*, in der gleichnamigen Erzählungssammlung, S. 213

Kindheit ihre Macht zurück, eine Macht, die ihm immer vorenthalten wurde. Kindliche Rache, Rache des Imaginären. *Eisfelder* ist Paul Bowles' einzige Erzählung, die eindeutig in einer winterlichen Atmosphäre angesiedelt ist. Sein gesamtes Werk – und in gewisser Hinsicht sein ganzes Leben – ist eine Art Flucht vor der wortwörtlich *kalten* Welt seiner Kindheit. Das Klima ist ein magisches Element einer Geschichte. Es verändert alles, beeinflußt – oft zum Schlechteren – das Verhalten, schwächt die Widerstandskraft gegenüber der Umgebung. Die tropische Feuchtigkeit, die sengende Hitze der Sahara, all das verführt zu anderen zwischenmenschlichen Beziehungen als denjenigen, die in *Eisfelder* beschrieben werden, glücklicherweise... Der sinnliche Ansturm läßt die puritanische Kälte platzen. Der schützende Himmel reißt auf und läßt uns nackt im Angesicht der Unermeßlichkeit zurück. Und in dem Moment, in dem der Körper des anderen sich offenbart oder die Seele der Protagonisten nackt vor uns liegt, zeigt sich ein Stück Wahrheit. Mit dem Wechsel des Breitengrades setzt unvermeidlich eine Metamorphose unserer Persönlichkeit ein. Aber die Veränderung zeigt sich zuerst am Körper. Paul Bowles hat seine körperliche ‹Hülle› immer als etwas Lästiges empfunden: «Das Tiefste meiner Natur könnte ich nicht definieren. Es ist die Tatsache, ein Mensch zu sein, die schlecht ist, die Tatsache, nicht abstrakt zu sein. Einen Körper zu haben ist furchtbar, wenn man es genau bedenkt. Denn es ist immer der Körper, der krank ist, der einen leiden macht, der Verwirrung stiftet. Ich wäre gern nur mein Denken... Natürlich ist das lächerlich. Man entflieht dem Körper ja nicht: Um Gedanken zu produzieren, braucht man Blut und einen Körper, der das Blut aufnimmt.»

Seine «Temperamentsausbrüche», die in seiner Jugend noch manchmal in Gewalt mündeten, hat Paul Bowles in sich zu begraben versucht. Heute sieht er aus wie der Prototyp eines gleichmütigen Mannes mit heiterem Charakter. Man fragt sich oft, ob er überhaupt noch weiß, wie es ist, wenn man wütend ist. «Wenn ich all die Leute sehe, die kommen, sich in meinem Wohnzimmer niederlassen, herumsitzen und wieder gehen – und nur um sagen zu können: ‹Ich habe Paul Bowles gesehen› –, habe ich doch manchmal Lust, unfreundlich zu werden... Schließlich hat der Tag nicht unbegrenzt viele Stunden...»

Die Kontrolle über sich zu behalten impliziert eine bewußte Trennung von Körper und Geist. Beispiele dieser Trennung gibt er in *Rastlos*. Seit seiner Kindheit hat ihn das Bewußtsein, einen *anderen* in sich zu verbergen, beunruhigt. Die Wirklichkeit hängt am dünnen Faden der Konventionen. Seine ersten kindlichen Erfahrungen damit sind zwar dramatischer und beunruhigender, aber ich muß gestehen, daß ich dennoch die Geschichte, wie er mit siebzehn Jahren den menschlichen Körper entdeckt, noch besser finde. Im Jahre 1928 studiert er ein paar Monate Kunst in einer *Artschool* in der Nähe des Central Park:

> «Und dann kamen die Modelle. Bis dahin hatte ich noch nie einen unbekleideten menschlichen Körper gesehen, weder einen männlichen noch einen weiblichen, und nach den ersten paar Wochen, in denen ich das Phänomen beobachtete, hatte ich kein Verlangen, je wieder einen zu sehen. Ich hätte nie gedacht, daß Menschen so abstoßend aussehen konnten. Die Frauen waren dreimal so dick, wie sie hätten sein sollen, und die Männer am ganzen Körper behaart.» (*Rastlos*, S. 75)

Er fragt die Direktorin, ob es nicht besser sei, eine Katze oder ein Pferd zu malen, aber Miss Weir kann ihm keine Modelle besorgen. Auf der Leinwand gibt er dem Fleisch immer die Farbe Blau.

> «Das stieß auf allgemeine Ablehnung, auch bei den Modellen, die während der Pausen nackt und verschwitzt durchs Studio marschierten, um zu begutachten, was wir gemacht hatten. Eine Frau war besonders aufgebracht, als sie sich in leuchtendem Blau wiederfand, aufgedunsen wie eine Leiche; von diesem Tag an hegte sie einen starken Groll gegen mich. Glücklicherweise wechselten wir jede Woche die Modelle.» (*Rastlos*, S. 75).

Paul Bowles verabscheut D. H. Lawrence wegen seiner «perversen Hartnäckigkeit, mit der (er) die Kopulation als heilige Handlung darzustellen versuchte» (*Rastlos*, S. 108). Im Geist des jungen, eben erst seiner rigiden Familie entronnenen Dichters (es ist das Jahr 1930) sind «Defäkation und Kopulation zwei Phänomene, die einen Menschen völlig lächerlich machten. Die eine ließ sich wenigstens im Privaten verrichten, die andere aber verlangte per definitionem einen Partner.» Er will Freud gar nicht widersprechen, aber er hat doch den Eindruck, «daß jede bewußte Darstellung von Sexualität zwangsläufig grotesk ist» (S. 108).

Sexualität findet man selten in Paul Bowles' Werk, jedenfalls fast nie *unmittelbar*... Sie wird gezeigt oder mit einer gewissen Präzision beschrieben, wenn sie ein Ausdruck der Gewalt ist: *Die leichte Beute* ist dafür das beste Beispiel. Die Vergewaltigung von Driss durch den *m'hashish* Moungari ist nur eine zusätzliche Erniedrigung. Oder die Sexualität erscheint wie ein unwesentlicher Zusatz: Die Affäre zwischen Kit und Tunner ist Frucht bestimmter Umstände. Kit braucht jemanden, um sich aufzuwärmen. Und letztlich, scheint der Autor zu sagen, ist Sex vielleicht ein Kommunikationsmittel für Leute, die nicht miteinander reden können. Das ist auch bei Dyar der Fall, der sich (ebenfalls *m'hashish*) zwischen allerlei Geschirr in die Arme von Daisy de Valverde stürzt. Die Ironie ist immer präsent. Wenn Daisy die ‹Ehre›, die er ihr damit erweist, akzeptiert, dann auch deshalb, um ihn nicht lächerlich zu machen. Sicherlich begehrt sie Dyar, aber es wäre ihr lieber, wenn die Situation nicht so ‹grotesk› wäre, um noch einmal Paul Bowles' Ausdruck zu gebrauchen. Dem jungen Mann gegenüber wird sie nichts sagen, wird nicht protestieren. Aber im Moment, als sie sich ihm ausliefert, denkt sie doch, daß es eine verzweifelt lachhafte Situation ist.

«Und so sagte sie nichts, tastete nach dem Licht neben dem Bett und drehte es aus. Ein einziges Wort, sagte sie sich, hätte den Faden zerreißen können, an dem er vom Himmel herabhing; er wäre mit einem dumpfen Schlag ins Zimmer heruntergefallen, ein fürchterlich verlegener junger Mann, der keine Entschuldigung für sein Benehmen gehabt hätte, keinen Ausweg aus seiner schauderhaften Lage, keinen Balsam für seinen Stolz.» (*So mag er fallen*, S. 253)

In seinem vierten und letzten Roman, *Gesang der Insekten*, setzt der Autor ein Paar in Szene, denen es auf ihrer zweiten Hochzeitsreise nicht gelingt, allein zu sein: Der Moment der Intimität wird immer verschoben, bis diese Sorge nebensächlich wird, bis dieser Moment keinen Platz mehr hat in der erschreckenden Geschichte, die ihnen zustößt. Grausame Ironie: Wenn es schwierig wird, treten unsere kleinen sexuellen Sorgen sofort in den Hintergrund. Der Selbsterhaltungstrieb ist eindeutig stärker.

Die Slades sind übrigens das typische Duo für Paul Bowles' Geschichten. Wie die Moresbys, wie auch die Figuren aus *Zwischenhalt in Corazón*, haben sie keine Kinder. (Und Donald ist das einzige Kind in der Familienversammlung, die den Hintergrund für das Geschehen in *Eisfelder* bildet.) In all diesen Geschichten ist das Paar nur eine Stilfigur. Vielleicht eine Metapher für Paul Bowles' eigene Eltern: das Leben zu zweit als ein einziges langes Konzept gegenseitiger Vorwürfe – wenn der andere nicht dem Bild entspricht, das man von ihm hegt – und Anklagen gegen die Außenwelt, sollte der ‹Partner› einmal zufällig der gleichen Meinung sein. Der Ehemann schreibt oder denkt zumindest über den Lauf der Welt nach, die Ehefrau – meistens jünger als er – flattert umher, beklagt sich, daß die Flasche Scotch leer ist, oder sucht zwischen Tamanrasset und Bidon 5 einen offenen Tabakladen. Die Frauen kommen oft nicht besonders gut weg, aber wer kommt letztlich gut weg in den Büchern von Paul Bowles... Mrs. Callender (in *Die Stunden nach Mittag*) hat zwar eine Tochter, aber die Sorgen, die sie sich um sie macht, beanspruchen den geringsten Teil ihrer Zeit. Und Mr. Callender kann, wie immer, auch nur resigniert und gleichgültig reagieren. Die Bedrohung kommt von dieser jungen Generation, die nichts respektiert, die alles zerstört, was die vorangegangene angehäuft, aufgebaut und zum Blühen gebracht hat – geradeso, als ob sie ihren Spaß daran hätte. Sehnsucht nach dem Paradies? Der Mann und die Frau sollten sich – allein – gut verstehen, sorglos und von der Anwesenheit eines Kindes ungestört. Sie könnten sich ganz und gar einander widmen... Doch man vergißt dabei den unvermeidlichen Apfel der Zwietracht und daß jedes menschliche Wesen verzweifelt allein ist auf seiner einsamen Insel. Es ist nicht möglich, ein Paar zu bilden. Das gemeinsame Leben ist nichts als eine Folge von unnötigem Verrat, Kompromissen, die zu nichts führen, zum Scheitern verurteilten Annäherungsversuchen. Denn zwei verschiedene Charaktere stehen sich gegenüber, die sich im Grabenkrieg der Unvereinbarkeit noch zusätzlich mit unterschiedlichen Weltanschauungen bekämpfen. Das Verhängnis der Erbsünde lastet auf jedem von uns. Die Heirat ist nichts als eine bequem aussehende und gesellschaftlich anerkannte Art und Weise, das Risiko, sich Ärger einzuhandeln, zu verdoppeln. Vor allem, wenn die hübsche junge Frau auf den Vorschlag eines reichen, einheimischen Müßiggängers, eine kleine Ausfahrt mit ihm zu unternehmen, eingeht – wie Day Slade. Vorher war sie jedesmal, wenn ihr Gatte ihr den Arm streichelte, aufgesprungen und hatte gerufen: «Ach, ist mir heiß! Laß uns etwas unternehmen.» ... Ob es nun Daisy de Valverde ist, die einen Moment der Geistesverwirrung ihres jungen Gastes ausnutzt, oder Mrs. Slade, die ihrem Ehemann uneingestanden aus dem Weg geht, weil sie zweifellos anfängt, ihn ein bißchen alt zu finden: die Frau, wie Paul Bowles sie zeigt, ist ein unergründliches Wesen, eine Quelle starker, nicht unterdrückbarer Gefühle, die so unterschiedlich sind, daß man sie in ihrer Gesamtheit nicht fassen kann. Das Atlájala, der Geist des *runden Tals*, hat diese Vielfalt der Empfindungen gespürt – ohne sie verstehen zu können –, als es zum erstenmal in seinem umherirrenden, ewigen Leben in den Körper einer Frau glitt: Es wird sich immer danach zurücksehnen ... Aber diese Energie, dieser Wille stehen fast systematisch im Dienst des Bösen, und die weiblichen Figuren einiger Geschichten begehen die wahnsinnigsten Taten. (*In Paso Rojo*[1], *Doña Faustina*[2] ...)

Sein Leben in Marokko scheint den Erzähler eher noch bestätigt zu haben in dieser Ansicht. Die marokkanischen Ehefrauen, die in seinen Geschichten die alten Heilmittel und Hexenkünste «guter Frauen» einsetzen, scheinen oft völlig inspiriert zu sein vom Geist der Aïcha Qandicha[3]. *Der Blick*, *Das kleine Haus*, *Das leere Amulett*[4], *Der Gar-*

1 *In Paso Rojo*, in: *Eisfelder*.
2 *Doña Faustina*, in: *Allal*.
3 Die mächtigste und gefährlichste der *djinniyas*. Eine Zeitlang dachte ich daran, ihr das vorliegende Buch zu widmen: «Für Aïcha Qandicha, die Paul Bowles inspirierte». In Paris oder Carcassone hätte man diese Widmung als Scherz aufgefaßt (als was sie zweifellos auch gedacht war), aber auf der anderen Seite der Meerenge von Gibraltar wäre ich mir da nicht so sicher gewesen.
4 *Der Blick* (*The Eye*, 1978), *Das kleine Haus* (*The Little House*, 1980), *Das leere Amulett* (*The Empty Amulet*, 1980), in: *Mitternachtsmesse*.

ten[1] . . ., es gibt viele Beispiele ihrer Bösartigkeit. Dr. Slade ruft schon am Anfang (S. 23) von *Gesang der Insekten* aus: «Guter Gott! Sind wir etwa in einer Klapsmühle gelandet? (Er hätte genausogut sagen können: «Die sind ja von allen guten Geistern verlassen!») Er spricht allerdings mehr zu sich selbst, denn seine Frau ist soeben lieber mit der schrecklichen Mrs. Rainmantle ausgegangen als mit ihm . . . mit der Figur, die das Verhängnis auslösen wird. Er weiß nicht, wie recht er hat. Jedenfalls scheinen die Beziehungen dieser Paare (ob verheiratet oder nicht) auch Paul Bowles selbst zu der frauenfeindlichen Frage zu verführen, die sich schon André Maurois stellte: «Wer hat noch so richtig gesagt, daß es leichter ist, für eine Frau aus Liebe zu sterben als mit ihr zu leben?»

> «Schon zweimal habe ich ein zusammengeklapptes Messer am Fuß der Klippe im Meer vergraben gefunden. Die Frauen, die so etwas tun, sind noch schlimmer als die, die sie im Boden vergraben; sie sind entschlossen, einen langen Weg zu machen, um das Leben der Männer, die sie hassen, zu ruinieren. Und die Chance, daß ein solches Messer gefunden und geöffnet wird, ist nicht sehr groß. Selbst wenn das Papier, auf das der Fluch geschrieben war, sich im Wasser auflöst, kann der Mann seines Lebens nicht mehr froh werden, bis die Klinge geöffnet wird. Denn das Schließen der Klinge auf dem Fluch macht den Mann unfähig, hart zu werden. Wenn ich je einer Frau begegne, die dabei ist, ein Messer zu begraben, kommt sie nie wieder heil nach Hause zurück.» (*Vergangenheit und Gegenwart*[2], in: *Allal*, S. 166)

1 *Der Garten* (*The Garden*, 1963), in: *Allal*
2 *Things Gone And Things Still Here*, 1975

Die Welt von oben

Das Jahr 1957 ist ein schwieriges Jahr für Paul Bowles. Es beginnt mit der Fahrt nach Ceylon. Auf der langen Schiffsreise entsteht die Erzählung *Eisfelder*: winterliche Prärien und Wälder, eine kalte Kindheit... Am 4. April, als Paul sich bereits auf der Rückreise befindet, erleidet Jane einen Schlaganfall. Erst eineinhalb Monate später, als sein Schiff auf den Kanarischen Inseln ankommt, wird ihm klar, was das bedeutet: Von nun an wird sein Leben, ihr – gemeinsames – Leben, nie wieder so sein wie bisher.

Im Oktober fahren die beiden wegen neurologischer Spezialuntersuchungen nach London. Dort steckt sich Paul mit der asiatischen Grippe an. Zehn Tage lang hat er hohes Fieber. Zwischen zwei Delirien und ziemlich erschöpft schreibt er *Tapiama*.

Ein Fotograf erwacht mitten in der Nacht. Er hat sich den Magen verdorben. Er brennt vier Streichhölzer ab, bis es ihm schließlich gelingt, sich anzuziehen. Er geht nach draußen. Am Anfang überwiegen klangliche Eindrücke, dann stürzt Paul Bowles seinen Fotografen in ein wimmelndes Universum unbekannter und starker Gerüche. Eine Nacht in den Tropen, Zigaretten, die Ovalados heißen, Ortsnamen mit spanischem Klang. Ohne Zweifel, wir befinden uns in Mittelamerika – oder noch weiter südlich. Nach drei Seiten geheimnisvoller Klänge und erschreckender Geräusche betörender Düfte und widerlicher Gerüche, entdecken seine umherirrenden Augen endlich ein Licht. Er geht ihm nach, kommt zu einem Strand, wo ein großes Feuer brennt, und steigt in ein Boot, das an Scharons Kahn erinnert. Er hat seine Kameras nicht dabei, er hat hier eigentlich nichts zu suchen. Es ist unerträglich heiß. «Was jedenfalls war Freiheit letzten Endes anderes, als sich ganz, nicht nur teilweise, der Tyrannei des Zufalls auszuliefern?» fragt er sich. Dieses Boot fährt logischerweise in die Hölle bzw. in ihre lokale Variante. Berauscht von *Cumbiambas*, stürzt der Fotograf in ein Delirium, das vermutlich Ähnlichkeiten hat mit dem, das ein an der Hongkong-Grippe erkrankter, amerikanischer Schriftsteller nicht weit von Picadilly Circus durchlebt hat. Das ‹Anderswo› ist für Paul Bowles ein ‹ver-rücktes› Referenzsystem, ein System, das manchmal nur er allein kennt – wie das in *Tapiama* exemplarisch der Fall ist. Mit Vergnügen mischt er mehr oder weniger bekannte Wörter mit anderen, seltsamen, die er erfunden hat. So ist auch *Cumbiamba* ein Phantasiegetränk. Der Leser versteht überhaupt nicht, was vor sich geht, da alles mit so raffinierter Sorgfalt beschrieben wird. Entfremdung durch Wörter, Exotik der Sprache. Paul Bowles schleppt uns durch seine innere Landschaft. Der Wirt, der die *Cumbiambas* mixt, tut das so schnell, daß dem Fotografen, der sonst jedes noch so kleine Detail fast mechanisch registriert, die Zutaten entgehen. Das Geheimnis liegt im Wort, nicht nur im Urwald drumherum. Wie die nackte Frau, die die Surrealisten in den Bäumen versteckt hatten, wie der Wolf aus dem Märchen... Es ist eine Variation auf das Thema *Eine ferne Episode*, nur daß der Akzent auf der Fremdheit des Ortes und der Intensität nächtlicher Eindrücke liegt. Dem Professor – einem Linguisten – wird die Zunge abgeschnitten. Der Fotograf verliert die Fähigkeit des genauen Blicks: Er, dessen Beruf es ist, zu sehen und das Gesehene auf Film zu bannen, hört, riecht, fühlt, ja schmeckt sogar jedes einzelne Element seiner Umgebung, aber die Eindrücke – auch die optischen – entwischen ihm, entziehen sich seinem

Verständnis. Die *Cumbiamba* verleiht ihm eine neue Wahrnehmung der Dinge. Es ist das erste Mal, daß Paul Bowles einen Text einzig auf den Effekt eines Rauschmittels aufbaut. In *So mag er fallen* bleibt das *Majoun* eine – wenn auch entscheidende – Nebensache, nur ein Requisit bei der Enthüllung einer Wahrheit, die dem Helden bislang entgangen war.

Daß die beschriebene *Betäubung* oder, besser gesagt, der *Rausch* letztlich ein Fieberwahn ist, ändert an der Sache gar nichts. Es handelt sich nicht um einen banalen Gefühlsschmuggel. Zu jener Zeit ist die Droge ein wichtiges Element in Paul Bowles Leben.

> «Und so blieb er liegen, sah in den grauen Himmel und hoffte, auf diese Weise unsichtbar zu sein, bis die Strömung ihn außer Sichtweite, über Tapiama hinaus getragen hätte. Es würde einer dieser leblosen, tropischen Tage werden, an denen es weder Sonne noch Wind, noch Wolken gab – weil der ganze Himmel unter einer riesigen, erstickenden Wolkendecke lag. Nichts würde geschehen, es würde nur von Stunde zu Stunde heißer, bis sich so etwas wie Dämmerung über alles breitete.» (*Tapiama*, in: *Eisfelder*, S. 240)

Paul Bowles erwartet nichts mehr vom Himmel. 1955 fängt er an, regelmäßig Kif zu rauchen. Getrunken hat er nie übermäßig viel, denn er verträgt keinen Alkohol. Und zudem ist Alkohol eine Droge, die sehr eng mit der amerikanischen Gesellschaft verbunden ist. Er will nicht ‹aus sich heraus gehen›, das wäre ganz gegen seine Gewohnheit, gegen sein Temperament. Er möchte seinen ganz persönlichen, ‹inneren› Weg weiterspazieren, den er in jenem Land eingeschlagen hat, wo noch heute seine Koffer, seine Bücher stehen. Als er jung war, schnüffelten er und seine Kommilitonen von der Virginia University Äther, und später rauchte er, auf einem Zwischenaufenthalt in Curaçao, wenige Male Marihuana: «Letztlich eine unerfreuliche Erfahrung, denn ich bekam davon Herzklopfen.» In Tanger hatte er zunächst ab und zu Majoun gegessen. «Ich habe, zweimal, auch Meskalin probiert, das Michaux viel benutzt hat. Aber man kann nicht gut arbeiten, wenn man es genommen hat, es ist halluzinogen. Ein anderer zu werden gefällt mir nicht besonders. Ich habe immer nur Dinge ausprobiert, um Erfahrungen zu machen. Kif[1] wirkt viel schwächer als Haschisch oder Marihuana.

1 Kif: Mischung aus Tabak (mindestens 20%) und Haschisch (Harz oder Blätter/Blüten). Zur weiteren Erläuterung (aus *Rausch und Realität*, Bd. 2, hg. von G. Völger):
«**Alhaschisch** (arab. das Gras, das Kraut) ist der Sammelbegriff für eine weitverbreitete Droge, die aus der indischen Hanfpflanze (Cannabis indica) gewonnen wird. Dabei ist zu unterscheiden zwischen **bang**, den zerschnittenen oder pulverisierten Blüten und Blättern, und dem eigentlichen **Haschisch**, dem Harz, das der obere Teil der Pflanze ausscheidet. (...) Unter den psychotropen (d. h., auf die Psyche einwirkenden) Substanzen ist das Haschisch die relativ harmloseste, da es bei mäßigem Gebrauch nicht zur Sucht führt. Da aber die zunehmend exzessive Einnahme von Haschisch soziale Probleme mit sich brachte, wurden Handel und Konsum in allen Ländern des heutigen Orients nach und nach verboten» (S. 489). Haschisch wird meistens geraucht, aber auch unter Speisen gemischt (z. B.: Majoun), gekocht, gekaut oder getrunken.
Marihuana: Gemisch aus den getrockneten Blättern und Blüten der weiblichen Cannabispflanze.
Meskalin: Alkaloid, das aus dem Peyotekaktus (v. a. Mittelamerika) gewonnen wird.
Alkaloide: Naturstoffe mit gebundenem Stickstoff mit mehr oder weniger basischem Charakter. Einige A. gehören zu den stärksten Giften (z. B. Strychnin), finden jedoch auch als Heilmittel Verwendung. In halluzinogenen Pflanzen bilden die alkaloiden Bestandteile psychoaktive Elemente.
Opium: Produkt des Schlafmohns (Papaver somniferum). Derivate sind die Alkaloide Morphin (umgangssprachlich: Morphium) und Kodein, Papaverinum und Narcotin (Laudanum, Mekonium).
Heroin: (Diacatylmorphin), synthetisches Derivat des Morphins.
Kokain: Hauptalkaloid der Kokablätter.
LSD: (Lysergsäurediäthylamid), Halluzinogen, das synthetisch auf der Basis von Mutterkorn, einem Pilz, hergestellt wird (erstmals 1943 synthetisiert).

Majoun behindert das Denken, es fördert eigentlich sehr wenig das Bewußtsein; aber es steigert sehr die optische und akustische Wahrnehmung. Kif hat einen ganz anderen Effekt und verhilft mir zu größerer Konzentration und Ausdauer. Ich habe keinerlei Wunsch nach Halluzinationen. Ich liebe es, mich zu bewegen. Ich bin *restless*. Nun, Kif hilft mir, am Schreibtisch sitzen zu bleiben. Normalerweise rauche ich nicht, wenn ich weiß, daß ich arbeiten will. Aber wenn ich dann mit dem Schreiben angefangen habe, dann kann ich auch etwas rauchen. Während der sechs Wochen in Chaouen, als ich *So mag er fallen* zu Ende schreiben wollte, habe ich Kif ganz bewußt eingesetzt: Ich konnte fünf Stunden lang arbeiten, anstatt zwei. Aber es hat keine Auswirkungen auf das, was man schreibt, abgesehen von einem kleinen ‹Flash› ab und zu ... Ich war nie von dem enttäuscht, was ich bekifft geschrieben hatte. Kif gab mir immer das volle Bewußtsein, den konkreten Moment zu genießen: Das ist die eigentliche Lehre, die ich daraus gezogen habe. Es ist eine Substanz, die im Gehirn Energien freisetzt. Aber ich bin absolut überzeugt, daß in einem Kopf, in dem nichts ist, auch nichts Neues geweckt wird. Für mich ist es eher eine Seinsweise als eine Erfahrung.

Eines Tages war Lawrence Ferlinghetti auf der Durchreise in Tanger. Ich hatte schon drei Geschichten geschrieben, die Kif zum Thema hatten: *Ein Freund der Welt*, *Die Geschichte von Lahcen und Idir* und *Jener aus der Versammlung* – wobei die letzte tatsächlich unter sehr starkem Einfluß von Kif geschrieben wurde, was mir nur ein einziges Mal im Leben passiert ist. Ferlinghetti bat mich um eine vierte Erzählung, weil er einen kleinen Sammelband herausgeben wollte.[1] So schrieb ich also *Der Wind von Beni Midar*. Aber eigentlich mache ich mit

1 *A Friend Of The World*, *The Story of Lahcen and Idir*, *He Of The Assembly* und *The Wind at Beni Midar* in: *A Hundred Camels in the Courtyard* (City Lights Books, 1962) Dt. (u. a.) in: *Die Stunden nach Mittag*.

meinen Büchern keine Propaganda für Kif, eher im Gegenteil. Denn man muß ihn kennen, jeder Mensch reagiert anders, und die Wirkung von Drogen kann erschreckend und zerstörerisch sein. In einem leeren Kopf kann nur Leere freigesetzt werden.»

«Kif als Lebensweise ist zum Verschwinden verurteilt, nicht weil diese Droge überall in der Welt verboten wäre, sondern weil sie einer Epoche angehört, für die *Zeit* noch kein Maßstab war, die also auch keine Grenzen hatte.»

Kif, letztes Relikt eines verschwundenen sozialen Modells. Seit 1953 unterscheidet Paul Bowles zwischen den Ländern des Alkohols und denen des Cannabis. Ein unerbittlicher Gegensatz, «denn die psychologischen Effekte dieser beiden Substanzen sind vollkommen entgegengesetzt. Alkohol entstellt die Persönlichkeit, indem er Hemmungen abbaut. Der Trinker hat, zumindest zeitweise, ein Gefühl von Gemeinschaft. Kif beseitigt keine Hemmungen; im Gegenteil, es verstärkt sie, drängt den einzelnen noch tiefer in die Isolation seiner Psyche, verpflichtet ihn zu Beobachtung und Passivität. Es scheint, als gebe es eine enge Beziehung zwischen der Kultur einer Gesellschaft und den Mitteln, die ihre Angehörigen benutzen, um Befreiung und Ekstase zu erreichen. Für Juden- und Christentum ist dieses Mittel stets Alkohol gewesen, für den Islam war es Haschisch. Ersteres ist in seiner Wirkung dynamisch, letzteres statisch. Wenn ein Land versucht, westlich zu werden, ganz gleich, wie falsch dieser Entschluß auch sein mag, muß es zuerst das Haschisch aufgeben. Alles andere folgt mehr oder weniger von selbst.»[1]

1 (*Man muß kein ganzer Moslem sein*, in): *Der Weg nach Tassemsit*, S. 81. Die Fortsetzung des Zitats lautet: «Und umgekehrt, wenn ein Teil der Bevölkerung eines westlichen Landes sich aus Protest radikal von der Gesellschaft absetzen will (wie es in den Vereinigten Staaten der Fall war), ist der schnellste und sicherste Weg dazu, den Alkohol durch Cannabis zu ersetzen.» (*Anm. d. Übers.*)

Die Länder, in denen Paul Bowles lebte, haben alle ihre eigene Droge. Das Christentum glorifiziert den Wein (das Blut Christi, immerhin...), während der Islam das Haschisch toleriert. Und in Mexiko hatte das Peyotl den Rang einer Gottheit (ich verbinde es natürlich eher mit dem präkolumbianischen als mit dem christlichen Mexiko). Die letzte große Reise, die der Schriftsteller unternimmt, führt ihn nach Thailand, wo sich der Buddhismus schon immer mehr oder weniger mit dem Mohn arrangiert hat.

In vielen Ländern wächst die Ungleichheit, denn wo eine westliche Administration sehr lange über einem andersartigen sozialen Gefüge herrschte, versuchte sie mit aller Macht, dieses als veraltet darzustellen – eine der Bedingungen ihres Überlebens. Die Abreise der Kolonisatoren änderte daran nicht viel. Zwei unvereinbare Welten überlagern sich weiterhin. Das Leben spaltet sich. Es gibt ein modernes Mexiko mit seiner City und der Umweltverschmutzung und das andere Mexiko, dort, wo der Urwald noch nicht vernichtet ist, wo die Indianer zwischen Affen und Papageien von gesammelten *Chiquiyul* und anderen Waldfrüchten leben. Genauso gibt es auch ein ‹zeitgemäßes› Marokko, das das traditionelle vergessen machen möchte, selbst wenn Religion und Tourismus hier die Definitionen verwischen. Wenn man die Architektur jeder beliebigen Stadt in Marokko heute betrachtet, sieht man den Beweis dieser sozialen Schizophrenie: die *Medina* auf der einen Seite, die *Ville Nouvelle* auf der anderen. Paul Bowles hat sich oft in solcherart geteilter Umgebung, an der Grenze zwischen beiden Welten, niedergelassen, wo das Offizielle und das Heimliche sich berühren, ohne jemals wirklich zusammenzugehören, wo alles zugleich verboten und erlaubt ist, wo die Mentalitäten parallel laufen und sich nie verbinden, wo letztlich für jeden immer die Frage der Identität besteht. Menschliche Wesen tauchen aus der Masse auf, jener Masse, die nach westlichen Wahnvorstellungen undifferenziert und von einem einzigen religiösen Gefühl durchdrungen ist: In Wirklichkeit ist die Scheinheiligkeit längst größer als der Respekt vor den Konventionen... Menschliche Wesen, keine ‹Bürger›. Allenfalls Subjekte vielleicht, die aber allein schon durch den Unterschied, in Fès oder Tanger geboren zu sein, in einem kaum glaubhaften Maß geprägt werden.[1]

Paul Bowles konnte sich nach Tanger aus dem Staub machen, damals. Der Wille zur Flucht war offensichtlich. Vielleicht erklärt sich die Tatsache, warum seine Bücher jetzt wieder so viel gekauft werden, durch ein neu aufgeflammtes Bedürfnis, der Gesellschaft zu entfliehen. In Amsterdam, wo Haschisch frei verkauft werden darf, wird er als eine Art Vorreiterfigur gehandelt. Vorreiter von was? Keiner könnte es so genau sagen. Aber das Etikett «Drogenschriftsteller» scheint an seinen Büchern zu kleben. Alle Arten von Reisen... «Nicht, daß ich mich um jeden Preis verteidigen wollte, aber ich habe wirklich nicht den Eindruck, ein Werk geschrieben zu haben, das eine Lobeshymne auf die Drogen ist. Kif hat eine gewisse Bedeutung in meinem Werk, aber es ist ein Element der traditionellen marokkanischen Gesellschaft, und als solches taucht es natürlich auch in dem auf, was ich schreibe.»

Das erste Mal, daß ich vermutlich den Namen Paul Bowles gelesen habe, war in der Novemberausgabe 1969 von *Magazine littéraire*. Pierre Kyria schrieb in seinem Artikel *Les voyages de la Beat Generation*:

1 Die beiden Städte sind zwar nur ungefähr 300 km voneinander entfernt, aber die Ansichten eines Fassi und eines Tanjaoui scheinen oft völlig unvereinbar.

«Man kann alles mögliche über die Droge sagen, man sagt auch alles mögliche über die Droge. In jedem Fall ist sie ein auserwähltes Thema der amerikanischen Literatur der letzten zwanzig Jahre. Wie auch Alkoholismus und Homosexualität. Überflüssig, hier eine Klassifizierung vorzunehmen. Ein Phänomen gilt weiterhin als Ausgangspunkt: die *Beat-generation*. Es ist zwar richtig, daß der Weg von einigen ‹Pionieren› schon viel früher beschritten wurde. So sieht Normal Mailer in Paul Bowles denjenigen, ‹der die *hip*-Welt eingeleitet hat›. Man könnte zweifelsohne noch weiter zurückliegende Beispiele und bessere Schriftsteller finden. Und man könnte auch den Dichter George Andrews nennen, geboren 1926, der, weil er Marihuana rauchte, vom College flog, mit einundzwanzig Erfahrungen mit Halluzinogenen zu machen begann und jetzt in Tanger lebt (wie Paul Bowles übrigens auch, und wie Burroughs zu Zeiten).»[1]

«So weit ich weiß, lebt George Andrews noch. Erst kürzlich hat er ein Buch über fliegende Untertassen veröffentlicht, was ganz sein Fach ist. Er hat mehrere Jahre hier gelebt, mit seiner Frau Tatiana und vier Kindern, in einem ganz einfachen Haus ohne fließendes Wasser und Strom. Er bekam regelmäßig eine bescheidene Summe geschickt, die er sofort in große Mengen Kif umsetzte, die die Marokkaner in den Abfalleimern gefunden hatten... wertloses Zeug. Dann kam er zu mir, um sich Geld zu leihen, das er aber immer wieder zurückzahlte, denn er war ein ehrenwerter Mann. Um in sei-

1 Magazine Littéraire, No. 34, Nov. 1969. Das Monatsheft war dem Thema «Literatur und Droge» gewidmet. Zur selben Zeit beendete Gary Conklin in Marokko seinen Film: *Paul Bowles in the Land of the Jumblies*. Und die Pariser Plakatwände annoncierten gerade den Antidrogenfilm *Les Chemins de Katmandou* von André Cayatte, nach einem Roman von René Barjavel.

nem kleinen Haus arbeiten zu können, mischte er den Kindern jeden Morgen Haschisch in ihr Porridge. So waren die Kleinen den ganzen Tag mucksmäuschenstill, flüsterten und schlichen auf Zehenspitzen herum. Sie standen dauernd unter Drogen. Eigenartigerweise waren sie trotz ihrer Diät alle sehr hübsch...»

«Die Dichter der *Beat-generation* kamen wegen William Burroughs nach Tanger, nicht wegen mir. Ich habe sie persönlich gekannt, das ist alles. Wenn sie nicht hierher gekommen wären, hätte ich sie vermutlich nie kennengelernt. Wir haben uns nicht einmal oft getroffen. Bill war ihr Guru, und er lebte seit 1952, mehr oder weniger, in der Medina.

1957 ging das Gerücht, er wäre beinahe fertig mit einem großen Werk, einem Roman, aber die Seiten lägen zerstreut auf dem Boden. So kamen sie und sammelten alles ein und machten daraus ein Buch. Vor allem Allan Ginsberg. Er hat das Manuskript von *The Naked Lunch* gerettet, das seit Monaten in Bills Zimmer in der Pension Muniriya herumlag. Alan Ansen hatte die Expedition finanziert, und so wurde das Buch gerettet... Ich war es jedenfalls nicht, der sie hierher gezogen hatte. Sie lernten mich kennen, weil ich ein Freund von Burroughs war. Ich weiß nicht, warum Bill eigentlich hierher gekommen war. Bestimmt, um sich in der Medina zu verstecken und seine Drogen zu konsumieren. Er sagt zwar, er sei hierher gekommen, weil er *So mag er fallen* gelesen hatte, aber das glaube ich nicht... Als er mich das erste Mal besuchte, war ich krank – Paratyphus. Er kam, um mir einen Vertrag zu zeigen, den ihm ein New Yorker Verleger geschickt hatte. Er wollte wissen, ob irgendwelche Fallen darin waren. Der Vertrag war in jeder Hinsicht grauenhaft. Ich sagte ihm, ich hätte noch nie einen Verleger gesehen, der eine Erstveröffentlichung in ‹Paperback› machte. Und natürlich sollte Bill entsprechend wenig Honorar erhalten... Ich sagte ihm: ‹Der Vertrag ist nicht sehr gut, aber wenn er Ihnen etwas Geld einbringt, ist er besser als nichts.›[1] Danach begegneten wir uns ab und zu; wir grüßten uns auf der Straße, ohne uns allerdings näher kennenzulernen. Später, als er mich nochmal besuchte, haben wir viel diskutiert. Jane war nicht sehr glücklich darüber, daß er kam. Sie fand, er habe einen sehr schlechten Ruf, als Drogenabhängiger... Aber schließlich war er sogar sehr oft da, und ich tat mein möglichstes, um ihn Brion Gysin vorzustellen, der ihn zuerst nicht einmal kennenlernen wollte. Aber als er ihm dann begegnete, war er beeindruckt von seiner ‹Brillanz›, oder wie man das, was Burroughs ausstrahlte, auch immer nennen will, und sie blieben jahrelang zusammen. Brion hat Burroughs' Stil völlig verändert. Sie verstanden sich hervorragend.... Die *Cut ups* sagten mir nichts. Ich fand, es war eine Spielerei. Ähnlich dem, womit sich die Surrealisten vergnügt hatten. Ich habe so etwas gespielt, als ich sechs Jahre alt war, im Haus meiner Großeltern. Genau dasselbe. Der Unterschied war nur, daß es jetzt Brion war, der das Material zerschnitt und zu Assemblagen zusammenklebte. Als Spiel war es interessant. Es kann oft erstaunlich poetische Effekte haben, aber ein ganzer Roman dieser Art, das scheint mir ein bißchen viel... Jetzt hat Burroughs diese Methode abgelegt. Um so besser.»

«Kerouac kam auch hier vorbei, das war 1956, aber ich war gerade in Portugal. Zwei Jahre später hat mich der englische Dichter W. H. Auden auf einer Soiree in New York Kerouac vorgestellt. Ich bin ihm nur fünf- oder sechsmal begegnet, wir kannten uns nicht gut. Er war sehr sympathisch. Er trank, vor

1 Dieses Treffen fand 1954 statt. Das Buch, um das es sich handelt, ist das erste von Burroughs: *Junkie*. Als Anekdote kann man noch hinzufügen, daß die *Beats* 1957 in der Villa Muniriya wohnten. Da ihnen dieses Hotel zu teuer war, zogen sie 1961 in die Pension Armor, nur Burroughs mietete eine Wohnung auf dem Dach der alten Börse von Tanger, mittlerweile der Sitz der Nationallotterie. Dort arbeitete er mit Gysin.

allem Bier. Die *Beats* wiederum tranken nicht: Sie rauchten. Die Wirkung ist natürlich sehr verschieden. Kerouac war sentimental. Ich glaube, von Bier wird man sentimental. Die *Beats* waren sehr viel objektiver, und auch ekstatischer. Sie rauchten nur Kif, ‹Hasch› gab es damals nicht. Corso, Ginsberg und Orlovsky waren gemeinsam hierhergekommen. Sie waren die ganze Zeit mit Burroughs zusammen. Auch Ferlinghetti kam, aber später. Ihn kenne ich nicht sehr gut. Er ist eher ein Dichter und Verleger als ein *Beat*...»

«Mir war nicht klar, daß durch uns, also Jane und mich, Tanger attraktiv wurde. Ich glaube auch nicht, daß das wirklich der Fall war. Ich glaube eher, daß das Teil der Legende ist, die man um uns gewoben hat. Denn, wissen Sie, man schafft Mythen, Legenden... doch das hat alles wenig mit der Realität zu tun. Und dann fängt das Ganze an zu wachsen, wird immer dichter, üppiger, wie eine Pflanze. Es wird sehr schnell schwierig, solche Dinge zu leugnen. Möglicherweise sind bestimmte Leute wegen uns nach Tanger gekommen, aber ich wüßte nicht wer. Wir waren uns des Phänomens jedenfalls überhaupt nicht bewußt. Wir hatten Freunde. Und diese Freunde kamen uns besuchen, das ist normal. Wie Tennessee zum Beispiel... Aber niemand kam bloß, um uns kennenzulernen. Während der Hippiezeit schon. Die wußten ganz genau, daß die Legende falsch war. Sie kamen, um eine Kuriosität zu bestaunen, nicht wahr? Das war unangenehm und nicht besonders witzig. Ich fand sie auch uninteressant. Und wir, wir waren für sie so etwas wie die Caves du Hercules oder der Fôret Diplomatique[1], jedenfalls keine Menschen.»

1 Sehenswürdigkeiten in der Nähe Tangers. Der Fôret Diplomatique, 19 km vor der Stadt, war früher ein den Bewohnern der Internationalen Zone vorbehaltenes Gebiet für Jagdveranstaltungen und Picknicks. Der Name blieb erhalten, da noch heute die europäischen Sonntagsausflügler dorthin kommen.

Ende der sechziger Jahre kamen jeden Sommer ganze Ströme von Hippies nach Tanger. Der guten alten kapitalistischen Lehre von Angebot und Nachfrage folgend, hat diese neue Art Touristen in großem Maß dazu beigetragen, den Gebrauch – und damit auch den Verkauf – von Haschisch in der Stadt auszuweiten. Der Film, den Gary Conklin Paul Bowles und seinem Leben in Marokko widmete, trägt alle Stigmata dieser verwelkten *Flower power*-Epoche. Eigenartigerweise erscheint – wenn man diese Produktion heute betrachtet – einzig Paul Bowles nicht allzusehr gealtert. Abgesehen von der Hauptperson, die allerdings nicht besonders groß herauskommt, gleitet der Rest sehr schnell ab ins Folkloristische. Eine Postkarte mit falschen Farben. Die Marokkaner spielen – sehr überzeugend – ihre Rolle als Marokkaner. Von Zeit zu Zeit kreuzen Hippies das Bild, wie verblassende Schatten, noch nicht lange der Boeing entstiegen, die sie hier abgesetzt hat. Die Seidenschals, die indisch angehauchten Tuniken sind alt und abgetragen. Die Einheimischen sehen dagegen übertrieben modern aus. Der Unterschied rührt zweifellos daher, daß letztere nicht verkleidet sind. Was hoffte die *Love generation* in Marokko zu finden? Sonne, Haschisch, eine andere Lebensweise. Wie sagte der LSD-Papst Timothy Leary: *Drop out, turn on, tune in!* ... 1969, da waren Woodstock, die Hochzeit von John Lennon und Yoko Ono in Gibraltar, Barbet Schroeder drehte auf Ibiza den Film *More* ... Für viele war es das Jahr, in dem ein Traum zu Ende ging. Aber die Zeitungen unterhielten ihre Leser weiterhin mit Stories über Drogen und Gegenkultur. Jacques Sternberg sagte ironisch: ‹Mademoiselle Hasch Tendre›. Der Lotussitz war groß in Mode, und Tanger war eine Zwischenstation auf dem Weg nach Nepal. *And it's high time, Cymbaline ... Please wake me ...*[1]

1 Roger Waters, *Cymbaline* (Pink Floyd, Originalsoundtrack zum Film *More*, Juli 1969).

So ist es nicht erstaunlich, daß sich Paul Bowles plötzlich als ‹historisches Monument› irgendwo zwischen San Francisco und Katmandu wiederfand: *Lohnt einen Umweg*... Er sah Bataillone von neuartigen Truppen vorüberziehen, die sich an der Front der künstlichen Paradiese in die Luft jagten. Bevor Brian Jones in seinem Swimmingpool ertrank, machte er eine Aufnahme mit Musikern von Jajouka, nicht weit von Ksar el Kébir. Ich erinnere mich, daß die Platte, die im darauffolgenden Jahr erschien, den Titel trug: *Brian Jones presents the Pipes of Pan of Jajouka*, oder so etwas Ähnliches. Mittlerweile ist die Scheibe eine Rarität – zum Glück, muß man sagen. Auch Brian Jones kam Paul Bowles in seiner Wohnung im Immueble Itesa besuchen. Für den Gitarristen der Rolling Stones war die Ankunft in Marokko eine Art Wiedergeburt. Der Tonmixer der Gruppe, George Chkiantz, der ihn begleitete, hat angeblich Mick Jagger ein Telegramm geschickt, in dem stand, er habe mit eigenen Augen gesehen, daß Brian Jones eines Tages *um acht Uhr* aufgestanden sei. Das zeigt, in welchem Ausmaß dieses Land zu neuen Verhaltensweisen inspiriert. All die Hippies, die damals vorbeikamen, haben es vielleicht auch gespürt. Schließlich hatte auch Paul Bowles, als er das erste Mal in Tanger von Bord ging, den Eindruck gehabt, eine andere Welt zu betreten. Eine wunderbar erregende Welt, ein Land, in dem ihn allein schon die Luft euphorisch machte, ein Universum, das ihm zum erstenmal das Gefühl wirklicher Freiheit gab (ich spreche natürlich nicht von politischer Freiheit). In Gary Conklins Film erklärt Paul Bowles, er habe die Marokkaner sofort geliebt: ihren Lebensstil, die Menge. Es handele sich nicht darum, sie ‹als Individuen› zu lieben – in diesem Punkt hat er sich nie Illusionen gemacht –, aber doch immer diese unbezähmbare Lust zu verspüren, sie zu entdecken, unter ihnen zu sein. Untertauchen...

Heißt das: die Droge als Weg vom Ich zum anderen? Als Antwort auf ein Bedürfnis nach *Confusion*, nach Chaos und

Vermischung, nach all dem gleichzeitig? Als Paul Bowles New York verließ, entdeckte er eine neue Welt, deren Existenz er niemals geahnt hätte, hätte er nicht die Brücken zwischen sich und Long Island abgebrochen. Er wird diese Welt auch nicht mehr verlassen, denn spürte er nicht schon am Anfang, daß sie besser war als alles, was er kannte? Was Paul Bowles schreibt, auch was er aufzeichnet und übersetzt (seien es nun Geschichten oder Musik), es gehört alles einer ‹anderen› Welt an. Einem ‹anderen Zustand› der Welt, schlicht: DEM ANDEREN.

Was fasziniert ihn also? Ungeheuer, Künstler, Parias; die Trance, das Absurde, das Außergewöhnliche; die Wüste und der Dschungel: alles, was exzessiv ist, ob Klima, Landschaft oder Individuum. In Marrakesch sieht er, wie ein Mann sich in eine Ziege verwandelt. In Chaouen schneidet sich vor seinen Augen jemand von Kopf bis Fuß mit einem Messer die Haut auf. In Tanger bietet ein Kauz namens Jones seinen Gästen stets ein kleines Gläschen Blut zu trinken an...[1] Ihm läuft es bei diesen Monstrositäten und Verrücktheiten genauso kalt den Rücken hinunter wie jedem anderen. Aber Angst ist Teil der Empfindung, Teil des ‹anderen› Zustands: Man ist nur zwei Finger breit davon entfernt, die Kontrolle über sich zu verlieren. Die ‹Helden› in Paul Bowles' Texten bewegen sich in keinem Fall im Rahmen des Normalen. Unvorhersehbar, offensichtlich ohne Gespür für die Gefahr, am Rand des Wahnsinns: Ein solcher Mensch reagiert nur noch

1 «Eisgekühlt ist es am besten», pflegte er zu sagen, während er die Gläser aus dem Kühlschrank holte. Jedes war mit einem Etikett versehen, das die Herkunft des kostbaren Getränks verriet: Abdelmalek, Mohamed, Abdesselam etc. Paul Bowles hat den Mann persönlich nie getroffen, obwohl er einige Jahre am Boulevard Pasteur wohnte. Eine Freundin Pauls, Sonia Kamalakar, erzählte ihm von Jones. Sie sah sich tatsächlich und völlig unvorbereitet eines Tages der Frage gegenüber: «Hätten Sie gern ein Gläschen Blut?»... Paul Bowles machte aus dieser Anekdote eine Erzählung: *Hugh Harper* (1984).

nach Parametern, die keinem außer ihm noch verständlich sind (auch dem Autor nicht). Auch Jane verhielt sich schon wie jemand, dessen Gefahrenwarnsystem außer Kraft gesetzt ist: als sie zum Beispiel ihre Katze vor der Klapperschlange rettete.

Auch das Verhalten aller *Hashishins*[1] in Paul Bowles' Texten steht außerhalb des allgemein Verständlichen, außerhalb der Norm. Sobald sie aus ihrer Trägheit und «Betäubung» aufwachen, sobald sie, ihren vorherigen Zustand im Blick, rebellieren, kollidieren sie unweigerlich mit der ‹einen› Welt – der Welt, die sie verlassen oder nie kennengelernt haben. In diesen Momenten sind sie natürlich für unseren Schriftsteller von höchstem Interesse. Oft handeln sie nur unter Zwang oder weil sie sich in die Enge getrieben fühlen, und wollen in einer bedrohlichen Situation nichts anderes, als ihr empfindliches Gleichgewicht wiederherstellen. Salam, *Ein Freund der Welt*, wünscht sich nichts sehnlicher als seinen Frieden – wie schon sein Name sagt –, aber um das zu erreichen, muß er seine ganze Boshaftigkeit aufbieten. Die Paranoia von Driss in *Der Wind von Beni Midar* hat ebenfalls destruktive Auswirkungen. Kif und Majoun scheinen den erfahrenen ‹Konsumenten› eine Erfindungsgabe zu verleihen, die man normalerweise nicht von ihnen erwartet hätte. Nimmt man einmal

1 Vom Begriff *Hashishin* leitet sich das Wort *assasin* (fr.) bzw. *asasino* (sp.) ab (Mörder). Es geht auf die Assassinen zurück, ein kurz vor Beginn der Kreuzzüge entstandener islamischer Geheimbund, eine Abzweigung der Ismailiten. Der Gründer (1081) bemächtigte sich 1090 der nordpersischen Festung Alamut. Von diesem Stützpunkt aus terrorisierten er und seine Nachfolger durch Meuchelmörder die Fürsten und Staatsmänner der Muslimen und der Kreuzfahrer. (Als religiöse Gruppe leben die A. in Resten im Libanon, Iran und in Pakistan.)

Die Assassinen sollen unter Haschischeinfluß besondere Grausamkeiten verübt haben. Andere Quellen werten das als typisches Beispiel der schon historischen Verunglimpfung dieser Droge: Die Krieger sollen als Belohnung und Beruhigung Haschisch bekommen haben *(Anm. d. Übers.)*.

die aus, die eine bestimmte Grenze überschritten haben – ich denke hier besonders an Dyar, an Allal oder an den Moungari aus *Die leichte Beute* –, kehren die *Hashishins* oft zu ihrer Ruhe, ihrem fast vegetativen Zustand zurück, sobald sie sehen, daß sie sich gut aus der Affäre gezogen haben. Geniale Geistesblitze durch Haschischrauchen sind selten, aber durchaus möglich, selbst in ziemlich einfachen Köpfen. Auch der Selbsterhaltungstrieb erklärt einiges. In einem armen Land überleben zu müssen, verleiht nicht wenigen Menschen ganz überraschende Gaben, und die Droge öffnet manch verschlossene Tür. Schließlich war es der Einfluß von Majoun, der in Paul Bowles die notwendige Energie freisetzte, um den Tod seines Helden in *Himmel über der Wüste* beschreiben zu können.

Das Mißverständnis war beträchtlich: Alle Hippies, die Paul Bowles besuchen kamen, wollten dem Mann begegnen, den sie für einen der Edelsten in der Aristokratie der *Drop-outs* hielten. Sie nährten eine primitive Rimbaudsche Illusion: das ‹Unterwegssein›, die ersten Gedichte, die ‹Ver-rückung› in *Une saison en enfer*... Das sinnliche Abtauchen in die Sprache und die Überzeugung, daß es möglich sei, ‹das Leben zu ändern›. Paul Bowles fand Lautréamont immer besser als Rimbaud: «Lautréamont war nicht verrückt. Er war ein Bourgeois, der dem Proletariat angehören wollte. Er hatte eine herrliche Einbildungskraft, die er mit schwarzem Kaffee nährte.» Für Paul Bowles dürfte Haschisch die Offenbarung eines anderen Lebens gewesen sein, aber in keinem Moment hat ihm diese Erkenntnis die Sinne vernebelt. Er wahrt seine Distanzen. Tanger ist nicht sein Harrar. «Ein Hafen ist ein ruhiger Platz...» Tanger ist eine Stadt, die man nicht mehr verläßt, seit es keine Schiffe mehr gibt, die von dort wegfahren. Man kann das, wenn man will, Anhänglichkeit nennen. In einem Vorort der weißen Stadt hat der Schriftsteller und Reisende Position bezogen. Er hält Abstand zur Welt – oder besser gesagt, er tut, was er kann... Bis in die letzten Jahre hinein hat er sowohl beim Kifrauchen als auch in seinen Erzählungen das Mißverhältnis zwischen den fünf Sinnen und dem Sprechen kultiviert, ein Mißverhältnis, das sich in seinem freiwilligen Abstandnehmen wiederfindet. Aber bedeutet Schreiben nicht immer: den Abstand wahren, in jeder Hinsicht anders sehen und fühlen? Manchmal kann man die – sagen wir mal mißtrauische – Haltung von Amtsgewaltigen sogar verstehen: Es ist nicht immer beruhigend, einen Schriftsteller in der Stadt zu wissen. Ein Schriftsteller sieht immer etwas *anderes*, wo man selbst nur das *eine* sieht.

Im Zentrum der Erzählung *Jener aus der Versammlung*[1] steht Marrakesch. Der Titel bedeutet, übersetzt, den Namen des Helden: Boujemaa.[2] Paul Bowles lernt Boujemaa, den jungen Marrakchim, am 20. März 1960 kennen, als er sich mit Richard Rumbold in der Almoravidenstadt aufhält. Das lebende Vorbild kann sich durchaus mit der Handlung der Geschichte messen, der nicht immer ganz leicht zu folgen ist: Sie schwankt dauernd zwischen Traum und Realität. Aïcha Qandicha steht an jeder Straßenecke, um den unvorsichtigen Einzelgänger in die Falle zu locken, der es wagt, sie anzusehen. Nirgendwo in Paul Bowles' Werk ist die Welt der *Djenoun* und der *Djinniya* näher als in dieser Erzählung. Vierzig Jahre Marokko würden noch den kartesianischsten Geist nicht unberührt lassen. Ich denke schon, daß der Autor an die Existenz der *Djenoun* glaubt. Es handelt sich übrigens nicht einmal unbedingt um Glauben, sondern eher darum, eine in der marokkanischen Gesellschaft wichtige soziale Tatsache angemessen zu berücksichtigen. Es geht nicht darum,

1 *He of the Assembly* (1960), dt. in: *Die Stunden nach Mittag*
2 In der dt. Fassung taucht der Name Boujemaa wiederum gar nicht auf. Die französische Übersetzung trägt den Titel L'Initié (der Initiierte)...

an die *Djenoun* zu glauben oder nicht, sondern gut mit und unter ihnen zu leben. Ihre Existenz zu akzeptieren bedeutet gleichzeitig, eine Erklärung, die so gut ist wie jede andere, für offensichtlich irrationale Verhaltensweisen zu finden. Ich selbst habe nicht lang genug in Marokko gelebt, um mich zu diesem Punkt äußern zu können. Aber ich kann mir gut vorstellen, daß Mrabet, den ich ein bißchen kenne, schon manchmal Fersengeld gegeben hat, als er Aïcha begegnete. Er hat vielleicht auch schon ein paar Messer ausgegraben, solche Messer, von denen in *Vergangenheit und Gegenwart* die Rede ist:[1]

> «Man findet sie zu Dutzenden, und alle sind in einen Fetzen Papier eingewickelte Klappmesser. Selbst, wenn einer hinginge und jedes Messer, das er findet, aufklappt und damit jedesmal einen Mann vom Fluch einer gottlosen Frau erlöst – er würde wohl kaum seine ganze Zeit damit verbringen wollen, Gutes für eine ganze Schar von Männern zu tun, die er noch nie gesehen hat und wohl auch nie kennenlernen wird.»

Ich weiß nicht, wer am Ende von *Vergangenheit und Gegenwart* spricht. Es könnte Mrabet sein. Ich meine, darin seinen düsteren und aufbrausenden Charakter wiederzuerkennen: «Wenn ich je einer Frau begegne, die dabei ist, ein Messer zu begraben, kommt sie nie wieder heil nach Hause zurück.»

Ich selbst bin wahrscheinlich noch nie einem *Djenoun* begegnet, zumindest nicht daß ich wüßte. Ich habe immer in der Stadt gewohnt, und sie leben hauptsächlich auf dem Land. Und wenn ich nach Süden oder ins Rifgebirge fuhr, bin ich

1 *Things Gone and Things Still Here*, dt. in *Allal*, S. 164. Siehe auch Ende des vorigen Kapitels.

auch immer im Auto gereist. Bekannt ist ja, daß ein Auto die Insassen gegen Blitzschlag schützt. Es bewahrt aber auch vor einer – immer ärgerlichen – Begegnung mit einem *Djenoun* oder einer *Djinniya*: Die Wesen vermeiden es, mit Eisen oder Stahl in Berührung zu kommen. Bleibt noch anzumerken, daß man nicht genauso sicher ist, wenn man sich per Zug durchs Land bewegt: Es hängt vom Material ab, aus dem die Waggons gebaut sind.[1]

Eines Sonntags jedoch machte ich zum Zeitvertreib mit ein paar Freunden einen Ausflug. Sie wollten behauene Steine suchen, die direkt aus der Steinzeit ans Licht unserer achtziger Jahre treten. Marokko ist heute noch eine Landschaft, wo wunderbare zweischneidige Werkzeuge, Hackmesser oder Kratzmesser, da auftauchen, wo der Wind oder die Schafe sie gefunden oder gar ihre Hersteller selbst sie fallengelassen haben... Und ich erinnere mich sehr gut an jenen Baum in der Nähe des Strandes, nicht weit vom Fôret Diplomatique, im Buschwald hinter Chez Abdou, an jenen Baum, unter dem wir eine Bäuerin sahen, die sich an irgend etwas zu schaffen machte. Yves und ich schauten uns fragend an. Unsere Ankunft schien sie zu stören, dem schwarzen Blick nach zu urteilen, den sie uns zuwarf. Sie entfernte sich ein wenig und beobachtete uns. Als wir am Baum vorübergingen, hielten wir nicht an. Die Erde war frisch umgegraben. Damals kannte ich die Geschichte *Vergangenheit und Gegenwart* noch nicht. Als ich sie ein paar Monate später las, mußte ich wieder an die Frau denken. Gott sei Dank war ich ihr niemals vor jenem wolkigen Sonntag begegnet.

1 Ich kann Ihnen aber versichern, daß mittlerweile nur noch Eisenwaggons gebaut und verwendet werden, von seltenen Ausnahmen abgesehen.

Das Wort ‹Magie› weckt in unseren aufgeklärten Köpfen immer sehr mittelalterliche, vage Bilder. Und auf unseren Gesichtern ein wissendes Lächeln. Ich habe auf Paul Bowles' *Taïfor*, wo sich jüngere und ältere Büchersendungen stapeln, auch die Bände von Jeanne Favret-Saada über die Hexenkunst des Bocage gefunden – was mich nicht erstaunte. Viele Leute in Frankreich denken, magische Praktiken gehörten definitiv einem anderen Zeitalter an. Dabei machen die afrikanischen *Marabouts*[1] ein Vermögen, indem sie ihre Visitenkarten in der Pariser Métro verteilen, und in jedem beliebigen Dorf im Longuedoc leben mindestens zwei oder drei Personen, die ‹Geheimnisse› kennen und durch Handauflegen oder das Murmeln magischer Sprüche Verbrennungen und Nervenleiden kurieren. Auch in Marokko redet man nicht gern von Magie. Das tun nur ‹die dummen Bauern›. Der Begriff Magie umfaßt freilich die unterschiedlichsten Praktiken, von der ganz einfachen Heilung zahlreicher Krankheiten bis zum Verhexen und Vergiften. Wenn Paul Bowles in seinen Schriften die Magie erwähnt, stellt er sie niemals in Frage. Er nimmt sie zur Kenntnis wie irgendeinen anderen alltäglichen Vorgang. Auch wenn sie nicht alltäglich ist, so ist sie doch jeden Tag möglich. Man sollte sie nicht als mysteriöses Element begreifen, das dazu dient, das Land exotischer erscheinen zu lassen, sondern als ein Detail der Wirklichkeit.

Es gibt übrigens mehrere Arten, Magie zu praktizieren. Sie ist nicht immer verwerflich: Die *Fqihs* sind wichtige Persönlichkeiten der traditionellen marokkanischen Gesellschaft, weise Männer, die bei jeder Gelegenheit aufgesucht werden, damit sie einen Fluch, ein böses Auge abwenden oder einen davor schützen. Sie geben auch wertvolle Ratschläge, wie man Begegnungen mit Aïcha Qandicha vermeiden kann: Sie ist sehr schön und hat wunderbare, schwarze, lange Haare, die sie zu Zöpfen flicht. Sie verbirgt sich in Quellen und Flüs-

1 Wunderheiler

sen und ruft den Mann, der vorübergeht, mit der Stimme seiner Mutter. Die Gefahr besteht darin, sich umzudrehen und ihr Gesicht zu sehen. In diesem Fall ist man verloren. Wie bei allen bösen Geistern wirkt auch ein Metallgegenstand, den man bei sich trägt. Ein Messer mit einer Stahlklinge ist ideal, auch ein Magnet ist gut. Es gibt auch einige Koranstellen, die sehr nützlich sind, nur muß man sie ziemlich schnell aufsagen, und vor allem: *nicht umdrehen!* [1]

> «Als der *Muezzin* vom Minarett der Koutoubia rief, meinte jener aus der Verammlung, im Agdal zu sein. Die großen Berge erhoben sich vor ihm, und rechts und links von ihm standen Reihen von Olivenbäumen. Dann hörte er Wasser plätschern, und er erinnerte sich an die *Seguia*, die es im Agdal gibt. Hastig kehrte er ins Café der zwei Brücken zurück. ‹Sie erscheint alleinstehenden Männern an Bäumen bei frischem, fließendem Wasser. Ihre Arme sind aus Gold, und sie ruft mit der Stimme desjenigen, den man am meisten liebt.› Ben Tajah reichte ihm die *Sebsi*. Er stopfte sie neu und rauchte. ‹Wenn ein Mann ihr Gesicht sieht, wird er nie wieder ein anderes Frauengesicht ansehen. Er wird sie die ganze Nacht lieben, jede Nacht, und bei Tag an den Mauern, vor den Augen der Kinder. Bald wird er einer hohlen Schale gleichen, und er wird diese Welt verlassen und heimkehren nach Jehennem.›» [2]

1 «Ich würde sagen, das ist ein ‹Rest› Tanit. Wissen Sie, wenn eine neue Religion die Oberhand gewinnt, werden die Götter des alten Glaubens als Personifizierungen des Bösen dargestellt... eigenartigerweise findet man in Mexiko ein Äquivalent zu Aïcha Qandicha: die Llorona, die ebenfalls am fließenden Wasser lebt, da, wo es grün ist. Nachts irrt sie umher und ruft die Männer. Auch sie ist wunderschön und hat lange Zöpfe. Der Unterschied besteht nur darin, daß sie in Mexiko weint. Eine indianische Zugabe, diese Tränen.» P. B., zitiert in Jeffrey Bailey, ‹The Art of Fiction›, *The Paris Review*, Herbst 1981).
2 *Jener aus der Versammlung*, in: *Die Stunden nach Mittag*, S. 77

Der Text von *Jener von der Versammlung* ist um zwei emblematische Sätze herum aufgebaut, die Boujemaa einmal gesagt hat, als er mit Paul Bowles, der sie schnell notierte, den Djemaa el Fna überquerte. Sie tauchen leitmotivisch immer wieder in der Erzählung auf.[1]

«Das Auge will schlafen, doch der Kopf ist kein Kissen.»
«Der Himmel erbebt, und die Erde fürchtet sich, und die beiden Augen sind nicht Brüder.»

1 Im Vorwort zu *A Hundred Camels in the Courtyard* schlägt Paul Bowles eine außergewöhnliche Lesart seiner vier Kif-Geschichten vor. Er weist besonders auf die Pyramidenform der Erzählung *Jener aus der Versammlung* hin. Der Text hat sieben Abschnitte. (Die Seitenzahlen beziehen sich auf die dt. Ausgabe in *Die Stunden nach Mittag.*) I: 64–67, II: 67–69, III: 69–71, IV: 71–73, V: 73–74, VI: 74–77, VII: 77–81 (Schluß). Der vierte Abschnitt an der Spitze der Pyramide, der innere Monolog Boujemaas, ist der entscheidende Punkt der Erzählung.

```
          ______4______
       __3_____________5__
    __2___________________6__
 __1_________________________7__
```

Diese Konstruktion erhellt die verschiedenen ‹Sprecherpositionen› des Textes: In 1 und 7 werden Jener a. d. Vers. und Ben Tajah vom Erzähler/Autor gemeinsam dargestellt; 2 und 6 sind aus der Sichtweise Ben Jajahs; 3 und 5 aus der Sichtweise J. a. d. Vers.

Ich weiß nicht, ob diese Erklärung denen ausreichen wird, die die Erzählung schätzen, ohne sie wirklich zu verstehen. Christopher Isherwood sagte, man fände in ihr die Quintessenz der Bowlesschen Kunst. Ich gebe zu, den Text sehr zu lieben, ohne jedoch irgendeinen Sinn darin erkennen zu können. Christopher Isherwood, der Glückliche... Was Paul Bowles anbelangt, zieht er sich so aus der Affäre: ‹Es ist eine Geschichte. Sie will nichts anderes sagen als das, was in ihr passiert.› Ja, einverstanden. Aber es ist dennoch nicht leicht, *überhaupt* zu verstehen, ‹was passiert›.

Die drei anderen Geschichten haben eine sehr viel einfachere Struktur. Paul Bowles hatte sich im Jahr zuvor elf Begebenheiten notiert: Er hat jeweils drei oder vier davon in einer Geschichte zusammengefaßt.

Noch andere Sprichwörter oder eigenartige Behauptungen sind im Text verstreut: «So endet es» oder «Diese Nacht wird ein Juwel in meiner Krone sein». Ganz zu schweigen vom Schlußsatz, der dann dem 1962 von Lawrence Ferlinghetti bei City Lights Books herausgegebenen Sammelband den Titel gab (und auch als Motto voransteht): «Eine Pfeife Kif vor dem Frühstück verleiht einem Mann die Macht von hundert Kamelen im Hof.» – «Ein Sprichwort der *Nachaioui*», erklärt Paul Bowles... Der Satz – auch ihn hörte Paul Bowles zuerst von Boujemaa – mag bei den *Nachaioui* sehr beliebt sein, also den Leuten, die ihre Zeit mit Kiffen zubringen. Bleibt die Frage, ob sich diese Maxime auch bewahrheitet. Denn Kif verführt normalerweise zu Passivität, zumindest bei den meisten Menschen. Jenem aus der Versammlung ist es dagegen möglich, sich mit Hilfe von Cannabis ein anderes Leben zu erfinden, in den ‹anderen Zustand› der Welt einzutauchen:

> «Er saß in einem Café, das kein Polizist betreten durfte, und er wollte fortgehen, in eine Welt aus Kif, wo die Polizei ihn jagte. ‹So sind wir jetzt also›, dachte er. ‹Wir gehen rückwärts. Wenn wir etwas Gutes haben, suchen wir nach etwas Schlechtem dafür.› Er zündete die *Sebsi* an und rauchte. Dann blies er die harte Aschekugel aus dem *Chaf*. Sie landete im Bach neben der zweiten Brücke. ‹Die Welt ist zu gut. Wir können nur vorwärtskommen, wenn wir sie zuerst wieder schlecht machen.›»

Ist das nicht genau die Funktion von vielen von Paul Bowles' Texten? Angst einflößen, Zweifel säen, während man sich direkt am Abgrund stehen fühlt? Der Schriftsteller gibt freiwillig zu, daß seine treuesten Leser Leute sind, die sich gern Angst einjagen lassen und denen es dann anschließend leichter fällt, sich mit dem üblichen schalen Geschmack eines etwas zu gewöhnlichen Lebens abzufinden. Das Lesen wäre dann jener Alptraum, aus dem man freiwillig aussteigt...

Genau das stößt auch einigen von Paul Bowles' Figuren zu. Gute Amerikaner, bewaffnet mit all ihren Sicherheiten, geben sich *en passant* dem hin, was sie für ein kleines Zwischenspiel halten (‹Diese Indianer sind ja so malerisch...›). Aber die Heldin in *Tee auf dem Berg* provoziert fast ein kleines Drama. Der Fotograf von *Tapiama* kommt gerade nochmal mit heiler Haut davon. Und ein unvorsichtiger und wenig intelligenter Belgier in *Der Nachfolger* schenkt Ali ein Schlafmittel, der damit die zurückhaltende Kinza gefügig machen will. Die verabreichte Dosis hat jedoch fatale Folgen für das Mädchen. Und was den Protagonisten von *Der Blick* anbelangt, ist der erste Satz bereits vielsagend: «Vor zehn oder zwölf Jahren kam ein Mann nach Tanger, der besser daran getan hätte, der Stadt fernzubleiben.»[1] Nicht ungestraft rührt man an Träume, an das Unbekannte. Es handelt sich nicht darum, fünf Minuten das Licht auszuschalten und sich aus Spaß im Dunkeln gegenseitig zu erschrecken. Denn während dieser kurzen Zeit kappt der Autor die Stromleitung und reißt die Schalter aus der Wand. Eine Nacht ohne Sterne breitet sich über die Welt. Jener aus der Versammlung geht *durch den Spiegel.* Er springt, völlig *mkiyif*[2], in einen Suppentopf und schreit: «Bis dann, in der anderen Welt!» Jener aus der Versammlung ist Alice, versetzt nach Djemaa el Fna... In dieser exemplarischen Erzählung begleicht Paul Bowles, der angelsächsische Erzähler, was er dem Land der Märchen und Wunder schuldet: Er vermischt die genaue Beobachtung des Lebens im allgemeinen und des Elends im besonderen mit der Beschreibung eines Prozesses der Introspektion und geistigen Dekomposition unter dem Einfluß der Droge. Jener aus der Versammlung und Ben

1 Man ahnt bereits: Der Mann wird sterben. *Der Blick*, im englischen Original *The Eye* (gemeint ist: der böse Blick), ist die Geschichte einer Nachforschung: Der Erzähler will die Umstände herausfinden, unter denen jener Mann gestorben ist. In: *Mitternachtsmesse.*
2 *mkiyif*, Synonym für *m'hashish.*

Tajah (sind es wirklich zwei Personen?) ziehen sich gut aus der Affäre, vielleicht weil sie dort, wo sie leben, hingehören, oder vielleicht auch, weil sie die Sympathien des Autors genießen. Doktor Slade und seine Frau hingegen entkommen nie wieder der Hölle, die sich vor ihren Augen auftut.

«Eine Zeitlang wollte ich das Buch *Where The Slades Went* nennen. Warum? Ich weiß nicht, denn heute erscheint mir dieser Titel idiotisch. *Up Above the World*[1] fiel mir erst ein, nachdem der Roman fertig war.» Die Hölle. Ich weiß nicht, wie man das, was die Slades erwartet, anders bezeichnen soll. Paul Bowles kann die beiden Touristen von Anfang an nicht leiden. Sie ist jung und hübsch. Vielleicht zu jung und zu hübsch für einen alternden Ehemann. Eine zweite Hochzeitsreise also für Taylor Slade und seine Gattin. «Eigentlich ist das Buch ein Krimi. Vielleicht ist es der uninteressanteste meiner Romane, aber bestimmt der am besten geschriebene. Ich habe zu einer Zeit daran gearbeitet, als ich kontinuierlich Kif rauchte. Ich rauchte nicht so viel, daß ich einen deutlichen Effekt spürte, aber ich glaube schon, daß es mir zu intensiveren Empfindungen und einem präziseren Stil verholfen hat. Meiner Ansicht nach braucht man – für welche kreative Tätigkeit auch immer – zwar eigentlich keine Drogen. Nicht mal Kaffee. Aber ich muß zugeben, daß mir die Idee zu diesem Roman wahrscheinlich nicht gekommen wäre, wenn ich nicht geraucht hätte. Denn der Inhalt hat schließlich sehr viel mit Drogen zu tun. Sein Stil, seine Sprache wiederum eigentlich nicht.»

Die Slades machen die Bekanntschaft von Mrs. Rainmantle, einer – zumindest durch ihre Körperfülle – sehr beeindruckenden Kanadierin. Sie macht sich dann tatsächlich auch im Roman sehr schnell breit.

1 Wörtlich: Hoch über der Welt. Dt. Titel des Romans: *Gesang der Insekten.*

«‹Lächerlich!› bemerkte Dr. Slade.

‹Ich finde sie eher rührend›, murmelte Mrs. Slade nachdenklich, während sie der davonhastenden Gestalt nachschaute. Dr. Slade gab keine Antwort. Er starrte hinaus auf das stille Hafenbecken und hatte plötzlich das Gefühl, daß zwei Menschen, die sich sehr nahestehen, einander sehr fremd sein können. Sein Blick folgte der gezackten Linie der bewaldeten Hügel über dem von Land umschlossenen Hafen, und noch während er seinen Gedanken nachhing, gewann das Wort ‹rührend› eine ungewohnte, verstörende Dimension.»

(*Gesang der Insekten*, S. 11/12)

In seinen ersten Aufzeichnungen um 1960 hatte Paul Bowles die Hauptrolle in der sich anbahnenden Tragödie noch Mrs. Rainmantle zugedacht. In der endgültigen Fassung läßt er sie bereits im Kapitel acht sterben. Abgang Mrs. Rainmantle. Erst zwei Kapitel später wird ihr Tod bestätigt; die Slades haben es sich mittlerweile schon in ihren Hauptrollen bequem gemacht. Sie bleiben dennoch sekundär in dem Maß, als die Handlung ziemlich schnell beeinflußt wird vom eigentlichen Helden des Buches, der in Kapitel elf auftritt. Der Autor braucht nur wenige Seiten, um die Präsenz dieser facettenreichen und beunruhigenden Figur zu bestätigen: Es handelt sich um den Sohn von Don José Garcia Soto, genannt Grover, alias *Vero*. Namensänderungen, unsichere Identität, Rhythmuswechsel. Grove ist schön, reich, verführerisch und, schlimmer noch, intelligent. Er ist in jeder Hinsicht eindeutig *up above the world*. Ich sprach von ‹Tragödie›. Natürlich bezieht sich dieser Begriff auf die beiden Amerikaner, und nur auf sie. Denn ab dem Moment, wo dieser Luxuscharakter, nie ohne *Grifa*[1] im Mundwinkel, auftaucht, weiß man, daß die Slades sterben werden. Warum? In dieser Frage liegt großen-

1 Marihuana-Zigarette

teils das, was den Roman interessant macht, und paradoxerweise auch seine Schwäche. Es ist das einzige Mal in Paul Bowles' Werk, daß dieser Meister der Ellipse eine Erklärung liefert. Das Krimigenre hat seine Gesetze: Oft stellt sich der Schluß als weit schwächer heraus als alles Vorangegangene, da eine zwingende Lösung gesucht werden muß. Die Mechanik der Falle herauszufinden ist atemberaubend, aber wenn sie dann zuschnappt, macht sie ein Geräusch, das ein bißchen nach Geschwätz klingt. Paul Bowles muß wohl selbst auch nicht so ganz glücklich gewesen sein, welche Katze er zum Schluß aus dem Sack läßt: Ohne es zu merken, hat der Spielleiter eine weitere Falle gestellt, die sich jedoch unter seinen eigenen Füßen auftut... Die letzte Seite des Buches ist eindeutig: Es ist Thorny, der Handlanger, der die Rosinen aus dem Kuchen picken wird. Letztlich kann man darin auch eine Moral sehen. Ich würde eher sagen, es ist die Abwesenheit jeder Moral.

Seit *Himmel über der Wüste* hat sich die Lage nicht gebessert. Gott ist mausetot. Man fragt sich fast, ob er überhaupt jemals existiert hat. Die einzige Religion der Slades ist der *American way of life*. Und diese Welt ohne Gott wird regiert von einem Paranoiker, der gerade einen akuten Anfall hat und dessen sonstige Hauptsorge es ist, daß ihm das Marihuana nicht ausgeht: sonst müßte er vielleicht über die schwerwiegenden Folgen seines Handelns nachdenken. Und das Ende bestätigt es: Dieser Verrückte, der nur ein kleines bißchen unheimlicher ist als seine Umgebung, geht bis zum Äußersten, um seine Tat zu vertuschen. Was wird er sich noch ausdenken? Welchen verdrehten Plan wird er in den nächsten achtundvierzig Stunden schmieden? Der Dschungel ist kein Ort, wo die Menschen besser werden. Grove[1] fühlt sich überall wohl, aber diese schwül-stickige

1 Zufall? Auf deutsch heißt *grove* Gehölz, und *thorny* ist ein Adjektiv, das sehr gut zu *grove* paßt: dornig, stachlig.

Welt zieht er jeder anderen Umgebung vor. Vom Halbdunkel zur schwarzen Nacht ist es nur ein Augenblick. Wie hätten die Slades jemals dieser natürlichen Falle entkommen können? Zumal sie keine Ahnung haben, in was sie da hineingeraten sind. Die unergründliche Natur umschließt sie mehr und mehr, eine perfekte Helferin für Groves kriminellen Wahn. Der Dschungel, das ist das Verbotene, das Undurchdringliche: das Gebiet des Unbewußten. Mrs. Slades Vorname «Day» kann nur höchst ironisch verstanden werden... In sexueller Hinsicht sind die Slades wohl kaum ein Paar zu nennen: Es gab immer nur die Illusion von Intimität. Sie werden sterben, ohne etwas begriffen zu haben. Aber Paul Bowles scheint uns zu sagen, daß ihnen nur widerfährt, was ihnen gebührt.

> «Er fühlte sich plötzlich sehr allein. Lange Zeit starrte er auf die mißgestalteten Wolkentürme in der Ferne. Bei der medizinischen Untersuchung vor der Reise hatte er sich gezwungen, das Thema anzuschneiden. ‹Sie könnte meine Tochter sein. Vielleicht sogar meine Enkelin.› Der Arzt hatte gelacht. ‹Kann nichts schaden, sich immer mal wieder daran zu erinnern›, hatte er gesagt.» (S. 13)

Das Faszinierende am *Gesang der Insekten* ist, mit welcher Kälte der Autor seine Figuren betrachtet. Andererseits ist es vielleicht gerade diese völlige Gleichgültigkeit – die die Figuren zu etwas Mechanischem, Leblosem, Marionettenhaftem macht –, die dem Roman Grenzen setzt. Was kann die hübsche Day Doktorsgattin denn anderes tun als, aus Langeweile, in dieser Paarparodie die Rolle der Flatterhaften zu spielen? Keinerlei komplizenhaftes Gefühl verbindet sie mit Taylor, sie empfinden beide keine Befriedigung, durch ihre Verbindung eine Art gesellschaftliches ‹Tabu› gebrochen zu haben: Day ist in einem Alter, in dem junge Mädchen im offenen Sportwagen an der Côte d'Azur spazierenfahren (vielleicht im Auto des Großvaters, aber nicht *mit* ihm).

Welcher Schauspieler würde die Rolle dieses Arnolphe spielen wollen, dem es gelungen ist, ein schnippisches Mädchen zu heiraten, das höchstens einen kleinen Auftritt in der *Lucy Show* meistern könnte? Andererseits ist Mr. Taylor Slade erschreckend positiv. Und wie alle positiven Figuren, findet auch er keine Gnade vor Paul Bowles. Und hierin liegt eine weitere Grenze des Romans: diese Figuren verdienen kaum, daß man sich mit ihnen abgibt. LSD, Morphin, Skopolamin... die Behandlung, die Grove ihnen angedeihen läßt, erscheint im nachhinein nicht einmal so brutal. So sollen sie eben endlich sterben, wo sie doch schon so wenig gelebt haben... Das Curare, das uns von Mrs. Rainmantle befreit hat, erscheint demgegenüber als die bessere Lösung: Es wirkt schneller. Die Tatsache, daß Grove die Choreographie dieses infernalischen Balletts mit großer Sorgfalt einrichtet, reicht nicht aus, ihn mir sympathisch zu machen – selbst wenn ich den Eindruck habe, daß sich Paul Bowles ein bißchen in dieser kriminellen Kreatur wiedererkannt hat. Der junge Mann schreibt alles, was er tut oder zu tun beabsichtigt, auf und ist besessen von seinem Tonbandgerät. Was er tut, ist vorher zu Ende gedacht und zu Papier gebracht. Kurz, er hat den Tod der Slades schon *schriftlich*, bevor er ihn in die Tat umsetzt. Die Operation ist schmerzlos, die Patienten merken erst im entscheidenden Moment, was mit ihnen geschieht. Grove hat sie äußerst sorgsam anästhesiert, bevor er die letzte Phase seines Plans realisiert: ein tödlicher Eingriff, bei dem der Revolver das Skalpell ersetzt. Skopolamin ruft einen ‹Dämmerzustand› hervor: der passende Ausdruck für die Befindlichkeit der Slades. Ihre letzten Stunden sind in künstliche Verschwommenheit, in einen meergrünen Schimmer getaucht durch die chemische Brühe, die Grove ihnen zu trinken gibt, bevor sie endgültig in die Nacht, aus der es kein Zurück gibt, stürzen. Doch Grove läßt sich Zeit, bis er die Dosis hochsetzt. Zunächst will er, bewaffnet mit einer einfachen kleinen Spritze, beruhigend einwirken. Taylor sei am Newbold Syndrom erkrankt, verkündet er ihm. Wenn man sich sehr krank fühlt, ist es zwar sicherlich beruhigend zu hören, daß man tatsächlich krank ist und daß die Krankheit auch einen Namen hat... und doch reagiert Taylor, als Arzt, fast gleichgültig auf die Diagnose eines Laien. Sein Bewußtseinszustand erlaubt ihm nicht mehr, sich mit solchen ‹Details› aufzuhalten. Hypnos, der Bruder von Thanatos. Visuelle Störungen, halluzinogener Wahn. Progressive Paralyse, Koma. Denken Sie nicht, die Stunde großer Erkennntnisse sei hiermit gekommen... Genau wie Kit Moresby in *Himmel über der Wüste* ihren Ehemann in seinem letzten Fieberschub allein läßt, wacht auch Day nicht bei dem bewußtlosen Taylor, sondern geht mit Grove zum Essen hinunter: Als sie wiederkommt, ist Taylor nicht mehr da. Day wird jedoch nicht, wie Kit, in irgendeinem Bordell landen, und das ist ein wesentlicher Unterschied. Ein Revolverschuß wird für immer den Zufall außer Kraft setzen. Doch zuvor (und hundertvierundneunzig Seiten, nachdem ihr Mann etwas Ähnliches gedacht hat) glaubt Day, etwas verstanden zu haben:

> «Während sie zu ihrem Zimmer eilte, wunderte sie sich darüber, daß sie weiterreden konnte, während Taylor bewußtlos war. Dies schien einen Verdacht zu erhärten, den sie schon lange hegte: Menschen kommen einander nicht wirklich nahe; sie glauben nur, sich nahe zu sein.» (S. 207)

Die Natur verwischt alle Spuren. Der Mord an der jungen Frau könnte herauskommen, das Verschwinden Taylors aber kann als definitiv angesehen werden. Ein fast perfektes Verbrechen, wenn Thorny sich nicht in den Kopf gesetzt hätte, Grove an die entscheidende Rolle zu erinnern, die auch er in dieser Geschichte gespielt hat...

«Zusammen trugen sie den alten Mann vom Bett zum Lastwagen. Thorny stieg ein und schloß die Tür. Dann fuhr er allein in die Dunkelheit, den Weg nach Barrancas hinunter, bis er zu dem gefährlichen Stück kam, wo die Straße direkt an den Felsklippen entlangführte. Wenn hier auch nur ein Maultier entgegenkam, mußte man anhalten. Bei Tag konnte man weit unten die runden Wipfel der Bäume sehen. Den Rest mußte er allein erledigen, aber dennoch dauerte es nicht länger als zwei Minuten. Dann fuhr er etwa eine Meile weiter, bis er eine Stelle fand, wo er umdrehen konnte.

Niemand setzte je einen Fuß in das Gebiet dort unten; es war unberührte Wildnis. Mimosensträucher und Kakteen am Fuß der Steilwand und dann ein schreckliches, wegloses Dickicht dornigen Gebüsches, wie Rollen von Stacheldraht. Noch tiefer ein durchbrochener Wald mit hohen grünen Bäumen. Und dort unten hält sich sowieso nichts lange, dachte er, als sein Blick über das weite, mondbeschienene Land streifte: Geier, die flügelschlagend ums Überleben kämpften, und endlose Reihen von Ameisen, die Tag und Nacht eilig ihre Bahnen zogen.» (S. 240/241)

«Der Mensch wird immer vernichtet von der Natur. Glücklicherweise. Er kann sie nicht besiegen. Wenn er es täte, wäre er zum Verschwinden verdammt.» Als Aileen, die Heldin der Erzählung *Das Echo*, dem jungen Verrückten davonläuft, den sie im Urwalddorf gefunden hatte, umschließt sie bald wieder das Schweigen des Berghangs...

«... doch sie hörte nicht auf zu laufen und war überrascht, als sie merkte, daß sie schluchzte. Sie setzte sich auf einen Felsen und beruhigte sich, indem sie zusah, wie ein paar Ameisen ein Gebüsch vernichteten, indem sie Stücke der Blätter herausfraßen und davontrugen.» (*Das Echo*, in: *Eisfelder*, S. 23)

1964 setzt Paul den Trips *up above the world* seiner letzten Romangestalten ein Ende. Schon gut zehn Jahre sind vergangen, seit Jane die Arbeit an einem Roman abgebrochen hat, der ihr zweiter hätte werden sollen: *Out in the world.* Aber seit einem bestimmten Tag im Jahr 1957 erscheint ihr nicht mehr nur das Schreiben unendlich schwierig, sondern das Leben selbst. Tag für Tag liefert sie der Krankheit eine neue Schlacht, um trotz allem weiterzuexistieren – *in der Welt.*

Abenddämmerung in Malaga

Einmal kam ein Fotograf vom *Life Magazine*, um eine Reportage über Jane und Paul zu machen. Die Aufnahmen zeigen die beiden gemeinsam in der Medina, auf dem Dach ihres alten Hauses in Amrah, auf dem Weg zur Kasbah, Hand in Hand. Jane ist krank, das sieht man, aber zu der Zeit ging es ihr ein kleines bißchen besser. Sie lächelt, aber es liegt eine große Traurigkeit in diesem Lächeln. Mit ihrem Hut sieht sie auf manchen Bildern genau wie eine amerikanische Touristin aus, die mit kleinen Schritten durch die Medina trippelt. Bei ihr muß das ein Zeichen von Krankheit sein. Es sind traurige Fotos. Und als Paul Bowles sie mir zeigte, spürte ich, daß sie auch ihn traurig machten.

Jane und Paul im herzlichen Gespräch mit Isabelle und Yvonne Gerofi in deren Buchhandlung (die Librairie des Colonnes). Der Fotograf hat zweifellos geglaubt, er habe das Ehepaar Bowles in einer gewissen Intimität festgehalten. Aber alles bleibt sehr ‹professionell›. Vielleicht ist die Krankheit schuld, die auf Hochglanzpapier so deutlich wird. Alles bleibt äußerlich. Die Personen bleiben auf Abstand; der Abstand schafft eine Art Respekt. Die Angst, weh zu tun. Alles ist falsch, vor allem das gezwungene Lächeln, in Großaufnahme, auf Janes aufgezehrtem Gesicht.

«Alles, was schwierig und schrecklich war, das fand sie lächerlich, wirklich. Sogar, wenn es sie betraf. Bis sie krank wurde. Die Krankheit gab ihr einen physischen Grund, warum sie nicht schreiben konnte, endgültig nicht mehr. Es ist ein bißchen grausam, das zu sagen, aber ich glaube, es ist etwas Wahres dran. Sie wurde extrem nervös, unlogisch. Niemand konnte sie davon überzeugen, daß sie würde leben können. Sie war davon überzeugt, daß sie bald sterben würde. Machte man einen Vorschlag, wollte sie immer etwas anderes. Sie sollte in die USA fahren. Sie fuhr in die USA. Dort war sie wütend, daß man sie in eine Klinik einsperrte. Sie durfte das Haus nicht verlassen. Sie mußte verschiedene Untersuchungen und Behandlungen über sich ergehen lassen... Ihre Mutter sagte zu ihr: ‹Die Klinik ist sehr teuer. Jeder Tag kostet ein Vermögen› und erklärte ihr außerdem, daß sie mit einem der Direktoren befreundet sei und daß er ihr die Hälfte des Preises erlassen hätte. Aber daß es immer noch sehr teuer sei... Natürlich wollte sie ihr damit sagen, daß es eine besonders gute Klinik sei, aber als Jane hörte, daß sie zum halben Preis dort wohnte, sagte sie: ‹Also bin ich hier so eine Art Sozialfall!› (lacht). Nein, so ging es wirklich nicht. Nach einiger Zeit habe ich sie dort abgeholt. Sie war mehrere Monate in Amerika gewesen, fünf Monate. Dann lebte sie mehrere Jahre wieder hier, und während dieser paar Jahre ging es ihr viel besser. Vier oder fünf Jahre lang war sie fast so wie früher. Und dann wurde es wieder schlimmer.»

«Man schreibt nicht über das alltägliche, glückliche Leben. Es ist uninteressant. Das, was das Leben schwierig macht, ist auch als Stoff, über den man schreiben kann, interessant. Aber über Janes Krankheit werde ich nie schreiben, weder als Erinnerungen noch als *fiction*. Nein, niemals. Ich mag nicht mal die Vorstellung davon, außerdem mag ich auch Krankheiten nicht oder was in Krankenhäusern passiert. Es stimmt zwar, daß ich normalerweise über Sachen schreibe, über die man nicht schreibt, aber in diesem Fall wäre es Sadismus.»

Jane ist immer noch der wunde Punkt dieses Mannes, der

sich sein Leben lang eine Welt nach seinen Maßen gebaut hat. Sie sagte immer: «Ich bin stark wie ein Ochse» und glaubte, sehr hart im Nehmen zu sein. Aber sie trank zu viel, viel zu viel, und bastelte sich, ohne sich der Folgen bewußt zu sein, gefährliche ‹Cocktails› aus antidepressiven Medikamenten. Ich glaube nicht, daß man dieses Verhalten auf das Konto einer autodestruktiven Haltung verbuchen muß, man kann es eher mit einer ganz einfachen Selbstüberschätzung, einer Überschätzung der eigenen Widerstandskraft erklären. In Paul Bowles' Leben ab 1938 war Jane, diese launenhafte und reiche Persönlichkeit – auch wenn sie oft äußerlich abwesend war – immer da. In seinen Geschichten findet man häufig Personen, die sich mehr oder weniger schnell selbst zerstören. Der allmähliche Niedergang, den Jane nach ihrem Schlaganfall erleidet, hat in mancher Hinsicht Ähnlichkeit damit. Allerdings wäre es nicht richtig, ihr Leben nur im Licht der hereinbrechenden Dämmerung, unter dem Eindruck des Endes zu betrachten. Und doch kann ein Wort das Gefühl zusammenfassen, das sie schon vor ihrer Krankheit nicht mehr loswurde: das Scheitern. Ein Scheitern, unter dem sie grausam litt, das Paul ihr aber – soweit es ihm möglich war – Monat für Monat, später Tag für Tag anzunehmen half. Ab einem bestimmten, für beide existentiellen Moment holen *die Romane und Erzählungen* von Paul Bowles sein *Leben* ein...

Zwischen ihnen hatte alles einen Sinn. Man kann es eine Liebesgeschichte nennen. Es handelt sich hier jedoch nicht um ein normales Paar: vereint gegen den Rest der Welt. Eher um zwei starke Persönlichkeiten, die sich ergänzen statt zusammentun. Mit Jane verliert Paul auch die Person, die seinem Schaffen am nächsten stand; als verlöre ein Maler denjenigen, dem er zuerst seine Staffelei enthüllt, mit dem er seine Geheimnisse von Pigmenten, Mischverhältnissen und Lasuren teilt: «Ohne Jane», sagt er oft, «hätte ich nicht wieder angefangen zu schreiben.» Jane verdankte natürlich auch ihm viel, seiner Anwesenheit, seinen Ermutigungen, auch für ihr Schreiben. Die Literatur (nicht die Musik) ist das Gebiet, auf dem sie sich gefunden und treu geblieben sind. Paul wurde erst zum Schriftsteller, und Jane hatte schon immer gesagt: «Ich bin Schriftstellerin, ich will schreiben.»

«Am Anfang liebte sie Marokko sehr. Erst sehr viel später sagte sie, daß ihr das Land nichts gebracht hätte. Aber während der ersten zehn Jahre, die sie hier lebte, hat sie es leidenschaftlich geliebt. Sie fand alles hier wunderbar komisch. Wir hatten immer sehr viel Spaß. Ich habe überhaupt einen guten Teil meines Lebens mit Lachen zugebracht, auch wenn man das meinen Texten nicht unbedingt ansieht! Und ich bin absolut gegen Leute, die nicht lachen. Ich war Mitglied der Kommunistischen Partei, aber diese Leute lachen nie. Auch die Hippies, die ich Ende der sechziger Jahre kennengelernt habe, waren traurige Gestalten. Sie hatten alle immer dieses vorfabrizierte, obligatorische Lächeln im Gesicht. Grauenhaft. Es kamen immer wieder neue, und alle wollten mit mir über Haschisch reden, weil sie dachten, ich sei ein Drogenspezialist. Dabei habe ich nur ein paar Artikel darüber in amerikanischen Zeitschriften geschrieben. Sie wollten wissen, wo man es kaufen kann und wieviel man spart, wenn man es per Kilo und nicht per Gramm kauft... Sie lachten niemals, aber sie hatten alle dasselbe erstarrte Lächeln – wie die glücklichen Arbeiter auf sowjetischen Propagandaplakaten. Meistens hatten sie ihr Geld oder ihren Paß verloren. Es zog sie auch immer in die Küche... Nie brachten sie etwas mit außer Neuigkeiten aus den Staaten, denen ich entnehmen konnte, daß alles noch viel schlimmer war, als ich es mir sowieso schon dachte. Jane haßte sie. Millicent Dillon, die eine sehr gute Biographie über Jane geschrieben hat, betont darin den tragischen Aspekt in ihrem Leben. Aber ich glaube, daß es Janes *Humor* war, der sie am besten charakterisierte. Sie hatte die wunderbare Gabe, alle Dinge des Lebens absolut komisch zu sehen. Es gab niemand anderen, mit dem ich lieber zusammen war. Sie verstand jeden Doppelsinn, und wir konnten über absolut alles reden. Wir waren wie zwei Verschworene, außergewöhnlich stark miteinander verbunden. Ihr Tod war ein furchtbarer Schlag für mich. Ich verlor die Hälfte meiner selbst. Ich hatte auf nichts mehr Lust. Nach ihrem Tod hörte ich auf zu reisen.»

Am 4. April 1957, im Monat des Ramadan, verläßt Jane nach einem Streit mit ihrer Angestellten Cherifa ihre Wohnung im Immueble San Francisco und geht zu einem amerikanischen Freund, Gordon Sager. Sie bittet ihn, ihr etwas zu trinken zu geben. Sager bietet ihr einen Cognac an. Sie trinkt noch ein paar Gläser mehr, dann geht sie nach Hause. Kaum ist sie in ihrem Appartement im achten Stock angelangt, muß sie sich übergeben. Am nächsten Morgen alarmiert Cherifa Christopher Wanklyn, einen Freund Pauls, der in seiner Abwesenheit in seinem Appartement wohnt. Christopher trifft Jane im Bett an. Sie ist sehr schwach: Sie hat die ganze Nacht weiter erbrochen. Sie deutet ihm an, daß sie Schwierigkeiten habe beim Sehen, und kann nichts anderes sagen als: ‹Was kann schlimmer sein als ein *Baisar*›, und auch das nur mit größter Mühe. *Baisar* ist eine Erbsensuppe, die Jane verabscheute. Da der Streit sich offenbar um etwas Eßbares drehte, schließt Wanklyn daraus, daß Jane – die oft in Rätseln sprach – auf Majoun anspielt, das sie und Cherifa genossen hätten. Da es ihr nicht mehr gelingt, noch etwas anderes zu sagen, beschließt er, schnellstens einen Arzt zu holen.

Die Diagnose, die Doktor Spriet wenige Tage später formuliert, lautet: «Cerebraler Spasmus mit einige Tage andauernder intellektueller Konfusion und Parese, aber keine Anzeichen von cerebraler Haemorraghie oder cerebraler Thrombose.» (Gehirnkrampf mit einige Tage andauernder geistiger Verwirrung und Lähmung, aber keine Anzeichen von

Blutungen oder Thrombosebildung im Gehirn.) Im August wird sie im St. Mary's Hospital in London behandelt, denn ihr Blutdruck ist weiterhin alarmierend hoch. Zurück in Tanger erleidet sie epileptische Anfälle. Im September kehrt sie nach England zurück, wo man sie diesmal in eine psychiatrische Einrichtung in Northampton schickt, St. Andrew's, wo sie sich zum erstenmal einer Serie von Elektroschocks unterzieht. Die Folgen ihres Schlaganfalls sind schwerwiegend: Ihre Sehschwierigkeiten werden nicht wieder besser, ihre linke Hand ist stark bewegungseingeschränkt, und – was für sie als Schriftstellerin am schlimmsten ist – es bleibt ein teilweiser Sprachverlust zurück, genannt Broca-Aphasie, bei der einzelne Laute oder Silben ausgelassen, umgestellt oder entstellt werden. Da sie sich ihres Zustands bewußt ist, leidet sie verständlicherweise schrecklich darunter. Die Einsamkeit wird ihr unerträglich. Sie kann nicht mehr lesen, sich nicht mehr konzentrieren – auf was auch immer. Die Zeit wird ihr zum Feind.

«Jemand hatte ihr einen ausgezeichneten Rat gegeben», erinnert sich Isabelle Gerofi, eine ihrer besten Freundinnen, «und zwar, sich eine tägliche Aufgabe zu suchen. Also fing sie an, jeden Abend für Paul zu kochen... Wenn er mit dem Essen fertig war, ging er in seine Wohnung im dritten Stock[1]. Wenn er aus der Tür ging, schlug er sie zu: er, der sonst so sacht ist. Man darf es ihm nicht übelnehmen. Es war seine Art zu sagen: ‹Jetzt fängt mein eigenes Leben an.› Er schrieb nachts. Er mußte sich irgendwie schützen. Das mag grausam erscheinen, aber ein Schriftsteller muß sich dem Schreiben

1 Im August 1957, als er aus Ceylon zurückkommt, zieht Paul wegen einer Mieterhöhung aus dem Imueble San Francisco ins Itesa, nur wenige hundert Meter entfernt. Er nimmt eine Wohnung im 3. Stock, und Jane zieht ebenfalls dorthin, in die 2. Etage desselben Treppenhauses. Als Christopher Wanklyn, der in der 4. und letzten Etage wohnt, nach Marrakesch übersiedelt, übernimmt Paul dieses (ruhigere) Appartement, eine bescheidene Dreizimmerwohnung, und lebt seitdem dort.

widmen können ... Es erschütterte sie, aber er hoffte, daß sie gerade dadurch wieder anfangen würde zu schreiben. Sie bewunderten sich gegenseitig sehr. Jane hatte vollständiges Vertrauen zu ihm. Sie mochte das Reisen nicht, das ist wahr, aber letztlich kümmerte es sie kaum, wo sie sich befand. Nur Ceylon, das fand sie abscheulich ... Es gab eigentlich nur eine Sache, die sie wirklich trennte: Jane war sehr eifersüchtig auf Pauls marokkanische Freunde. Leute, die zu etwas berufen waren, hat er immer unterstützt. Und er war immer Feuer und Flamme für potente Künstler: Ahmed Yacoubi war der wichtigste. Aber sein Respekt für die Leute dieses Landes beschränkte sich nicht auf die Künstler. Manchmal scheint sein Verhalten geradezu seltsam: Wenn er zum Essen eingeladen ist, bestellt er beispielsweise den Wagen, der ihn abholen soll, schon um halb elf: aus Rücksicht auf den Fahrer! Ob das Essen beendet ist oder nicht, er geht um halb elf. Diese extreme Geste der Höflichkeit wird von den andern natürlich eher als Taktlosigkeit aufgefaßt.»

Auch Jane hat ihre Freundinnen. Aber durch ihre Großzügigkeit wird sie zu einer leichten Beute für Leute, die nur auf ihren Vorteil bedacht sind oder sich ihr vorübergehend aufdrängen. Und als sie krank wird, verliert sich ihre Fähigkeit zu unterscheiden noch mehr. Sie kann katastrophalen Freundschaften oft nicht aus dem Weg gehen, kann sich nicht vor ihnen schützen – im Unterschied zu Paul. [1]

1 Eine Anekdote, die den Unterschied ihrer Temperamente verdeutlicht: 1963 hatte Paul in New York einen amerikanischen Schriftsteller kennengelernt, Alfred Chester. Wenige Monate später kam dieser unerwartet nach Asilah (eine kleine Stadt 45 km von Tanger), wo Paul ein kleines Haus gemietet hatte, um in Ruhe arbeiten zu können. Jane war gern mit Chester zusammen, auch wenn er manchmal unerträglich sein konnte. Nach einer etwas heftigeren Auseinandersetzung mit Alfred schreibt Paul an Ira Cohen in Tanger: «Alfred unmöglich. Vorbereitungen getroffen zur baldigen Liquidierung.» (Gemeint ist die Auflösung des Haushalts.)

Wie soll man nun tatsächlich ihr Verhalten gegenüber Cherifa deuten? Sie lernt sie im April 1948 im Zouk ez Zra [1] kennen, wo Cherifa jeden Tag in ihrem *Hanoute* [2] sitzt und Korn verkauft. Janes Schicksal entscheidet sich vielleicht in diesem Moment der Begegnung. Sie ist begeistert von diesem rauhen Menschen und verbringt viele Stunden mit Cherifa neben der kleinen Zementbaracke. Völlig fasziniert, ja verzaubert, verbindet Jane alsbald die Freude an der Entdeckung Marokkos mit dieser rätselhaften und angsteinflößenden Frau. Jane möchte gern, daß Cherifa für sie arbeitet, und schließlich gelingt es ihr, sie zu überreden. Zur selben Zeit lernt sie auch Tetum, Zodelia und Quinza kennen. [3] Jane

Cohen war so unvorsichtig, die Notiz Chester zu zeigen. Beinahe wäre die Geschichte zu einem Krimi-Alptraum geworden: Paul wurde zum amerikanischen Konsulat befohlen, weil Chester um Polizeischutz gebeten hatte. Alfred sah ein, daß das Ganze ein Scherz war, und der Zwischenfall wurde vergessen. Einige Jahre später war Alfred Chester für kurze Zeit in Marokko in einer psychiatrischen Klinik, bevor er nach Israel aufbrach und dort Selbstmord beging (vgl. Brief von Edward Field vom 20. 1. 1990).

1 Getreidemarkt

2 Cherifas *Hanoute* war eine winzige Baracke, wie eine Schachtel, in der sie nur sitzen konnte. Sie mußte richtig hineinkriechen, um dort zusammengekauert auf Käufer zu warten.

3 Aus einem Brief an Paul Bowles vom August 1948: «– wer weiß, vielleicht werde ich also eine Ewigkeit hier rumhängen, und das bloß für ein gelegentliches Lächeln von Tetum oder Cherifa. Ich habe dir geschrieben, wie aufregend es ist, sich wie auf einer Gratwanderung zu fühlen. Allmählich jedoch werde ich sehr nervös. Ich sehe überhaupt keine Möglichkeit, da irgendwie weiterzukommen, denn das, was ich will, ist so ungewöhnlich (wie gehabt); und sie allesamt zu vergessen, dazu ist es zu spät. (...) Es ist keine persönliche Neigung, gegen die ich ankämpfen muß, sondern eine ganze Gesellschaftsstruktur, die so völlig verschieden ist von derjenigen, die Du kennst, denn zweifellos gibt es hier zwei deutlich getrennte Welten (die Welt der Männer und die der Frauen). (...) Ich versuche ja nur, sie in ihrer gesellschaftlichen Umwelt näher kennenzulernen (nachdem ich die Hoffnung auf alles Sonstige aufgegeben habe). Ich kann es nicht ertragen, dauernd *aus* der arabischen Welt *hinaus* gestoßen zu werden.»

ist nicht naiv: sie ist sich von Anfang an darüber klar, daß die Zuneigung, die die Frauen der *grain market group* – wie sie sie ironisch nennt – ihr gegenüber zeigen, hauptsächlich von einer Aussicht auf Gewinn genährt wird. Dennoch tut sie so, als hätte sie das nicht bemerkt. Zweifellos begreift sie sofort, daß die Reaktionen dieses Volkes, mit dem sie so gern Umgang pflegt, immer tausend Meilen von ihrer eigenen Art, zu denken und zu sein, entfernt bleiben würden: Die Überlebenslogik einer marokkanischen Bauersfrau hält sich in jenem Nachkriegsfrühjahr nicht mit Gefühlen fremder Leute auf... Ich bin nicht einmal sicher, ob das nicht für die Mehrzahl der Bevölkerung Marokkos heute noch gilt. Allzuoft hat die Legende Tangers die bedrückende Wirklichkeit verdrängt: innerhalb der Stadt, dieses begrenzten Vierecks, zirkulierte das Geld. Doch schon kurz vor ihren Toren, in Casa Barata oder den *Douars* von Ben Dibane oder Beni Makada, war allein die Aufgabe, zu essen zu haben, schon immer ein tagesfüllendes Unternehmen.

Die *grain market group* kann man in einem Text von Jane Bowles näher kennenlernen. *Everything is nice*[1] ist ursprünglich ein Artikel, den sie für die Zeitschrift *Mademoiselle* geschrieben hat. Als es dann darum geht, eine Reihe von Janes Texten für einen Band zusammenzustellen, den Peter Owen 1965 in London herausgeben will, findet Paul in einem Exemplar der Zeitschrift, das er sorgfältig aufbewahrt hatte, den Artikel. «Jane vernichtete absolut alles, was sie gemacht hatte. Sie verbrannte alles, schmiß alles weg, was ihr in die Hände fiel. Owen wollte *Plain Pleasures* veröffentlichen, aber natürlich glaubte sie nicht daran und sagte, sie hätte nichts damit zu tun, das ginge sie nichts an. Dann sagte ich zu ihr: ‹Man kann den Artikel mit dazunehmen, den du 1950 geschrieben hast.› Er hieß *East Side: North Afrika.* Sie zuckte mit den Schultern. ‹Ich weiß nicht mal, wo man ihn finden

1 *Alles ist schön*, in: *Einfache Freuden*

sollte. Und außerdem ist er nicht fiktiv.› Aber ich hatte ja ein Exemplar aufbewahrt, und mit einigen minimalen Veränderungen habe ich daraus eine Geschichte gemacht. Es war wirklich fast nichts: Ich habe nur alle Verben aus der ersten in die dritte Person versetzt und vielleicht ein oder zwei Ausdrücke überarbeitet, das ist alles.»

«‹Ist es hier nicht schön?› Es war Zodelia, die ohne ihren Haik zurückgekehrt war. Ihr europäisch geschnittenes Kleid aus schwarzem Wollkrepp hing gürtellos und locker bis auf die Knöchel herunter und berührte fast ihre nackten Füße. Der Saum war an einer Seite länger. ‹Ist es hier nicht schön?› fragte sie wieder, ließ sich in der Hocke vor ihr nieder und zeigte auf die alte Frau. ‹Das ist Tetum›, sagte sie. Die alte Dame tauchte beide Hände in eine Schüssel mit Hackfleisch und begann, aus der Masse Bällchen zu formen.

‹Tetum›, tönte es von den Damen auf der Matratze zurück.

‹Diese Nazarenerin›, sagte Zodelia in ihre Richtung weisend, ‹verbringt die Hälfte ihrer Zeit in einem arabischen Haus mit arabischen Freunden, und die andere Hälfte in einem nazarenischen Hotel mit anderen Nazarenern.›

‹Das ist schön›, kam es von den Frauen gegenüber. ‹Halb mit arabischen Freunden und halb mit Nazarenern.›

Die alte Dame blickte sehr finster drein. Sie bemerkte, daß die knochigen Wangen der Alten mit winzigen blauen Kreuzen tätowiert waren.

‹Warum?› fragte die alte Dame schroff und mit tiefer Stimme. ‹Warum verbringt sie die Hälfte ihrer Zeit mit arabischen Freunden und die andere mit Nazarenern?› Sie heftete den Blick auf Zodelia, wobei ihre behenden Finger nicht aufhörten, das Fleisch zu kneten. Jetzt sah sie, daß auch ihre Knöchel mit blauen Kreuzen tätowiert waren.

Zodelia starrte sie ausdruckslos an. ‹Ich weiß nicht,

warum›, sagte sie und hob die fetten Schultern. Es war klar, daß das Bild, das sie für die Frauen gemalt hatte, für sie selbst allen Reiz verloren hatte.

‹Ist sie verrückt?› fragte die alte Dame.

‹Nein›, antwortete Zodelia teilnahmslos. ‹Sie ist nicht verrückt.› Von der Matratze kam gellendes Gelächter.

Die alte Dame richtete ihren scharfen Blick auf die Besucherin; ihre Augen waren stark mit Schwarz umrandet, wie sie jetzt sah. ‹Wo ist dein Mann?› wollte sie wissen.

‹Er reist gerade durch die Wüste.›» (*Alles ist schön*, in: *Einfache Freuden*, S. 22/23)

Jane hat Cherifa also mittlerweile dazu überredet, bei ihr zu wohnen. 1955 stellt diese sie dann vor die Alternative, entweder würde Jane ihr das Haus in Amrah schenken, das Paul hatte restaurieren lassen, oder sie würde sie verlassen. Jane hat eigentlich keine Wahl. Im Moment ist das Haus, das sich mitten im Araberviertel befindet, sowieso nicht bewohnbar. Einige Monate später wird Marokko seine Unabhängigkeit erlangt haben. Im Moment herrscht aber Bürgerkriegsatmosphäre, und die Feindseligkeit gegenüber Ausländern ist viel zu stark. Jane gibt der Erpressung nach. Paul fügt sich in die Schenkung und unternimmt die notwendigen administrativen Schritte. Cherifa wohnt sowieso bereits dort und fühlt sich längst als Hausherrin. Als Paul in das Imueble San Francisco umzieht, kommt die Dienerin (die nichts von ihrem Einfluß auf Jane verloren hat), um sich eigenmächtig mit ihr in der Wohnung nebenan niederzulassen. Dort hat Jane 1957 ihren Schlaganfall: unter Umständen, die nie ganz geklärt wurden, und in einem Zustand geistiger Verwirrung, der sehr lange nach diesem Anfall noch anhielt. Dr. Roux, die Jane in den folgenden Jahren betreute, war – so scheint es – die erste, die die Hypothese einer möglichen Vergiftung äußerte. Diese vollkommen ernstzunehmende praktische Ärztin wollte damit nicht die Bedeutung der persönlichen und familiären

Vorbelastung abschwächen:[1] «Aber sie hatte schon ähnliche Fälle in Tanger erlebt. Das eine kann wahr sein, das andere ebensogut. Cherifa hat Jane vielleicht vergiftet, 1957, aber gestorben ist sie erst sechzehn Jahre später. Nun, das ist zweifelsohne nur eine Frage der Dosis. Ich weiß nicht genau, wie Cherifa hätte vorgehen können...[2]

Sie ist schon außergewöhnlich: ‹Cherifa› ist nicht ihr richtiger Name. Das ist ein Gattungsbegriff. Eigentlich heißt sie Lamina Bakalia. Vom ersten Tag an stand sie Mrabet[3] ablehnend gegenüber. Sie stammt aus M'sallah, und auch Mrabet ist dort geboren: Er kennt ihre Familie gut. Das war bestimmt der Hauptgrund, warum sie ihn so verabscheute... Aber sogar nach 1957, als Dr. Roux diesen Verdacht gegen sie ausgesprochen hatte, blieb sie weiterhin in Janes Diensten.»

Cherifa, die Giftmörderin. Ein schöner Titel für eine Schlagzeile unter ‹Vermischtes aus aller Welt›. Die Wirklichkeit ist vielleicht weniger aufregend. Die Dienerin kann, auch ohne giftige Substanzen, Jane einfach ‹das Leben vergiftet› haben, indem sie sie ständig unter Druck setzte, vor allem in finanzieller Hinsicht. Emotionale Erpressung, alle Arten von subtilen Geschenkforderungen, ultimative Drohungen... Das Arsenal ist umfangreich, und jede Waffe gilt, wenn es darum geht, einen Menschen kleinzukriegen, von dem man etwas will... Aber wenn die ‹normalen› Me-

1 Alkohol, Tabak, Bluthochdruck. Man erinnere sich, daß Janes Vater, Sidney Auer, nur wenige Tage vor seinem 45. Geburtstag an Bluthochdruck gestorben war.

2 Was die Vorgehensweise anbelangt, vermag ich hier Paul Bowles nicht ganz zu folgen: Er hat mehrere Erzählungen über dieses Thema geschrieben, wie *Der Garten, Der Blick, Ein Freund der Welt, Der Wind von Beni Midar, Vergangenheit und Gegenwart, Das kleine Haus...* Er kennt die Praktiken und hat auch in *Der Weg nach Tassemsit (Their Heads are Green and their Hands are Blue)* darüber geschrieben.

3 Paul Bowles hat Mrabet 1965 kennengelernt.

thoden erschöpft sind, bleiben immer noch *Tseuheur* oder *Tsoukal*[1].

Diese beiden Begriffe bezeichnen, was wir ‹Schwarze Magie›[2] nennen. *Tsoukal* ist ein Zauber, der direkt auf das Opfer angewendet wird und im allgemeinen sofort wirksam ist. «*Tsoukal* tötet», betont Mrabet. Der Begriff *Tseuheur* wird weitaus häufiger verwendet, denn er umfaßt alle Arten von magischen Praktiken, die fast immer indirekt wirken. Früher oder später bringt auch *Tseuheur* vielen Opfern den Tod. Zudem haben diese Methoden einen entscheidenden Vorteil: Es ist nahezu unmöglich, den oder, wie meistens, *die* Schuldige mit der Tat in Verbindung zu bringen.

Paul Bowles hat es nicht nötig, an *Tseuheur* zu glauben. Er hat zu oft Zeugnisse davon gesehen, um es nicht länger in Frage zu stellen. Die Magie existiert, und das ist alles. Er schreibt sogar in einem der letzten Abschnitte von *Rastlos*: «Wichtiger ist für mich, daß ich den Gedanken genieße, in der Nacht im Schlaf von Zauberei, die ihre Tunnel überall hingräbt, von Tausenden von Sendern und Tausenden unwissenden Empfängern umgeben zu sein. Verwünschungen werden ausgestoßen, Gifte gehen ihre Wege; Seelen verlieren sich, frei von parasitären Pseudo-Bewußtseinsebenen, die in den Schlupfwinkeln des Gehirns lauern.» (S. 407)

> «Doch als er sein Mahl verschlang, bemerkte er plötzlich ein Stück Faden, das aus dem Fleisch in der Mitte des Tajine hervorlugte. Vergeblich versuchte er, es herauszuziehen, und biß schließlich ein Stück davon ab. Erst in die-

1 Viele Leute, die jemandem etwas Böses antun wollen, halten sich nicht lang mit den psychologischen Vorstufen auf, sondern benutzen direkt die Magie. Das einzige Problem dabei ist, daß man das Opfer leben lassen muß, wenn man etwas von ihm will.

2 Die ‹Weiße Magie› ist, da weder im Geheimen praktiziert noch verwerflich, im allgemeinen das Betätigungsfeld der *fqihs*.

sem Moment ging ihm auf, was der Faden bedeuten konnte, und er riß das Fleisch mit den Fingern auseinander. Schließlich fand er eine kleine, mit mehreren Pulvern und anderen Dingen gefüllte Fleischtasche in das größere Stück eingenäht. Außerdem entdeckte er, daß er bereits eine kleine Menge davon gegessen hatte. (...) Über die ‹anderen Dinge› im Essen, abgesehen von den verschiedenen Giften, spricht er nicht gern, es waren wohl zerriebene Fingernägel, fein geschnittenes Haar – Schamhaar, behauptet er – und Exkremente von verschiedenen kleinen Tieren. ‹Welche?› bohrte ich. ‹Fledermäuse, Eulen, Mäuse, Eidechsen... wie soll ich wissen, was Frauen den Männern alles vorsetzen?› rief er angewidert. Nach einem Monat schälte sich die Haut von seinem Körper, und ein Arm färbte sich bläulich-rot. Das ist nichts Ungewöhnliches, und ich habe es hin und wieder selbst gesehen. Außerdem gilt es als gutes Zeichen; es bedeutet, daß das Gift ‹herauskommt›. Wenn es im Körper bleibt, kann man wenig tun, um ein Gegenmittel zu finden, das weiß hier jedes Kind. Die Gifte werden von Experten gemischt; es heißt, Larache[1] sei ein geeigneter Ort, wenn es darum geht, einen bösen Zauber für jemanden zu finden. Ganz sicher wird man mit etwas Brauchbarem zurückkommen.» (*Das Rif, zu Musik*, in: *Der Weg nach Tassemsit*, S. 126)

Auch in Tanger kann man, heute noch, auf dem Markt winzige Stände finden, an denen verschiedenste Amulette angeboten werden, getrocknete Eidechsen, staubige Knäuel von etwas, das wie alte Spinnweben oder verfilztes Haar aussieht; ganz zu schweigen von dem wenig verlockend aussehenden, grauen Allheilmittel, das man mir eines Tages ausführlich anpries und das ich damals ein bißchen vorschnell als Quack-

1 Larache, das alte Lixus, ist 85 km von Tanger entfernt. Jean Genet liegt, gemäß seinem letzten Willen, dort begraben.

salberarznei abtat. Eine Messerspitze Aphrodisiakum, zwei Gramm Zauberpulver, drei kleine Körner gegen Lendenschmerzen. Antimon wird häufig verwendet in all diesen Präparaten. Man sollte allerdings darin kein Zeichen *religiöser* Intoleranz vermuten. Es ist Paul Bowles völlig ernst, wenn er berichtet, daß jeder Marokkaner Angst hat, an seinem eigenen Tisch eine Dosis *Tseuheur* vorgesetzt zu bekommen:

> «Doch häufig ist es gerade die Frau, vor der man sich in acht nehmen muß. Sie bedient sich des *Tseuheurs*, um ihn gefügig und beeinflußbar zu machen. Es kann Monate oder auch Jahre dauern, aber die Gifte sind zuverlässig. Oft wird das zentrale Nervensystem angegriffen. Blindheit, Lähmung, geistige Umnachtung und Wahnsinn sind die Folge, obwohl die Frau bis dahin wahrscheinlich längst woanders lebt. Stirbt der Ehemann, so gibt es keine Untersuchung. Seine Stunde ist gekommen, das ist alles.»
>
> (*Das Rif, zu Musik*, in ... *Der Weg nach Tassemsit*, S. 127)

Paul hat gute Gründe, das Haus in Amrah an die herrschsüchtige Cherifa abzutreten: Jane findet Ende des Sommers 1954 kleine Pakete mit ‹magischem Inhalt› versteckt unter einer Matratze. Sie gibt sich alle Mühe, die Unschuld ihrer marokkanischen Freundin vor Paul zu beteuern, aber von diesem Tag an weigert er sich, das Haus zu betreten, wenn die Dienerin da ist – was Mrabet ihm geraten hatte.
«Ja, ich hatte Angst vor Cherifa. Diese Frau hat ganz unerhörte Dinge getan. Zum Beispiel hat sie diese Pflanze verzaubert (*er deutet auf die riesige, dickblättrige Pflanze, die den Balkon überwuchert und das helle Spätnachmittagslicht jenes Augusttages fast ganz aussperrt*[1]). Diese Pflanze stand in Janes Wohnung

1 Ich weiß nicht viel über Pflanzen, aber ich glaube, es war ein Philodendron.

im dritten Stock. Jane war in Malaga, und als ich zurückkam[1], beschloß ich, die Pflanze woanders hinzustellen. Als Cherifa sah, daß ich sie mitnehmen wollte, wurde sie sehr ärgerlich: ‹Die Pflanze bleibt hier, sonst stirbt sie!› Sie stand mitten in der Tür. Sie hatte immer ein Messer mit feststehender Klinge in der Tasche, mit dem sie mich schon ab und an bedroht hatte. Auch jetzt hatte sie es gezückt. Ich machte einen Rückzieher, aber nur, um in den vierten Stock hochzugehen und Mrabet um Hilfe zu bitten. So ist er also runtergegangen, und es ist ihm gelungen, die Pflanze gegen Cherifas Willen zu holen. Wir kauften einen größeren Topf, denn der alte erschien uns sehr eng. Wir setzten den kleinen in den großen Topf, dann zerbrachen wir den kleinen. Mitten zwischen den Wurzeln steckte ein Päckchen. Mein Dienstmädchen schrie: ‹Nicht anfassen!› Aber wir mußten es ja herausholen. In dem Päckchen waren Haare, verbranntes Leinen, getrocknetes Blut. Ziemlich widerlich. Fetzen von einer verbrannten Fahne, verkohlte Finger- oder Fußnägel, ich weiß nicht, was noch alles...»

«Kurz, eine *Salade niçoise*», überbietet Mrabet.

«Ich glaube, für sie war es eine Art ‹Proxy›[2]. Am Abend sprach sie mit der Pflanze, sagte: ‹Ich brauche tausend Francs›, und am nächsten Tag klappte es. Jane gab ihr das Geld.»

Eine neue Hoffnung scheint auf in diesem Sommer des Jahres 1967: Paul holt Jane aus Malaga ab. Es sind die Tage, in denen der Fotograf vom *Life Magazine* da ist. «Sie gab sich alle Mühe, um sich dem Fotografen von ihrer besten Seite zu zei-

1 Paul hatte sie nach Spanien begleitet, wo sie wegen ihres schlechten Zustandes, in dem Paul sie nach seiner Rückkehr aus Thailand vorgefunden hatte, in einer psychiatrischen Klinik für Frauen in Malaga aufgenommen wurde. Konstante medizinische Überwachung schien damals notwendig.

2 von franz. *procuration* = Vollmacht

gen. Aber es war umsonst: Kaum tauchte Cherifa auf, wurde sie furchtbar traurig.» Gegen den Ratschlag Pauls nimmt Jane Cherifa, die er nach der unheilvollen Entdeckung des *Tseuheur*-Päckchens in der Pflanze entlassen hatte, im Herbst wieder in ihre Dienste.

Nach mehreren Monaten, die auch für Paul äußerst schwierig sind, muß er sich dazu entschließen, sie wieder nach Spanien zurückzubringen. Ihr Aufenthalt im Sanatorium ist relativ kurz. Darauf folgt ein letzter Versuch Pauls, ihr ein normales Leben in einer normalen Umgebung zu ermöglichen. Das scheitert völlig. Immer noch in Malaga, geht Jane am 10. Juli 1968 in die *Clinica de Los Angeles*. Im darauffolgenden Jahr holt Paul sie dort ab, und sie kommt für drei Monate nach Tanger. Im Juni 1969 kehrt sie endgültig wieder in diese Klinik zurück, in der sie am 4. Mai 1973 auch stirbt.

Damals, als sie Ende 1967 wieder nach Spanien übersetzten, hatte sie auf der Fähre Tanger–Algeciras zu ihm gesagt:

«Die Welt ist voller Flüchtlinge. Wir haben solches Glück, trotz des Krieges, der immer weitergeht, übersetzen zu können... Ich glaube nicht, daß wir zurückkommen können. Aber daran wollen wir jetzt nicht denken. Wenigstens sind wir mit heiler Haut davongekommen.»[1]

> «Er würde bald herauskommen und zu ihr auf die Treppe kommen, und sie würden zusammen weggehen. Stunden später stand sie, steif vor Kälte, auf. Selbst wenn er den Tag über am Fenster geblieben war, konnte er sie durch den dichten Nebel unmöglich gesehen haben. Das war ihr klar, aber sie würde niemals die Treppe hinaufsteigen können, um ihn zu holen; das war unmöglich. Sie rannte un-

1 Zitiert in der Jane Bowles Biographie von Millicent Dillon, *A Little Original Sin*, S. 401/402)

gestüm die Steinstufen hinunter und über die Straße. Als sie die Grube erreichte, hielt sie an und blieb nach Atem ringend im weichen, matschigen Lehm stehen.

‹Männer›, sagte sie nach einer Minute. ‹Männer, ich habe euch gesagt, daß wir uns spezialisieren werden.› Sie hielt plötzlich inne, aber es war zu spät. Sie hatte zum ersten Mal in ihrem Leben zu den Männern gesprochen, ohne sie vorher mit dem Signalhorn zusammenzurufen und bei Fuß stehen zu lassen. Sie war erschrocken, und ihr Herz schlug hart gegen die Rippen, aber sie fuhr fort: ‹Wir werden die einzige Einheit der Welt sein, die wirklikch den Schneeziegenkampf beherrscht.› Sie schloß die Augen und suchte wieder die dunkle Kluft; diesmal mußte sie den Herzschlag der Männer unbedingt deutlicher hören als den eigenen. Auf der Straße hupte ein Auto. Sie schaute nach oben.

‹Wir können die Steintreppe dort nicht erklettern.› Sie schrie und zeigte auf das Haus. ‹Keine Einheit kann das, keine Einheit wird das je...› Sie war verzweifelt. (...)»[1]

1 Jane Bowles, *Ein grüner Lutscher*, in: *Einfache Freuden*, S. 125/126

Jane war krank, und ich hatte nicht die Zeit, mich einer kreativen Arbeit zu widmen. Alle zwanzig Minuten rief sie nach mir, und ich mußte nach ihr schauen. Aus diesem Grund habe ich das Romanschreiben gelassen, zumindest für eine Weile.[1] Ich fand heraus, daß ich zum Übersetzen nicht unbedingt stundenlang allein sein mußte wie für eine ganz persönliche Arbeit. Wenn ich nicht allein bin und nicht den Eindruck habe, ich hätte unbegrenzt Zeit, kann ich nicht schreiben. Eine Übersetzung jedoch kann ich unterbrechen: man ruft mich, ich komme wieder, nehme problemlos den Faden meiner Arbeit wieder auf... denn ich erfinde ja nichts. Ich begann mit dem Übersetzen, noch bevor es in Marokko Tonbänder gab. Yacoubi erzählte mir seine Geschichte auf arabisch, und ich schrieb sie direkt englisch auf. Anders war es damals nicht möglich. Ich brauchte Yacoubi nicht lange darum zu bitten: Er liebte es, Geschichten zu erzählen. Wir saßen am Strand, er erzählte, und ich, ich schrieb es auf. Von all seinen Geschichten, die er mir erzählte, wurden vergleichsweise nur wenige veröffentlicht, aus

1 Während des Sommers 1957, d. h. einige Monate nach Janes Schlaganfall, legt er letzte Hand an seine Oper *Yerma*. Einige andere Bühnenmusiken folgen, wie auch einige Lieder und Stücke für Piano, aber *Yerma* ist sein letztes großes musikalisches Werk. (Er hatte die Arbeit an der Komposition 9 Jahre unterbrochen.)

dem einzigen Grund, weil ich erst 1952 auf die Idee kam, sie zu sammeln. Ab 1955 hatte ich dann ein Tonband, was die Sache sehr viel einfacher machte. Ich verpaßte auch nichts mehr von dem, was er sagte. Und ich machte mit anderen Erzählern weiter. So viele waren es auch nicht: fünf im Ganzen[1]. Derjenige, der am meisten ‹geschrieben› hat, ist Mrabet. Von ihm sind bereits zehn Bücher erschienen. Und zwei weitere erscheinen demnächst bei Ferlinghetti.

Ich betrachte diese Bücher als Übersetzungen, wenn auch manche Leute darauf bestehen, es seien ‹Transskriptionen›. Der Unterschied ist nicht so groß, aber der Begriff Transskription meint doch auch immer Überarbeitung, Korrekturen, Veranderungen. Nun, ich habe nichts von alledem gemacht. Man muß höchstens von Zeit zu Zeit unterbrechen oder eine Worterklärung einfügen. Für einen Marokkaner versteht sich vieles oft von selbst, aber nicht für einen Leser, der das Land nicht kennt. Das führt dann zu ein paar ergänzenden Abschnitten. Ich sage es dem Erzähler, und er macht das dann, nicht ich. Oft sagt Mrabet selbst: ‹An dieser Stelle möchte ich noch etwas hinzufügen.› Dann spricht er es auf Band und ich füge es in den von ihm gewünschten Kontext ein. Manchmal schreibe ich es auch direkt auf.

Für mich sind diese Bücher Übersetzungen. Der einzige Unterschied zu herkömmlichen Übersetzungen besteht darin, daß das Original nicht gedruckt, sondern gesprochen vorliegt. Yacoubi sprach kein spanisch, wir verständigten uns nur auf arabisch. Mit Mrabet spreche ich spanisch, aber was er erzählt, erzählt er in einem arabischen Dialekt. Wenn ich ein Wort nicht verstehe, frage ich ihn nach seiner Bedeu-

1 Ahmed Yacoubi, Larbi Layachi (unter dem Pseudonym Driss ben Hamed Charhadi), Abdeslam Boulaich (der einen Text auch unter dem Namen Abdelquader ben Mohammed el Fahsi veröffentlichte), Mohamed Choukri und Mohammed Mrabet. Sie sind alle fünf vertreten in dem Band *Five Eyes* (1979)

tung oder der spanischen Übersetzung. Denn mein Wortschatz ist nicht besonders groß. Und dann spricht außerdem jeder Marokkaner auf eine ihm eigene Weise. Man muß ihm oft zugehört haben, um zu wissen, was er sagen will. Dazu kommt, daß Yacoubi aus Fès stammt und Mrabet den Dialekt von Tanger spricht. Und in Marrakesch ist es wieder anders. Und die Unterschiede bestehen nicht nur aus kleinen Eigenheiten. Es gibt wirklich andere Wörter für dieselbe Sache... Lange Zeit habe ich übrigens lieber den Dialekt der Fassi als den der Tanjaouis gesprochen[1], ich konnte ihn auch besser.

Layachi habe ich 1960 kennengelernt. Er kam gerade aus dem Gefängnis. Ich habe sofort gemerkt, daß er wunderbar erzählen kann. Layachi war ein Niemand, ein *Paria*, aber dank seines Buches, *A Life Full of Holes*[2], ist er ein *Jemand* geworden. Wir haben sehr lange und sehr hart daran gearbeitet. Er hat ein Pseudonym gewählt, und dennoch hatte er Angst, als die französische Ausgabe erscheinen sollte. Mittlerweile lebt er in San Francisco und hat, mit der Hilfe von Leuten, die ich nicht kenne und die selbst keine Schriftsteller sind, noch zwei weitere Bücher veröffentlicht.

Der, mit dem ich am meisten gearbeitet habe und noch immer arbeite, ist Mohammed Mrabet. Yacoubi brauchte mich nicht, um etwas zu schaffen. Die Geschichten, die wir veröffentlichten, waren für ihn eher eine Nebensache. Er war vor allem Maler. Aber Mrabet brauchte mich. In literarischer Hinsicht kam er nicht an mir vorbei. Er war *barman* in einem amerikanischen Haus auf dem Alten Berg. Er hat zuerst Jane kennengelernt, die dort zu einer Party eingeladen war, und später dann mich. Als wir uns trafen, fing er von selbst an, mir Geschichten zu erzählen und wollte auch, daß ich sie

1 Fassi sind die Bewohner von Fès, Tanjaouis die von Tanger.
2 A *Life Full of Holes* (1964) unter dem Pseudonym Driss ben Hamed Charhadi erschienen, französisch: *Une vie pleine de trous*, bei Gallimard (1965), dt.: *Ein Leben voller Fallgruben*, Greno Verlag, 1985

aufnehme. Schon vorher war er zweimal in Amerika gewesen. Mit wem? Das habe ich nie erfahren. Er hatte dort mehr oder weniger vorgehabt, Taxi- oder Lieferwagenfahrer zu werden, aber als er den Verkehr sah, kam er wieder nach Marokko zurück. Als ich ihn kennenlernte, war Mrabet sehr viel mehr *sophisticated* als jetzt. In seinen Geschichten mischt er auf eine wunderbare Weise Erfundenes mit dem, was wirklich passiert ist. Seine Sprache – sein Stil, meine ich – ist noch einfacher als der, den ich schreibe. Diese rohe und gleichzeitig so starke Sprache der marokkanischen Erzähler habe ich immer bewundert.»

«Ich wurde von Tahar Ben Jelloun angegriffen. Er warf mir in *Le Monde* vor, die Geschichten zu arrangieren, und sogar, den Namen Mrabet erfunden zu haben. Er meint, die Erzähler, für die ich gearbeitet habe, wären ohne mein Zutun niemals auf die Idee gekommen, ein Buch veröffentlichen zu wollen, ausgenommen Choukri, der ein Schriftsteller im klassischen Sinn des Wortes ist. Das heißt, er *schreibt* seine Bücher, während Mrabet oder Layachi sie *aufnehmen*. Nun, das ist zwar nicht dieselbe Vorgehensweise, aber schließlich hat Marokko eine lange Tradition oraler Literatur. Die meisten marokkanischen Bücher heutzutage sind – von Marokkanern – auf französisch geschrieben. Und letztlich will eben jeder ein Stück vom großen Kuchen abbekommen. Das ist nur normal.

1973 schrieb Choukri *For Bread Alone*.[1] Die Entstehungsgeschichte dieses Buches ist typisch marokkanisch. Zuerst entstand ein Text, den ich in der Zeitschrift *Antaeus* unterbringen konnte. Peter Owen kam aus London, und da er die Ausgabe der Zeitschrift gelesen hatte, wollte er Choukri treffen. Man verabredete sich im Hotel Villa de France. Dort sagte Owen zu Choukri, daß ihm das erste Kapitel sehr gut gefiele und daß er neugierig auf die Fortsetzung sei. Und dann

1 *For Bread Alone*, 1974. Dt. Titel: *Das nackte Brot*, 1986

zog er einen Vertrag aus der Tasche, den Choukri sofort unterschrieb. Aber es gab gar kein zweites, drittes oder viertes Kapitel... Es gab überhaupt keine Fortsetzung. Das Ganze war eine Erzählung, und von Choukri auch nicht anders entworfen. Nun, er ließ sich nicht aus der Fassung bringen und ließ Peter Owen abreisen in der Überzeugung, daß das Buch schon fast fertig oder doch in einer vorläufigen Fassung schon vorhanden war. Dann kam Choukri jeden Tag zu mir, mit zwei oder drei handgeschriebenen Seiten in klassischem Arabisch. Nur, ich verstehe kein klassisches Arabisch. Und so mußte Choukri mir alles in dialektarabisch oder spanisch erklären. Das war nicht ganz leicht... Das Buch wurde sofort verboten, als es auf französisch erschien. – Mrabet ist das nur einmal passiert, mit *Love with a few hairs*[1], *The Lemon*[2] dagegen hat sich hier sehr gut verkauft... – Ich glaube, Choukri lag falsch. Aber man darf nicht vergessen, daß er seine Landsleute ja auch schockieren wollte, daß er Dinge schreiben wollte, die noch nie vorher jemand in diesem Land geschrieben hatte. Die Marokkaner schätzen nicht, was er sagt. Sie denken: ‹Was er uns erzählt, kennt man ja schon.›»

«In gewisser Hinsicht ist das, was die Erzähler mir liefern und was ich dann zu Papier bringe, Folklore. Nicht inhaltlich, aber stilistisch. Ein bißchen wie meine Aufnahmen marokkanischer Musik.

Ich habe mehr als fünfzehn Bücher dieser Art mit marokkanischen Autoren gemacht. Mich hat diese Arbeit natürlich auch beeinflußt, und ich würde mich außerordentlich freuen, wenn ich tatsächlich dadurch in meinem eigenen Schreiben an Einfachheit gewonnen hätte. Zunächst kann man mir nicht vorwerfen, manieriert zu sein. Ich denke schon seit lan-

1 *Love with a few hairs*, 1967.
2 *The Lemon*, 1969. Dt. Titel: El Limón.

gem, daß mein Schreiben mehr und mehr dem ähnlich werden sollte, was die marokkanischen Erzähler machen.»

Und das ist auch der Fall. Je trockener seine Geschichten werden, je mehr findet Paul Bowles zu jener mythischen Dimension, die er von Anfang an seinem Schreiben hatte geben wollen. Wenn man ihn anklagt, Mrabet erfunden zu haben, könnte man ihm genausogut die Urheberschaft an Erzählungen wie *Die Hyäne* oder *Der Garten* streitig machen, die sehr ‹marokkanisch› wirken. Und wenn er Mrabet und die anderen Erzähler auch nicht erfunden hat, so hat er sie doch ‹entdeckt›, so wie man einen Schatz entdeckt oder etwas Verlorengegangenes wiederfindet. Er hat seine Geschichtenerzähler aus dem weichen Grund eines archäologischen Niemandslandes geborgen. Paul Bowles tut etwas für Marokko, etwas Bemerkenswertes: er bewahrt sein Geheimnis, besser noch: er nährt es. Sicher, an höherer Stelle wird man den volkstümlichen, bunten Markt (blutrot oder auch schwarz wie ein Gefühl) nicht sehr schätzen, mit seinem Angebot an Schlangenzungen und getrockneten Eidechsen (den Sud lange ziehen lassen!)... Und soll man überhaupt von Geheimnis sprechen, wenn ein Schriftsteller uns eine Welt voll Korruption und Grausamkeit, eine ganz finstere Wirklichkeit vorführt? Doch. Denn letztlich wird man dieses ganze unordentliche Spektakel, das weder einen richtigen Anfang noch einen Schluß hat, nie wirklich verstehen können. Marokko bleibt ein Geheimnis – ob modern oder nicht. Selbst der müde Tourist aus Paris, der im Club Méditerranée aus dem Swimmingpool steigt, scheint danach auf der Suche. Er will ein Bad in der Menge nehmen, mit ihren tausenden forschender Köpfe und schnüffelnder Arme, will sich über den Djemaa el Fna treiben lassen, mit seinen Schlangenbeschwörern, auch wenn die Reptilien, abgestumpft von ihrem monotonen Programm, sich nur noch aus ihren Körben aufrichten aus der verrückten Hoffnung, eines Tages über den Platz der Wunder hinausschauen zu können. Und drumherum die schöne, im Abendlicht rote Medina mit ihrem uralten Staub und ihrer pittoresken Ansammlung von Händlern, Krüppeln und Fremdenführern, alle auf der Suche nach geeigneten Opfern. Im Gueliz-Viertel wohnen nur noch wohlhabende Leute, und Rabat oder Casa sind für Touristen kaum noch attraktiv. «Zu sauber», sagen sie, oder – oft eher aus Naivität als aus Boshaftigkeit – «nicht marokkanisch genug». Schon in den fünfziger Jahren bemerkte Paul Bowles das Mißverhältnis zwischen einem Marokko, so wie es sich seine Einwohner wünschen, und dem anderen, wie es seine Besucher erwarten. Die Realität ist für alle etwas bitter. «Die jungen Mohammedaner finden es pervers, wenn ein Westler vor allem auf die Unterschiede zwischen ihrer und seiner Kultur hinweist. Doch genau das tun einige von uns Westlern nun mal.»[1]

Unbestreitbar ist, daß *A Life full of Holes*[2] – in der Phase der ersten zehn Jahre nach der Unabhängigkeit – ein wichtiger marokkanischer Roman ist... Ob es gefällt oder nicht, Paul Bowles hat dazu beigetragen, daß die marokkanische Kultur zu einem eigenen Ausdruck fand und findet, indem er – zumindest was die Vorgehensweise anbelangt – eine neue literarische Gattung geschaffen hat: den aufgezeichneten Volksroman.

«Es gibt einen Roman von Forster, den ich sehr liebe: *Passage to India*[3]. Was mir daran am besten gefällt, sind die Beschreibungen des Alltags zwischen Mohammedanern und Hindus. Die Unterschiede sind faszinierend. Es ist dieser Zusammenstoß zweier Kulturen – eigentlich sind es drei, da ja auch Engländer dazwischen sind –, der mich interessiert. Forster fühlte sich in Indien ein bißchen schuldig, Engländer zu

1 *Africa Minor*, in: *Der Weg nach Tassemsit*, S. 41. Dieser Text stammt vom Anfang der fünfziger Jahre.
2 Dt. Titel: *Ein Leben voller Fallgruben*, 1985.
3 Dt. Titel: *Reise nach Indien* (1984 verfilmt von David Lean).

sein. Ohne Nachsicht zeichnet er ein Bild der britischen Gesellschaft anhand der jungen Engländerin, die in den Grotten von Marabar Angst bekommt. Ihre Angst hat nur mit ihr zu tun. Es ist nichts Mysteriöses an diesen Grotten, auch wenn man Forster vorwerfen könnte, daß er sonst gern ein bißchen mit dem Mysteriösen spielt. Nein, diese junge Engländerin ist hysterisch und verklemmt. Sie ist das reine Abbild viktorianischer Prüderie.»

«Unsere zusammenbrechende Zivilisation ist zweifellos der Übergang zu etwas anderem. Man darf sich nicht beklagen. Von Tanger aus kann man das ganz gut beobachten. Tanger ist das Eingangstor Afrikas, aber auch der Ausgang aus Europa! (lacht).

Wenn wir keinerlei Anstrengungen unternehmen, eine andere, uns fremde Logik zu verstehen, werden auch die andern, wenn sie gesiegt haben, nichts tun, um die unsrige zu begreifen. Ich habe keinen moralischen Anspruch. Es geht eher um Akzeptanz von meiner, unserer Seite. Ich fühle mich in dieser Hinsicht Meursault ein bißchen verwandt, in *Der Fremde*. Da ich mehr oder weniger seit siebenundfünfzig Jahren hier lebe, habe ich mich natürlich verändert, zwangsläufig. Und doch habe ich den Eindruck, Amerikaner zu sein. Ich funktioniere wie ein Amerikaner, mit Dollars. Aber was heißt das, ‹Amerikaner sein›? (lacht) Wenn der Dollar steigt, gut, wenn er fällt, o jeh!...»

«Ich lebe in einer Mischung verschiedener Vergangenheiten: von vor fünfzig Jahren, vor zwanzig Jahren... Ich denke immer in Francs, nie in Dirhams [1]. Auf dem Markt antworten sie dir auch in Francs. Aber man hält mich wenigstens nicht mehr für einen internationalen Spion (lacht). Sogar hier in Tanger ist mir das schon passiert. In Fès haben mich eines

1 Marokkanische Nationalwährung

Tages französische Soldaten bis in mein Hotelzimmer im Palais Jamai begleitet, um festzustellen, ob ich ein Spion sei oder nicht. Und in *Their Heads Are Green* erzähle ich, was mir in dieser Hinsicht 1933 in Tunesien zugestoßen ist.»

«Warum der Titel *Their Heads are Green* heißt? Das sind die Köpfe derjenigen, die nicht unserer Kultur angehören. *Scenes From a Non-Christian World* heißt der Untertitel: Nun, diese Länder gehören im Allgemeinen zur Dritten Welt... ‹Ihre Köpfe sind grün› ist eine Art, die völlige Fremdheit auszudrücken. Das Buch ist kein wissenschaftliches Buch. Ich bin kein Ethnograph.» Er will damit so humorvoll wie möglich eine ganz einfache Botschaft übermitteln: Ich zeige eine fremde Welt, die zu verstehen dringend notwendig ist. «Es ist wichtig, miteinander auskommen zu wollen... Ich empfinde keine Verachtung, auch dann nicht, wenn ich etwas komisch darstelle. Aber natürlich ist alles Humoristische auch immer ein bißchen sadistisch. Ein bißchen muß es schon treffen...»

«Hier in Marokko habe ich eine neutrale Position. Tolerant zu sein, erscheint mir ganz natürlich, oder? Intoleranz verändert einen Menschen in einer Weise, die nicht gerade wünschenswert ist. Ich habe mich nie über etwas aufgeregt. Das hilft überhaupt nichts. Vor allem gegenüber Leuten einer anderen Kultur, die gar nicht verstehen, warum man es tut. Man erzürnt sich ja nicht nur zum eigenen ‹Vergnügen›. Aber Theater zu machen, das funktioniert hier nicht... Ich habe immer das Bedürfnis zu verstehen, obwohl ich weiß, daß das nicht möglich ist. Aber meine Wahrnehmung der Menschen ist keine andere geworden dadurch, daß ich zu Mohammedanern oder zu Hindus gegangen bin. Wenn man über ihre Art nachdenkt, ist man selbst Publikum und die anderen stehen auf der Bühne. Aber sobald man das Theater verläßt, ist alles wie vorher. Man hat sich selbst ja nicht sehr verändert. Ich beklage mich nicht. Ich bin mit meiner Situation zufrieden.

Ich sagte es Ihnen schon: Ich akzeptiere die Dinge leicht, auch wenn ich hinsichtlich meiner Situation eher resigniert als glücklich bin. Denn Marokko hat mich gelehrt, nicht so leicht zu verzweifeln. Ich habe meine Verzweiflung ein bißchen ruhen lassen während der fünfzig Jahre, die ich nun in Tanger bin.»

1936 hatte Paul Bowles bei der Guggenheim-Stiftung ein Stipendium beantragt, um die traditionelle Musik verschiedener Gegenden Marokkos aufzeichnen zu können. Aus dem Projekt wurde nichts, da er am Ende doch kein Geld erhielt. Dreiundzwanzig Jahre später erhält er von der Rockefeller-Stiftung eine Unterstützung, die es ihm ermöglicht, sechs Monate lang Aufzeichnungen zu sammeln. Sechs Monate sind natürlich zu wenig, aber dennoch stürzt er sich kopfüber in das Unternehmen, das man sich durchaus noch als Abenteuer vorstellen darf. Es gibt einige Hindernisse, vor allem von behördlicher Seite, aber auch, weil es an vielen Orten noch keine Elektrizität gibt.[1] Begleitet von seinem kanadischen Freund Christopher Wanklyn sowie von Mohammed Larbi, der als Mohammedaner in bestimmten Situationen eine unschätzbare Hilfe darstellt (wenn er nicht zu bekifft ist), reist Paul Bowles siebenunddreißigtausend Kilometer weit auf der Suche nach einer Kultur, die im Verschwinden begriffen ist. Er, der Musiker vom Broadway, engagiert sich in dieser Entdeckung, dieser Rettung, die ihn nicht weiter berühmt machen wird. Brian Jones, der Gitarrist der Rolling Stones, war – naiverweise vielleicht, und auf seine Art – nach Marokko gekommen, um im Klang der *rhaitas* von Jajouka aufzugehen, um sich in einer anderen Stimme zu verlieren.

1 Man stellte ihm ein großes Ampex (Aufnahmegerät) zur Verfügung, das aber nur mit 110 Volt funktionierte. Batterien gab es damals noch nicht. So scheiterte die Arbeit oft entweder am fehlenden Strom oder an der Voltzahl (siehe *Rastlos*, S. 382–385).

Nur wenige Wochen vor seinem Tod kam er, um weit weg von elektrisierten Massen den magischen Klängen von Holzflöten, den uralten Stimmen zu lauschen. Der Wert von Paul Bowles' Vorgehen steht außer Zweifel: er archiviert und bewahrt, was über kurz oder lang zu verschwinden verdammt ist. Was den Rockmusiker angeht, kam er zu einer Zeit nach Jajouka, in der es gängig war, sich mit traditioneller Musik zu schmücken, um zu zeigen, daß man noch nicht vollständig den Dämonen des Showbusiness zum Opfer gefallen war. Und doch glaube ich, daß er mit Paul Bowles das Bedürfnis teilte, zu einem Ursprung zurückzukehren. Denn welche Quelle es auch immer sei: in dem, was es an Ältestem und Meschlichstem gibt, spürt man immer auch eine bestimmte Klarheit, eine primitive Evidenz.

«Gott weiß, ob die Arbeitsbedingungen 1936 anders gewesen wären: damals waren die Franzosen an der Macht. 1959 war Marokko bereits unabhängig. Im November, nachdem ich schon mehr als vier Monate unterwegs war, erhielt ich ein Telegramm der marokkanischen Regierung, in welchem stand, daß sie mir nicht die Erlaubnis geben könnten, überhaupt irgend etwas aufzunehmen. Aber ich machte trotzdem weiter. Und um sicherzugehen, daß die Tonbänder auch in den Vereinigten Staaten ankamen, habe ich sie per Diplomatenkoffer geschickt. Ich versuchte, alle Arten der damaligen marokkanischen Musik aufzunehmen. Außer der Volksmusik im Radio: die Marokkaner imitierten bloß die ägyptische Musik. Das machen sie übrigens heute noch. Man hört zwar arabische Musik, aber in ägyptischem Stil. Die marokkanische Musik, die ich bevorzuge, stammt aus dem Süden des Landes, wo die Rhythmen afrikanisch sind. Die Musik des Nordens, die arabischer ist, interessiert mich weniger – ausgenommen die im Rifgebirge oder die Musik der Berber... Im Süden gibt es viele verschiedene Musikarten – und jede ist wirklich ganz anders. Sehr faszinierend. Alle fünfzig Kilometer ist sie wieder anders. Ich hätte mindestens ein Jahr gebraucht, alles aufzunehmen – und die Genehmigung. In einigen Provinzen durfte ich überhaupt nicht arbeiten. Und ein Gouverneur sagte mir sogar: ‹Ich gebe Ihnen vierundzwanzig Stunden, um aus dieser Provinz zu verschwinden!› Bestimmte Leute in der Regierung dachten, die einzige marokkanische Musik, die man aus dem Land lassen dürfte, sei die andalusische. Und daß der ganze Rest nichts als Lärm sei. ‹Wir können Sie nicht die Musik von Wilden aufnehmen lassen. Man wird denken, Marokko sei ein primitives Land.›

Meine Arbeit mag mehr oder weniger wie eine Verteidigung dieser Kultur erscheinen. Aber ich habe das nicht für die Leute von hier gemacht. Es interessiert sie überhaupt nicht, ob es diese Musik gibt oder nicht. Höchstens ein paar amerikanische oder europäische Musiker hören sich das an. Mein persönliches Interesse – das möchte ich nochmal betonen – ist ein rein musikalisches, überhaupt kein ethnographisches. Man kann weder Kultur noch Musik beeinflussen. Kultur kann man nicht ‹aufnehmen›.»

Paul Bowles' Blick ist tolerant, ohne irgendeine Animosität. Sein Blick auf den andern drückt niemals Haß aus. Höchstens manchmal eine leichte Ungeduld, eine kaum spürbare Enttäuschung... Er hat sich nie damit begnügt, ein Westler zu sein, der einem mysteriösen Afrika verfällt: er gibt zu, fasziniert worden zu sein. Niemals ‹geplättet›. Für ihn ist dieses Afrika trotz all seiner Fehler die letzte *Lösung*, die Perspektive unserer Auflösung – dieses Afrika, auf das wir in unserem lächerlichen, ethnozentrischen Hochmut noch immer herabsehen. Paul Bowles ist nicht der Vorposten des Niedergangs. Er steht im Gegenteil für eine neue Lebensart. Er hat einen *modus vivendi* gefunden. Als Marokko unabhängig wurde, fanden sich zwei starke Kulturen in einem Land einander gegenüber. Aus den unvermeidlichen Verständnisproblemen zwischen zwei extrem verschiedenen Menschen, einem Amerikaner und einem jungen Berber, schuf Paul Bowles ein Werk. Er ging auf die andere Seite. Er hat sehr lange auf diesen Versuch gewartet, er hat ihn sich sehnlichst herbeigewünscht: nun ist er dort geblieben. Darin besteht zweifellos seine Originalität: er ging auf die andere Seite, um zu *sehen*, ohne sich große Illusionen zu machen. Wenn sein Werk so stark, so offensichtlich ist (in dem Sinn, als es uns einer Realität nahe bringt, die wir auf Anhieb zu kennen meinen, auch wenn wir sie nur lesen und nicht leben können), dann deshalb, weil er alle Differenzen hinter sich gelassen hat. Er ist – in literarischer, ja sogar stilistischer Hinsicht – niemandes Wortführer. Er ist völlig neutral. Sein Blick, so unbarmherzig wie der eines Insektenkundlers, hat keine Nationalität mehr. Mexiko und Marokko vermischen sich in seinen Geschichten (und er ist der erste, der sagt, daß *Gesang der Insekten* auch genausogut im Maghreb spielen könnte). Alles nur eine Frage der Toponymie, und nicht einmal mehr der Sprache, spricht man doch auch sehr viel spanisch in Tanger: Was ihn interessiert, ist der maximale Abstand zwischen unserer und der *anderen* Kultur, welcher auch immer. Ohne einen Punkt zu vergessen: In einem armen Land zu leben, wirft jeden auf sich selbst zurück. Das ist kein Klischee; es ist wahr. Materielle Sorgen, die an die Substanz gehen, schützen wirksam vor *spleens*, und sogar vor dem Denken. Die Hauptsorge aller: zu überleben.

Wir müssen DAS ANDERE akzeptieren. In dieser Haltung von Paul Bowles steckt kein Mitleid, keine ‹Nächstenliebe›. Ich würde darin eher ein ‹vorwarnendes› Verhalten sehen: gelebt, bevor es ernst wird. Oder die Probe für einen anderen Umgang, der nötig wird, sobald unsere Zivilisation einmal wirklich unter dem Gewicht ihres ‹Selbst-Bewußtseins› (ich denke dabei an das, was Valéry ankündigte) zusammengebrochen sein wird... All das ist eingeschrieben in den Raum zwischen zwei Meeren, zwischen zwei Kulturen, all das schreibt sich ein in die Gedanken der Kultur, die untergeht. Paul Bowles interessiert sich nur für das, was an den Rändern der Welt vor sich geht. Kein Urteil, kein moralischer Blick bei ihm: er verdammt seine Figuren nicht. Sie sind alt genug, sich selbst zu verdammen, und gehen sowieso, wohin ihre Wahrheit sie ruft. Vor 1967 hat er das Motiv ‹des Westlers auf Reisen› ausgeschöpft. Nachher ist es die ‹nordafrikanische Seite›, die ihn interessiert. Paul Bowles ist, durch die Umstände bedingt, fast seßhaft geworden, das ist wahr. Das *Andere* ist jedes Jahr ein Stück in ihm gewachsen, je älter er wurde, und je mehr er vom Tod umgeben war. Freunde, seine Eltern, und dann Jane. All die Bindungen an ein Land, das nicht länger seins war, nicht länger das Territorium seines Herzens. Nun kann er sagen: Ich habe nie geliebt. Denn er hat niemanden mehr zu lieben – oder zu hassen.

Das *Andere* jedoch ist da, immer und überall, mit seinem Geschrei, seinen Menschenmengen und Stimmungen: ein Land, seine Einwohner, die Wärme der Sonne schon am Morgen. Nicht zu vergessen die vertraute Topographie Tangers. Nach Janes Tod stürzt sich Paul wieder aufs Schreiben. Und Tanger wird zum natürlichen Hintergrund fast aller Erzählungen. Die Stadt als impliziter Darsteller. Sie ist einfach da, selbstverständlich. M' Sallah, die Joteya, Djemaa el Mokra. Und der *dillal*, der in der Joteya die besten Angebote einholt. Paul Bowles führt seine Leser nicht auf einen exotischen Rundgang durch den Basar: er stellt nur fest, daß der ‹Held› aus *Der Ehemann* einen *dillal* beauftragt, den besten Preis für zwölf gestohlene Silberlöffel auszukundschaften. Aber schon ist der Leser, ob er will oder nicht, hineingezogen in die fremde Umgebung. Nicht einmal der Name der Stadt wird genannt: ein Detail, das keine Bedeutung mehr hat. Paul Bowles verleitet einen nicht zu Erinnerungen. Er erzählt eine Geschichte, das ist alles. Er hat in Tanger bestimmt schon vieles gehört, aber ich glaube gern, daß er seine Familiengeschichten weiterhin erfindet, die Geschichten von

Morden ohne Schuldige, von alltäglichen Gaunereien. Sie sind alle *möglich*. Und auf eine Art wirklicher als die echten. Paul Bowles hat, peu à peu, eine andere Stadt geschaffen. Er hat sich Tanger zu eigen gemacht, so daß die Stadt dem Bild, das er geschaffen hat, entspricht. Ein Dekor, das zu ihm gehört, wie Prag zu Kafka oder Doublin zu Joyce. Alle Besitztitel dieser Erde sind nichts dagegen.

Dieser Dummkopf Phileas Fogg hat nichts gesehen von der Welt, die er umrundete. Er wollte nur seine Wette gewinnen. Und eine Reiseagentur bot ihm ein Ticket an, knapp unter 25000 Pfund Sterling. Glücklicherweise hat er Miss Aouda mitgebracht... Paul Bowles hat nicht alles, was er sehen wollte von der Welt, gesehen. Er hat seine Sehnsüchte: Bali, Westafrika... «Jetzt ist es zu spät», seufzt er lächelnd. Zweifellos ist es nicht mehr so nötig, eine Welt zu bereisen, die zur Uniformierung neigt, in der regionale Eigenarten mehr und mehr verschwinden. So konzentriert Paul Bowles sein Staunen, das er für eine ganze Welt übrig hatte, auf Tanger. Er hat sich die fundamentale Neugier und Beweglichkeit bewahrt, die sein Insektenforscherauge niemals ruhen läßt, wenn es darum geht, die menschlichen Verirrungen zu beobachten. Der Ameisenhaufen interessiert ihn noch immer. Von seinem Schreibtisch aus hat er eine Sicht hinunter auf das Viertel Aïn Hayani. Mrabet bringt ihm Kassetten, die er für ihn aufgenommen hat. Zeichen der Zeit. Die Methoden sind professioneller geworden. Glücklicherweise ist Rodrigo da, Rodrigo, mit seinen manchmal etwas seltsamen Ideen. Und das ist gut. Die tägliche Routine wird nicht angewendet auf die Menschen, die Begegnungen. Paul Bowles hat gerade den zweiten Band Erzählungen seines jungen guatemaltekischen Freundes übersetzt.[1]

1 Ein Band Erzählungen von Rodrigo Rey Rosa, *Der Sohn des Hexenmeisters*, ist jetzt auch auf deutsch erschienen. Mit einem Vorwort von Paul Bowles. Verlag Das Wunderhorn, Heidelberg, 1990

Mrabet kommt jeden Morgen. Er macht Essen oder bereitet Tee und beleidigt nebenbei die Besucher, die seiner Meinung nach Paul Bowles stören. Wenn es Spanier sind, greift er Spanien an, sind es Briten, muß Albion für seine ganz willkürliche und völlig improvisierte Rache herhalten. Natürlich höre ich ihm lieber zu, wenn er uns Wirklichkeiten aus seiner kriegerischen Phantasie auftischt, aus seiner Welt auf der Flucht befindlicher Individuen, in dauerndem Konflikt mit der Polizei, den untreuen Frauen, Giftmischerinnen, Händlern, falschen Müttern... Eine Welt, die er mit Paul Bowles teilt, die aber bei ihm gefärbt ist von seiner Instabilität und Wut, von seinem Glauben an die Träume, der sich vermischt mit seiner Bodenständigkeit, die er, der *Riffain*, von seinen Vorfahren erbte. Das erste Mal, als ich ihn sah, war er sichtbar *mkiyif*. Als er erfuhr, daß ich für das marokkanische Bildungsministerium arbeitete, begann er, mir von seinen Streitigkeiten zu erzählen, die er einmal mit einem, wie er fand, ganz besonders abscheulichen Französischlehrer hatte. Und er stellte mir die Frage: waren nicht alle Französischlehrer so grausam zu ihren armen marokkanischen Schülern? Damals hatte ich gerade *The Lemon* gelesen, die Ausgabe (von Peter Owen) mit dem berühmten Titelbild: eine Zitrone, die auf einer Rasierklinge steckt, und die sich als chinesischer Schatten von dunklem Grund abhebt. Mrabet zitierte auswendig eine Passage vom Anfang:

Abdeslam flüsterte Hamidou etwas zu. ‹Das ist kein Lehrer›, sagte er. ‹Er kommt herein und spricht wie eine Frau und klappt den Mund zu wie eine Schildkröte. Er ist ein Nichts.›

Unterdessen rief Monsieur Jacques seinen Namen. ‹Oui, monsieur.› ‹Komm her.›

Als Abdeslam beim Lehrertisch stand, stand Monsieur Jacques auf. ‹Und jetzt knie dich hin›, sagte er. ‹Direkt vor meinen Füßen.›

‹Warum, Monsieur?›

‹Knie nieder!›

‹Das kann ich für Sie nicht tun, Monsieur›, sagte Abdeslam ‹Sie sind ein Christ, und ich bin Moslem. Wie kann ich vor Ihnen knien? Das mache ich nicht einmal für meinen Vater. Wenn ich nach Hause komme, küsse ich ihm nur die Hand.›

‹A genoux!› schrie Monsieur Jacques.

‹Non!›

Als Monsieur Jacques das hörte, holte er aus und gab Abdeslam eine kräftige Ohrfeige. Abdeslam sprang auf und stürzte sich mit solcher Kraft auf Monsieur Jacques, daß dieser nach rückwärts gegen eine Stufenleiter fiel und das Gleichgewicht verlor. Bevor er wieder auf den Beinen war, rannte Abdeslam aus dem Zimmer. Er ging aus der Schule hinaus, die Stufen hinunter und durch die Straßen bis zu seinem Haus.

Sein Vater war zu Hause. Als er Abdeslam sah, sprang er auf. ‹Was tust du hier um diese Zeit?› rief er.

‹Ich hatte einen Streit mit meinem Französischlehrer. Ich gehe nicht mehr in die Schule. Nie mehr!›

Sein Vater schlug ihn zweimal mit dem Handrücken, und Abdeslam fiel hin. Sein Kopf traf auf die Kante eines Regals, und es tat weh. Er begann zu weinen.

‹Und nun scher dich weg und laß dich nicht mehr blicken› rief sein Vater, ‹ich kenne dich nicht mehr. Du bist nicht mein Sohn und ich bin nicht dein Vater. Ich will dich nie wieder in diesem Viertel sehen. Steh auf! Und jetzt geh!› [1]

1 Mohammed Mrabet, *El Limón*, S. 10/11

Flug 756 nach Paris

Paul Bowles hat nicht die Welt durchstreift, um sich eine sichere Wertehierarchie zu zimmern, oder eine Antwort auf die Frage, was den Menschen ausmacht. Auch wenn er diesen Anschein erweckte, dann doch nur, um niemals zu vergessen, daß es im Menschen und zwischen den Menschen schmerzhaft finster ist. (...)

Deshalb vor allem ist Paul Bowles so sehr ein amerikanischer Schriftsteller. Und nicht nur, weil er das Exil, das heißt den Verlust der Mitte, gewählt hat, weil er sich entschieden hat, dort zu bleiben, wo die Träume entstehen, und wo das, was manche Leute das Böse nennen, strandet. Von dem er sich berühren läßt, ohne zu verdammen.»[1]

«Ich schreibe wieder. Erzählungen. Ich kann Ihnen nicht sagen, ob ich mit den Romanen schon ganz abgeschlossen habe. Ich glaube, man kann nie sicher sein, mit etwas abgeschlossen zu haben, bevor man nicht sein Leben beschlossen hat. Wenn ich ein Romanprojekt hätte, würde ich es auch realisieren, aber ich finde nichts... (schweigt). Es ist schon seltsam, ich hatte nie Schwierigkeiten damit, alles kam immer von selbst. Eine Frage des Alters, vermutlich.

Alles, was gut ist, kommt wie durch ein Wunder, und wenn

1 Evelyne Pieiller, «*Bowles l'étranger*» in: Magazine littéraire, Mai 1987.

es sich nicht einstellt, ist es besser, man tut gar nichts. Die erste Idee für *Himmel über der Wüste* war, drei Personen auf eine Reise durch die Wüste zu schicken. Ich wußte weder, was daraus werden würde, noch, wer oder wie die Personen sein sollten. Aber ich wußte, daß, war erst einmal ein bestimmter Punkt erreicht, sich der Roman von selbst schreiben würde. An einem bestimmten Zeitpunkt muß man loslassen. Wie wenn man einen Vogel gefangen hat: irgendwann kommt der Moment, die Käfigtür zu öffnen und ihn wieder fliegen zu lassen. So habe ich auch das Buch geschrieben. Bis zum Tod des Helden bestimmte ich mehr oder weniger das Geschehen. Und danach, ab dem Moment, da ich die Tür geöffnet hatte, war es umgekehrt. Man kann auch auf diese Weise schreiben. Auch in *So mag er fallen* gab es diesen Umschwung, allerdings zu einem sehr späten Zeitpunkt im Roman.»

Die Figuren der Romane und auch die der meisten Erzählungen sind fremd auf der Welt. Irgendwann, es war an einem regnerischen Sonntag[1], hatte ich stärker als je zuvor den Eindruck, genau das fasse auch das Leben von Paul Bowles am besten zusammen. «Vielleicht sind sie fremd, nicht wahr?... Das heißt, sie sind nicht zu Hause... auf diesem Planeten. Und sie sind sowieso nie zu Hause... ‹Zu Hause› konnte ich nie schreiben: an keinem meiner Romane habe ich je in den Vereinigten Staaten gearbeitet. Deshalb bin ich ja ein amerikanischer Schriftsteller...

Was hat der Journalist von *Libération* gesagt? Tanger sei ein ‹amerikanischer Traum›? (lacht) Witzig, er hat nicht gesagt, ein ‹französischer Traum›... Es ist natürlich kein amerikanischer Traum. Aber einem Journalisten mag das gefallen...» Ich antwortete ihm, daß ein amerikanischer Journalist vermutlich von einem ‹französischen Traum› gesprochen hätte, und daß es eine Frage der Exotik sei. Für ihn, in seinem per-

1 Der Tag des Interviews, der 2. März 1986.

manenten Exil, sei es natürlich anders. Zuerst sagte er nichts, bemerkte dann aber: «Für mich ist es kein Exil. Für mich sind es Ferien. Ich glaube, da gibt es doch einen Unterschied (lacht)... Jemand, der exiliert ist, wurde aus seinem Land vertrieben. In meinem Fall liegt kein Grund vor, dieses Wort zu verwenden. Man hat mich nicht exiliert, und ich habe mich auch nicht selbst ins Exil begeben. Ich war auf Reisen, und jetzt bin ich in Marokko, aber nicht exiliert. Meine Autobiographie heißt *Rastlos*. Darin liegt: Reisen. Reisen und arbeiten. Und kein bißchen Exil.» Also Studienreisen, oder? «Ferien machen bedeutet für mich immer: irgendwo sein, wo ich – bei größtmöglichen Annehmlichkeiten – arbeiten kann.»

«Ein Fremder zu sein ist unterhaltsamer, als zur Menge zu gehören. Man sieht die Dinge besser, versteht manches besser. Man steht außerhalb.»

Dennoch schreibt er 1962 eine Erzählung, in der er nicht nur Zuschauer bleibt. *Die Zeit der Freundschaft* ist für mich der schönste Text, den er über die Wüste und über die Versuchung, eine Verständigung zwischen zwei Kulturen herzustellen, geschrieben hat. Der Ort der Handlung ist Taghit, im Tal des Oued Zousfana, in Algerien. Es ist die Geschichte einer Freundschaft zwischen einer Erwachsenen und einem Kind. Diese herausragende Beziehung ist in keiner Hinsicht zerstörerisch: etwas ganz Ungewöhnliches im Werk von Paul Bowles. Kein Grund zum Träumen allerdings. Auch diese Geschichte endet mit Gewalt. Aber dieses eine Mal liegt es nicht in der Verantwortung der erwachsenen Protagonistin: Es ist der Krieg, der Fräulein Windling – eine Lehrerin aus der Schweiz, die jeden Winter in Taghit Urlaub macht – und den jungen Slimane, das algerische Kind, trennt. Mir scheint, daß der Unterschied zwischen dieser und allen anderen Erzählungen, die in der Wüste spielen, auf einer Verschiebung des schriftstellerischen Standpunktes beruht. Nicht, was die

Personen, sondern, was die Landschaft anbelangt. Nicht Taghit oder Algerien sind hier das ‹Fremde›, sondern die Schweiz: es ist das Land ihrer Herkunft, zu dem Fräulein Windling die Beziehung verliert. *Die Zeit der Freundschaft* verrät ein – schreibend – erwachendes Bewußtsein, daß es eine Landschaft des Herzens gibt, in der man – auch wenn man immer ein Fremder oder eine Fremde bleiben wird – doch immerhin leben kann, leben wie in keinem anderen Land der Erde. Im Zeitabschnitt der Erzählung – das sind drei Winter außerhalb der Zeit, drei Winter der Einsamkeit im Schoß einer noch reinen Natur – trägt der Krieg in diese Ecke der Wüste das Echo der sogenannten zivilisierten Welt – der Krieg, der noch weit weg ist, aber wie lange noch? Fräulein Windling bewundert in ihrem jungen Schützling das Bild einer jungfräulichen Natur. Sie glaubt fest daran, daß die Menschen so sind wie die Erde, die sie geboren hat. Der Lebensraum, den eine Oase bildet, die irgendwo am Rand einer glühenden *Hamada*[1] gepflanzt wurde, ist etwas Außergewöhnliches. Wenn man daran etwas verändert, zerstört man unweigerlich den Ort und seine Bewohner. Paul Bowles spricht von einer *anderen* Welt, wo man betrunken wird allein vom Anblick des wolkenlosen Himmels, erregt von der trokkenen Luft, die unter der Sonne flimmert. Seit den dreißiger Jahren schon interessiert er sich für Isabelle Eberhardt. 1975 übersetzt er *Chercheurs d'oubli*.[2] Isabelle Eberhardt verfolgte das gleiche Ziel wie er: den Ort zu finden, wo Einklang herrscht, sublime Harmonie einer ursprünglichen Welt...

In Taghit wird nichts mehr so sein wie zuvor. Es ist Weihnachten. Die Wüste ist verbotenes Gebiet für Zivilisten. «Das ist das Ende. Die Zeit der Freundschaft ist vorbei.» Slimane ist genaugenommen eher ein archetypischer Vertreter

1 Siehe dazu auch das Vorwort zu *Der Weg nach Tassemsit*.

2 Isabelle Eberhardt, *Chercheurs d'oubli*, Dt. Titel: *Vergessenssucher*, in: *Sandmeere*, Band 2, 1983

seiner Kultur als ein Individuum. Er verkörpert die Möglichkeit einer Zukunft für die unverdorbene Natur. Er wird mit ihr verschwinden. Das Ende der Zeit der Freundschaft (und das Ende der Erzählung) markiert auch das der Kindheit, den Moment, ab dem Unschuld nicht mehr erlaubt ist. Die Welt in ihrer Ganzheit ist schuldig, denn *es gibt* Krieg. Das Bild des Slimane bleibt mehr oder weniger intakt, jedoch um den Preis seines Lebens. Das ist, glaube ich, der Sinn des letzten Gedankens von Fräulein Windling, am Ende der Erzählung: «Wenn der Tod in Kriegszeiten nur absolut sicher käme, dachte sie verzweifelt, wäre das Warten nicht so schmerzlich.» Es sind nicht mehr Wörter wie ‹Mißverständnis›, ‹Doppelzüngigkeit› oder »Unvernunft›, die einem in den Sinn kommen, sondern, sie übergehend und alle mit einbeziehend, taucht das Wort ‹Verrat› auf in den Sätzen von Paul Bowles.

«Bei Einbruch der Dämmerung war die Wolkenwand über der Wüste abgezogen und der westliche Himmel teilweise klar. Fräulein Windling war fertig mit Packen. Sie trat auf die Terrasse, sah die rosafarbene Glut auf den Dünen und stieg die Treppe zum Dach hinauf, um den Sonnenuntergang zu betrachten. Langgezogene Stränge flammender Sturmwolken trieben am Himmel. Mechanisch folgte ihr Blick den Windungen des Flußtals, das sich in der dunkelnden Hamada im Süden verlor. Es liegt in der Vergangenheit, rief sie sich in Erinnerung; dies war schon die neue Ära. Die Wüste draußen sah so aus wie immer. Doch der Himmel, zerrissen, rot und schwarz, war wie ein Aufruf, der soeben über dem Land angeschlagen worden war, um den Ausbruch des Krieges zu verkünden.

Es war Verrat, dachte sie, als sie die Treppe wieder hinunterstieg und mit der Hand über die vertraute, rauhe Lehmwand fuhr, um sich abzustützen, und natürlich waren die Franzosen an allem schuld. Doch darüber hinaus empfand sie eine irrationale und unangenehme Gewißheit, daß das Land selbst an dem Verrat beteiligt war, daß es darauf wartete, durch den Kampf verwandelt zu werden. Sie ging in ihr Zimmer und zündete die kleine Öllampe an; sie setzte sich und hielt die Hände über die Flamme, um sie zu wärmen. Irgendwann hatte sich etwas verändert. Die Menschen wollten nicht länger in einer Welt leben, die sie kannten. Der Druck der Vergangenheit war zu übermächtig geworden, hatte sein Hülle gesprengt.»[1]

Auch Slimane wird seine Freundin – soweit sie es zu sein gehofft hatte – verraten. Paul Bowles schrieb die Erzählung im März 1962, als die Franzosen sich doppelt schuldig machten, weil sie Algerien nicht widerstandslos unabhängig werden ließen, ohne Verletzte, ohne Tausende von Toten. Hat er es geahnt? Aber auch wenn die Wüste, wenn die Konturen ihrer Dünen, ihr reiner Himmel nicht davon eingeholt worden wären – irgend etwas hatte sich unwiderruflich verändert. Eine Rückkehr war nicht mehr möglich. Die Zeit der Freundschaft ist für Paul Bowles die Zeit, in der er Abschied nimmt von einer strahlenden Erinnerung an Taghit, an die Große Düne, die so wunderbar schön war unter dem Himmel nach dem Regen. In die Front der Zeit war von nun an eine Bresche geschlagen, eine klaffende Wunde hatte sich im großen Bauch von Mutter Natur geöffnet. «Irgendwann hatte sich etwas verändert. Die Menschen wollten nicht länger in einer Welt leben, die sie kannten.»

1 *Die Zeit der Freundschaft*, in: *Die Stunden nach Mittag*, S. 34/35
Die Erzählung wird vielleicht demnächst von dem spanischen Cineasten Pedro Almodovar verfilmt werden.

Ich kannte ihn noch nicht lange. Erst wenige Monate war ich in Tanger und ging gerade zum dritten oder vierten Mal den Weg hinauf zu dem grauen Haus, in dem er wohnt. In derselben Woche war ein Team der New Yorker Zeitschrift *Vanity Fair* bei ihm aufgekreuzt. Ich glaube, es war Jay McInerney, der die Frage stellte, welche Botschaft er mithilfe seiner Bücher übermitteln wollte. Er antwortete nicht. Drei Tage später machte er mit ihnen einen Ausflug nach Asilah, wo Paul 1963 gelebt hatte. Als er die neue, triste, aschgraue Vorstadt betrachtete, die mittlerweile den herzlichen Charme der kleinen Stadt entstellte, sagte er mit einem Anflug von Lächeln: «Meine Botschaft lautet: *Everything gets worse.*»

«Man hat behauptet, meine Bücher seien nihilistisch. Das ist Quatsch. Zu sagen, ‹alles wird immer schlechter›, das ist kein Nihilismus, das ist Pessimismus. Pessimismus setzt ein Interesse an einem wie auch immer gearteten Status Quo voraus, der dem Leben einen Sinn gibt. Im Nihilismus reduziert sich, wie der Name schon sagt, alles auf Null. Ich finde jedoch nicht, daß meine Bücher dieser Linie folgen. Finden Sie Sartre nihilistisch? Im Gegenteil. Der Existentialismus ist nicht nihilistisch. Ich weiß, daß die Kritiken es tausendmal gesagt haben, aber ich bin nicht damit einverstanden. Der Nihilismus, das ist für mich ein bißchen wie Free Jazz, ohne ‹Beat›. Ich bin ein Anhänger der Struktur.

Die Figuren können nihilistisch sein, aber deshalb ist das Werk noch nicht nihilistisch. Man weiß nicht, was aus Kit wird. Nichts, zweifelsohne. Was ihr auch immer zustoßen könnte – ich wünsche es niemandem.» Sie geht verloren, man holt sie zurück in den Schoß der Gesellschaft. Sie soll wieder eine gute Amerikanerin werden. «Sie entwischt. Aber damit das Sinn macht, muß die Form stimmen. Also kann das nichts Nihilistisches sein, finde ich. Kits nihilistische Aktionen müssen sich vor einem sehr soliden, philosophischen Hintergrund abspielen. Ohne das hat das Ganze keinen Sinn. Es ist der Kontrast, der das Werk ausmacht, die Gegenüberstellung von zwei völlig verschiedenen Dingen. Also ist es nicht nihilistisch. Ich kann ein solches Urteil nicht akzeptieren.»

Die Redakteure des *Journal de Tanger* hatten Paul Bowles seit längerem darum gebeten, doch eines Tages einen Beitrag für ihre Wochenendausgabe zu schreiben. Er kommt, auf seine Weise, ihrer Bitte nach. Ein paar Jahre später gibt Black Sparrow Press diese *Offenen Briefe* an das *Journal de Tanger* heraus, die Paul und sein Freund Edouard Roditi 1980 in drei Ausgaben der Zeitung veröffentlichen.[1]

Der erste Brief, von Paul Bowles, erscheint in der Ausgabe vom 12. Januar, unterzeichnet von ihm als «Public Relation Manager der ehrenamtlichen Gesellschaft Humanity International» (sic!). Seine Aufgabe bestünde darin, die Aktion der Gesellschaft, die sie zum Wohl ihrer Mitglieder gestartet hätte, zu verbreiten: es handele sich um die Verteilung von Zyankali-Tabletten an jedes der Mitglieder, damit diese im schönsten Moment und zum Zeitpunkt ihrer Wahl aus dem Leben treten könnten. Natürlich sei die Verteilung kostenlos. «Hüten Sie sich allerdings vor betrügerischer Nachahmung! Die einzige absolut sichere Pille, die einzige, die Ihnen sofortige Wirkung garantiert, ist ‹VQ Tabs›. Ohne Koma, ohne Schmerzen. Unser Service ist völlig gratis, wie wir in Tausenden von Annoncen, die wir in dreiundsechzig Sprachen veröffentlichen, immer wieder betonen. Aber ach, da die menschliche Natur ist, wie sie ist, erregt sofort Verdacht,

1 P. B.: *An Open Letter (To Those Interested in Surviving the Coming Decade)* am 12. Januar; E. Roditi: *L'Association Avatar et Humanity International*, am 12. Februar; P. B.: dritter und letzter Brief ohne Titel, am 9. März.

Die drei Texte sind aufgenommen in: *Blast 3*, Black Sparrow Press, Santa Barbara, 1984.

was als Geschenk verteilt wird. Die Leute glauben, daß das, was sie teuer bezahlen, notwendigerweise besser sei als etwas, das sie umsonst haben können. Nun, diese Tatsache wird weidlich ausgenutzt von skrupellosen pharmazeutischen Firmen, die sich vorgenommen haben, von der jüngsten Zyankali-Welle zu profitieren.» Zum Beweis wird der Fall der Pille «Adios» zitiert: bei diesem Produkt dauere es eine volle halbe Stunde, bis der Tod einträte. Und auch andere Marken werden beanstandet: «Zoffo», «Suremort», «Hallelujah»...

Warum dieser Aufruf zum Massenselbstmord? Nun, ganz einfach: in absehbarer Zeit werde die Erde nicht mehr genug Lebensmittel produzieren, um eine explodierende Bevölkerungszahl zu ernähren. Selbst die reichen Länder wären bald von diesem Problem betroffen. «Es muß eine völlig neue Haltung der Nahrung gegenüber eingenommen werden.» Es handele sich darum, ein Maximum an Leuten zu motivieren, Ersatzproteine zu suchen. Natürlich kümmere sich auch die chemische Industrie darum, aber warum sollte man nicht beginnen, sich umzuschauen, was einem um die Füße streicht? «Leistungsstarke Köchinnen, an eure Töpfe!» Da Humanity International sich auch für die kommenden Jahre um die gastronomische Tradition sorge, habe die Gesellschaft drei hilfreiche Handbücher herausgegeben: *Fifty Tasty Kitty Recipes*, ferner *Man's Best Friend and How to Cook Him* (mit einer Liste der Hunderassen und der für jede Rasse am besten geeigneten kulinarischen Verwendung) und *The Rat Comes Into Its Own* (mit einem Spezialkapitel über die Zubereitung von Mäusen). Es folgen einige Betrachtungen über die Möglichkeit, den minimalen Lebensraum zu verbessern, der jedem einzelnen noch verbleiben würde...

In einem Land wie Marokko, in dem Wörter wie ‹Bevölkerungsexplosion› oder ‹Geburtenregelung› als Tabubruch oder gar Sakrileg verstanden werden, hätte der Scherz leicht als Provokation aufgefaßt werden können. Gott sei Dank stößt sich niemand an einem verräterischen Wort in dem, was der ‹Public Relation Manager von Humanity International› in seiner Neujahrsbotschaft propagiert. Drei Wochen später geht die Farce weiter, diesmal aus der Feder von Edouard Roditi, der *auf Französisch* zu den von Paul Bowles gemachten Vorschlägen Stellung nimmt. Der «amtierende Präsident der Association Avatar» sieht sich ebenfalls verpflichtet einzugreifen, da auch ihm «die unausweichliche Lebensmittelknappheit» Sorgen mache, «die in Kürze durch die Bevölkerungsexplosion hervorgerufen werden wird, deren düstere Folgen wir bereits zu beoachten gezwungen sind, wenn wir uns genötigt sehen, an der Hauptpost Schlange zu stehen, nur um ein Telegramm abzuschicken.» Mr. Bowles vergäße allerdings eines, merkt Monsieur Roditi an: Wie solle man die Hunde, Katzen und Mäuse ernähren, die der Menschheit als Proteinreserven dienen sollten? Anders gesagt, mit welcher *pâtée* (Mast) solle man die zukünftige *pâté* (Pastete) füttern?

«Unsere wichtigste Aufgabe besteht darin, all unsere teuren Verstorbenen wiederzuverwerten mit dem Ziel, die katastrophale Lücke in unserer Nahrungskette zu füllen, eine Lücke, durch die unserem Planeten das vollständige Verschwinden menschlichen und tierischen Lebens droht.» Die Kadaver sollten also transformiert werden in *Ronron* oder *Canigou* (Kitekat oder Chappi). Für eine wirklich bescheidene Summe wäre es außerdem möglich, ein Porträt des teuren Verblichenen auf dem Etikett jeder Konservendose abzubilden, die seine sterblichen Reste enthielte ... «Platzgewinn auf den Friedhöfen, phänomenale Einsparungen auf dem Gebiet der Bestattungskosten, und die Möglichkeit auszuwählen, ob man seinen Körper lieber Hunden, Katzen, Ratten oder Mäusen vermachen möchte. Die Vorteile dieses Systems wären außerordentlich groß, man denke nur an seine Wirtschaftlichkeit und an die lückenlose Befriedigung aller Bedürfnisse, nicht zuletzt des allgemeinen Bedürfnisses nach Ewigkeit. «Wir beglückwünschen uns dazu, auf diese Weise die Unsterblichkeit ganz demokratisch auch für den kleinen Geldbeutel in erreichbare Nähe gerückt zu haben.»

Paul Bowles' spöttische Antwort am darauffolgenden Samstag: In seiner Vision, die alle Züge eines frommen Optimismus trage, scheine Monsieur Roditi vergessen zu haben, daß – nicht zuletzt mit der Hilfe der Humanity International – 56 % der zukünftigen Verstorbenen bald zyankali-gesättigt seien. Was sie ganz und gar ungeeignet mache, von Hunden, Katzen und Ratten verspeist zu werden. Doch glücklicherweise hätten die Wissenschaftler in den Labors der Humanity International eine Methode gefunden, mit der das Entfernen von Zyankali aus dem Gewebe ermöglicht werde. Doch Vorsicht, warnt Paul Bowles, das beträfe nur die Konsumenten von ‹VQ-Tabs›. Was auch die neuen, seit seinem Brief vom 12. Januar auf den Markt gekommenen Präparate ‹Sayonara›, ‹Godspeed› und ‹Laserquik› disqualifizieren würde. «Verbreiten Sie die gute Nachricht unter Ihren Freunden. ‹VQ-Tabs‹ gehören in die Hausapotheke eines jeden verantwortungsbewußten Bürgers.»

Ich glaube nicht, daß das *Journal de Tanger* jemals wieder etwas so – wie soll ich sagen – Geschmackloses veröffentlichen würde...

Am Ende von Gary Conklyns Film, der 1969 gedreht wurde, antwortet Paul Bowles auf eine Frage: «Nein, ich bin kein Humanist.» Und fragt lächelnd zurück: «Muß man das sein?»

> «Ich glaube, es ist äußerst wichtig für uns, den Gefahren zu begegnen, die die Literatur schildert. Nur, wenn man diesen Gefahren ins Auge sieht, ist man wirklich ein Mensch. Denn in der Literatur nehmen wir die menschlichen Belange in ihrem ganzen Ausmaß wahr, da sie dieses ganze Ausmaß wiederherstellt und Menschenmögliches unter seiner gewaltsamsten Perspektive darstellt.

Man denke nur an die Tragödie, an Shakespeare... Es ist also die Literatur, die uns erlaubt, das Schlimmste zu sehen und ihm zu begegnen. Alles in allem findet der Mensch, der spielt, im Spiel die Kraft, das zu überwinden, was das Spiel an Schrecklichem bereit hält.»

(Georges Bataille, in einem Interview von Pierre Dumayet, *Lectures pour tous*, INA-Dokument, vermutlich 1957)

«Wenn man eine Geschichte schreibt, ist man in einen kleinen Kosmos eingeschlossen, in einen geschützten Kokon. Was ich brauche, ist eine annähernde Idee, die sich zu einem Kreis schließt. Ich schreibe im Bett, strecke mich auf den Kissen aus und lasse die Arbeit sich machen...

Eine ferne Episode, wissen Sie, habe ich geschrieben, als ich im Wartezimmer eines Zahnarztes saß. Ich hatte schon immer schreckliche Angst vor dem Zahnarzt, vielleicht, weil mein Vater einer war... Als ich dann aufgerufen wurde, hatte ich die Geschichte schon in groben Zügen fertig.»

«Ein Mensch mußte erst aufhören, sich selbst als etwas, das ‹unterwegs› war, zu betrachten, um sich wirklich lebendig zu fühlen.» (*So mag er fallen*, S. 209) Paul Bowles hat also in Tanger Halt gemacht. Ein langer Halt. Dort spielt er geduldig seine Rolle weiter, die Henry Miller jedem Schriftsteller zuwies: «Der Welt die Enttäuschung beibringen.» Eine bestimmte ‹Bewegung› ist geblieben: die Bewegung der Welt, an die es sich auszuliefern gilt, die Morgen- oder Abenddämmerung, der Wind, der die Palmen schüttelt. Oft ist es auch ein Bus, der abfährt, und ein Mensch, der sich für immer in der Menge verliert (in *Himmel über der Wüste*, in der Erzählung *Der Fqih*); oder es ist ein Zug, der in der Ferne verschwindet (*Die Zeit der Freundschaft*, *Zwischenhalt in Corazón*); oder ein Mensch, der zwischen lauter Verrückten weiterlebt und irgendwann aufhört zu denken (*Mejdoub*). Der Mann in *Der*

Garten glaubt – so vollständig ist er in seine Kontemplation versunken –, daß ihm kein Leid geschehen kann. Aber die Welt erinnert sich an ihn, mittels seiner Frau, dem Imam, der Justiz. Säbel und Weihwedel stehen immer im richtigen Verhältnis zueinander. Die Gesellschaft gewinnt den Mann zurück, am besten tot, und heftet ihm nebenbei noch das Etikett ‹Mörder› an. «Man muß den Garten pflegen» ist eine illusorische Formel geworden. Zu diesem letzten, geschützten Universum – Voltaire schloß seine Figur darin ein – gehört auch Tanger. Aber Paul Bowles dreht *Candide* um: «Die Welt ist wie Marokko. Nirgendwo gibt es Sicherheit.» Auch er hat diese Welt bereist, aber im Wissen, daß «alles zum Schlimmsten steht in der schlimmsten aller möglichen Welten». Manchmal, wenn man sich ihrer Zerstückelung bewußt wird – die Erzählungen zerstückeln die Welt implizit –, ist es, als ob man im tiefsten Grund des Übels versänke. Das sind Momente, in denen ich mich an Paul Bowles' Lächeln erinnere.

«Denn alles, was wir glauben oder zu sehen glauben, ist ein Traum in einem Traum», schrieb Edgar Allen Poe. Marokko ist nicht mehr diese geistige Vision, die Paul Bowles hatte, als er hier ankam. Eine surrealistische Vision, natürlich. Sein Werk bleibt über alle Abgründe bestehen und seine Legende wächst und wächst wie die Pflanze auf seinem Balkon. «In den meisten Nächten schlagen draußen die Trommeln. Ich wache nie davon auf: ich höre die Trommeln und baue sie in meine Träume ein, wie die nächtlichen Rufe des Muezzin. Selbst wenn der Traum in New York spielt – beim ersten Schrei *Allah akbar*! erlischt der Hintergrund, der Traum geht weiter und alles, was folgt, wird nach Nordafrika versetzt.» (*Rastlos*, S. 407) Der Kofferstapel im engen Gang seiner Wohnung dürfte seit Jahren nicht mehr bewegt worden sein. Wenn man auf der Schwelle steht, wirbelt der Luftzug im Gang etwas Staub auf, dort in der Dunkelheit, wo sie abgestellt sind. Seit 1970 ist Paul Bowles' Schreiben, unfreiwillig, nicht mehr das eines Nomaden. In manchen Texten wird der Einfluß der Erinnerung spürbarer. Als ob er nicht mehr schreibt, was er *sieht*, sondern was er *weiß*. Sogar, wenn er von Tanger spricht. Eine Stadt, die nicht mehr aktuell existiert. Paul Bowles hat sich in den Fluß der Zeit hineingleiten lassen. Die Gaunereien in Tanger sind heute weniger brillant, weniger auffällig. Der Straß ist abgelegt. Die Helden seiner Erzählungen tun nichts Böses: sie stehlen oder töten, weil es ihr Schicksal ist, und weil man essen muß. Fressen, um nicht gefressen zu werden. Es gibt keine Zukunft. Jetzt ist alles verschlossen und verrammelt. Wieder herrscht eine Zeit, die schwer an ihrer Zeit trägt.

1982 veröffentlichte Paul Bowles bei Peter Owen *Points in Time*[1], ein bescheidenes Werk ohne große Ansprüche, das jedoch den historischen Beweis liefert für all das, was Paul Bowles auch in seinen Geschichten formulierte. Ganz gleich, welchen Punkt man aus dem geschichtlichen Kontinuum herausgreift, er zeigt eine erstaunliche Ähnlichkeit mit dem vorangegangenen oder mit einem vor zweitausend Jahren, und die Menschen müßten wissen, daß sie nichts ausrichten können. Sie müssen nur vorübergehen. Das Meer oder der Wind beschließen, uns die Felsen zu zeigen, die wir hinunterklettern, oder den Wald, in dem wir herumspazieren.

In gewisser Hinsicht hat er lange Zeit darauf gewartet, daß man ihn vom Rand der Meerenge verjagen würde. Etwas dagegen zu unternehmen, würde allerdings nichts nützen. Viel Lärm um nichts. Ich nehme an, dieser Shakespearetitel geht ihm oft durch den Kopf.

«Seit fast drei Jahren habe ich nichts geschrieben. Man muß ernsthaft bleiben, wenn es um Bücher geht, denn sie sind das, was bleibt. Berühmt zu sein würde mich doch ziem-

1 Dt. Titel: *Zeitstellen*, 1989

lich interessieren, wenn das bedeuten würde, Geld zu haben. Nicht, daß mein jetziger Agent unehrlich wäre, aber er informiert mich nie über meine Geschäfte. Er wird seine Gründe haben, aber es ist trotzdem undurchsichtig. Ich verdächtige ihn aller möglichen Dinge, das ist normal. Aber ich werde es ihm nicht sagen. Wenn man jemandem sagt, daß man ihn irgendeiner Sache wegen verdächtigt, macht man ihn sich zum Feind. Und man sollte sich nicht unbedingt mit dem Mann verfeinden, der einem die Geschäfte regelt. Ich weiß nicht, ob seine Schecks für die Rechte auf meiner Bank in New York eintreffen. Man hat es nicht leicht... Es interessiert mich nicht, ob es eines Tages eine *Gesellschaft der Freunde von Paul Bowles* gibt. Geld interessiert mich schon. Sogar nach meinem Tod würde ich gern wissen, was daraus wird (lacht). Das ist mein neuenglisches Erbe. Daß man so viel wie möglich für später sparen muß, habe ich schon in zartester Jugend begriffen. Im Moment lege ich mein Geld gewinnbringend an. Ich vergeude *niemals* Geld. Und was ich habe, wird nach meinem Tod in eine Stiftung eingehen.»

«Von Tanger weggehen? Nein, dazu habe ich gar keine Lust. Die ganze Welt hat sich verändert. Nicht nur Tanger. Wo sollte ich hingehen? Ich weiß schon, warum ich nicht mehr reise. Weil es keine Schiffe mehr gibt...[1]»

«Wenn man nicht weiß, wohin, sollte man bleiben, wo man ist. Keinen Lärm machen, nicht sprechen, still sein. Und auf den Tod warten. Das ist es, was ich mache. Ich bin bereit zu sterben. Vielleicht nicht körperlich, aber moralisch. Der Tod ist ein wichtiger Teil des Lebens. Während ich warte, arbeite ich. Übersetzungen, kleine Texte. Ich weiß nicht, warum ich schreibe. Ich habe mich nie gefragt, warum es für mich notwendig ist zu schreiben. Ich bin wirklich nicht analytisch,

1 Interview vom August 1988

nein. Vor zwei oder drei Jahren hat mir auch einmal jemand diese Frage gestellt.[1] ‹Weil ich lebe›, habe ich geantwortet. Eine lächerliche Antwort. Ich hätte nicht gedacht, daß sie sie veröffentlichen würden. Sie machte überhaupt keinen Sinn.»

«Im Grunde hat nichts im Leben Sinn, außer dem Leben selbst.» Das Bild, das Paul Bowles ohne Zweifel hinterlassen will, ist das perfekter Gleichgültigkeit. Was nichts mit Egoismus zu tun hat. Seine Wahrnehmung der Welt als etwas, das im Begriff ist, in völliger Uniformität zu erstarren, läßt ihn die Eitelkeit jeder Emotion spüren. (Emotion als etwas, das ‹Bewegung› meint. Aber: Bewegung wohin?) Paul Bowles möchte ein Bild leidenschaftsloser Gleichgültigkeit abgeben. Diejenigen, die denken, sie könnten die Welt verändern (oder die versuchen, es andere glauben zu machen), sind Dummköpfe und Lügner. Das einzige, was man tun kann, ist warten. Die Welt zu verstehen ist nicht nur wegen ihrer Komplexität schwieriger geworden. Die unmittelbare Wirklichkeit ist ein Material, das sich kaum entzieht. Zumindest glaubt man das. In unserer Art zu denken sind wir nicht frei. Je einfacher und problemloser uns die Menschen erscheinen, mit denen wir umgehen, um so undurchdringlicher erweisen sie sich: so sehr sind sie in ihrer fremden Kultur eingemauert. Als ob das Unverständnis vorherbestimmt wäre. So muß der Schriftsteller – auf seiner Suche nach dem Anderen – paradoxerweise die perfekte Gleichgültigkeit anstreben. Denn jede Bewegung bringt uns dem Tod ein bißchen näher. Zwischen der Ruhe des Felsens und der Bewegtheit des Wassers, zwischen dem Erhalt des Status Quo und dem, was man immer noch ‹Fortschritt› zu nennen wagt, hat Paul Bowles ganz klar gewählt. Nur ein scheinbares Paradoxon bei diesem großen Reisenden. Er macht in seinem Werk sehr wohl einen

1 Sonderausgabe von *Libération*: «Pourquoi écrivez-vous? – 400 écrivains repondent», Mai 1985.

Unterschied zwischen demjenigen, der um so mehr zu leben glaubt, je mehr er sich erschöpft an seinem Anspruch, nicht bloß ein eiliger Tourist zu sein, und jenem anderen, der sich in heilsamer Unbeweglichkeit auf das Fremde eingestellt und eingelassen hat, und der beobachtet. Aber auch das ist nur ein Mittel, die Grenzen des Verständnisses vielleicht zu erweitern: absichern kann man sich in diesem Punkt nicht. Da gibt es kein Patentrezept. Im allgemeinen hat Paul Bowles seine Geschichten an Orten angesiedelt, die er gut genug kennt, um die Rolle des Erzählers einnehmen zu können. Daher vielleicht auch seine Vorliebe für Tanger, die Stadt, in der viele Menschen und Reichtümer zirkulieren: wo andere nur durchreisten, blieb er, um das Kapital seiner Phantasie gewinnbringend anzulegen. Zwischen Lautréamont, dem Seßhaften, und dem unsteten Rimbaud hat sich Paul Bowles für den Grafen ohne Gesicht, für seine Macht des Imaginären entschieden. Rimbaud verteilt, zerstreut die kostbaren Güter seiner inneren Welt. Seine Vision verliert sich irgendwo zwischen Charleville und Harrar.

Paul Bowles hat von Anfang an den Rückzug gewählt. Eintauchen, sich vergessen. Auf den Punkt warten, an dem es endlich möglich ist, sich zu sammeln, sich selbst ähnlich zu werden. In einer Stadt warten, wo man weiß, daß von nun an nichts mehr passieren wird. Ein Fels abseits der Fluten.

Das sieht aus wie ein Verlust des Glaubens, gleichzeitig aber auch wie der unverbrüchliche Wille, sich vor diesem Verlust zu bewahren. *Retten, was noch übrig ist. Überleben.* Es ist letztlich wohl nicht möglich, mit jemand anderem dieses Leben zwischen zwei Welten zu teilen. Seit langem kennt Paul Bowles die Einsamkeit des ‹Überläufers›. All diejenigen, die er glaubte, mitgerissen zu haben, sind abgereist oder tot. Aaron Copland, abgeschreckt von den Trommeln auf dem Alten Berg. Flüchtige Reisegefährten, deren Namen sich am Wegesrand verlieren. Harry Dunham, der im Krieg starb. Layachi, in San Francisco. Yacoubi, dahingerafft vom

Krebs. Tennessee mit seinem heißen Herzen, meist jeden Abend. Und Jane. Jane, so lebendig, und gestorben auf der anderen Seite der Meerenge, in der Haut einer anderen.

Manchmal haben ihn auf seinen Reisen Tiere begleitet. Im Lauf seines Lebens hat er eine beträchtliche Zahl mehr oder weniger gezähmter Tiere besessen: ein Gürteltier, einen Ozelot, ein Papageienweibchen namens Hitler, Katzen, auch einen Waschbären... Nicht zu vergessen eine ganze Anzahl Papageien, die unterschiedliche Zuneigung genossen. Einer von ihnen begleitete ihn in die Sahara, als er *Himmel über der Wüste* schrieb. Da sie durch ihr Sprechen oft fast menschlich wirken, waren ihm die Papageien im allgemeinen gute Reisebegleiter – auch wenn sich ihre Kunst der Konversation bald erschöpft. Muß ich noch erwähnen, daß eines der neueren Bücher, die Paul Bowles gern gelesen hat, *Flauberts Papagei* ist, von Julian Barnes? «Ich war nur ein bißchen enttäuscht, weil ich erwartet hatte, daß der Papagei lebendig ist.» [1]

«Paul Bowles ist ein diskreter Schriftsteller und Komponist. Bei ihm unterstreicht diese Eigenschaft – die Diskretion – seine Höflichkeit, seine Metaphysik. Nach Frankreich kommt er später als die Exilanten der *Lost Generation.* Für ihn ist Paris nicht der Ort besonderer Ausschweifungen. Keine Spektakel, kein wildes Abenteuer in der Bar des Ritz. Er verläßt die Vereinigten Staaten im Moment der großen Krise von 1929 nicht, um die Welt zu erobern, sondern um festzustellen, daß deren Niedergang längst in großem Stil angebrochen ist. Paul Bowles war bei keinen Anfängen – von was auch immer – dabei. Wie die ‹Setzen-Sie's-auf-die-Rechnung-Gestalten›, die die Theaterstücke seines Freundes Tennessee Williams bevölkern, weiß auch er, daß alles schon gelaufen, der Vorhang gefallen ist. Und im geheimen, ganz diskret, fand er es

1 Siehe auch: *Alle Papageien sprechen*, in: *Der Weg nach Tassemsit.*

richtiger – auf der leeren Bühne und weit vom Lärm der Menge – von New York weg bis zum Schweigen zu gehen. Man kann diesem Verhalten den sperrigen Namen ‹Weisheit› geben – oder lieber den einer sehr seltenen Tugend: Eleganz.»

Wenn Literatur all das umfaßt, was der Autor in sein Werk gelegt hat, bis zu dem, was wir, die Leser, davon verstehen, dann ist Paul Bowles – auch wenn er sich dagegen wehrt – eine eminent literarische Person: mit diesem wunderbar unzugänglichen Teil, der sich der Analyse und der gänzlichen Offenlegung widersetzt. Ich gebe zu, daß das Paradox erstaunen mag, aber wie soll man sonst die Selbsteinschätzung dieses Autors verstehen oder seinen Ausspruch deuten (den er für eine ganz einfache Wahrheit hält): «Mein Leben ist ganz und gar unwichtig, und was ich gemacht habe, interessiert niemanden.» Eine Meinung, die tatsächlich mindestens paradox ist, da eine Biographie – wenn sie nicht nur eine Liste von Begegnungen und Krisen ist – aus der betreffenden Person doch eine Art lebendes Monument macht. Die Besucher von Übersee, warum kämen sie sonst, wenn nicht, um mit einer linkischen Geste die Statue des ‹Commandeurs› zu berühren? Wer verdammt sie dazu, nur ein Ersatz zu sein? Ersatz für Schriftsteller oder Journalisten im Haus eines der letzten Vertreter einer Epoche, in der die Literatur noch eine gewisse Bedeutung hatte. Paul Bowles ist Schriftsteller. Ein Schriftsteller ist vielleicht faszinierender als ein Musiker oder ein Maler. Mehr Geheimnis, weniger Bastelei. Der Schriftsteller arbeitet im Unergründlichen, wo man nichts sieht und nichts hört. Aber es ist etwas Prinzenhaftes an der Gestalt eines Schriftstellers, der erstarrt ist im Gespinst seiner Legende. Paul Bowles kann machen, was er will: er wird immer Leute um sich haben; weshalb er glaubt, ein Teil Lüge sei unentbehrlich, wenn seine Wirklichkeit, die abgebildet werden soll, zu *diskret* ist. Kürzlich kam ein Fernsehjournalist zu ihm:

er konnte einfach nicht glauben, daß Paul Bowles in einem so einfachen Drei-Zimmer-Appartement lebt und entschied schließlich, das Interview im Minzah zu drehen. Um über Sartre, Orson Welles oder Dalí zu sprechen, ist offenbar ein bißchen Wandtäfelung vonnöten. Die Möbel müssen dem Hintergrund Gewicht verleihen, damit er nicht unter den Namen dieser geheiligten Monstren zusammenbricht. Wenn ein Schriftsteller gefeiert wird, und sei er ganz und gar Atheist, hat das immer etwas von einer Messe. Und das Problem bei Paul Bowles ist, daß er immer – allein – die Leerstellen ausfüllen muß: Jane, aber auch Tennessee Wiliams, Brion Gysin und ein paar andere... In seiner Autobiographie *Rastlos* erfährt man fast nichts über sie. Namen, Wörter, Sätze gibt es im Überfluß. Aber es ist Paul Bowles gelungen, in dieser Menge das Wesentliche zu verstecken. Dieser Mann hat, mit viel Geduld, eine Mauer um sich herum aufgebaut. Ein bißchen mit Gewalt, das stimmt. Zum Beispiel gegenüber einem Mrabet, der im tiefsten Innern seiner Seele nicht erreichbar ist.

Jeder bewahrt eigentlich ein oder mehrere Stücke des Puzzles auf. Ich bin mir darüber klar, daß ich hier nicht mehr als ein Bild (von mehreren möglichen) von Paul Bowles abgeben kann. In New York, San Francisco, Paris, Tanger werden Sie Menschen finden, die – oft ohne es zu wissen – in ihrem Gedächtnis weitere Teile des Geheimnisses horten. Am Anfang mag man ihn ein bißchen, weil er so unzugänglich ist, aber am Schluß kann man nicht anders, als ihn – für die Wunden, die er mit ausgesuchter Eleganz verstecken will, und für die raffinierte Kunst, die er entfaltet, um sie tatsächlich verstekken zu können – noch ein bißchen mehr zu lieben.

In einem Brief vom 6. Oktober 1988 schreibt er mir, daß einer seiner französischen Herausgeber eine Art Glanzleistung vollbracht hat: ihn zu überreden, seine Wohnung in Tanger zu verlassen, um im Fernsehen aufzutreten. «Er hörte nicht auf, mich zu bitten, nach Paris zu gehen und in einer Sendung, die sich ‹Apostrophes› nennt, zu erscheinen. Ich weiß nicht, ob ich rechtzeitig ein Visum bekommen kann. Wenn ich es kriege, gehe ich. Das erstaunt Sie, stelle ich mir vor. Aber er sagt mir, es sei nötig.» Ich antworte ihm, Paris wiedersehen zu wollen, erschiene mir – schon aus nostalgischen Gründen – mehr als verständlich – sechzig Jahre, oder fast sechzig, nach seiner Flucht an Bord der *Rijndam*, die ihn zum ersten Mal auf diese Seite des Atlantiks brachte... «Sie sind völlig im Unrecht, wenn Sie denken, ich wollte nach Paris gehen, um zu sehen, wie es sich in den letzten Jahrzehnten verändert hat. Ich will Paris nicht wiedersehen, weil es mich an meine Jugend erinnert.»

In dieser Antwort vom 23. Oktober hofft er schließlich, die Reise nicht antreten zu müssen und in aller Ruhe in Tanger bleiben zu können. Aber das Visum wird rechtzeitig ausgestellt. Fünfundvierzig Stunden in der französischen Hauptstadt, und dann, erleichtert, wieder zurück in Tanger: «Das Wetter ist nicht schön, aber nicht so schlecht wie in Paris. (Ich muß sagen, Paris ist eine sehr schöne Stadt.)»

Es war lange her, seit er das letzte Mal nackt in der Sonne gelegen hatte. Er erinnerte sich, daß die Sonnenstrahlen jeden Gedanken aus dem Kopf sogen, wenn man lange genug liegen blieb. Das war es, was er wollte: hart und trocken gebrannt werden, die nebelhaften Sorgen, eine nach der andern, verdunsten lassen und endlich die Gewißheit haben, daß all die feuchten kleinen Zweifel und Zagheiten im großen Schmelztiegel der Sonne verrauchten und vergingen. Schließlich vergaß er auch diese Wünsche, seine Muskeln entspannten sich, und er dämmerte vor sich hin. Ab und zu erwachte er und hob seinen Kopf über den wurmzerfressenen Bootsrand, um den Strand entlang zu schauen. Er sah keine Menschenseele. Nach einiger Zeit hörte er auch damit auf. Einmal drehte er sich um und lag mit dem Gesicht nach unten auf dem harten Sand, und die Sonne legte sich wie eine glühende Decke über seinen Rücken. Der weiche, regelmäßige Kastagnettenschlag der Wellen war wie das ferne Atmen des Morgens; der Ton filterte durch Myriaden Teilchen der Luft, ehe er sein Ohr erreichte. Als er sich wieder umdrehte und in den Himmel sah, schien er ihm weiter entrückt, als er ihn je gesehen hatte. (...)

Alles, was er je gedacht oder getan hatte, war nicht von ihm gedacht oder getan worden, sondern von einem Teil der großen Masse von Lebewesen, die nur deshalb so handelten, weil sie sich auf dem Weg von der Geburt zum Tod befanden.

Er war nicht länger mehr ein Teil dieser Masse: nun, da er sich aufgegeben hatte, konnte er von niemandem mehr Hilfe erwarten. Wenn ein Mensch nicht mehr auf dem Weg zu irgend etwas war, wenn das Leben etwas anderes, vollkommen Verschiedenes war, wenn Leben nur noch eine Frage des Daseins während eines einzigen langen, ununterbrochenen Augenblicks war, dann war das beste, was er tun konnte, ruhig dazusitzen, und zu ‹sein›, und was immer auch geschehen würde, er würde ‹sein›. Was immer auch ein Mensch dachte, sagte oder tat – die Tatsache seines Daseins blieb unveränderlich. Und der Tod? Er fühlte, daß er eines Tages, wenn er weit genug dachte, zu der Erkenntnis kommen würde, daß auch der Tod nichts änderte.» (*So mag er fallen*, S. 209/210)

Mitte Juni waren die Rolling Stones in Tanger. Die Produzenten von der BBC waren eine Woche vorher angekommen, um einen guten Drehort zu finden. Am Anfang sollte es Jajouka sein, aber schließlich entschieden sie sich doch für Tanger: das kleine Dorf hätte logistische Probleme bereitet.

Summer Solstice 1989

Dear Robert Briatte,

The excitement among Tangérois caused by the presence of the Rolling Stones has now abated. Mick Jagger left day before yesterday, and now life can continue its paraplegic crawl.

J'ai reçu les pages du nouveau chapitre. Elles contiennent très peu d'erreurs (Pas « très peu » – une seule).

Sur la page 15, alinéa 2, ligne 8: Je croit qu'il faut expliquer un peu en quoi consiste une sympathectomie . . .

Dans le résumé, il y a quelques erreurs:

Sur la page qui commence 1950, ligne 5: Maldeniya. (« Welideniya est un nom inventé pour Fish Traps and Private Business).

Page C20, ligne 14: la scène de mescaline a eu lieu, non pas a New York, mais dans une maison entourée de 200 hectares de fôret dans les Montagnes Pocono en Pennsylvanie.

Page C33, 1983. Rayez «mort d'Ahmed Yacoubi». Yacoubi est mort en décembre 1985.

This all I can manage at the moment.

All my best.
Paul B.

Jetzt, noch heute, schicke ich ihm die letzten Manuskriptseiten. In einigen Tagen wird es in Tanger Socco, im Postamt neben *Médi 1*, angekommen sein – wenn alles gut geht. Er wird diesen Text lesen, am Abend, wenn aller Besuch gegangen ist, und nachdem er, um 18 Uhr, zu Abend gegessen hat. Oder er nutzt die ruhigen Stunden zu Beginn des Nachmittags, wenn alles noch friedlich ist. Wenn er das Manuskript dann gelesen hat, wird er in die Küche gehen, um sich eine Tasse Tee zuzubereiten. Wenn er aufsteht, wird er lächeln, glaube ich. Ja, ich hoffe, daß er sein rätselhaftes Lächeln aufsetzt. Oder er bleibt sitzen, klopft mit seiner Zigarettendose aus Schildpatt auf den *taïfor*, der neben seinem Sessel steht – ein kleines anhaltendes Geräusch –, und blickt starr geradeaus, durch das Pflanzengewirr auf dem Balkon. Da ist der Himmel.

Chronologie

30. Dezember 1910: Paul Frederick Bowles wird im Mary Immaculate Hospital in Jamaica, Long Island (Nähe New York) geboren.
Rena Bowles, geborene Winnewisser, aus Bellows Falls (Vermont), leidet zeitlebens unter den Nachwirkungen ihrer einzigen Niederkunft (Zangengeburt, da Steißlage des Kindes, das zudem achteinhalb Pfund wog).
Claude Bowles, geboren in Waukesha (Wisconsin), Zahnarzt auf Long Island, bürdet dem Jungen sehr früh die Verantwortung für die anfällige Gesundheit der Mutter auf. Er ist ein tyrannischer Vater, der sein Kind in einer bedrückenden Atmosphäre permanenter Konflikte und mit typisch neuenglischen, kleinbürgerlichen Wertmaßstäben großzieht. Paul wächst unter lauter Erwachsenen auf: erst 1917 lernt er andere Kinder kennen.

1915: Er schreibt seine erste Geschichte.
Die Familie Bowles fährt jeden Sommer im Juli zu Pauls Großeltern mütterlicherseits, auf die Happy Hollow Farm in Massachusetts, und im August zu den Eltern des Vaters nach Glenora, am Seneca See, in der Nähe von Watkins Glen (Staat New York). Nur die Sommerferien 1916 nicht: Sie ziehen um in ein neues, gemietetes Haus in der De Grauw Avenue, in Jamaica, Long Island.

1917: Im Herbst schneidet man ihm aus Anlaß seines Eintritts in die Model School die Haare. Seine Eltern kaufen einen Plattenspieler: die erste Musik, an die er sich erinnern kann, ist die 4. Symphonie von Tschaikowsky. Er kauft seine erste Schallplatte: *At The Jazz Band Ball* von der *Original Dixieland Jazz Band.* Im selben Jahr beginnen zweiwöchentliche Besuche beim

Kieferorthopäden, die sich die nächsten zehn Jahre fortsetzen werden. Ihr einziger Vorteil: Ab 1918 darf er ganz allein dorthin fahren. Auf seinem Weg zu Dr. Waugh, der seine Praxis in Manhattan hat, besucht er häufig die Öffentliche Bibliothek auf der Fifth Avenue, wo seine Tante Adelaïde arbeitet. Einmal im Monat besucht er auch Miss Annie Caroll Moore, die Leiterin der Kinderbuchabteilung, die ihm fast jedesmal eine mit Widmung versehene Ausgabe eines Buches schenkt. Im Winter 1917 oder – was wahrscheinlicher ist – 1918 bekommt er Musikunterricht bei Miss Chase. Sehr bald beginnt er, auf dem Flügel zu improvisieren, was weder seiner Lehrerin noch seiner Mutter gefällt. Im Winter 1919 stirbt seine Tante Adelaïde an der Spanischen Grippe.

1920: Er schreibt während des gesamten Jahres eine Zeitung. (Ein Auszug daraus wurde 1945 von Charles Henri Ford herausgegeben in: *Night With Jupiter and Other Fantastic Stories*, View Editions/ Vanguard Press, New York.) Er beginnt *Le Carré, An Opera in Nine Chapters* zu schreiben (eine aus Melodien und Texten zusammengesetzte Geschichte; daher der Name «Oper»).

1921: Im Januar, Lungenentzündung des Vaters. Paul wird zunächst auf die Happy Hollow Farm geschickt und dann, als auch seine Großeltern Lungenentzündung bekommen, zu seinem Onkel Guy. Es ist das erste Mal, daß er die Famlien*zelle* verläßt, und er kommt auch zum ersten Mal in Kontakt mit Kino und Comics. Er überspringt die 4. und besucht im Herbst die 5. Klasse. Ab und zu verbringt er ein Wochenende bei den Hoagland Schwestern in Brooklyn.

1922: Der Vater kauft ein Haus in der Terrace Avenue. Erneuter Umzug. Paul schreibt Melodramen: *The Cry in the Fog, Their Just Deserts*... Er nimmt die Klavierstunden wieder auf. Der Unterricht war ausgesetzt worden, weil der Flügel in einer Nacht im vorhergehenden Winter kaputtgegangen war. Er kauft seinen ersten Lyrikband: chinesische Gedichte, übersetzt von Arthur Waley.

1923: Tumoroperation am Unterkiefer.
Im Sommer schreibt er *Hadeized*, eine lange Geschichte, in der die Leute sofort spurlos verschwinden, sobald sie Alkohol trinken.

1924: Ende Januar verläßt er die Model School von Jamaica und tritt ein in die Highschool in Flushing.

1925: Im Sommer dieses Jahres vermutlich lernt er auf Lassata, einem Besitz der Hoagland Schwestern am Seneca See, Miss Crouch kennen. Er findet in ihr eine aufmerksame Zuhörerin für seine neuen Erzählungen: *The Snake Woman Series.* Im Herbst wechselt er auf eine nähere Schule: Zur Higschool in Jamaica, im Süden von Long Island, kann er zu Fuß gehen.

1926: Im Frühjahr dieses Jahres ersteht er *The Vatican Swindle*, von André Gide.
Waterfall, sein erster Text, der veröffentlicht wird, erscheint in der Mai-Nummer von *The Oracle*, der Schülerzeitung der Highschool. Ab der Oktobernummer wird er sogar Redakteur, genauer gesagt: *humor editor*, desselben Blattes.
Besucht jeden Samstag die Konzerte in der Carnegie Hall. Man gibt vor allem Werke des 19. Jahrhunderts, aber eines Tages – für ihn eine Erleuchtung – den *Feuervogel* von Strawinsky. Er kauft sich sofort am Ausgang des Konzertsaals die Platte.

1927: Er liest jede Woche den neu gegründeten *New Yorker* und entdeckt die Zeitschrift *transition*, mit Sitz in Paris, 40, rue Fabert. Er wird zum Präsidenten der Literarischen Gesellschaft seiner Schule gewählt, und auch endlich *poetry editor* von *The Oracle*. Erste Versuche in *écriture automatique*. Er schickt Gedichte an *transition*.
Erste Überlegungen, sich an einer Universität einzuschreiben, tauchen auf. Annie Caroll Moore nennt die Virginia University, wo E. A. Poe studierte. Er liest *The Counterfeiters* von Gide und veröffentlicht im November eine Rezension in *The Oracle*.

1928: Schulabschluß im Januar. In der *Senior Number* von *The* Oracle erscheint ein Foto von ihm mit folgender Unterschrift: «This strange disease of modern life». Er malt ein paar Bilder, die er den Hoagland Schwestern zeigt. Sie ermutigen ihn. In den freien Monaten bis zum Beginn der Universität schreibt er sich in der School of Design and Liberal Art, 212 Central Park South, ein. *Transition* (Nr. 12, März 1928) veröffentlicht eine seiner «langen surrealistischen Anstrengungen»: *Spire Song*.
Im Sommer macht er die kurze Erfahrung, in einer Bank in Manhattan zu arbeiten.

September: Beginn der Universität in Charlottesville, Virginia. Er entdeckt das studentische Leben, das ihm interessanter erscheint als die Seminare. Er kauft seine ersten Blues-Platten.

1929: Sein neuer Plattenspieler ruiniert all seine Schallplatten. Er wirft eine Münze um sein Leben.
März: Er geht an Bord der Rijndam, New York – Boulogne sur Mer und kommt in Paris an mit 24 $ in der Tasche. Seine Eltern lassen ihn in USA und Panama suchen. Es war Mrs. Crouch, die ihm einen Paß besorgt hatte. Er arbeitet eine Weile als Telefonist in der Pariser Zweigstelle des *Herald Tribune*.
Ausflug in die Schweiz und nach Nizza (wo er seine ersten Palmen sieht!). Eines Sonntags um 15 Uhr, genau zum Zeitpunkt, an dem er sich mit Prokofjew verabredet hatte, sitzt er im Zug nach Saverne. Zu Fuß wandert er durch den Schwarzwald. Zurück in Paris arbeitet er zwei Wochen für die Banker's Trust, Place Vendôme.
Der Sommer kommt. An einem Sonntag in Creil macht er seine erste sexuelle Erfahrung (mit einer Frau), die offensichtlich jedoch keinen sichtbaren Eindruck hinterläßt – nur einen Sonnenbrand. Er trifft «Onkel» Hubert, einen Quasi-Sohn von Daddypapa, der sich gerade auf Geschäftsreise in Paris aufhält. Mit ihm ergänzt er sein sexuelles Wissen. Er reist allein (Guéret, Mont Saint Michel zur Comtesse de Lavillatte) oder mit Hubert (Sankt Moritz, Comer See, Tirol, Deauville), der ihn schließlich überredet, nach New York zurückzukehren. In Le Havre geht er an Bord der *Paris*. Zurück in New York arbeitet er in der Buchhandlung Dutton auf der Fifth Avenue, liest «obsessiv» Baedecker-Reiseführer und bezieht ein Zimmer im Village. Er arbeitet an einem Manuskript, das er *Without Stopping* nennt, ein Roman in *écriture automatique*, in dem er seine fünfmonatige Reise nach Frankreich beschreibt.
Er begegnet dem Komponisten Henry Cowell, der ihn an Aaron Copland weiterverweist. Täglicher Kompositionsunterricht bei Copland. Im Herbst kehrt er (nach einem Jahr Unterbrechung) an die Virginia University zurück, um sein erstes Studienjahr zu beenden.

1930: Ende seines ersten Studienjahres und seiner universitären Karriere.
Im September trifft er Copland in Yaddo, einem großen Besitz in Saratoga Springs, wohin Künstler zum Arbeiten eingeladen wer-

den. Paul schreibt zahlreiche Gedichte, darunter einige auf französisch, und veröffentlicht sie in der *Anthologie du Groupe Moderne d'Art* (Liège) und in *This Quarter* (Paris).
Er gibt in *The Messenger* (Zeitschrift der Richmond University, der Chefredakteur ist sein Freund Bruce Morrisette) eine Sondernummer «Exilliteraten» heraus, mit Beiträgen von Williams Carlos Williams, Nancy Cunard, Edouard Roditi, Gertrude Stein (die *Play I* schickt) . . .
Sein erster fiktionaler Text, *A White Goat's Shadow* (ein Auszug aus seinem unvollendeten «Roman» *Without Stopping*), wird in *Argo, An Individual Review* veröffentlicht.

1931: Im Frühjahr befindet er sich, allein, erneut in Paris, für drei Wochen: er wartet auf Aaron Copland. Am 1. April lernt er Gertrude Stein und Alice Toklas kennen. Sie taufen ihn «Freddy» und finden, er sei ein «handgearbeiteter Wilder».
Mai: Copland kommt an, und sie reisen gemeinsam nach Berlin. Dort denkt er mehr ans Reisen denn ans Arbeiten, sprich: Komposition studieren. Beeindruckende Sammlung von Begegnungen. Rückkehr nach Paris. Am 22. Juli fährt er zu Gertrude Stein nach Bilignin. Sie findet, er sei kein Dichter. Sie rät ihm und Copland, nach Tanger in Urlaub zu fahren, wo sie schließlich am 8. August eintreffen. Zunächst steigen sie im Hotel Minzah ab, mieten dann aber ein Haus (und ein Klavier) drei Kilometer außerhalb Tangers, auf dem Alten Berg (einem Viertel, das damals wirklich noch ländlich war). Sie möblieren das Haus und versuchen, das Klavier stimmen zu lassen. Paul Bowles trifft den Maler Kristians Tonny, ein weiterer «Protégé» von Miss Stein. Für Copland ist es schwierig, in Tanger zu arbeiten. Paul komponiert seine *Sonate für Oboe und Klarinette*, deren Rondo von einem syllabischen Gedicht von Kurt Schwitters inspiriert ist. Anfang Oktober verkaufen sie die Möbel wieder und reisen nach Fès. Aber bald fährt Copland wieder nach Berlin. Glücklicherweise kommt aus Dresden ein amerikanischer Freund Pauls, Harry Dunham, den er im Jahr zuvor in Princeton kennengelernt hatte: (Harry Dunham war der Herausgeber von *Argo*). Mit ihm erforscht er Marokko. Marrakesch, Ouarzazate. Diese erste, hauptsächlich touristische Reise endet in einer Verbotenen Zone. Man setzt sie drei Tage in einem Hotel fest, dann schickt man sie auf einem Lastwagen zurück. Das ist Ende November.

Zurück in Tanger treffen sie Tonny und seine Freundin Anita wieder. Paul reist ab nach Paris, um Dunhams neuen Kammerdiener dorthin zu begleiten, Abdelkader, ein weniger perfekt geschnitzter «Wilder», und wohnt in einem Studio am Quai Voltaire Nr. 17, das Dunham gemietet hat. Im selben Haus lebt Virgil Thomson, den er regelmäßig sieht, wie auch Mme Lucie Delarue-Mardrus, die Witwe des französischen Übersetzers von *Tausendundeine Nacht*, die ihn herzlich empfängt. Er trifft Joan Miró, der im Erdgeschoß von Quai Voltaire Nr. 17 in der Galerie Pierre ausstellt.
Mit mehreren Monaten Verspätung stellt er sich in der Kompositionsklasse von Nadia Boulanger vor, die jedoch keinen neuen Schüler mehr aufnehmen kann.
Er reist ab nach London, wo seine *Sonate für Oboe und Klarinette* am 31. Dezember in der Aeolian Hall aufgeführt werden soll.

1932: In Paris begegnet er einer hübschen Französin, Anne. Mit ihr reist er nach Italien zum Skifahren. Wegen Grippe und allgemeiner Erschöpfung wird er ins Krankenhaus in Turin eingewiesen. Rekonvaleszenz in Claviers, in der Nähe der französischen Grenze. Gertrude Stein schreibt ihm einen Brief, den er als Text für ein Lied verwendet, das er 1935 komponiert, *Letter to Freddy*. Zurück in Paris richtet er sich bei Anne ein, aber ach, ihr Mann, der lange auf Reisen war, kündigt seine Rückkehr an. Paul muß wieder in den Quai Voltaire ziehen, in das Studio, in dem nun Amelia Dunham wohnt, die Schwester Harrys, die diesen lästigen Freund ihres Bruders haßt. Abdelkader wohnt ebenfalls dort, wird aber von ihr bald nach Marokko zurückexpediert, mit einem Vuitton-Koffer voller Kleider, die alle Paul gehörten. Die Atmosphäre ist mehr als gespannt. Paul zieht um zu seinem Freund Carlo Suares, Avenue La Bourdonnais, entflieht jedoch bald dem harten Pariser Winter und reist mit John Troustine, einem Amerikaner, den er in Paris kennengelernt hat, nach Spanien. Barcelona, Valencia, Alicante, Elche. In Granada besucht er Manuel de Falla.
Ende Januar: Tanger. In Fès sieht er zum ersten Mal eine Prozession von Bruderschaften. Reist weiter nach Agadir. Probiert Opium, hat aber nichts davon als eine heftige Migräne. Ende Mai ist er wieder in Paris, wohnt am Montmartre. Er beginnt, an seiner *Sonate für Flöte und Klavier* zu arbeiten. Es stellt sich heraus,

daß er an Typhus, Typ A, erkrankt ist. Er wird im Amerikanischen Hospital in Neuilly behandelt, aber 1932 gibt es noch kein spezifisches Gegenmittel.
Sein Zyklus *Six Songs* wird auf dem Yaddo Festival aufgeführt, mit Ada McLeish, Gesang, und Aaron Copland am Klavier. Rekonvaleszenz in Grenoble, wo ihn seine Mutter besuchen kommt. Er beendet die *Sonate für Flöte und Klavier*.
An einem Sonntag fährt er mit Bruce Morrisette auf dem Motorrad nach Belley, um Gertrude Stein noch einmal zu sehen.
Dann, mit seiner Mutter, nach Monte Carlo (zwei bis drei Wochen), Mallorca (eine Woche), Barcelona. Er holt sich einen Sonnenstich mit Fieber und Sonnenbrand, wovon er sich in den Pyrenäen erholt, bevor sie nach Paris zurückfahren. Seine Mutter reist ab. Sofort fährt er wieder in die Sonne: er besucht Virgil Thomson und Maurice Grosser in Porquerolles. Im Zug liest er *Die Gesänge des Maldoror*. Er wird Lautréamont immer Rimbaud vorziehen. Dann wieder Monte Carlo, bis Anfang Dezember. Er komponiert *Scènes d'Anabase* und beginnt mit einer *Sonatine für Klavier*. Er trifft Georges Antheil. Er nimmt das Schiff Marseille–Algier. Auf der Überfahrt hört er von Ghardaïa. Er macht sich auf nach Laghouat, dann Ghardaïa, wo er ein kleines Haus mietet. Aber im Dezember ist es kalt im Mzab. Im letzten Moment wird er vor dem Erstickungstod gerettet: er hatte einen *mijmah* (ein Kohleglutbecken zum Heizen) falsch benutzt. Lieutenant d'Armagnac (der als «Lieutenant de Messignac» dann in *Himmel über der Wüste* auftaucht) pflegt ihn. Rückkehr nach Laghouat.

1933: Den ganzen Januar über bleibt er in Laghouat, im Hotel Transatlantique. Er liest *Le temps retrouvé* von Proust und komponiert *Par le détroit*, eine profane Kantate für vier Männerstimmen und Harmonium (zwar «profan», aber komponiert auf dem Harmonium der Kirche der Pères Blancs de Laghouat). Er schreibt das Stück direkt nach dem Aufwachen, kurz nach einem Traum, der die Meerenge (fr.: détroit) von Gibraltar zeigte... Im Februar bricht er erneut nach Ghardaïa auf und trifft einen Amerikaner, George Turner (siehe «Tunner» in *Himmel über der Wüste*). Mit ihm zusammen unternimmt er von Touggourt nach El Oued eine dreitägige Kamelreise. Überquerung des östlichen Großen Erg. Schwierige Reise nach Tunesien: die französischen Behörden halten ihn ständig fest. Das erste Mal direkt an der Grenze, dann in

der Oase von Nefta, in einem Hotel in Tozeur, und schließlich – am 7. März – in der Moschee Sidi Oqba in Kairouan. Erklärung: Man hält ihn trotz seines US-amerikanischen Ausweises für einen Deutschen.
Tunis, Algier, Constantine. Mitte März kehrt er allein nach Tanger zurück, Turner reist weiter nach Sizilien. Er mietet ein Haus im Marshan, Rue Shakespeare. Es hat kein fließendes Wasser, aber er schläft im Hotel und benutzt das Haus (mit Klavier) nur jeden Tag zum Arbeiten. Eine Weile überläßt er es Charles Henri Ford und Djuna Barnes, die dort *Nightwood* zu Ende schreibt.
April: an Bord der Juan Sebastian Elcano von Cadiz nach Puerto Rico.
Im Mai und Juni wohnt er in Barranquillas (in der Mitte von Puerto Rico), komponiert Klavierstücke (*La femme de Dakar, Guayanilla, 8, Impasse de Tombouktou*) und beendet seine *Sonatine*.
Anfang Juli, Rückkehr nach New York. Sommer in Massachusetts, wo er ein beginnendes Magengeschwür kuriert. Im Herbst mietet er ein Appartement in der 58th Street West. Dort trifft sich, auf eine Initiative Aaron Coplands, eine Gruppe junger Komponisten: Henry Brant, Israel Citkowitz, Bernard Herrman (der später für Hitchcock Filmmusik machte)...
17. Dezember: John Kirkpatrick führt am Institut Français New York die *Sonatine für Klavier* auf. Nach dem Konzert stellt sich ein Freund von Bruce Morrisette vor: John Latouche.

1934: Im Frühjahr mietet er ein anderes Appartement in der 55th Street West. Das Wetter ist grau und neblig: er sehnt sich nach der Luft und dem Licht Afrikas.
Komponiert *Memnon*, zu Texten von Cocteau, mit der Erlaubnis des Autors, veröffentlicht im Eigenverlag (Editions de la Vipère) zwei Lieder zu Texten von Gertrude Stein und schreibt seine erste Filmmusik: zu *Siva* von Harry Dunham.
Juni: An Bord der *Conte di Savoia* von New York nach Gibraltar komponiert er *Two Portraits For Piano*. Juli: drei Wochen Andalusien. Tanger. Im August bricht er mit John Widdicombe in den Süden Marokkos auf. Marrakesch. Taroudant. Agadir. Im September ist er vorübergehend Sekretär von Colonel Williams, dem Vorsitzenden des American Fondouk in Fès und des Tierschutzbundes, und schreibt einen Auftragstext gegen den Stierkampf. Mitte Oktober reist er nach Tafifalet und schreibt in Ksar-es-Souk

die Gedichte *Ed Djouf* und *Sous-titres en Chleuh.* Danach Erfoud, das heute von der Fremdenlegion kontrolliert wird, und Rückkehr nach Fès.

Am 1. November schifft er sich in Cadiz auf der *Juan Sebastian Elcano* nach Puerto Colombia ein. Auf der Krankenstation des Schiffes hat er Gelegenheit, sein Spanisch zu perfektionieren. Zwischenhalt in Puerto Rico, Santo Domingo und Curaçao. In Curaçao ist es auch, wo er zum ersten Mal Marihuana raucht. Dezember: mit dem Schiff nach Cienaga und weiter mit dem Zug bis nach Santa Marta, wo er sich eine Amöbenruhr holt, die er hoch in den Bergen hinter Santa Marta auf einer Farm auskuriert.

1935: Per Schiff von Puerto Colombia nach San Pedro, Kalifornien. Er bleibt einen Monat bei einem Onkel in Los Angeles, komponiert Präludien für Klavier und setzt *Letter to Freddy* in Musik um. Einen Monat verbringt er bei Vettern in San Francisco. Dort kuriert er eine schwere Angina aus und trifft danach Henry Cowell, der Pauls jüngste Komposition veröffentlicht (das erste Mal, daß jemand anderer seine Musik publiziert). Im März durchquert er den «klimatisierten Alptraum» Amerika im Greyhoundbus, von San Francisco bis Baltimore. Bei dieser Gelegenheit entdeckt er die USA: «Ein schönes Land, eigentlich...» In Baltimore bekommt er das Angebot, als Vorleser eines kranken Invaliden zu arbeiten, Mr. Fuhrman. Glücklicherweise befindet sich ein Klavier im Hause. Nach einer schnellen Reise nach New York und reiflicher Überlegung nimmt der die Stelle an. In Greenwich Village trifft er den neoromantischen russischen Maler Eugène Berman und arbeitet für ihn an einer Ballettmusik. Er besucht auch regelmäßig die Schwestern Claribel und Etta Cone in Eutaw Place.

Rückkehr nach New York im Juni. Das Ballettprojekt mit Berman scheitert. Er sympathisiert mit der amerikanischen kommunistischen Partei (CPUSA), macht zahlreiche Bekanntschaften: E. E. Cummings, John Hammond, Joseph Losey, Henri Cartier-Bresson... Im Sommer wird er Mitglied der Gesellschaft «Freunde und Feinde moderner Musik», neben Virgil Thomson, Aaron Copland, Georges Antheil... Er trifft sich weiterhin mit Berman, wird regelmäßiger Teilnehmer und leidenschaftlicher Beobachter der Teegesellschaften bei Muriel Draper und arbeitet als Notenkopist für den Komponisten Vernon Duke. Es entstehen

Musiken für Kurzfilme von Rudolf Burckhardt – darunter *145W 21*, in dem Latouche, Copland und Bowles auch selbst in zwei oder drei Einstellungen auftreten.
Lincoln Kirstein, der von Pauls bewegtem Reiseleben beeindruckt ist, gibt ihm den Auftrag für eine Ballettmusik: *Yankee Clipper*.

1936: Am 26. Januar findet im Midtown Center New York das erste Konzert statt, das ganz allein Werken von Paul Bowles gewidmet ist. Organisator ist das Federal Music Project. Paul lernt Cecil Beaton, Alfred Stieglitz und Georgia O'Keefe kennen. Die Guggenheim-Stiftung lehnt seinen Antrag, eine Reise nach Marokko zur Aufzeichnung traditioneller Musik zu finanzieren, ab. Mitte Juli machen die spanischen Nationalisten unter Franco und den Generälen Sanjurjo und Mola einen nationalistischen Aufstand. Paul schließt sich dem Komitee zur Unterstützung der spanischen Republik an: Er schreibt die Musik zu *Who Fights This Battle?*, das von Joseph Losey inszeniert wird.
Virgil Thomson stellt ihn Orson Welles vor, der gerade das Projekt 891 des Federal Theatre leitet, für das er Paul auch gleich engagiert: Es handelt sich um eine Adaptation von Labiches *Un chapeau de paille d'Italie* (*Horse eats Hat*). So kommt er, in seiner Funktion als *research technician* am Federal Theatre Project, in den Genuß von 23,86 $ wöchentlich. Das Stück hat, mit Joseph Cotton in der Hauptrolle, am 26. September Premiere. Es ist die erste von drei Bühnenmusiken, die Paul für Orson Welles komponiert.

1937: Am 8. Januar hat das Stück *Doctor Faustus* Premiere, ebenfalls von Orson Welles inszeniert. Gleichzeitig schreibt Paul eine weitere Bühnenmusik: der Auftraggeber ist die Southern Tenant Farmers Union, eine landwirtschaftliche Gewerkschaft trotzkistischer Prägung.
Februar: John Latouche lädt ihn zu einem kleinen Ausflug zum Haschischrauchen nach Harlem ein, auf dem Paul Jane Auer kennenlernt. Einige Tage später entschließt er sich, den Maler Kristians Tonny und seine Frau Marie Claire zu begleiten, die eine Reise nach Mexiko planen. Als Jane davon hört, möchte sie mit von der Partie sein und lädt sich selbst dazu ein. Vor der Abreise läßt Paul 15000 antitrotzkistische Anstecker drucken, die er in Mexiko verteilen will, wohin der Gründer der IV. Internationale

derzeit geflüchtet ist. Gegen den Rat Eugène Bermans verläßt er das Federal Theatre Project, und Mitte März starten sie im Greyhound nach Mexiko, über New-Orleans, Houston, Laredo, Monterrey. An der Grenze wird Jane krank. In Mexico City angelangt, «verduftet sie ins Ritz». Da das Palace voll ist, finden die andern sie erst ein paar Tage später in einem anderen Hotel; sie ist immer noch krank. Am nächsten Tag fliegt sie, ohne eine Nachricht zu hinterlassen, nach Tucson, Arizona.

In Mexiko trifft Paul den Musiker Silvestre Revueltas, komponiert *Mediodía* und reist, auf den Rat Miguel Covarrubias' hin, bald ab nach Tehuantepec. Dort kennen ihn bald alle als «Don Pablito» – mit seinem Akkordeon. Seine Anstecker verteilt er mit großem Erfolg. Nachdem sie zuerst an der Grenze aufgehalten werden, verbringen sie drei Wochen in Guatemala und lassen es sich anschließend, wieder in Mexiko, im Malinche Palace gutgehen, am nördlichen Rand der Hauptstadt.

Als der Sommer kommt, wird Paul leider nach New York zurückgerufen: zur Orchestrierung von *Yankee Clipper* zieht er sich ins Chelsea Hotel zurück. Premiere der symphonischen Version des Balletts im August. Auch Jane Auer ist da. Sie verbringen ein Wochenende gemeinsam in Deal Beach, New Jersey, wo Janes Mutter ein Sommerhaus gemietet hat. Ende August mit seinen Eltern in Glenora. Zurück in New York zieht er sich in das Loft seines Freundes Edwin Denby (Tanzkritiker und Dichter, der ihn mit dem Schweizer Fotografen und Filmemacher Rudolf Burckhardt bekannt gemacht hatte) in der 21st Street zurück. Der Grund für seine freiwillige Isolation: Er arbeitet den ganzen Herbst über an einer Oper, *Denmark Vesey*. Das Libretto ist von Charles Henri Ford.

1938: Am 21. Februar, am Vortag ihres zwanzigsten Geburtstages, wird Jane Auer Mrs. Bowles. Nur Pauls Eltern und Janes Mutter sind anwesend.

Vernon Duke organisiert eine Konzertreihe, «The High-Low Concerts», in deren Rahmen am 23. Februar im Vorprogramm zu Duke Ellington *Mediodía* aufgeführt wird. Paul Bowles begleitet sein eigenes Stück auf dem Schlagzeug – auf dem Viennese Roof des New Yorker St. Regis Hotel.

Wenige Tage später besteigt das Paar die *Kano Maru* Richtung Panama, wo sie zehn Tage bleiben, danach sind sie einen Monat lang in Costa Rica.

Mitte April kommen sie in Guatemala an und reisen Ende des Monats ab: von Puerto Barrios aus mit dem Schiff über Venezuela und Barbados nach Le Havre/Frankreich. Das Schiff, die *Cordillera*, gehört zu einer deutschen Linie und ist voller Nazis auf dem Rückweg ins «Reich»: Sie verabscheuen die Calypso-Musik, die Paul auf seinem Plattenspieler hört.
Juni: Paris. Jane lebt ihr Leben. Sie ist häufig im «Le Monocle», einer teuren Homosexuellenbar, später wird sie Stammgast in einem Café in der Nähe des Panthéon, wo sie die wiederholten Avancen eines Unbekannten zurückweist, den sie Jahre später zufällig auf einem Foto wiedererkennt: Henry Miller. Dennoch findet sie Zeit, einen Roman anzufangen: *Two Serious Ladies*. Weil er ihr Jane vorstellen möchte, ruft Paul Gertrude Stein an: Sie möchte ihn nicht wiedersehen.
Premiere des *Dumbarton Oaks Concerto*, von Strawinsky selbst dirigiert. Jane bringt zwei Freunde mit: Denham Fouts und Brion Gysin. Paul versucht Jane zu überreden, mit ihm nach Nordafrika oder Südfrankreich zu kommen. Sie lehnt ab. Janes und Pauls Schwierigkeiten miteinander verarbeitet sie zum Teil in *Two Serious Ladies*. Paul reist allein nach Saint Tropez, ist dort unglücklich und telegrafiert ihr, ob sie nicht doch kommen will. Im Juli fährt sie zu ihm nach Cannes. Schrecklicher Streit, und Versöhnung. Sie mieten ein Haus in Eze Village. Er arbeitet an seiner Musik, sie lernt Kochen (ihre Spezialität: Canard à l'orange), hört aber, trotz ihrer Beschäftigung, nicht auf zu trinken. September: Orson Welles möchte, daß Paul die Musik zu *Too Much Johnson* komponiert. Rückkehr nach New York, ins Chelsea Hotel. Welles läßt die für das Mercury Theatre geplante Produktion fallen. Paul und Jane lassen sich ohne Geld mit ihren 27 Koffern, 2 Schrankkoffern, dem Plattenspieler und der Scheibmaschine in einer Wohnung Ecke 7th Avenue/18th Street nieder. Sie besuchen häufig den Salon von Kirk und Constance Askew, wo sie u. a. Leonard Bernstein und Marc Blitzstein antreffen. Paul komponiert den zweiten Akt von Denmark Vesey und arbeitet, diesmal als Komponist, wieder für das Federal Music Project (American Folk Songs), was ihm 23,86 $ wöchentlich verschafft.
September 38: Münchner Abkommen. Er tritt der CPUSA bei. (Jane ebenfalls, aber weniger aus Überzeugung, denn aus Solidarität mit ihm.) Den Kursen der Workers School folgen sie allerdings ohne große Begeisterung.

1939: Im Frühjahr schreibt er die Partitur zu *My Heart's In The Highlands* von William Saroyan. Premiere am 13. April.
Sie mieten eine alte Farm auf Staten Island, 1116 Woodrow Road, und machen sie bewohnbar. Weil – vor allem für Jane – ununterbrochen Besuch kommt, zieht er bald wieder aus und in ein Studio in Brooklyn, wo er in Ruhe arbeiten kann. Dort entsteht auch seine erste Erzählung, *Tea On The Mountain*, die erst 1950 veröffentlicht wird.
Jane, die zuerst noch mit einer Freundin – Mary Oliver – auf der Farm geblieben war, wohnt nun *downtown*, in der 13th Street.

1940: Er lernt Salvador und Gala Dalí kennen.
Die Musik zu *Love's Old Sweet Song* von William Saroyan entsteht. Premiere am 2. Mai.
Ein neuer Versuch, mit Jane zusammenzuleben, im Chelsea Hotel. Neue heftige Auseinandersetzungen. Er wird aus dem Federal Music Project entlassen.
April: Abreise nach Albuquerque (New Mexico), wo er im Auftrag des Landwirtschaftsministeriums Filmmusik zu *Roots in the Soil* schreiben soll. Jane kommt mit, ebenso Bob Faulkner, ein dilettierender Journalist beim *New Yorker*. Jane sieht in Bob – dem belanglosen, freudigen Trinker – einen Ausgleich zu Paul, den sie ernstnehmen kann, der sie aber auch deprimiert. Diese Reise markiert das Ende ihrer sexuellen Partnerschaft. Mitte Mai: mit dem Zug nach Mexiko. Sie mieten eine Hacienda in Jajalpa, in der Nähe von Toluca, aber Paul wird bald höhenkrank (4000 m). Ohne Faulkner fahren sie hinunter nach Acapulco und wohnen bei Lou und Rosamonde Reille. Für ihre Katze und ihr Kaninchen kaufen sie zur Gesellschaft einen männlichen und einen weiblichen Papagei, ein Gürteltier, eine weitere Katze, einen Ara und zwei Dachse.
In Acapulco lernt er Tennessee Williams kennen. Am Ende des Sommers Abreise nach Taxco, eine Stadt, die Paul verabscheut. Jane trifft dort Helvetia Perkins, eine ältere Frau, die sie zu erobern beschließt.
Im September kehrt er nach New York zurück, aus Arbeitsgründen (Musik zu *Twelfth Night*). Er tritt aus der CPUSA aus, die ihn fragt, wo er gewesen sei. «In Acapulco, im Urlaub», antwortet er. Acapulco ist offensichtlich unvereinbar mit einer marxistischen Ethik. 19. November: Premiere von *Twelfth Night*.

1941: Jane kommt zurück und wohnt ebenfalls im Chelsea Hotel, wo sie ihre Arbeit an *Two Serious Ladies* fortsetzt. Sie nimmt ihr New Yorker Leben wieder auf und schleppt ihn mit in den Salon der Askews: dort trifft er Marcel Duchamps, Yves Tanguy... Im Januar erhält er von der Guggenheim-Stiftung ein Stipendium, um eine Oper zu schreiben. Bühnenmusiken für *Liberty Jones* (Premiere am 5. Februar) und *Watch on the Rhine* von Lillian Hellman (Premiere am 1. April).

Lincoln Kirstein gibt ihm erneut einen Auftrag für eine Ballettmusik und besorgt ihm auch einen Platz, wo er arbeiten kann. Die Musik zu *Pastorela* komponiert Paul in Brooklyn Heights in einem Künstlerhaus in der Middagh Street, das von George Davis geleitet wird, dem literarischen Redakteur von *Harper's Bazaar*. Es sind alles Freunde von Davis, die dort wohnen (außer den Bowles sind das Benjamin Britten, W. H. Auden und Golo Mann). Interessante Gemeinschaftserfahrung, trotz des autoritären Charakters von W. H. Auden, von dem Jane dennoch fasziniert ist. Als sie wieder ausziehen, hinterlassen sie ihre Zimmer Carson McCullers und Richard Wright (dem Autor von *Black Boy*).

Juli: Da sich ihre ökonomische Situation verbessert hat, reisen sie wieder ab nach Mexiko. Fortín, Taxco: Er arbeitet an einer Musik für ein Stück von Richard Hepburn (dem Bruder der Schauspielerin), *Love Like Wildfire*, das niemals realisiert wird. Um allein sein zu können, zieht er sich in eine Hütte am Rand eines Abgrunds zurück, die eine Wegstunde mit dem Pferd entfernt ist.

Jane verbringt ihre Abende in Gesellschaft vieler Freunde im Haus von Helvetia Perkins; tagsüber schreibt sie, oder trinkt weiter. Im August fahren alle nach Acapulco. Nach drei Wochen fahren die anderen nach Taxco zurück, nur Paul bleibt noch. Er kampiert im Garten eines Hotels und ersteht einen Ozelot (der traurigerweise wenig später an den Knochen einer Taube verendet, mit der Fotografen von *Life* das Tier für eine Reportage füttern). Zurück in Taxco wird Paul krank: Darmentzündung, Gelbsucht. Eine schlimme Zeit. In Mexico City wird er ins British Hospital eingeliefert, gesundet, erleidet einen Rückfall. Dann ein Sanatorium im Cuernavaca. Zwischenzeitlich arbeitet er trotz allem an seiner Oper *The Wind Remains*, nach einem Stück von García Lorca.

Dezember: Jane bringt ihm das fertige Manuskript von *Two Serious Ladies* ins Krankenhaus. Pearl Harbour wird bombardiert.

«Ein voller Erfolg», bemerkt Paul und meint damit Janes Buch. Er wirft ihr die vielen Rechtschreibfehler vor.

1942: Erneute Abreise nach Tehuantepec mit Jane, Helvetia Perkins und Antonio Alvarez. Sechs Wochen Fiestas auf den Dörfern. Neuerliches Leberversagen. Rückkehr nach Cuernavaca. Dann eine Tumoroperation am Kiefer, wie schon einmal, 1923. Die Operation wird schlecht ausgeführt: zwei Wochen Krankenhaus. Genesung in Guadalajara. Am 30. März kehrt Jane mit Helvetia Perkins in die USA zurück. Anfang des Sommers folgt Paul nach und arbeitet an *The Wind Remains* in einem Haus in Watkins Glen, das seiner Familie gehört.
Herbst: Rückkehr nach New York, Chelsea Hotel. Er trifft Marcel Duchamp, der ihm sein Appartement in der 14th Street überläßt, als er auszieht (ein Penthouse, das dem Architekten Friedrich Kiesler gehört). Jane wohnt mit Helvetia Perkins in Waverly Place. Paul wird Musikjournalist für den *New York Herald Tribune*. Sein erster Artikel erscheint am 20. November 1942. In diesem Winter trifft er sich mit Samuel Barber, Gian Carlo Menotti sowie John und Xenia Cage.

1943: Am 30. März hat *The Wind Remains* im Museum of Modern Art New York (MOMA) Premiere, eine «Oper» in einem Akt (von Paul später eher als «Zarzuela» definiert); mit Leonard Bernstein, Dirigent, und Merce Cunningham, Choreographie. Im Frühjahr erscheint auch *Two Serious Ladies*, das von der Kritik schlecht aufgenommen wird. Paul verteidigt das Werk.
Er schreibt die Filmmusik zu *Une Semaine de bonté* (Collagen von Max Ernst). Peggy Guggenheim produziert die *Sonate für Flöte und Piano* (die er 1932 schrieb) auf Schallplatte, in der Reihe «Art of This Century Recordings».
Im Sommer erhält er eine Einberufung zur Armee und wird für untauglich erklärt. Grund: «Psychoneurotische Persönlichkeit».
September/Oktober: Ferien mit Jane in Kanada (Montréal, Quebec).

1944: Musik für das Stück *Jacobowsky and the Colonel* (von Elia Kazan inszeniert) und für den Film *Congo* von John Latouche (zu dem der belgische Cineast Paul Robeson den Kommentar spricht).
Mai/Juni: Mexiko (Guadalajara, Manzanillo, Uruapan). Jane

reist mit Helvetia nach Vermont, um dort den Sommer zu verbringen. Paul kehrt nach New York zurück und zu seiner Arbeit als Musikjournalist beim N. Y. Herald Tribune. Er lernt den Marqués de Cuevas kennen, der ihn fragt, ob er nicht die Musik für ein Ballett komponieren will, das Salvador Dalí nach einem Gedicht von Verlaine gestalten soll: *Colloque sentimental* wird ein sehr erfolgreicher Skandal.

Er beginnt, Übersetzungen aus dem Französischen und Spanischen in Zeitschriften zu veröffentlichen, und schreibt seine zweite Erzählung, *The Scorpion*, die im Dezember 1945 in *The View* gedruckt wird.

Musik für *The Glass Menagerie* von Tennessee Williams, das Ende Dezember in Chicago uraufgeführt wird.

1945: Er leidet unter Ohrensausen. Eine (wie sich herausstellt: unnötige) Mandeloperation verursacht längere Schwierigkeiten. In Washington trifft er Sartre und erhält die Übersetzungsrechte von *Huit Clos* für die Vereinigten Staaten.

Umzug in die 10th Street East Nr. 28. Gutes Klima in der Hausgemeinschaft mit Jane, Helvetia Perkins und Oliver Smith, ein ähnliches Glück wie in der Middagh Street.

The Glass Menagerie hat enormen Erfolg (Broadway-Premiere am 31. März). Seit dem Frühjahr 45 bis zu seiner Abreise aus New York im Jahr 47 trifft er sich regelmäßig mit der Komponistin Peggy Glanville-Hicks. Briefe, die er ihr später aus Marokko schreibt, verarbeitet sie 1953 zu einem Werk: *Letters from Marokko*. Jane schreibt ein Theaterstück, *In the Summerhouse*. Paul sieht Sartre in New York wieder, lädt ihn zum Essen ein, zeigt ihm die Niederungen der Stadt und lauscht seinen stundenlangen, begeisterten Ausführungen über Jean Genet. Pauls dritte Erzählung entsteht, *By the Water*, zweifellos inspiriert von einem Krüppel, den er einmal in Fès gesehen hat. Für Charles Henri Ford gibt er eine Sondernummer der *View* heraus: *Tropical Americana* (Mai 1945).

Juni/Juli in Mittelamerika: Cuba, El Salvador, Guatemala und wieder Cuba: Hier lernt er den Maler Wilfredo Lam kennen. Jane weilt mit Helvetia Perkins in Vermont.

Am 10. August sieht er, zurück in New York, die Schlagzeilen zum Atombombenabwurf über Hiroshima und Nagasaki. Paul schreibt *A Distant Episode* und komponiert die Bühnenmusik für *Ondine* von Jean Giraudoux in einer Adaptation von Schuyler Watts. Das Stück wird nie aufgeführt.

1946: Im Februar publiziert *Harper's Bazaar* eine Erzählung Janes, *Plain Pleasures*. Paul schreibt seinen letzten Artikel für den *Herald Tribune* (Ausgabe vom 11. Februar). Er widmet sich jetzt fast ganz der Musik. In diesem Jahr erhält er zahlreiche Aufträge vom Broadway: *Twilight Bar*, von Arthur Koestler; *The Dancer*, über das Leben Nijinskys; *Land's End*... Den Sommer verbringt er in Southampton, Staat New York, wo er an seinem *Konzert für zwei Klaviere, Bläser und Schlagzeug* arbeitet – ein Auftrag von Arthur Gold und Robert Fizdale – und die Erzählung *Under the Sky* schreibt. Im Herbst beauftragt ihn Jose Ferrer mit einer Bühnenmusik für seine Inszenierung von *Cyrano de Bergerac* (Premiere am 8. Oktober in New York). John Huston inszeniert *Huit Clos* (*No Exit*) – wobei er den Sinn von Sartres Stück völlig verdreht.
John Latouche macht Paul mit Libby Holman bekannt, eine in den zwanziger Jahren sehr bekannte Schnulzensängerin («torch singer»). Anfang Dezember reist Paul für sechs Wochen auf die Insel Jamaika, um dort in Ruhe Giraudoux' Stück *La Folle de Chaillot* zu übersetzen. Dort, in Ocho Ríos, schreibt er auch *At Paso Rojo* und hat die Idee zu *Pages from Cold Point*.

1947: Rückkehr nach New York am 13. Januar zur Premiere von *Pastorela*, ein Ballett mit der Choreographie von Balanchine. Hans Richter bittet ihn um Musik für zwei Sequenzen seines Films *Dreams That Money Can Buy: Desire* (Max Ernst) und *Ballet* (Calder). Paul arbeitet auch mit Jerry Robbins, aber das gemeinsame Projekt, ein Ballett namens *Interplay*, scheitert.
Im Frühjahr – er ist ein bißchen müde, «Gebrauchsmusik» zu schreiben – spielt er mit der Idee, einen Band mit Erzählungen herauszugeben. Er wendet sich an Dial Press, die ihn an eine Agentin weiterverweisen: Helen Strauss, von der William Morris Agency (er ist heute noch bei dieser Agentur).
Mit Doubleday macht er einen Vertrag über einen Roman. Eines Nachts im Mai träumt er von Tanger. Er entschließt sich, dort den Sommer zu verbringen. Am 1. Juli geht er in Begleitung von Gordon Sager an Bord der *SS Ferncape*, New York – Casablanca. Während der Überfahrt schreibt er *Pages From Cold Point*. Jane bleibt in New York, um an *In the Summerhouse* weiterzuarbeiten, dessen erster Akt soeben vorabgedruckt wurde.

August: In Fès, Bab el Hadid, beginnt er mit dem Roman *The Sheltering Sky* und ist ein häufiger Besucher des gastfreundlichen Hauses von Monsieur Abdessalem Ktiri, wo sich die «Crème» der Fassi-Jugend trifft. Paul lernt dort den jungen Maler Ahmed Yacoubi kennen, den Sohn eines *Fqih* der Stadt. Er geht auf Reisen und begegnet mehrere Male (in Tanger, Algeciras, Cordoba) einem bizarren Gespann, das er in *The Sheltering Sky* karikierend verewigt: es sind die Nebenfiguren Mrs. Lyle und ihr Sohn Eric. In Ronda (Spanien) wohnt er im Hotel Victoria und arbeitet intensiv an seinem Roman. Im November kehrt er nach Tanger zurück, wo er sich bei M. und Mme Buckingham in der Pension El Farhar einquartiert, auf dem Alten Berg. Gemeinsam mit Oliver Smith kauft er für 500 $ ein renovierungsbedürftiges Haus in der Nähe der Place Amrah, in der Kasbah. Er schreibt die Erzählung *How Many Midnights*.
Nachdem er ein Stück Majoun in der Rue Ibn Khaldoun erstanden und gegessen hat, gelingt es ihm zum ersten Mal, den Tod einer seiner Figuren zu beschreiben: Port Moresby, in *The Sheltering Sky*. Wieder fährt er nach Fès, wo er seine Majounversuche fortsetzt. Zu Winteranfang reist er ab nach Oujda. Colomb-Béchar. Entdeckung Taghits, in der algerischen Wüste.

1948: Im Hotel in Taghit logiert nur ein einziger anderer Gast, eine Schweizer Lehrerin, das Vorbild für Fräulein Windling in der Erzählung *The Time of Friendship*. Beni-Abbès. Danach Timimoun, wo ihm ein französischer Offizier eine wahre Begebenheit erzählt, die ihn zu der Erzählung *The Delicate Prey* inspiriert. In Adrar arbeitet er an seinem Roman weiter. Schließlich fliegt er zurück nach Algier: Jane erwartet ihn in Tanger, wo sie in Begleitung einer New Yorker Freundin, Cory, am 31. Januar von Bord geht. Paul kommt, trotz aller Bemühungen, erst am 2. Februar in Tanger an. Jane ist von der Stadt fasziniert und beginnt sofort, den Dialekt der Leute zu studieren (sie hatte einen Winter lang in Paris Arabisch gelernt).
Februar: In Fès wohnen sie im Palais Jamai, er, Jane, Cory und Edwin Denby. Er schreibt *The Circular Valley*. Jane macht eine einzige und unglückliche Erfahrung mit Majoun (Überdosis). Gemeinsam mit Cory reist sie nach Marrakesch, dann nach Spanien, bevor sie Paul Ende März in Tanger wiedertrifft. (Wieder Pension El Farhar, da das Haus in Amrah umgebaut wird.) Er

arbeitet an *The Sheltering Sky*, sie an *Camp Cataract*. Ein algerischer Freund Pauls, Boussif, stellt Jane eine Kornverkäuferin vor, Cherifa. Jane verliebt sich in diese Frau, die den ganzen Tag in einer kleinen Bude auf dem Grand Socco sitzt.
Mai: nach Fès, Hotel Belvédère. Jane beendet *Camp Cataract*, er schließt *The Sheltering Sky* ab. Mitte Juni kommt Libby Holman nach Marokko, die ihm auf einer Reise in den Hohen Atlas vorschlägt, eine Partitur für eine Oper nach *Yerma*, von García Lorca, zu schreiben.
Telegramm von Tennessee Williams: er möchte eine Theatermusik für sein Stück *Summer and Smoke*. Paul reist am 18. Juli nach New York, Jane bleibt im Hotel Villa de France zurück. Premiere in Buffalo am 9. September, erste Aufführung am Broadway am 6. Oktober. In New York schreibt er die Erzählung *You Are Not I*. Am 14. November wird sein *Konzert für zwei Klaviere, Bläser und Schlagzeug* von Gold und Fizdale in der Town Hall in New York uraufgeführt. 1. Dezember: Paul, Tennessee Williams und Frank Merlo gehen an Bord der *SS Saturnia*, die nach Gibraltar ausläuft. Auf der Überfahrt schreibt er *The Delicate Prey* zu Ende. Tanger im Regen. Sie wohnen alle zusammen im El Farhar. Weihnachtsessen in Fès für Paul und seine Freunde.

1949: Im März reisen er und Jane in die Sahara. In Taghit schreibt sie *A Stick of Green Candy*. Rückkehr nach Tanger im April, El Farhar. Im Mai Reise nach Paris, wo er Copland wiedersieht und James Baldwin kennenlernt. Gold und Fizdale geben sein *Konzert für zwei Klaviere, Bläser und Schlagzeug* in der Salle Pleyel. Als er Sartre in Saint Germain begegnet, zieht Paul es vor, ihn zu «übersehen»: Sartre sieht zweifellos in ihm – und nicht in Huston – den Verantwortlichen für die «ideologischen Verdrehungen», denen *Huit Clos* am Broadway ausgesetzt war. Paul vermeidet es lieber, sich rechtfertigen zu müssen. Rückreise nach Tanger im Zug.
Ende Mai: In Fès beendet er *The Hours After Noon*. Die Erzählung, die in der «Pension Callender in Tanger» spielt (gemeint ist das El Farhar), wird erst 1956 veröffentlicht, nachdem sie von elf Zeitschriften abgelehnt worden war.
Den Sommer verbringt er mit Jane im El Farhar, wo auch Truman Capote wohnt. Im Juli lernt er Themistocles Hoetis kennen (Pseudonym des Schriftstellers George Solomos), der die Zeitschrift *Zero* herausgibt und in der Sommernummer 1949 die Er-

zählung *The Delicate Prey* veröffentlicht. Paul beginnt mit einem neuen Roman, den er bald wieder fallenläßt: *Almost All the Apples are Gone* sollte in New York und Mittelamerika spielen. In Tanger jagt ein Fest das andere. Die Internationale Zone erlebt ihren Höhepunkt. Er komponiert *Night Waltz*, ein schönes Zeugnis dieses Sommers 49.

September: *The Sheltering Sky*, das von Doubleday abgelehnt wurde, wird von John Lehmann in London publiziert. Paul liest *Un Barbare en Asie* von Henri Michaux und verspürt eine unbändige Lust, «irgendwohin in die Tropen» zu reisen. Er möchte Asien kennenlernen.

Oktober: Auf eine Einladung von David Herbert fahren Jane und Paul, über Marseille und durch das Rhônetal, Richtung Großbritannien. Eine kulinarische Reise, nur nicht für Paul, dem seine Leber Schwierigkeiten macht. In Paris stellt er Jane Alice Toklas vor. Bald erreichen sie Wilton, das Schloß des Earl of Pembroke, David Herberts Vater. In einem Album entdeckt Paul das Foto einer wunderschönen Insel, die nur ungefähr fünfzig Meter vor Ceylons Küste liegt: Taprobane. In London trifft sich Paul mit John Lehmann und begegnet Somerset Maugham. Es ist Dezember. *The Sheltering Sky* ist nun auch in New York erschienen. Paul schifft sich auf einem alten polnischen Frachter ein, die *General Walter*. Ziel: Colombo. Jane bleibt lieber in Paris und arbeitet mehr oder weniger intensiv an einem weitgehend autobiographischen Roman: *Out In The World*. An Bord der *General Walter* sind noch drei weitere Passagiere: zwei Nonnen und ein Priester. Als das Schiff bei Nacht die Meerenge von Gibraltar passiert, und Paul die Lichter Tangers und die dunkle Steilküste sieht, sehnt er sich plötzlich sehr nach der Stadt. Er verzieht sich in seine Kabine und beginnt *Let It Come Down* (Kapitel 8). Er entwirft Graphiken und genaue Konstruktionspläne des Romans. Weihnachten im Roten Meer. Eine stürmische Reise. Das Schiffspersonal ist nicht sehr gesprächig. Er arbeitet. Zwischenhalt in Djibouti («Place Arthur Rimbaud») und in Port Saïd.

1950: Bei der Ankunft in Colombo, nach drei Wochen, steht schon fast der erste Teil des Romans, «International Zone». Er bereist Ceylon und Südindien (Madura, Trivandrum). In Cap Comorin schreibt er «International Zone» zu Ende und den Anfang von «Fresh Meat And Roses». Er besucht Tuticorin und Bandara-

wela. Im Mai, in Maldeniya, schreibt er *Fish Traps and Private Business*, seine erste Reiseerzählung, 1963 in dem Band *Their Heads are Green* erschienen (dt.: *Der Weg nach Tassemsit*).
Im Juni kehrt er nach London zurück. Dann Paris, wo er Jane wiedertrifft, die im Hôtel d'Université wohnt. Er frühstückt ab und zu mit Carson und Reeves McCullers und begegnet Brion Gysin wieder, der Lust hat, auf Reisen zu gehen. Paul lädt ihn ein, zu ihm nach Tanger zu kommen. Er selbst bricht stehenden Fußes auf, während Jane in Paris bleibt, wo es ihr momentan sehr gut geht. In Tanger lebt er mehr schlecht als recht in seinem Haus in Amrah: die Umbauarbeiten sind noch nicht abgeschlossen (das Dach wird aufgestockt und sämtliche Wasserleitungen müssen erst verlegt werden). Brion Gysin kommt an und wohnt bei ihm.
Den Juli verbringt Paul mit Libby Holman in Andalusien, um mit ihr an *Yerma* zu arbeiten. Im August reist er mit Gysin nach Fès und entdeckt Jajouka (ein Djebala-Dorf in der Nähe von Ksar el Kebir, dessen Musik Ende der sechziger Jahre von Gysin und Brian Jones, dem Rolling-Stones-Gitarrist, populär gemacht wurde). Sie fahren nach Marrakesch. Im selben Monat erscheint in London der erste Band Erzählungen, *A Little Stone*.
Jane fährt nach New York, in der Hoffnung, ihr Stück aufgeführt zu sehen. Im November erscheint in New York der Sammelband *The Delicate Prey* (= *A Little Stone* + fünf in England zurückgewiesene Erzählungen, u. a. eben auch *The Delicate Prey*). Im Spätherbst mit Jane Rückkehr nach Tanger, ins Hotel Mimosa. In dieser neuen, aber schlecht gebauten Pension macht er sich erneut an *Let It Come Down* und beendet den Teil «Fresh Meat And Roses».

1951: Nada Patcevitch will in *Vogue* einen Artikel über die Sahara schreiben und fragt Paul, ob er sie begleiten will. Eine Reise mit Hindernissen. Nada wird krank. Er schreibt ab und zu an «The Age of Monsters», dem dritten Teil von *Let It Come Down*. Auf Gysins Rat hin («du kannst es dir leisten!») kauft er sich ein nagelneues Jaguar-Cabriolet. Jane reist wieder ab nach Paris, um dort *In The Summer House* noch einmal zu überarbeiten und an *Out In The World* weiterzuschreiben. Im selben Monat bricht Paul mit Gysin und einem Fahrer für den Jaguar, Mohammed Temsamany, zu einer langen Fahrt durch die Wüste auf. Im Juni wieder in Fès: gemeinsam mit Yacoubi fährt Paul an die spanisch-französische Grenze, um Jane abzuholen. Sie ist eifersüchtig auf Yacoubi. Auch das Verhältnis zwischen Yacoubi und Temsamany ist schwierig. Mitte Juni mieten sich Jane und Paul wieder im El Farhar ein (das Haus in Amrah ist immer noch nicht fertig). Er verbringt die Vormittage im Bett und schreibt «The Age Of Monsters» zu Ende, das er im Januar begonnen hatte. Außerdem entsteht *Baptism of Solitude* (Reiseerzählung in *Their Heads are Green*).

Den Monat Juli verbringt er allein in Chaouen, um den vierten und letzten Teil von *Let It Come Down* zu schreiben, «Another Kind of Silence». Im August erscheint seine erste Romanübersetzung (französisch > englisch), *The Lost Trail of the Sahara* von Roger Frison-Roche (*La Piste oubliée*). Die Premiere von Janes Stück *In The Summerhouse findet* am 23. August im Hedgerow Theatre ein Moylan (Pennsylvania) statt. Anfang November reist Paul mit Jane nach Fès, und Ende des Monats kehrt er mit Yacoubi nach Tanger zurück, zur Vernissage einer Ausstellung von Yacoubis Zeichnungen in der Librairies de Colonnes. Bis Ende Dezember bleibt er mit Yacoubi in Tetouan, im Hotel Dersa. Robert Rauschenberg wohnt in derselben Straße, im Hotel Bilbao. Eines Abends bietet Yacoubi dem amerikanischen Maler Majoun an, ohne ihn darauf vorzubereiten, was es ist. Rauschenberg verbringt eine schwierige Nacht.

1952: Im Januar macht Paul einen Ausflug nach Gibraltar. In einem Reisebüro wird eine Passage Gibraltar–Bombay erster Klasse auf einem polnischen Schiff, der *Batory*, für 80 £ angeboten. Er ist neugierig, wie sich Yacoubi in Indien verhalten wird, und geht mit ihm an Bord. Jane hingegen bucht für New York, in der Hoffnung, daß ihr Stück bald am Broadway aufgeführt wird.

Bombay. Aurangabad, Ellora. Wieder Bombay. Dort liegen zehn Exemplare von *Let It Come Down* in der Post, das im Februar in New York erschienen ist. Sie befinden sich in Kotschin, als in Tanger der Bürgerkrieg ausbricht. Sein Roman, der zum Zeitpunkt, als er ihn schrieb, noch aktuell war, wird so zum Zeugnis einer Situation, die bereits der Vergangenheit angehört. In New York wird derweil eine Ausstellung Yacoubis eröffnet – auf Initiative Janes, die einige Zeichnungen mitgenommen hatte. Kurze, heftige Polemik, ausgelöst durch Jean Dubuffet, dem unangefochtenen Meister der *Art brut*, der bei seinem Besuch in der Galerie

Betty Parsons schwört, Yacoubi sei nicht der Urheber der ausgestellten Zeichnungen... Trivandrum. Madura. In Mandapam werden sie verhaftet und verbringen 48 Stunden in einem «Internierungslager». Gintota. Er entdeckt Taprobane – Liebe auf den ersten Blick – und hinterläßt Instruktionen für den Fall, daß die Insel zu verkaufen ist. März: Cap Comorin, er schreibt *Notes Mailed at Nagercoil* (Ex- *Notes on a Visit to India*, in: *Their Heads Are Green*). Im Mai, bevor der Monsun beginnt, kehren sie auf der *Tai-Yang* zurück, einem norwegischen Frachter, der die Verbindung Rangoon–Oslo fährt. In Gênes, wo sie von Bord gehen, werden sie von Albert Rothschild erwartet, der sie auf seinen Besitz am Lac d'Orta einlädt. Dort treffen sie Brion Gysin und den Bruder Albert Rothschilds, den Filmemacher Hans Richter. Die nächste Einladung führt sie in Peggy Guggenheims Palazzo Venier dei Leoni de Venise, und so kehren sie erst im Herbst nach Tanger zurück, nicht ohne vorher noch ein letztes Mal in Madrid haltzumachen, wo Yacoubis Bilder ausgestellt werden. Am Ende des Jahres erhält Paul ein Telegramm, Taprobane sei zu verkaufen. Er kauft die Insel ohne zu zögern.

1953: Seit 1947 schon hört er mit Vergnügen zu, wenn Yacoubi seine improvisierten Geschichten erzählt, aber erst jetzt beginnt er, sie zu transkribieren. Er schreibt sie, während Yacoubi erzählt, so schnell er kann direkt auf englisch in seine Hefte. Anfang 1953 übersetzt er so *The Man Who Dreamed Of Fish Eating Fish*, das kurz nach der Veröffentlichung in einer Zeitschrift (1979) auch im Sammelband *Five Eyes* erscheint.
Im März fährt er nach New York, um die Musik zu *In The Summer House* zu schreiben, das endlich auch am Broadway aufgeführt wird. Jane hat den Boden bereitet für mehrere Ausstellungen Yacoubis. Paul und Yacoubi spielen in *8×8* mit, einem Film von Hans Richter, der bei Libby Holman in Treetops, Connecticut, gedreht wird. Auftrag von Gold und Fizdale, die Musik zu einem Text von Schuyler zu schreiben: *A Picnic Cantata.* Im April macht Paul seine erste Erfahrung mit Meskalin, in einem Haus mitten in einem 200 Hektar großen Waldstück im Pocono-Gebirge in Pennsylvania.
Vom 19. bis 23. Mai wird *In The Summerhouse* in Ann Arbor aufgeführt, mit Miriam Hopkins und Mildred Dunnocks in den Hauptrollen.

Im selben Monat fährt Paul allein nach Tanger und läßt Yacoubi vorübergehend in den Armen von Libby Holman zurück. Er arbeitet an der *Picnic Cantata* und besucht verschiedene Moussems in Marokko. Anfang Juli kommt ein Telegramm von Tennessee Williams. Mit Yacoubi, der gerade erst zurück ist, und Temsamany macht er sich im Jaguar auf Richtung Rom. Es folgen sechs Wochen in der ewigen Stadt (Mitte Juli bis Anfang September), um die Dialoge für Senso von Lucino Visconti zu schreiben. Da der Regisseur die Liebesszenen zu kalt findet, muß Tennessee sie neu schreiben. Ende September: Neapel–Istanbul mit der *M/S Tarsus*, begleitet von Yacoubi. Paul ist neugierig, wie sein Freund sich verhält in einem Land, das mit dem Islam radikal anders umgeht... Auf dem Schiff und dann in Istanbul schreibt er *A Man Must Not Be Very Moslen* (in: *Their Heads Are Green*). Ende Oktober: Istanbul–Neapel, wo Temsamany auf sie wartet. Auf dem Rückweg nach Rom sammelt Temsamany ganze Arme voll Hanf auf den Feldern. Majoun-Abend in Rom bei Paul, Monte Parioli. Lilian Hellman und die Schauspielerin Stella Adler sind auch eingeladen. Es folgen ein paar Tage mit Tennessee Williams in einem Hotel in Portofino. Truman Capote, der dort eine Wohnung besitzt, ist ebenfalls dort. Dann Rückkehr nach New York. Am 2. November erste Proben zu *In The Summerhouse* am Broadway, am 26. Premiere in Hartford. Noch wenige Tage vor der Broadwaypremiere am 29. Dezember im Playhouse Theatre ändert Jane einiges am letzten Akt. Judith Anderson spielt anstelle von Miriam Hopkins.

1954: Rückkehr nach Tanger. Paul transkibiert *The Game* von Ahmed Yacoubi (in: *Five Eyes*). März: Paratyphus. Jane pflegt ihn intensiv drei Wochen lang im Hotel Massilia. Die letzte Vorstellung von *In The Summer House* findet am 12. Februar statt.

Im April zieht das Paar endlich in ihr Haus in Amrah. Besuch von Bill Burroughs, der einen Rat braucht hinsichtlich des Vertrages über sein erstes Buch, *Junkie*. Burroughs lebt schon seit 1952 in der Medina, aber er und Paul hatten sich bislang so gut wie nie getroffen. Jane mag Burroughs nicht. Sie hat Angst vor ihm und findet ihn «schmutzig».

Abreise nach Fès, um die politischen Ereignisse mitzubekommen, die sich dort abspielen. Zurück in Tanger, Anfang des Sommers, hat er Lust, ein Buch über Fès und das, was er dort gesehen hat, zu

schreiben. Er mietet ein Haus in Sidi Bouknadel, um allein sein zu können, und beginnt mit *In The Spider's House*.
Cherifa, die endlich Janes Avancen nachgegeben hat, wird in deren Leben zunehmend wichtiger. Am Ende des Sommers entdeckt Jane unter einem Kopfkissen und einer Matratze kleine Päckchen mit «magischem» Inhalt. Sie erzählt Paul davon, meint aber, Cherifa sei unschuldig. Yacoubi weigert sich von nun an, das Haus in Amrah zu betreten, und rät auch Paul dazu, auszuziehen. Jane glaubt, durch Yacoubis Schuld von Paul abgelehnt zu werden, und ergibt sich mehr und mehr dem Trinken. Im Herbst steckt sie in einer tiefen Depression.
Im Dezember brechen Jane, Paul, Yacoubi und Temsamany nach Ceylon auf. Ihr Schiff ist die *Orsova*. Während der Überfahrt freunden sie sich mit dem Schriftsteller und Journalisten Richard Rumbold an.

1955: Endlich ist Paul auf seiner Insel Taprobane. Er ist fasziniert. Für Jane ist es ein Alptraum. Keinerlei soziale Kontakte, eine wuchernde, überbordende, bedrohliche Natur. Paul arbeitet eifrig und mit strenger Regelmäßigkeit an seinem Roman, Jane kann nichts schreiben außer einigen Briefen, die sie mit «The Spider's Wife» unterschreibt.
Besuch von Peggy Guggenheim, die bald wieder auf eine Exkursion nach Indien aufbricht. Sie bemerkt Paul gegenüber: «Du hast nicht die Mittel, diese Insel zu unterhalten.» Ende Februar reist Jane mit Temsamany wieder ab. Sie hat es immerhin zwei Monate ausgehalten. In Tanger wird sie sofort von Cherifa an die Hand genommen und unter Druck gesetzt. Mitte März: Auch wenn Paul sich über Janes Abreise ärgert, schreibt er doch *The Spider's House* zu Ende. Das Manuskript schickt er vom Postamt in Weligama aus zu Random House nach New York. Ein Wunder, daß es ankam.
Im April reist er mit Yacoubi nach Singapur, Hongkong und Kyoto. Anfang des Sommers besteigen sie ein Schiff zurück nach Tanger: Paul findet seine Insel – ohne Jane – ein bißchen deprimierend. Außerdem hat er nichts mehr zu tun: der Roman ist fertig, und ein Klavier läßt sich nicht beschaffen. Auf der Rückreise macht er halt in Kairo. In Tanger wohnt er in einem Haus auf dem Alten Berg, um in Ruhe an *Yerma* arbeiten zu können. In Amrah zu leben ist nicht länger möglich: in dem rein moslemi-

schen Viertel ist die Atmosphäre sehr fremdenfeindlich geworden. Außerdem hat Cherifa längst die Oberhand im Haus.
Er kauft ein Tonbandgerät, um Yacoubis Geschichten aufnehmen zu können (vor 1955 gab es keine Tonbandgeräte in Marokko). Die Erzählungen sind auf Dialektarabisch (den Dialekt von Fès kann Paul damals besser als den von Tanger). Die Transkriptionen sind von nun an ganz originalgetreu.
Er beginnt, mäßig aber regelmäßig Kif zu rauchen, in Zigarettenform. Er mietet eine Wohnung im «Imueble San Francisco», im 8. und letzten Stock. Im November erscheint *The Spider's House*. Im selben Monat: Deklaration La Celle-Saint-Cloud und Rückkehr Mohammeds V. auf den Thron. Cherifa nutzt die unruhigen Zeiten und stellt Jane ein Ultimatum: entweder, Jane gibt ihr Geld, oder Cherifa verläßt sie. Jane entschließt sich, ihr das Haus in Amrah zu schenken.

1956: Im Winter kommt Christopher Isherwood zu Besuch. Außerdem trifft sich Paul regelmäßig mit Francis Bacon. Er übersetzt Yacoubis Erzählung *The Night Before Thinking* und arbeitet an der Herausgabe und dem Vorwort eines Buches, das den Arbeiten eines jungen Schweizer Fotografen gewidmet ist, Peter Haeberlin: *Yallah* erscheint im Oktober desselben Jahres in Zürich. Im Februar reist Jane in die Vereinigten Staaten, im März sind die Formalitäten für die Schenkung des Hauses in Amrah abgeschlossen. Themistocles Hoetis veröffentlicht kurz hintereinander zwei Geschichten Yacoubis: *The Man And The Woman* (*Zero Anthology*, Nr. 8) und *The Man Who Dreamed...* (*Zero*, Frühjahr 1956). Im April macht Paul Bill Burroughs mit Brion Gysin bekannt. Mai: Ausflug nach Portugal. Juni: Rückkehr Janes, die ein benachbartes Appartement im «Immueble San Francisco» mietet. Wenig später richtet sich Cherifa bei ihr häuslich ein. Pauls Eltern kommen für den Sommer. Alles läuft gut, nur am Ende ihres Aufenthalts bricht sich Mrs. Bowles noch den Knöchel.
Im September/Oktober arbeitet er an *Yerma* und schreibt Artikel für *Holiday* (einige davon sind, unter anderem Titel, in *Their Heads Are Green* aufgenommen).
November: Er reist mit Yacoubi nach London. Ende Dezember schiffen sie sich ein auf der *Chakdara*. Fünf Wochen später sind sie in Colombo. Paul ist entschlossen, seine kleine Insel zu verkaufen.

1957: Februar auf Taprobane, März in Colombo. Rückreise Anfang April. Zwischenhalt in Nairobi, Sansibar, Kapstadt. Währenddessen, am 4. April, erleidet Jane einen schweren Schlaganfall. Gravierende Folgen. Paul erfährt davon erst Mitte Mai, als sein Schiff in Las Palmas anlegt. Ende Juli fahren sie für neurologische Untersuchungen nach London. Anschließend Rückkehr nach Tanger, wo sie vom «Imueble San Francisco» ins «Itesa» umziehen, das nicht weit entfernt ist. Paul wohnt zunächst in der 3., Jane und die unvermeidliche Cherifa in der 2. Etage.
Schlußpunkt an *Yerma.*
Anfang September reist Jane erneut nach London, Paul und Yacoubi kommen nach. Im Oktober infiziert er sich dort mit der Asiatischen Grippe. Zehn Tage hohes Fieber, eine Erfahrung, die er in der Erzählung *Tapiama* umsetzt. Als er sich geheilt fühlt, steht er auf, was ihm einen Monat im Französischen Krankenhaus von Shaftesbury einbringt: Rippenfellentzündung. Währenddessen wird Janes Zustand nicht besser, trotz zahlreicher Behandlungen, darunter auch einer Reihe von Elektroschocks. Mitte November kehren alle drei nach Tanger zurück. Wenig später wird Ahmed Yacoubi wegen «Kindesentführung» verhaftet.

1958: Wegen einer Welle von Verhaftungen von Europäern beschließen sie, Marokko zu verlassen, bis «die neue Regierung ihr Gleichgewicht gefunden» hat. Abreise nach Lissabon. Dann einige Zeit in Funchal (auf Madeira): Jane, die seit langem ihr Projekt *Out In The World* aufgegeben hat, greift eine alte Idee für ein Buch wieder auf: *Going To Massachusetts*. Rückkehr nach Lissabon, um Janes Paß zu verlängern: Das FBI sperrt sich dagegen; wie es scheint, wegen ihrer früheren Mitgliedschaft in der CPUSA. Um die Angelegenheit zu regeln, fliegt Jane Mitte April nach New York. Dort unterzieht sie sich auch einer Behandlung im Lenox Hill Hospital.
Paul verbringt das Frühjahr in Albufera, Spanien. Im Mai wird Yacoubi am Ende eines nur wenige Minuten dauernden Prozesses freigesprochen, hat aber schon sechs Monate im Gefängnis verbracht.
Im selben Monat wird *No Exit* in USA veröffentlicht. Mitte Juni kommt Paul nach New York, um mit Libby Helman an der Inszenierung von *Yerma* zu arbeiten. Er wohnt im Chelsea Hotel. Premiere von *Yerma* am 29. August in Denver, Colorado, danach fol-

gen zehn Aufführungen am Ithaca College in New York. Am 1. Oktober geht Jane erneut in eine Klinik. Besserung tritt ein. Paul reist nach Hollywood, um dort die Musik für *Edwin Booth* zu schreiben. In Los Angeles, der «Stadt der Zukunft», kann er feststellen, wie weit die Zukunft schon nicht mehr zu atmen ist (Smog). Zurück in New York, lernt er Kerouac kennen. Mitte Dezember holt er Jane aus der Klinik ab und sie fahren per Schiff nach Tanger. Die Überfahrt ist die Hölle, und durch die Ankunft wird es auch nicht besser. Jane ist sehr erregt.

1959: Sie bleiben nur sechs Wochen in Tanger. Paul wird nach New York zurückgerufen, um die Musik zu Tennessees Stück *Sweet Bird Of Youth* zu komponieren. Premiere in Philadelphia im Februar, und Erstaufführung in New York am 10. März: Regie Elia Kazan, Paul Newman spielt die Hauptrolle. Paul wohnt in New York bei Libby Holman. In diesem Frühjahr trifft er oft die *Beat*-Poeten Ginsberg, Corso, Orlovsky.
23 Jahre nach seinem ersten Anlauf gelingt es ihm, Geld für ein altes Vorhaben aufzutreiben: die Rockefeller-Stiftung finanziert eine Reise durch Marokko mit dem Ziel, die traditionelle Musik des Landes aufzunehmen. New York–Lissabon auf der *Conte Biancamano*.
Im Mai Aufenthalt in Lissabon und auf Madeira für einen Artikel, den *Holiday* in Auftrag gegeben hat. Sein zweiter Band Erzählungen, *The Hours After Noon*, erscheint in Großbritannien und Kanada. Juni mit Jane in Tanger.
Juli: In Begleitung von Christopher Wanklyn und Mohammed Larbi Jilali bricht er auf, um für die Library of Congress die traditionelle Musik Marokkos zu sammeln. 250 Aufnahmen auf einem großen Ampex 110 Volt. 37000 Kilometer Strecke, zurückgelegt auf vier jeweils fünfwöchigen Reisen durch den Hohen Atlas, die Sahara-Ausläufer, den Südwesten und den Norden des Landes. Beginn des Unternehmens im Juli, behindernder Bescheid der marokkanischen Regierung im Oktober und definitives Verbot, irgend etwas aufzunehmen, im Dezember, als das Projekt praktisch abgeschlossen ist. Die große Schwierigkeit – nach dem Überzeugen örtlicher Behörden und dem Aufspüren der Musiker – ist immer, Strom zu finden. Paul beschreibt es in *The Rif, to Music* (*Their Heads Are Green*). Das Material landet im Archiv der Library of Congress, erst 1972 wird eine Auswahl daraus auf

zwei Platten herausgegeben: *Music of Marocco* (Library of Congress Music Division, AFS l63–L64). Wahrend mehrerer Jahre versucht Paul, immer noch ohne Erlaubnis, die Sammlung zu vervollständigen (Siehe *The Route to Tassemsit*, in: *Their Heads Are Green*).

1960: Er mietet die Villa Cohen, Rue Rebbi Mordejai Bengio, im edlen Marshan-Viertel, um dort zu arbeiten. Im Auftrag der Sängerin Alice Esty komponiert er *Gothic Suite*: fünf Lieder zu Texten von Tennessee Williams – die er niemals gehört hat. Ausgehend von verschiedenen Elementen (Anekdoten, Zitaten) schreibt er *A Friend of the World, Merkala Beach* (später: *The Story of Lahcen and Idir*) und *He of the Assembly*, drei Erzählungen zu einem Thema: Kif. Lawrence Ferlinghetti, auf der Durchreise in Tanger, will sie publizieren.
Paul lernt Larbi Layachi kennen, den Wächter eines Café-Restaurants am Strand von Merkala und ein großes Erzähltalent. Er wurde soeben erst aus dem Gefängnis entlassen und bezeichnet sich als «Paria».
September: Jane wird an einem Leistenbruch operiert. Ende des Jahres macht Paul die Bekanntschaft mit Alan Sillitoe und seiner Frau sowie mit der Dichterin Ruth Fainlight. – Sie und Jane werden Freundinnen.

1961: Gemeinsam mit Christopher Wanklyn mietet Paul ein Haus in Marrakesch. Als der Sommer kommt, kündigt Burroughs die Ankunft von Ginsberg und Corso an. Man trifft sich in der Villa Muniriya. Zahlreiche Fotos entstehen. Auch Leary, der «Drogenpapst», läßt sich kurz blicken. Jane ist immer erschreckt von den *Beats*. Ihrer Meinung nach sind sie einfach Angeber... Paul verbringt mit Ginsberg eine Woche in Marrakesch.
Im Sommer beginnt er, die Gefängniserinnerungen Layachis aufzuschreiben. Im Oktober reist er mit Wanklyn nach Tafraout, um lokale Musikgruppen aufzuzeichnen. Er schreibt *Journey Through Marocco* (später umbenannt in *The Route to Tassemsit*, in: *Their Heads are Green*). Dezember: Wanklyn, der im 4. Stock des «Imueble Itesa» wohnte, zieht definitiv nach Marrakesch und überläßt Paul sein Appartement. Jane zieht eine Etage höher in die Wohnung ihres Ehemanns. Ende Dezember erhält sie die Nachricht, daß die Ingram Merrill Stiftung ihr die Summe von 3000 $ anbietet, um ein Theaterstück zu schreiben.

1962: Jane erkrankt an einer Gürtelrose. Sie arbeitet überhaupt nicht mehr.
Im Februar schreibt Paul *The Wind At Beni Midar*, um die Erzählsammlung zu vervollständigen, die bei City Lights Books erscheinen soll, dem Verlag Ferlinghettis in San Francisco. Er zögert etwas hinsichtlich des Titels und entscheidet sich schließlich für *A Hundred Camels In The Courtyard*. Das Buch erscheint im September.
Ungefähr im März/April schreibt er dann eine lange Erzählung, die sich offen auf die Situation in Algerien bezieht, *The Time Of Friendship*.
Auf eine Anfrage eines englischen Verlegers – Peter Owen – stellt er einige Artikel zusammen, überarbeitet sie leicht und fügt noch die Aufzeichnungen seiner Musikexkursion ins Rifgebirge (1959) hinzu. Das Resultat erscheint im darauffolgenden Jahr unter dem Titel *Their Heads are Green*.
Im Mai kommen Allan Sillitoe und seine Frau nach Tanger zurück. Sie bleiben bis zum Februar 1963, und man sieht sich häufig.
Juli: Janes zweite Leistenbruchoperation innerhalb von zwei Jahren. Ihr Gesundheitszustand ist insgesamt sehr bedenklich. Sie ist völlig abgemagert und leidet unter Schlaflosigkeit. Tennessee Williams kommt nach Tanger, reist aber nach wenigen Wochen wieder ab, da ihn sein Bruch mit Frank Merlo deprimiert. Anfang September reist Paul mit Jane nach New York. Er soll dort die Musik zu Tennessees neuem Stück, *The Milk Train Doesn't Stop Here Anymore*, komponieren. Virgil Thomson überläßt ihm sein Appartement im Chelsea Hotel, damit er in Ruhe arbeiten kann. Er besucht seine Eltern, die nun in Florida leben. Jane fährt mit dem Schiff wieder zurück nach Gribraltar. Da die Musik zu *The Milk Train...* auf Platte aufgenommen wird, wartet er nicht einmal mehr die New Yorker Premiere ab (am 16. Januar 1963), sondern fährt zurück nach Tanger.

1963: Im April läßt er sich für sechs Monate in Asilah nieder, mit Layachi. Sie arbeiten an *A Life Full of Holes*. Paul schreibt *The Garden*. Zweite Erfahrung mit Meskalin.
Im Juni erscheint in London *Their Heads Are Green*. In New York, wo das Buch im August erscheint, trägt es den Titel: *Their Heads Are Green And Their Hands Are Blue*. Er liest für Spoken Arts *The Delicate Prey* und *A Distant Episode* auf Schallplatte.

Am Abend des 22. November kommen Jane und Paul in Marrakesch an. Als sie bei Christopher Wanklyn zu Abend essen, verkündet Boujemaa (der ungenannte Held aus *He of the Assembly*) den Tod John F. Kennedys, durch «mehrere Kugeln». Wegen dieses genauen Details glaubt Paul zunächst, dies sei eine typische Geschichte Boujemaas, der, ob bekifft oder nicht, sich gern eigenartige Dinge ausdenkt. Aber die Kugeln sind echt... Zweiwöchige Reise durch den Großen Atlas und den Anti-Atlas.

1964: Im Winter macht er sich Gedanken zu einem neuen Roman, der ein purer Zeitvertreib sein soll, im Stil der «Thriller», die er in seiner Jugend verschlang.
Im Mai erscheint *A Life Full of Holes* in USA.
Juni: Paul mietet ein Haus auf dem Alten Berg, das der Familie Bonnet gehört. Sechs Monate lang, oder fast sechs, durchstreift er mit seinem Heft in der Hand die Waldwege auf dem zwölf Hektar großen Gelände über den Klippen. Gegen Mittag kommt Jane, und oft taucht gegen Abend Brion Gysin auf und bringt seine zwei Köche mit. Im Juli kommt Tennessee Williams auf einen kurzen Besuch, sehr mitgenommen vom plötzlichen Tod Frank Merlos. Auch Susan Sontag kommt vorbei. *A Life Full of Holes* wird ins Französische übersetzt, und Layachi fürchtet die Publikation in Frankreich. Er quittiert Pauls Dienste und verläßt, an Bord der *Independence* und in Begleitung von Bill Burroughs, endgültig Marokko, um sich in den USA niederzulassen. Mitte November beendet Paul *Up Above the World* und richtet sich wieder in Tanger ein.
Ende des Jahres lehnt er die Einladung der kubanischen Regierung ab, für den Vorsitz bei der Verleihung eines Literaturpreises nach Kuba zu kommen.

1965: Im Januar erscheint in London die Wiederveröffentlichung von *Two Serious Ladies*. Das Buch wird sehr gut aufgenommen. Im April reisen Jane und Paul in die Staaten. Er besucht seine Eltern in Florida (Claude Bowles hat gerade eine Hirnblutung erlitten). Little Brown & Company schlägt Paul vor, ein Buch über Kairo zu schreiben.
2. Juni: Rückkehr per Schiff von New York nach Casablanca, in Begleitung eines Neffen von Cherifa, der gerade aus dem Zirkus rausgeflogen ist, wo er gearbeitet hatte. Da *Two Serious Ladies* seit der Wiederveröffentlichung ein wirklicher Erfolg ist – schon fünf

Übersetzungen sind mittlerweile erschienen –, schlägt Peter Owen Jane vor, einen Band Erzählungen herauszugeben: Sie zuckt nur mit den Schultern. Paul kümmert sich darum und bereitet *Plain Pleasures* vor. Er fügt zur Titelgeschichte fünf weitere ihrer Erzählungen hinzu sowie *East Side: North Africa*, ein Artikel, der 1951 in *Mademoiselle* erschien und den er zu einem fiktiven Text umarbeitet, indem er einige, wie er sagt, minimale Änderungen vornimmt. Der Titel lautet nun: *Everything Is Nice*.

Er will lieber für ein Jahr nach Bangkok reisen als in «eine so wenig verführerische Stadt wie Kairo»; Little, Brown & Co. sind einverstanden mit der Abänderung des Projekts. Er lernt Mohammed Mrabet kennen, nimmt *Love With A Few Hairs* auf und beginnt, es zu übersetzen.

Währenddessen geht es Jane wieder schlechter: Ängste, Depressionen, Schlaflosigkeit. Sie nimmt auf immer chaotischere Weise Medikamente und hört vor allem nicht auf zu trinken.

1967: Im Januar erscheint *Love With A Few Hairs* in London. Gleichzeitig kommt in USA bei Trance Records eine Schallplatte heraus, *Jilala*, mit Material, das im Jahr zuvor von Brion Gysin und Paul Bowles aufgenommen wurde: auf einem rituellen Abend, der von Ira Cohen im Hof des Hauses Dar el Baroud in der Rue Rabah Nr. 9 in Tanger organisiert worden war. Besessenheitstänze, Verstümmelungsriten (kochendes Wasser trinken, über glühende Kohlen gehen...). Es sind ganz außergewöhnliche musikalische Zeugnisse, die einen sehr guten Eindruck von der Atmosphäre einer Zeremonie mit Jilali-Musik vermitteln. Als die Musiker tags darauf erfuhren, Ira Cohen sei Jude (?) – und ein Jude war bei ihren Riten nicht zugelassen –, fingen sie an, ihn zu suchen. Ira Cohen verließ, die kostbaren Bänder unter dem Arm, überstürzt die Stadt Richtung New York.

Am 2. März, nach zwei Monaten Schiffsreise, kommt Paul aus Thailand zurück. Am 14. April begleitet er Jane nach Malaga in eine psychiatrische Klinik für Frauen. Neue Elektroschocks: Es ist Paul, der die Erlaubnis für diese Behandlung erteilen muß, und es fällt ihm sehr schwer, die Entscheidung zu fällen. Zurück in Tanger entdeckt er ein Päckchen mit Ingredienzen schwarzer Magie im Topf des Philodendrons, der in Janes Zimmer steht: zu Recht verängstigt, wirft er endlich Cherifa hinaus.

David Herbert besucht Jane: Sie schenkt ihm ein Exemplar der

Collected Works . . . und fügt zu dem Titel hinzu: . . . of *DEAD Jane Bowles*. Paul holt sie am 26. Juli aus der Klinik. Anfang August, zwei Tage nach ihrer Rückkehr, gibt John Hopkins eine unvergeßliche «Party»: Mrabet fällt in Trance durch die Musik der Jilali, die der Gastgeber ahnungslos eingeladen hat. Es ist nicht leicht, Mrabet den Dolch zu entwenden, den er in seiner Besessenheit gegen sich zu wenden beginnt.

Anfang August findet auch Jane Howards' Interview für *Life Magazine* statt. (Fotograf: Terence Spencer)

Ende August und Ende Oktober muß sich Jane neuen Operationen unterziehen. Im Herbst nimmt sie gegen Pauls Rat Cherifa wieder bei sich auf. Ende Dezember zieht sie, ohne irgend jemandem etwas davon zu sagen, ins Hotel Atlas, Rue Moussa ben Nousair. Sie gibt alles, was sie hat – Geld, Kleider, Schmuck – zunächst Cherifa, dann jedem x-beliebigen Hippie, der vorbeikommt. Dann plündert sie, indem sie Schecks verteilt an Händler oder an Schnorrer, denen sie in Bars begegnet, sowohl ihre als auch Pauls Konten, und hinterläßt am Schluß ihrem Mann – allein in Tanger – Schulden von 3000 $.

Paul läßt sein Buchprojekt über Thailand fallen und gibt die Idee an Alex Waugh weiter, der dorthin reist und den mit Little, Brown & Co. verabredeten Text schreibt. Ermutigt durch den Erfolg seines ersten Buches in USA und Großbritannien (nicht zu vergessen die TV-Verfilmung, *Boy meets Girl*, die am 22. September auf BBC 1 ausgestrahlt wurde), wird Mrabet rückfällig und nimmt *The Lemon* auf Band auf.

1968: Jane kehrt am 20. Januar ins Sanatorium nach Malaga zurück. Die Diagnose lautet: manisch-depressive Psychose. Sie wird behandelt. Am 28. Juni wird sie wieder entlassen. Paul fährt mit ihr nach Granada in eine Pension, die von Freunden geführt wird. Dieser Versuch dauert nur zehn Tage. Am 10. Juli wird sie in der «Clinica de Los Angeles» in Malaga aufgenommen.

Im September nimmt er ein Schiff in die USA. Er bleibt zehn Tage in New York (bis heute das letzte Mal). Dann reist er für vier Monate nach Kalifornien: Er gibt an der University of Los Angeles einen Kurs über den «zeitgenössischen Roman in Europa» und unterrichtet «Erzähltechnik». Im Oktober werden vom Loft Theatre Workshop zwei Stücke von Leonard Melfi inszeniert, mit Musik von Paul Bowles.

Bevor er nach Tanger zurückkehrt, macht er einen Umweg über Florida, um dort das Haus seiner Eltern zu verkaufen.

1969: Sobald er ankommt – im Februar, fährt er nach Malaga, um Jane zu holen. Im Mai unterzeichnet er einen Vertrag mit Putnam, einem New Yorker Verleger, über seine Autobiographie. Von Anfang an haßt er selbst die Idee zu diesem Buch. Da Jane nichts mehr ißt, muß Paul sie im Juni wieder in die «Clinica de Los Angeles» bringen. Sie hat immer noch sehr klarsichtige Momente, aber jedes soziale Leben ist ihr unmöglich geworden. Von nun an besucht er sie ungefähr alle sechs Wochen.
Gary Conklin dreht in Tanger den ersten Film, der ausschließlich P. B. gewidmet ist: *Paul Bowles in the Land of the Jumblies*. September: *The Lemon* wird veröffentlicht. November: *M'Hashish* erscheint, das ebenfalls die Namen Mrabet und Bowles trägt.

1970: Er schreibt *Afternoon with Antaeus*, seine erste Erzählung seit sieben Jahren. Im Frühjahr erleidet Jane einen neuen Schlaganfall. Sie ist danach blind, fast völlig gelähmt und so gut wie unfähig zu sprechen. In diesem Zustand befindet sie sich, als sie «sich» zum Katholizismus bekennt.

1971: Er beendet die Arbeit, zu der er sich fast zwei Jahre zuvor verpflichtet hatte: *Without Stopping*. Er schreibt *You Have Left Your Lotus Pods on the Bus*, eine der wenigen Erzählungen, zu der ihn sein Aufenthalt in Thailand inspirierte.

1972: In New York wird *Without Stopping* veröffentlicht und die beiden Schallplatten *Music of Marocco* erscheinen.

1973: Am 30. April, neuer Schlaganfall Janes. Am 3. Mai erhält Paul das Telegramm, er solle so schnell wie möglich kommen. Es ist Abend. Am nächsten Morgen nimmt er die erste Fähre. Jane stirbt um 21 Uhr, nachdem Paul den Tag über noch an ihrem Bett verbracht hat.
Im Herbst übersetzt er *For Bread Alone* (veröffentlicht Anfang 74), das Buch eines jungen Schriftstellers und Lehrers an der Ibn Batuta Oberschule in Tanger: Mohamed Choukri. Er transkribiert *The Boy Who Set The Fire* von Mrabet.

1974: Er beginnt, wieder regelmäßig Erzählungen zu schreiben. Inspiriert wird er fast nur von Marokko bzw. Tanger.

1975: Er schreibt eines seiner letzten Gedichte, *Next to Nothing*. Im November erscheint seine Übersetzung von Isabelle Eberhardts *Chercheurs d'oubli: The Oblivion Seekers.*

1976: Es erscheinen *Look & Move On* (für das Mrabet einige «Fan-Briefe» von Henry Miller erhält) sowie *Harmless Poisons, Blameless Sins.*

1977: *The Big Mirror*, eine weitere Transkription für Mrabet.

1978: Er liest *A Hundred Camels In The Courtyard* auf Schallplatte (Cadmus Editions).

1979: *The Collected Stories 1939–1976*, ein Sammelband mit 40 Erzählungen, erscheint im Juni in den USA. *Five Eyes* im Oktober.

1980: Im Januar erscheint *The Beach Café & The Voice* von Mrabet. Vom 3. Juli bis zum 14. August leitet Paul die beiden Schreibseminare, die von der School of Visual Arts New York an der Amerikanischen Schule in Tanger organisiert werden. Eine Erfahrung, die er 1981, 82 und 83 wiederholt.

1981: Im Juni erscheint in den USA seine Erzählsammlung *Midnight Mass.*

1982: *Points In Time* wird im August in London veröffentlicht.

1983: *The Chest* von Mrabet/Bowles. Letzter Besuch Tennessee Williams' in Tanger, zwei Monate vor seinem Tod. Der Pianist Bennett Lerner nimmt die *Lateinamerikanischen Stücke* in sein Programm und spielt sie im Februar in der Carnegie Hall und im September in der Greenwich Music School.

1984: Im April erscheint die Platte *Selected Songs.* Im September: Operation in der Schweiz.

1985: Wie schon so oft, hilft er einem jungen Schriftsteller – dem Guatemalteken Rodrigo Rey Rosas –, indem er sein erstes Buch übersetzt. Außerdem veröffentlicht Paul eine Sammlung seiner Übersetzungen aus dem Spanischen und Französischen seit 1944: *She Woke Me Up, So I Killed her.* Im Dezember stirbt Ahmed Yacoubi an Krebs.

1986: *Marriage With Papers* von Mrabet/Bowles wird bei Tomboukou Books veröffentlicht. Im Oktober beginnt eine Gangräne an seinem rechten Bein: Sympathektomie.

1988: Ein Sammelband mit Erzählungen, *Unwelcome Words*, erscheint. Im Juli wird er an einem Leistenbruch operiert. Er beginnt mit einem Tagebuch (*Journal*) für die Zeitschrift *Antaeus*, die er seit 1970 fördert. (Gesammelt erschienen bei Peter Owen in London und bei Plon in Frankreich unter dem Titel *Journal tangérois*.)
Gedrängt von einem seiner französischen Verleger, verbringt er für einen Auftritt in der Fernseh-Literatursendung «Apostrophes» 45 Stunden in Paris (am 17.–19. November). Erschöpft kehrt er nach Tanger zurück und schwört, keiner werde ihn mehr fortlocken. Er hofft, er müsse Tanger bis zu seinem Tod nicht mehr verlassen.

1989: *The Sheltering Sky* wird von Bernardo Bertolucci verfilmt.

1990: Weltweite Premiere des Films.

Bibliographie der Werke von Paul und Jane Bowles

Musik

Die aufgeführte Jahreszahl ist die der Komposition der Werke, nicht die ihrer Erstaufführung.

1930

Aria, Choral and Rondo, Stücke für Klavier

1931

Tamana, Stück für Klavier
Sonata For Oboe And Clarinet, Sonate für Oboe und Klarinette

1932

Six Songs, Lieder. Texte von Paul Bowles
Sonata For Flute And Piano, Sonate für Flöte und Klavier
Scenes D'Anabase, Suite für Tenor, Oboe und Klarinette

1933

La Femme de Dakar,
8, Impasse de Tombouctou,
Guayanilla, Stücke für Klavier
Sonatina For Piano, Sonatine für Klavier
Scenes From The Door: Red Faces, The Ford, Lieder. Texte von Gertrude Stein
Danger de Mort, sechs Lieder. Texte von Georges Linze
Par le Detroit, Kantate für Sopran, sechs Männerstimmen und Harmonium. Text von Paul Bowles
Suite For Orchestra, Suite für Orchester
Bride Of Samoa, Filmmusik (Regie: Harry Dunham)

1934

Two Portraits For Piano: Portrait Of K.M.C., Portrait Of B.M.A., zwei Klavierstücke

There My Lost Hands, Lied. Text von Edouard Roditi

Sonata For Violin And Piano, Sonate für Geige und Klavier

1935

Cafe Sin Nombre, Stück für Klavier

Nocturne, für zwei Klaviere

Rain Rots The Wood, Lied. Text von Charles Henri Ford

Letter To Freddy,

April Fool Baby, zwei Lieder. Texte von Gertrude Stein

Green Songs: Grass, Moon, Silence, Farewell, Lieder. Texte von Richard Thoma

Memnon, Suite für Stimmen und Klavier. Text von Jean Cocteau

Venus And Adonis, Filmmusik (Regie: Harry Dunham)

1936

Prelude For Bernard Suares

Trio For Violin, Violoncello And Piano, Trio für Geige, Violoncello und Klavier

Who Fights This Battle? Bühnenmusik für Chor, Trompete und Orgel (Stück von Kenneth White, Inszenierung: Joseph Losey)

The Tragical History Of Doctor Faustus, Bühnenmusik für Kammerorchester, ohne Saiteninstrumente (Stück von Christopher Marlowe, Inszenierung: Orson Welles)

Horse Eats Hat, Bühnenmusik für Orchester (*Un chapeau de paille d'Italie*: Stück von Eugène Labiche in einer Bearbeitung von Edwin Denby und Orson Welles, Inszenierung: Orson Welles)

Yankee Clipper, Ballettmusik für Orchester (Choreographie: Eugene Loring)

Seeing The World,

145 W. 21, zwei Filmmusiken (Regie: Rudolf Burckhardt)

1937

Huapango Nr. 1, Huapango Nr. 2 (El Sol), Stücke für Klavier

Mediodia *(Grupo De Danzas Mexicanas)*, für Flöte, Klarinette, Trompete, Klavier und sieben Saiteninstrumente

America's Desinherited, Filmmusik (Regie: David Hacker)

1938

Carretera De Estepona, Stück für Klavier

Romantic Suite, für sechs Streich- und Blasinstrumente, Klavier und Schlagzeug

Too Much Johnson, Bühnenmusik für Trompete, Klarinette, Klavier und Schlagzeug, später umgetauft in: *Music For A Farce* (Stück von William Gillette, Inszenierung: Orson Welles, Hauptrolle: Joseph Cotton)

How To Become A Citizen Of The U.S.,

The Sex Life Of The Common Film,

Chelsea Through The Magnifying Glass, drei Filmmusiken (Regie: Rudolf Burckhardt)

1939

Folk Preludes, sechs «Traditionnels», arrangiert für Klavier

Suite For Two Pianos, Suite für zwei Klaviere

An *American Hero*, Lied. Text von Andrew Law und Nathaniel Niles

American Folksongs, sechzehn «Traditionnels» arrangiert für Stimme und Klavier

Lullaby, für Chor

Denmark Vesey, Oper. Libretto von Charles Henri Ford (wurde nie vollständig aufgeführt, nur der erste Akt in der Town Hall N. Y.)

My *Heart's In The Highlands*, Bühnenmusik für Stimme, Oboe, B-Trompete, große Trommel und Hammondorgel (Stück von William Saroyan, Inszenierung: Robert Lewis)

Film Made To Music, Filmmusik (Regie: Rudolf Burckhardt)

1940

Love's Old Sweet Song, Bühnenmusik (Stück von William Saroyan, Inszenierung: Eddie Dowling)

Twelfth Night, Bühnenmusik (Stück von William Shakespeare, Inszenierung: Margret Webster)

Roots In The Earth, Filmmusik (Regie: Richard Broke)

1941

Sonatina Fragmentaria, für Klavier

Liberty Jones, Bühnenmusik (Stück von Philip Barry, Inszenierung: John Houseman)

Love Like Wildfire, Bühnenmusik (Stück von Richard Hepburn) Paul Bowles entnahm dieser Partitur fünf Lieder.

Watch On The Rhine, Bühnenmusik (Stück von Lilian Hellman, Inszenierung: Herman Shumlin)
Pastorela, Ballettmusik für zwei Stimmen und Orchester (erst 1947 aufgeführt, Choreographie: Georges Balanchine)

1942

La Cuelga, Stück für Klavier, komponiert zu Ehren von Leonard Bernsteins Geburtstag
Two Skies,
Song Of An Old Woman, zwei Lieder. Texte von Jane Bowles

1943

Sayula,
El Bejuco, zwei Stücke für Klavier
Night Without Sleep,
Sailor's Song, zwei Lieder. Texte von Charles Henri Ford
Secret Words, Lied. Text von Paul Bowles
The Wind Remains, Zarzuela für Sopran, Tenor und Orchester. Die Handlung entstammt dem surrealistischen Stück von Federico García Lorca, *Así que pasen cinco años* (Dirigent: Leonard Bernstein, Choreographie: Merce Cunningham)
South Pacific, Bühnenmusik (Stück von Dorothy Heyward und Howard Rigsby, Inszenierung: Lowe)
'Tis Pitty That She Is A Whore, Bühnenmusik (Stück von John Ford, Inszenierung: E. Everett Austin)

1944

Cuatro Canciones Españolas, vier Lieder. Texte von Federico García Lorca
They Cannot Stop Death, Lied. Text von Joe Massey
Three Songs From The Sierras, drei Lieder. Texte anonym in Altspanisch
In The Woods, Lied. Text von Paul Bowles
David, Lied. Text von Frances Frost
Three Pastoral Songs, drei ländliche Lieder:
The Feathers Of The Willow (Text von Canon Dicon), *Polly Pillicote* (Text anonym) und *A Piper In The Streets Today* (Text von Seamus O'Sullivan). Erste Version für vier Streicher, Stimme und Klavier, eine zweite für Klavier und Stimme
Jacobowsky And The Colonel, Bühnenmusik (Stück von Franz Werfel, Adaptation von S. N. Behrman, Inszenierung: Elia Kazan)

The Glass Menagerie, Bühnenmusik (Stück von Tennessee Williams, Inszenierung: Eddie Dowling)

Colloque Sentimental, Musik zu einem Ballett nach einem Gedicht von Paul Verlaine, produziert von dem Marqués de Cuevas und inszeniert von Salvador Dalí in Zusammenarbeit mit dem International Ballet, dem späteren Ballet Monte Carlo (Choreographie: André Eglevsky)

Congo, Filmmusik (Regie: André Cauvin, nach einer Idee von John Latouche, Sprecher: Paul Robeson, eine Produktion der belgischen Exilregierung)

1945

Six Preludes, für Klavier. Komponiert zwischen 1934 und 45, gemeinsam herausgegeben 1947 und von da an als Suite gespielt.

Sonata For Two Pianos, Sonate für zwei Klaviere. Der erste Auftrag der Pianisten Arthur Gold und Robert Fizdale

On A Quiet Conscience, Lied. Text von Charles the First

Three, Lied. Text von Tennessee Williams

A *Quarreling Pair: Frozen Horse, Bluebell Mountain,* Lieder. Texte von Jane Bowles

Tornado Blues, für Chor zu vier Stimmen. Text von Paul Bowles

Ondine, Bühnenmusik, niemals aufgeführt (Stück von Jean Giraudoux, Adaptation von Schuyler Watts)

1946

Orosi, Stück für Klavier

Once A Lady Was Here, Lied. Text von Paul Bowles

Blue Mountain Ballads: Lonesome Man, Heavenly Grass, Cabin, Sugar In The Cane, Lieder. Texte von Tennessee Williams

Concert For Two Pianos, Winds And Percussion, Konzert für zwei Klaviere, Bläser und Schlagzeug, im Auftrag von Arthur Gold und Robert Fizdale. 1949 umgearbeitet für großes Orchester.

The Dancer, Bühnenmusik (Stück von Julian Funt, Inszenierung: George Abbott)

Twilight Bar, Bühnenmusik (Stück von Arthur Koestler, Inszenierung: George Abbott)

Land's End, Bühnenmusik (Stück von Thomas Job nach einem Roman von Mary Ellen Chase, *Dawn in Lyonesse*, Inszenierung: Robert Lewis)

Cyrano De Bergerac, Bühnenmusik (Stück von Edmond Rostand, Adaptation von Brian Hooker, Inszenierung: Jose Ferrer)

On Whitman Avenue, Bühnenmusik (Stück von Maxine Wood, Inszenierung: Dorothy Heyward)

1947

Iquitos, Stück für Klavier (später umgetauft in *Tierra Mojada*)

Prelude And Dance, für Bläser, Kontrabaß, Klavier und Schlagzeug

Dreams That Money Can Buy, Filmmusik (Regie: Hans Richter) Paul Bowles komponierte die Musik zu zweien von sieben Träumen:

Desire von Max Ernst und *Ballet* von Alexander Calder.

1948

Summer And Smoke, Bühnenmusik (Stück von Tennessee Williams, Inszenierung: Margo Jones)

1949

Night Waltz, für zwei Klaviere. Letzter Auftrag von Gold und Fizdale

The Heart Grows Old, Lied. Text von Villiers David

1950

The Tempest, Bühnenmusik (Stück von William Shakespeare, Inszenierung: Richard Barr)

1953

A *Picnic Cantata*, für vier weibliche Stimmen, zwei Klaviere und Schlagzeug. Text von James Schuyler

In The Summer House, Bühnenmusik (Stück von Jane Bowles, Inszenierung: José Quintero)

1957

Yerma, Oper. Libretto von Paul Bowles nach dem gleichnamigen Bühnenstück von Federico García Lorca, aufgeführt 1958 in Denver und New York (Inszenierung: Angna Enters). Paul Bowles arbeitete an dieser Oper mit Unterbrechungen seit 1948.

1958

Edwin Booth, Bühnenmusik (Stück von Milton Geiger, Inszenierung: Jose Ferrer)

1959

Sweet Bird Of Youth, Bühnenmusik (Stück von Tennessee Williams, Inszenierung: Elia Kazan)

1960

Gothic Suite: Testa Dell' Efebo, San Sebastiano Di Sodoma, The Goths, Faint And Leaf Shadow, Death Is High, Liederzyklus. Texte von Tennessee Williams

1961

Her Head On The Pillow, Lied. Text von Tennessee Williams

1962

The Milk Train Doesn't Stop Here Anymore, Bühnenmusik (Stück von Tennessee Williams, Inszenierung: Herbert Machiz)

1966

Oedipus King, Bühnenmusik für Chor und Schlagzeug (Stück von Sophokles, Adaptation: W. B. Yeats, Inszenierung: Joe McPhillips)

1967

The Garden, Bühnenmusik, elektronische Effekte (Adaptation seiner eigenen Erzählung *The Garden* durch Paul Bowles, Inszenierung: Joe McPhillips)

1968

Wet And Dry,
Alive, Bühnenmusiken (zwei Stücke von Leonard Melfi, Inszenierung: Ann McIntosh)

The Bacchae, Bühnenmusik, elektronische Effekte kombiniert mit marokkanischem Schlagzeug (Stück von Euripides, Adaptation: Kenneth Cavendish, Inszenierung: Joe McPhillips, Kostüme: Yves Saint-Laurent)

Bachelor Furnished, Bühnenmusik (Stück von James Bridges)

1976

Cross Country, für zwei Klaviere

La Despedida, Lied. Text von Paul Bowles

1977

Orestes, Partitur konkreter Musik

1978

Caligula, Bühnenmusik für Gitarre und Schlagzeug (Stück von Albert Camus, Inszenierung: Joe McPhillips)

1981

Birdbath, Bühnenmusik für Gitarre und elektrische Orgel (Stück von Leonard Melfi)

Zahlreiche Lieder von Paul Bowles wurden in einem Sammelband, *Selected Songs*, herausgegeben. Er enthält 37 Partituren, sieben davon unter anderen als den oben aufgeführten Originaltiteln, und erschien 1984 in den USA bei Soundings Press (Box 8319, Santa Fe, NM 87504).

Einige seiner Klavierwerke findet man – neben denen anderer amerikanischer Komponisten (wie Aaron Copland, Virgil Thomson, Marc Blitzstein, Leonard Bernstein etc.) – auf den beiden Schallplatten *American Piano Music*, eingespielt von dem Pianisten Bennett Lerner für das niederländische Label Etcetra Records:

Volume I: Six Preludes For Piano und die *Six Latin-American Pieces: Huapango I, El Bejuco, Tierra Mojada, Orosi, La Cuelga, Huapango II* (siehe: ETC 1019, 1984/Distribution Harmonia Mundi)

Volume II. *Dance* (Auszug aus *The Wind Remains*), *Cross Country* und die *Sonatina For Piano* (siehe: ETC 1936, 1986/Distribution Harmonia Mundi)

Literatur von Paul Bowles

Romane

The Sheltering Sky (1949, erschienen bei William Morris, N. Y.) *Himmel über der Wüste*, dt. von Maria Wolff, Rowohlt, Reinbek bei Hamburg 1952

Let It Come Down (1952, bei Random House, N. Y.) *So mag er fallen*, dt. von Maria Wolff, Rowohlt, Reinbek bei Hamburg 1952, bzw. Goldmann, München 1988

The Spider's House (1955, bei Random House, N. Y.) *Das Haus der Spinne*, dt. von F. R. Wendhousen, Rowohlt, Reinbek bei Hamburg 1955, bzw. Goldmann, München 1988

Up Above The World (1966, bei Simon & Schuster, N. Y.) *Gesang der Insekten*, dt. von Pociao, Goldmann, München 1988

Erzählungen

Die deutschen Ausgaben der Sammelbände folgen nicht immer den amerikanischen oder englischen Ausgaben (ausgenommen *Midnight Mass/Mitternachtsmesse*), welche die Erzählungen weitgehend chronologisch erfassen. Bislang sind folgende Sammelbände in Deutschland erschienen:
(Die Buchstaben in Klammern hinter den dt. Titeln in der Liste *Collected Stories* verweisen auf den jeweiligen dt. Sammelband.)

(A): *Allal,* Stories aus Marokko. Herausgegeben und übersetzt von Pociao (Expanded Media, Bonn, und Maro, Augsburg 1983, bzw.: Rowohlt, Reinbek bei Hamburg 1987)

(S): *Die Stunden nach Mittag,* Marokkanische Erzählungen. Übersetzt von Pociao (Goldmann, München 1989)

(E): *Eisfelder,* Erzählungen. Übersetzt von Pociao (Goldmann, München 1990)

Mitternachtsmesse, Erzählungen. Übersetzt von Pociao (Goldmann, München 1989)

Collected Stories (1939–1976):

Dieser Band, der 1979 bei Black Sparrow Press in Santa Barbara/Kalifornien erschien, enthält alle Erzählungen, die zwischen 1945 *(The Skorpion)* und 1977 *(Allal)* veröffentlicht wurden, meistens zunächst in einer Zeitschrift, dann in verschiedenen Erzählsammlungen. Ein einziger Text ist nicht enthalten *(Sylvie Ann, The Boogie Man*, von 1958), von dem Paul Bowles glaubte, er sei beim amerikanischen Publikum schlecht angekommen.

Tea On The Mountain, 1939[1]. *Tee auf dem Berg* (S)
The Scorpion, 1944. *Der Skorpion* (A)
By The Water, 1945. *Am Wasser* (S)
A Distant Episode, 1945. *Eine ferne Episode* (A)
The Echo, 1946. *Das Echo* (E)
Call At Corazon, 1946. *Zwischenhalt in Corazón* (E)
Under The Sky, 1946. *Unter dem Himmel* (E)
At Paso Rojo, 1946. *In Paso Rojo* (E)

1 Die Jahreszahl meint immer die Entstehungszeit.

Pastor Dowe At Tacate, 1946. *Pastor Dowe in Tacaté* (E)
Pages From Cold Point, 1947. *Blätter aus Cold Point* (E)
How Many Midnights, 1947. *Wie oft um Mitternacht* (E)
The Circular Valley, 1947. *Das runde Tal* (A)
You Are Not I (Ex- A Spring Day), 1948. *Du bist nicht ich* (A)
The Delicate Prey, 1948. *Die leichte Beute* (A)
Señor Ong And Señor Ha, 1947. *Señor Ong und Señor Ha* (A)
A Thousand Days For Mokhtar, 1948. *Tausend Tage für Mokhtar* (S)
The Fourth Day Out From Santa Cruz, 1949. *Vier Tagereisen vor Santa Cruz* (E)
Doña Faustina, 1949. *Doña Faustina* (A)
The Hours After Noon, 1949. *Die Stunden nach Mittag* (S)
The Successor (Ex- A Gift for Kinza), 1950. *Der Nachfolger* (A)
If I Should Open My Mouth, 1952. *Wenn ich den Mund aufmachte* (A)
The Frozen Fields, 1957. *Eisfelder* (E)
Tapiama, 1957. *Tapiama* (E)
The Hyena, 1960. *Die Hyäne* (A)
A Friend Of The World, 1960. *Ein Freund der Welt* (S)
The Story Of Lahcen And Idir (Ex- Merkala Beach), 1960. *Die Geschichte von Lahcen und Idir* (S)
He Of The Assembly, 1960. *Der aus der Versammlung* (S)
The Wind At Beni Midar, 1962. *Der Wind von Beni Midar* (S)
The Time Of Friendship, 1962. *Die Zeit der Freundschaft* (S)
The Garden, 1963. *Der Garten* (A)
Afternoon With Antaeus, 1970. *Nachmittag mit Antaeus* (A)
Mejdoub, 1974. *Mejdoub* (A)
The Fqih, 1974. *Der Fqih* (A)
The Waters Of Izli, 1975. *Das Waser von Izli* (A)
Reminders Of Bouselham, 1976. *Grüße von Bouselham* (S)
You Have Left Your Lotus Pods In The Bus, 1971. *Sie haben Ihre Lotuskapseln im Bus liegenlassen* (E)
Istikhara, Anaya, Medagan And The Medaganat, 1975. *Istikhara, Anaya, Medagan und die Medaganat* (S)
Things Gone And Things Still Here, 1975. *Vergangenheit und Gegenwart* (A)
Allal, 1976. *Allal* (A)

Midnight Mass (Black Sparrow Press, Santa Barbara/Kalifornien, 1981) enthält:

The Eye, 1978. *Der Blick*
Here To Learn, 1978. *Malika*
Midnight Mass, 1978. *Mitternachtsmesse*
The Husband, 1979. *Der Ehemann*
The Dismissal, 1979. *Die Entlassung*
Bouayad And The Money, 1979. *Bouayad und das Geld*
Madame And Ahmed, 1979. *Madame und Ahmed*
Kitty, 1979. *Kitty*
At The Krungthep Plaza, 1980. *Krungthep Plaza*
Tumor And A Ladder, 1980. *Gerüchte und eine Leiter*
The Little House, 1980. *Das kleine Haus*
The Empty Amulet, 1980. *Das leere Amulett*
In The Red Room, 1981. *Im roten Zimmer* (Diese Erzählung fehlt in der zweiten Auflage von *Midnight Mass*, 1983)
Points In Time, 1982. Zeitstellen. Übersetzt von Wolfgang Astelbauer. (Droschl, Graz/Wien 1989)

Bislang sind in Deutschland nicht erschienen:
Unwelcome Words 1988, eine Sammlung, die folgende Texte enthält:

Monologue – Tangier, 1975, 1982
Monologue-Massachusetts, 1932, 1983
Hugh Harper, 1984
Julian Vreden, 1984
Monologue-New York, 1965, 1984
Dinner At Sir Nigel's, 1985
Unwelcome Words, 1984

In der Erzählsammlung *Call At Corazon* (Peter Owen, London 1988; in USA nicht erschienen) sind enthalten:

Sylvie Ann, The Boogie Man, 1958
In Absentia, 1985
An Inopportune Visit, 1986

Zwei weitere Erzählungen sind nur in Zeitschriften erschienen:

A *1977 Dream (The New Continent)*, in: Dreamworks. An Interdisciplinary Quarterly, Ney York – London, Winter 1981/82
Wreckage, in: Frank, Paris, Sommer/Herbst 1985

Theater

The Garden (unveröffentlicht). Dieses Stück, eine Adaptation der gleichnamigen Erzählung, wurde 1967 in Tanger aufgeführt, in der Inszenierung von Joe McPhillips.

Reisebücher

Yallah, Zürich, 1956, Fotografien von Peter W. Haeberlin mit Bildkommentaren und einem Vorwort von Paul Bowles
Their Heads Are Green And Their Hands Are Blue (1963) *Der Weg nach Tassemsit – und andere Reiseerzählungen aus der nichtchristlichen Welt*, dt. von Pociao. Frank & Frei, Bonn 1990 (nach dem Titel folgt jeweils das besuchte Land und das Jahr der Reise):

Fish Traps And Private Business, Fischfallen und Privatangelegenheiten, Ceylon 1950
Africa Minor, Africa Minor. Nordafrika 50er Jahre
Notes Mailed At Nagercoil, Notizen aus Nagercoil. Indien 1952
A *Man Must Not Be Very Moslen, Man muß kein ganzer Moslem sein*. Türkei 1953
The Rif, To Music, Das Rif, zu Musik. Marokko 1959
Baptism Of Solitude, Eintauchen in Einsamkeit. Sahara (geschrieben in Tanger 1951)
All Parrots Speak, Alle Papageien sprechen. Mittelamerika, Nordafrika 50er Jahre
The Route To Tassemsit, Der Weg nach Tassemsit. Marokko 1961 Ein Text, den Paul Bowles als «passé» bezeichnet, ist weder in der amerikanischen noch der deutschen, sondern nur noch in der englischen (Original-)Ausgabe zu finden: *Mustapha And His Friends* (1959)
In der deutschen Ausgabe befindet sich außerdem noch ein *Epilog: Tanger* (zuvor erschienen 1989 in der Zeitschrift *Ambiente*).

Gedichte

Next To Nothing – Collected Poems, 1926–1977 (erschienen 1981, nicht ins Deutsche übersetzt)

Autobiographie

Without Stopping (1972) *Rastlos*, übersetzt von Pociao (Goldmann, München 1990)

Transkriptionen

(Auf Band aufgenommene und aus Dialektarabisch übersetzte Texte.)

Driss ben Hamed Charhadi (Pseudonym von Larbi Layachi):
A Life Full Of Holes (1964)

Mohammed Mrabet:
Love With A Few Hairs (1967)
The Lemon (1969) El Limón. Deutsch von Lillian Faschinger und Thomas Priebsch (Droschl, Graz, Wien 1989)
M'Hashish (1969), *M'Haschisch*. Deutsch von Carl Weissner. (Maro, Augsburg o. J., bzw. Goldmann, München 1989)
The Boy Who Set The Fire (1974)
Look And Move On (1976)
Harmless Poisons, Blameless Sins (1976)
The Big Mirror (1977)
The Beach Cafe & The Voice (1980)
The Chest (1983)
Marriage With Papers (1986)

Abdeslam Boulaich, Mohamed Choukri, Larbi Layachi, Mohammed Mrabet, Ahmed Yacoubi:
Five Eyes (1979)

Übersetzungen

Roger Frison,
(La Piste oublié) *The Lost Trail Of The Sahara*, 1951

Jean-Paul Sartre,
(Huit clos) *No Exit*, 1958

Mohamed Choukri,
For Bread Alone, 1974,
Jean Genet in Tangier, 1974
Tennessee Williams in Tangier, 1979
(Choukri schrieb die Bücher in klassischem Arabisch, übersetzte sie mündlich bzw. erläuterte sie in Dialektarabisch, worauf Paul Bowles sie ins Englische übertrug)

Isabelle Eberhardt,
(Les chercheurs d'oubli), *The Oblivion Seekers*, 1975, Dt. Die Vergessenssucher, in: Sandmeere 2, Reinbek bei Hamburg 1983

Rodrigo Rey Rosa,
(El cuchillo del mendigo) *The Beggars Knife*, 1985 (dt.: *Der Sohn des Hexenmeisters*. Übersetzt von Roberto de Hollanda und mit einem Vorwort von Paul Bowles. Wunderhorn, Heidelberg 1990) und
(Xquic) *Xquic*, 1989

She Woke Me Up, So I Killed Her (1985)
Dieser Band enthält Übersetzungen aus dem Französischen und Spanischen, die Paul Bowles seit 1944 in verschiedensten Zeitschriften veröffentlicht hatte.
Es handelt sich dabei um Texte von: André Pieyre de Mandiargues, Ramón Gomez de la Serna, Georgio de Chirico, Si Lakhdar E. Laoust, Ramón Beteta, Bertrand Flornoy, Jean Ferry, Denis Moran, Paul Colinet, Paul Magritte, Jorge Luis Borges, Francis Ponge, Bluet d'Archères, Ramón Sender.

Bibliographie

Eine sehr umfangreiche, nahezu vollständige Bibliographie der Werke von Paul Bowles und dessen, was (bis 1985) über diese Werke geschrieben wurde, ist:
Jeffrey Miller, A *Descriptive Bibliography* (Black Sparrow Press, 1986)

Werke von Jane Bowles:

My Sister's Hand in Mine – The Collected Works Of Jane Bowles (The Ecco Press, N. Y. 1978, Peter Owen, London 1984) Dieser Band mit einem Vorwort von Truman Capote enthält folgende Werke:

Two Serious Ladies, Roman (1943) *Zwei sehr ernsthafte Damen* (Dt. von Adelheid Dormagen, Hanser, München 1984, dtv, München 1984)

In The Summer House, Theaterstück (1954) *Im Gartenhaus* (dt. von Friederike Roth) in: *Eine richtige kleine Sünde. Prosa etc.* (Dt. von Adelheid Dormagen, Regine Lienhard und Friederike Roth, Hanser, München 1988, bzw. dtv, München 1990)

Plain Pleasures, Erzählungen (Peter Owen, London 1966. *Einfache Freuden* (Dt. von Adelheid Dormagen, Hanser, München 1985, bzw. dtv, München 1987)

From The Note Books, Erzählungen und Fragmente.

Feminine Wiles, (Black Sparrow Press, Santa Barbara 1977) Beides in: *Eine richtige kleine Sünde. Prosa etc.*

Out In The World – Selected Letters Of Jane Bowles 1935–1970 (Black Sparrow Press, Santa Barbara 1985) Dieser Band enthält, neben 133 von Millicent Dillon ausgewählten Briefen, noch Fragmente eines 1949 begonnenen, aber unvollendet gebliebenen Romans: *Out In The World.*
z. T. in: *Eine richtige kleine Sünde, Prosa etc.*

Biographie

Millicent Dillon, *A Little Original Sin, The Life And Work Of Jane Bowles* (New York, 1981) (nicht ins Dt. übersetzt)

Herausgeber

Die Bücher von Jane und Paul Bowles sowie Mohammed Mrabet sind gegenwärtig bei folgenden Verlegern in USA und Großbritannien erhältlich:

Black Sparrow Press, 24 Tenth Street, Santa Rosa, CA 95401
Ecco Press, 26 West 17th Street, New York, NY 10011
Tombouctou Books, Box 265, Bolinas, CA 94924
Cadmus Editions, Box 687, Tiburon, CA 94920
City Lights Books, 261 Columbus Avenue, San Francisco, CA 94133
Peter Owen, 73 Kenway Road, London SW5 ORE

Audiovisuelle Medien

Schallplatten/Cassetten

Paul Bowles Reads The Delicate Prey and *A Distant Episode*, Aufnahme von 1963 (Spoken Arts, Box 289, New Rochelle, NY 10801)
Paul Bowles Reads, *A Hundred Camels In The Courtyard*, Aufnahme von 1978 (Cadmus Editions)

Video

Paul Bowles in Marocco (1969)
Originaltitel des TV-Films: *Paul Bowles in the Land of the Jumblies*
Produktion und Regie: Gary Conklyn, Alcon Films, Pasadena, Kalifornien (Mystic Fire Video, 24 Horatio Street 38, New York, NY 10014)
The Sheltering Sky / Himmel über der Wüste (auf Video?)

Die Erzählerbibliothek

James Baldwin
Sonnys Blues
Gesammelte Erzählungen
Deutsch von Gisela Stege
256 Seiten. Gebunden

Gottfried Benn
Das letzte Ich
Sämtliche Erzählungen
256 Seiten. Gebunden

Albert Camus
Jonas oder
Der Künstler bei der Arbeit
Gesammelte Erzählungen
Deutsch von Guido G. Meister
256 Seiten. Gebunden

Roald Dahl
Georgy Porgy
Gesammelte Erzählungen
Deutsch von Wolfheinrich von der Mülbe, Hans-Heinrich Wellmann und Fritz Güttinger
448 Seiten. Gebunden

Ernest Hemingway
Die Stories
Deutsch von Annemarie Horschitz-Horst
500 Seiten. Gebunden

C 2329/2